아시아의 지정학적 중간국 외교
Foreign Policy of the Middle Ground States on the Geopolitical Faults in Asia

신범식 엮음

신범식, 윤진표, 김용균, 신재혁, 최경희, 김형종, 김찬완, 최윤정, 유달승, 장지향 지음

진인진

아시아의 지정학적 중간국 외교

초판 1쇄 발행 | 2022년 7월 30일

엮   음 | 신범식
저   자 | 신범식, 윤진표, 김용균, 신재혁, 최경희, 김형종, 김찬완, 최윤정, 유달승, 장지향
편   집 | 배원일, 김민경
발행인 | 김태진
발행처 | 진인진
등   록 | 제25100-2005-000003호
주   소 | 경기도 과천시 별양상가 1로 18 614호(별양동 과천오피스텔)
전   화 | 02-507-3077-8
팩   스 | 02-507-3079
홈페이지 | http://www.zininzin.co.kr
이메일 | pub@zininzin.co.kr

ⓒ 서울대학교 아시아연구소 2022
ISBN 978-89-6347-511-0 93300

* 책값은 표지 뒤에 있습니다.
** 본서는 2020년 대한민국 교육부와 한국연구재단의 지원을 받아 수행된 연구임(NRF-2020S1A6A3A02065553).
   본서는 2020년도 서울대 아시아연구소의 아시아기초연구사업의 지원을 받아 수행되었음.
*** 본서는 2016년 대한민국 교육부와 한국연구재단의 지원을 받아 수행된 연구입니다(NRF-2016S1A3A2924409).
   이 저서는 2019년 서울대학교 국제문제연구소의 지원을 받아 수행된 연구입니다.

목차

머리말 ··· 7

제1장(서장) 아시아의 지정학적 중간국 외교의 비교연구(신범식) ············ 11
    I. 머리말 ··· 11
    II. 지정학적 중간국 외교의 개념과 이론 ······················· 12
    III. 책의 구성 ··· 33

제1부 동남아시아의 지정학적 중간국 외교 ························· 47

  제2장 태국 중간국 외교의 변화와 요인(윤진표) ····················· 49
    I. 머리말 ··· 49
    II. 중간국 개념과 분석틀 ··· 50
    III. 태국 중간국 외교의 역사적 배경 ·························· 52
    IV. 21세기 태국 중간국 외교의 변화 ························· 58
    V. 맺음말 ·· 71

  제3장 베트남의 중간국 외교(김용균) ································· 77
    I. 서론 ·· 77
    II. 베트남의 중간국 외교: 성격과 진화과정 ················· 79
    III. 베트남 중간국 외교의 국내 정치적 기원 ··············· 92
    IV. 결론 ··· 105

제4장   싱가포르의 중간국 외교(신재혁) ································ 111
   I. 들어가며 ·· 111
   II. 싱가포르 약사(略史): 지정학적 배경 ····························· 113
   III. 싱가포르 외교 전략의 특성 ·· 117
   IV. 사례: 남중국해 문제 ·· 128
   V. 나가며 ·· 130

제5장   지정학적 중간국 인도네시아 외교전략:
          세 번의 지정학적 단층대 충돌과 선택(최경희) ········· 135
   I. 서론 ·· 135
   II. 지정학적 중간국 외교전략에 대한 이론적 기초 ············ 136
   III. 인도네시아를 둘러싼 지정학적 단층대 충돌의 세 경험 ······· 141
   IV. 지정학적 중간국 인도네시아의 전략적 선택 ················· 149
   V. 결론 ·· 159

제6장   말레이시아 중간국 외교 전략과 중립성(김형종) ············· 167
   I. 서론 ·· 167
   II. 중간국가 외교 결정요인 ·· 170
   III. 중립성 원칙의 형성과 발전 ·· 174
   IV. 국내정치와 중간국 외교전략 사례 ································ 181
   V. 결론 ·· 191

제2부   남아시아 및 서아시아의 지정학적 중간국 외교 ·············· 199

제7장   인도는 중견(간)국인가?: 신비동맹정책을 중심으로(김찬완) ········· 201
   I. 머리말 ·· 201
   II. 국가 속성 접근법 ·· 203
   III. 행태적 접근법 ·· 208

Ⅳ. 정체성과 아이디어 접근법 ·· 211
　　Ⅴ. 맺음말 ·· 216

제8장　강대국 충돌과 중간국의 외교적 선택:
　　　　파키스탄 외교전략의 재구성과 함의(최윤정) ················ 221
　　Ⅰ. 머리말 ·· 221
　　Ⅱ. 파키스탄의 지정학과 내부정치의 관계 ······················· 224
　　Ⅲ. 파키스탄을 둘러싼 세 가지 지정학적 단층대의 충돌과 중간국 외교 232
　　Ⅳ. 단층대 활성화 시기별 파키스탄 중간국 외교전략의 변화 ········· 241
　　Ⅴ. 맺음말 ·· 245

제9장　지정학적 중간국 이란의 외교전략(유달승) ················ 253
　　Ⅰ. 서론 ··· 253
　　Ⅱ. 이란 외교 정책의 결정 요인 ····································· 256
　　Ⅲ. 이란 국내 정치 변동과 외교 정책 ······························ 264
　　Ⅳ. 결론 ··· 279

제10장　에르도안 시대 터키의 팽창주의 외교: 국내 일인체제 강화와
　　　　　역내 지정학 변동에 따른 중간국의 일탈(장지향) ·············· 285
　　Ⅰ. 들어가며 ·· 285
　　Ⅱ. 터키 외교정책의 일탈: 중견국 외교에서 신오스만 팽창주의로 ······ 286
　　Ⅲ. 에르도안 대통령의 일인체제 강화와 선거 권위주의 심화 ········ 292
　　Ⅳ. 중동 지정학의 지각변동: 미국의 쇠락, 러시아의 부상, 유럽의 관망··· 301
　　Ⅴ. 나가며 ·· 311

저자 약력 ·· 315

머리말

탈냉전 이후 세계는 미국 단일패권이 지배적이던 그리 길지 않은 시간을 지냈다. 하지만 2010년대 이후 중국이나 러시아를 비롯한 강대국들의 도전이 점차 거세지면서 강대국 간의 각축이 지역별로 다양한 양상의 갈등이나 도전으로 노정되고 있다. 이처럼 변화하는 지역 질서의 영향을 가장 먼저 느끼는 국가들을 바로 각축하는 두 세력 사이에 끼인 역내 국가들이다. 바로 우크라이나는 이같은 중간국의 대표적 사례이고, 이런 각축에 끼인 우크라이나가 서방과 러시아의 각축에 끼여서 외교적 딜레마를 경험했으며, 이를 관리하는데 성공하지 못하고 전쟁을 치르고 있다. 우리 한국도 예외는 아니다. 이에 필자는 한국 외교의 딜레마적 상황에 대한 비교외교론적 이해를 위하여 유라시아의 중심과 주변의 다양한 지역들의 탁월한 전문가들과 함께 지난 수년 간 지정학적 중간국 외교 연구 프로젝트를 진행하였다. 이러한 노력의 결과물인 본서는 탈냉전 이후 국제정치의 변동에 의해 유라시아 중심과 주변부에서 공히 새롭게 활성화되고 있는 지정학적 단층대에 위치한 중간국들의 외교 정책을 연구의 대상으로 한다. 특히 지정학적 중간국 외교를 연구하되, 이를 비교지역연구의 관점에서 다루려는 관심을 견지하고 있다.

지정학적 중간국(中間國)이란, 경쟁하는 강대국 내지 지정학적 세력이 맞부딪히는 지대, 즉 "지정학적 단층대" 상에 존재하는 국가들을 말하며, "끼인 국가" 혹은 "사이 국가" 등으로도 불린다. 중간국은 지역정치의 지정학적 구조에서 지정학적 단층대 상에 위치하고 있는지 여부에 의해 조건 지워지며, 세력권을 두고 각축하는 두 세력 간의 경쟁이 고조되는 지정학적 단층대의 활성화에 의하여 그 모순적인 외교전략적 특성의 압력에 노출되게 된다. 하지만 이러한 지정학적 단층대의 압력은 각 지역 국제정치의 구조에 따라 상이한 양태로 발현되며, 이에 대한 지역 국가들의 대응도 지역 국제정치에 따라 달라짐을 알 수 있다. 따라서 본서의 필진은 다양한 지역들의 지역 국제정치의 구조 및 지역 국가들 국내정치에 정통한 지역 전문가들로 구성되었다. 이러한 작업의 결과들을 지역별 구성하여 출간하게 되었는데, 그 첫 번째 결과물이 본서 『아시아의 지정학적 중간국 외교』이며, 이 책에서는 동남아시아와 서아시아 및 남아시아 지역의 지정학적 중간국들의 외교를 분석한 글들을 모았다. 그리고 다른 결과물들은 두 번째 책인 『유라시아의 지정학적 중간국 외교』에서 중부와 서부 유라시아 지역의 지정학적 중간국들의 외교를 분석하였다. 이 두 권의 책들이 애초 기획하였던 비교외교연구를 위한 목적을 충분히 달성하였다고 자평하기는 어렵겠지만, 적어도 이 결과물들이 공동의 문제의식 하에서 비교외교론적 연구의 진작을 위한 초석을 놓았다는 점에서 학술적 의의를 지닌다고 할 수 있을 것이다.

뿐만 아니라 지정학적 중간국 개념은 현실주의적 사고를 바탕에 두었지만, "중견국"이나 "완충국" 개념보다는 더 지정학적이며 가치중립적이며 분석가능성을 열어주는 개념으로 볼 수 있다. 기존 "중견국"(middle power) 개념은 국력의 측정과 비교가 지니는 난이성과 규범적 내지 당위적 지향성으로 인하여 분석 개념이 되기 어렵기에 "중간국" 개념 도입의 필요성이 제기된다. 특히 최근 국제정치에서 "지정학의 귀환" 현상이 등장한 이후 미중 경쟁, 미러 경쟁 등 강대국 경쟁이 첨예화되어 지정학적 단층대가 활성화되는 상황은 이른바 중간국들이 처한 국제정치 및 지역정치에서의 지정학적 수압을 높임으로써 그들의 외교 전략 수립과 실현에 딜레마적 과제를 부과하게 된다. 이에 중간국 외교의 딜레마적 상황이 지역별로 어떻게 상이하게 나타나고 중간국의 외교전략은 어떤 유형으로 이에 대응하고 있는지에 대한 연구가 다시 중요해지고 있으며, 이러한 상황이 한국의 대외전략에 대해 지니는 함의를 탐구하는 것은 정책적 차원에서도 시의적절한 함의도 지닌다고 할 수 있을 것이다.

이 책이 나오는데 큰 도움이 많았다. 무엇보다 서울대학교 국제문제연구소와 아시아연구소에서 지원하지 않았다면 이 연구가 세상에 빛을 볼 수 없었을 것이다. 그리고 본 프로젝트를 진행하는데 든든한 지지와 다양한 노력을 기울여 주신 서울대학교 아시아연구소의 최경희 교수께 특별한 감사를 표하고 싶다. 그리고 작지 않은 규모의 연구프로젝트를 꾸리며 책자 발간을 위한 궂은일까지 도맡아 애써 준 서울대학교 정치외교학부 외교학전공 석사과정 이수빈 씨 그리고 박사과정 이준석 씨에 대한 감사도 잊을 수 없다. 물론 이 책의 발간을 흔쾌히 수락해 주신 진인진과 수고해 주신 배원일 팀장님께도 감사의 말씀을 드린다.

끝으로 프로젝트가 진행된 기간 내내 만연했던 코로나 팬데믹의 상황에서도 불구하고 진지한 연구의 관심과 열정을 잃지 않으시고 끝까지 연구를 마무리해 주신 필진 선생님들께 심심한 감사와 존경의 말씀을 드리고 싶다. 이분들의 노고를 바탕으로 한국 내에 지정학적 중간국 외교에 대한 관심과 연구가 진작되고, 비교지역연구의 관점에 입각한 지역 국제정치에 이해를 위한 도전이 더욱 왕성해지기를 기대하면서 머리말에 갈음하고자 한다.

2022년 2월 말
우크라이나 전쟁의 종식과 평화를 기원하며
신 범 식

제1장(서장)

아시아의 지정학적 중간국 외교 비교연구:
개념, 이론, 설명틀의 모색

신범식 (서울대학교)

I. 머리말

본 연구는 지정학적 중간국의 대외정책을 비교지역연구의 관점에서 연구하려는 시도로 시작된 프로젝트의 결과물이다. '지정학적 중간국(中間國)'이란, 경쟁관계에 있는 지정학적 강대국 또는 세력이 맞부딪히는 지대, 즉 "지정학적 단층대"(geopolitical fault line) 상에 위치하는 국가들을 말하며, "끼인 국가" 혹은 "사이 국가" 등으로도 불린다. 지정학적 단층대 상에 위치하여, 중간국은 지역 패권을 두고 각축하는 두 세력 간의 경쟁이 고조됨에 따라(지정학적 단층대의 활성화) 그 모순적인 외교 전략적 특성의 압력에 노출된다.

중간국 개념은 현실주의적 사고를 바탕에 두었지만, "중견국"이나 "중소국"의 개념보다는 더 중립적이며 엄밀한 분석을 가능케 하는 개념으로 볼 수 있다. 전통적인 "중견국"(middle power) 개념은 그 근간이 되는 국력의 측정과 비교의 어려움, 그리고 규범적 또는 당위적인 지향성으로 인하여 분석 개념으로 활용하기 어렵기에 "중간국" 개념 도입의 필요성이 제기된다.

중간국의 개념화와 이론화 시도는 최근 국제정치의 변동과 무관하지 않다. 2010년 이후 중국의 본격적인 부상과 2014년 우크라이나 사태는 "진영 질서"의 재구축 및 대립적인 두 세력의 각축이라는 탈냉전 이후 국제정치의 분기점을 형성하였다고 볼 수 있다. 짧았던 미국에 의한 평화("Pax Americana") 이후 나타난 9·11사태, 테러와의 전쟁, 이란 및 북한의 핵개발은 국제 안보의 근간을 흔들었다. 이에 더하여 유라시아 대륙의 색깔 혁명, 러시아-조지아 전쟁, 크림반도 합병, 우크라이나 사태는 지역 질서의 혼돈을 가속화하였다. 중국의 부상과 미-중 전략경쟁으로 이어지는 일련의 상황은 미국 중심의 단극 내지 단다극질서를 침식한 결정적 계기가 되었다. 이 과정에서 1990년대 자유주의적 세계질서에 순응해 보려 했던 러시아는 기존 "방어적 방어" 대신 "공세적 방어" 전략으로 전환을 통해 미국과 서방이 주도하는 자유주의적 세계질서에 도전하게 되었다.

이러한 지정학적 경쟁 구도의 귀환은 지정학적 단층대와 구조적으로 연루된 국가들의 외교적 환경을 더욱 악화시키는 계기가 되었다(신범식, 2020). 최근 미-중, 미-러 경쟁의 첨예화는 지정학적 단층대 활성화로 이어졌고, 결과적으로 지정학적 중간국들이 처한 국제 및 지역정치 차원의 지정학적 압력을 증대시키면서 그들의 외교 전략수립 및 실현상 딜레마적 숙제를 부여하였다. 이러한 국제정치적 변화는 딜레마적 중간국 외교의 상이한 지역별 전개와 이에 대응하는 중간국 외교 전략의 다양한 유형에 대한 연구의 중요성을 배가시키고 있다. 따라서, 이러한 상황이 한국의 대외전략에 대해 지니는 함의를 탐구하는 것은 시의적절하고 긴요하다.

II. 지정학적 중간국 외교의 개념과 이론

1. 지정학적 중간국의 개념

본 연구의 핵심 개념인 지정학적 중간국은 이론적으로는 강대국의 세력 경쟁 또는 지정학적 대립의 '중간'에 위치한 국가를 가리키며, 경험적으로는 2021년 현재 미국-중국 또는 미국-러시아의 패권 경쟁 구도에 '끼인' 국가들을 통칭한다(신범식, 2020: 39-41; 김흥규 외, 2021: 2-3). 한 국가는 복수의 지정학적 강대국이 지정학적 세력권이 서로 접하는/충돌하는 지역, 즉 '지정학적 단층대'에 위치하며, 그 강대국 간 경쟁과 대립이 고조되는 '지정학적 단층대의 활성화'의 영향에 직접적으로 노출되었을 때 비로소 지정학적 중간국으로서의 속성과 딜레마의 압력에 직접적으로 노출된다.

복수의 지정학적 강대국 사이에 끼어 이들의 갈등과 경쟁에 노출된 소지역 또는 개별 국가에 대한 학문적 관심은 20세기 초부터 "충돌지대"(crush zone) 또는 "완충지대"(buffer zone)의 이름으로 근대 역사학, 국제정치학, 그리고 지리학 분야에서 시작되었다. 충돌지대의 개념은 영국의 지리학자 페어그리브(James Fairgrieve)가 1915년 자신의 저서[1]를 통해 처음 소개하였으며, 주로 유럽 열강 사이의 식민지 쟁탈전과 세력권 다툼이 극에 달했던 19세기 후반부터 20세기 초반(1차 세계대전 이전) 사이의 국제관계를 설명하는 데 이용되었다(가령, O'Sullivan, 1986; O'loughlin, 1999). 고전 지정학적 개념으로서 충돌지대는 당시 전개되고 있었던 대륙-해양 세력의 갈등 구도[2]에 착안, 지리적으로 두 세력 사이에 끼어 그 정치적, 경제적 대립에서 자유로울 수 없는 일련의 국가들을 일컫는데 사용되었다(O'loughlin, 1999: 47).[3] 고전 지정학들은 이 충돌지대를 지정학적 강대국 간 벌어지는 갈등과 분쟁의 주요 무대로 인식하였고, 이 지대에 속한 국가들의 정치적, 경제적 불안정성을 강조하였다.[4]

---

1 James Fairgrieve, *Geography and World Power*(Kent, UK: University of London Press, 1941[1915]).

2 대표적으로 영국(해양)-독일(대륙), 영국(해양)-제정 러시아(대륙) 등

3 주로 스칸디나비아반도, 중동부 유럽, 발칸반도에 위치한 국가들

4 이로부터 파생된 파편지대(shatterbelt)의 개념은 강대국 간 갈등에 휘말려 직접적인 정치적, 경제적 피해를 입은 국가들을 집합적으로 가리킴(Cohen, 1963: 83).

한편 완충지대의 개념은 충돌지대에 놓인 국가들이 그들을 둘러싼 복수의 지정학적 강대국 간 "전략적 평형"(strategic equilibrium) 상태 아래에서 상대적인 정치적, 경제적 안정을 누리는 상태를 가리킨다(가령, Spykman, 1942; O'loughlin, 1999; Menon and Snyder, 2017). 따라서 완충지대는 지정학적 강대국 간 경쟁과 갈등을 완화하는 기능을 수행할 수 있으며 이를 둘러싼 강대국들의 입장에서는 물리적이고 직접적인 대결보다 더 적은 비용으로 상대방을 견제할 수 있는 이점을 가진다(Spykman, 1942).[5] 그러나 완충지대는 근본적으로 강대국 간 평형 상태를 그 전제로 하는 만큼, 현상의 변경에 따라 충돌지대로 전환될 수 있는 위험성 또한 내포하고 있다. 충돌지대로 전환된 완충지대의 대표적인 사례로는 탈냉전 이후 우크라이나가 꼽힌다. 우크라이나는 1991년 독립과 함께 자발적으로 핵무기를 포기한 대가로 그 영토적 완결성(territorial integrity)을 보장받고 서방(NATO)과 러시아 사이의 완충지대로 남아 있었으나, 2014년 러시아의 크림반도 합병과 동부 돈바스 지역 내전의 결과 두 지정학적 세력이 부딪히는 충돌지대로 전락하였다(Wolff, 2015).[6]

서방과의 안보협력이 여의치 않은 상황에서 나토(NATO)가 지속적으로 동쪽으로 확장하는 것을 심각한 안보위협으로 받아들이게 된 러시아는 우크라이나까지 나토가 확장하는 것을 수용하지 않기 위해 돈바스를 분쟁지역화하는 것을 넘어 전쟁이라는 수단을 활용하게 되었으며, 2022년 2월 말 마침내 러시아가 우크라이나 전역을 대상으로 하는 "특수군사작전"을 감행하였다. 지정학적 단층대의 세력권 각축이 잘 관리되지 못하고 전쟁으로 비화된 19세기적 상황이 21세기에 재연되고 있는 것이다.

충돌지대나 완충지대 등 지정학적으로 "끼인 국가"의 개념에 대한 논의는

---

5 완충지대에 대한 전통적 논의는 Spykman(1942: 440-442)을, 최근 지정학적 단층대의 활성화에 대해서는 Hafeznia(2017)을 참조.

6 이러한 측면에서, Cohen(1963)은 완충지대와 충돌지대가 본질적으로 다르지 않다고도 주장함.

1980년대 중반 이후 동서 냉전의 완화와 소멸에 뒤이은 미국 단일패권(unipolarity) 시대의 개막으로 잠시 소강상태에 접어들었으나, 2000년대 중반 이후 중국과 러시아 등 이른바 현상타파(revisionist) 국가들의 등장에 따라 다시 활성화되었다.

중국은 2000년대 중반 이후 경제 성장의 가속화와 해군력을 비롯한 군사력의 확장에 따라 남중국해를 비롯한 동아시아에서 그들의 정치, 경제적 영향력을 급속도로 확대하고 있다. 이에 더불어 중국 정부는 2013년 이래 일대일로 구상(一帶一路, Belt and Road Initiative)의 추진을 통해 동남아시아에서 동유럽으로 이어지는 유라시아 지역에서 그 경제적인 영향력을 제고하고자 하는 종합국가전략을 추구하고 있다. 한편 2000년대 중반 이후 러시아는 대외정책으로 "방어적 방어"를 버리고 "공세적 방어" 전략을 기본적 입장으로 채택하면서 구소련 지역과 중동에서 군사력을 동원하여 세력을 확대하고 부분적으로는 현상 변경을 시도하는 모습을 보여 왔다. 러시아 정부는 2008년 남 오세티아, 2014년 돈바스와 크림반도에 대한 군사적 개입을 통해 이들 지역을 그 정치적 영향력 투사를 위한 지렛대로 유지하고 있다. 또한 러시아는 2015년 시리아 내전에 개입, 권위주의적 아사드 정부를 군사적으로 지원하면서 소련 붕괴 이후 상실했던 중동 지역에서의 영향력의 회복을 꾀하고 있다.

미국과 서유럽 주도의 자유주의 국제질서에 대한 중국과 러시아의 도전은 냉전 해체 이후에도 여전히 한 국가의 지리적 위치와 이를 바탕으로 한 경제적, 군사적 역량이 그 대외적인 행위의 중요한 결정요인임을 나타낸다. 이른바 '지정학의 귀환(return of geopolitics)'은 여전히 국제제도 또는 국제기구가 한 국가의 안전을 보장할 수 없다는 국제관계의 현실주의적 냉혹함을 반영한다. 2014년 러시아의 크림반도 병합은 지정학적 강대국의 물리적인 현상 변경 시도 앞에서 국제사회의 무력함을 보여 준 대표적인 사건으로 회자되고 있다.[7] 또

---

7 다만, 여러 연구자들은 '지정학의 귀환'이라는 용어와 개념 자체가 NATO와 EU가 구 사회주의권

한, 지정학의 귀환은 세계 각 지역 차원 권력 구조의 변화를 불러일으키고 있다(Mead 2014, 73-77). 유럽연합은 러시아의 군사적 압력에 직면하고 있으며, 미국은 그 단일패권 체제의 중요한 두 축인 중동과 동아시아에서 각각 러시아와 중국의 군사적이고 경제적인 도전에 직면하고 있다.

미국을 위시한 자유주의 진영과 중국, 러시아 간 지정학적 경쟁 구도는 지정학적 단층대[8]와 충돌지대 또는 완충지대 개념의 장점과 한계를 동시에 드러낸다. 정치체제, 이념과 이를 바탕으로 하는 정치적 진영(political alignment)이 지난 10년 동안 국제정치의 가장 근본적이고 구조적인 변화를 주도해 왔다는 사실은 지정학적 단층대의 분석적 시의성을 대변한다. 그러나 전통 지정학은 19세기 후반~20세기 전반의 국제정치 환경을 반영, 충돌지대-완충지대 안에 놓인 국가들을 그 주변 지정학적 강대국의 영향력이 일방적으로 투사되는 공간으로 간주하는 경향성을 보인다. 이와 반대로, 2010년 이후 미-중, 미-러 간 지정학적 경쟁은 그 갈등과 대립의 최전선에 위치한 국가들에 대한 포섭과 연계의 전략을 중심으로 이루어지고 있다. 일례로, 중국의 일대일로 프로젝트에 대한 각 국가의 참가 여부와 그 정도는 이들의 중국과의 관계, 그리고 중국으로부터 얻을 수 있는 경제적 이익을 고려한 정책 결정의 산물이다(Cai, 2018: 837-841). 2008년 이후 유럽연합은 동방파트너쉽(Eastern Partnership)을 통해 러시아 접경의 구소련 6개국[9]에서 자신들의 정치적, 경제적 영향력 증대를 추진한 바 있다. 이에 대항하는 러시아의 대(大) 유라시아(Greater Eurasia) 프로젝트는 동유럽과 중앙아시아에 산재한 구 동맹국들을 하나의 거대한 안보·경제공동체로 포섭하려는 시도이다.

    유럽 국가들을 회원국으로 받아들인 2002년 이후 본격적으로 제기되기 시작하였음을 지적한다. 예를 들어 Diez(2004), Kuus(2007) 참조.

8 지정학적 단층대에 대한 간략한 정의는 Gentile(2019: 131)을 참조.

9 벨라루스, 우크라이나, 몰도바, 조지아, 아르메니아, 아제르바이잔.

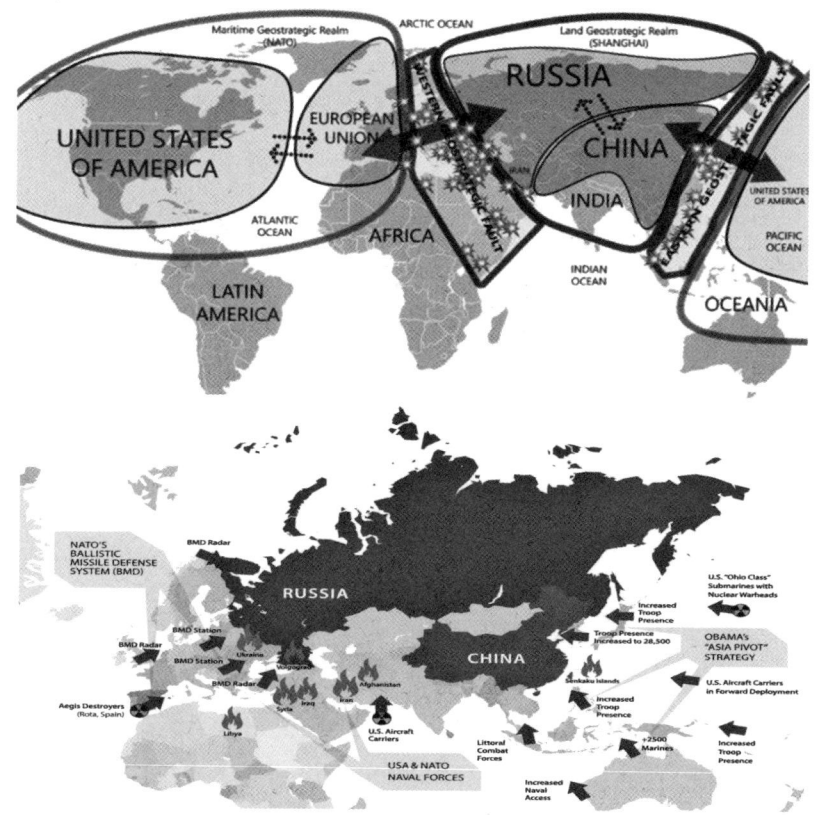

그림 1-1 유라시아 주변에 형성된 지정학적 단층선

중간국 논의는 위와 같은 전통 지정학적 충돌지대와 완충지대 논의의 한계를 극복할 수 있다는 점에서 연구의 적실성을 가진다. 중간국 외교에 대한 이론화는 미국, 중국, 러시아의 지정학적 경쟁 구도 사이에 적지 않은 나라들이 놓여 있는 오늘날의 국제정치적 현실을 반영하면서도, 이들을 구조적인 제약에 능동적이고 다양한 방법으로 반응하는 국제정치 행위자로 전환할 것으로 기대된다.

2. 지정학적 중간국과 다른 개념들(중견국, 중소국, 중추국)의 비교

지정학과 국제정치학 분야에서 강대국-약소국 이분법으로 충분히 설명되지 않는 국가들에 대한 분석은 중견국, 중소국, 또는 중추국의 개념화와 이론화로 이어졌다. 중견국과 중소국은 1950년대 이후 비 강대국(non-great powers) 연구의 연장선상에서 소개, 발전되어 온 개념들로 주로 특정 분야 또는 지역 차원에서 영향력 있는 행위자를 가리킨다.[10] 이들은 일반적으로 지정학적 강대국의 주요한 지역 파트너, 동맹, 또는 경쟁자로 기능하거나 지역 수준 안보·경제 공동체의 형성과 유지에 중요한 역할을 담당한다. 주로 전간기(interwar period, 1919~1939)와 2차 세계대전 직후의 유럽과 북아메리카 사례들을 중심으로 발전해 온 중견국, 중소국, 중추국 논의는 이후 냉전과 탈냉전이라는 시대적 변화 속에서 아시아, 오세아니아, 라틴아메리카, 그리고 탈 사회주의 유럽 등을 그 경험적 분석의 대상에 추가하였다.

오늘날 일반적으로 통용되는 중견국(middle-power state)은 그 개념적 효시를 1940년대 캐나다의 외교 전략에서 찾는다(Chapnick, 1999).[11] 당시 캐나다 정부는 힘 있고 책임감 있는(powerful and responsible) 국제정치적 행위자의 역할을 자임하면서,[12] 이를 바탕으로 세계대전에 참전하지 않았던 국가들이 전후 국제질서 수립 과정에 중견국의 자격으로 참전국(강대국)들과 다른 목소리를 낼 수 있음을 강조하였다. 이후 중견국의 개념은 크게 물질적 역량, 국가 행태, 국가정

---

10   중견국과 중소국 이외에도 중간급(middle-tier) 국가, 2등(secondary) 국가, 중진(intermediate) 국가 등 이를 가리키는 많은 개념과 용어가 산재함. 자세한 내용은 Nolte(2010)을 참조. 다만 본고에서는 연구의 현실성과 단어 사용의 빈도를 감안하여 중견국과 중소국을 그 주된 분석의 대상으로 함.

11   다만 중견국이라는 용어의 기원에 대해서 멀게는 15세기, 가깝게는 1648년 베스트팔렌 체제 출범 이후 전근대 유럽까지 거슬러 올라가는 연구들이 존재한다. 자세한 내용은 김치욱(2009) 참조

12   이를 초기 연구에서는 '중견국성(middlepowerhood)'이라는 용어로 개념화함(Chapnick, 1999: 74).

체성의 세 가지 측면에서 논의의 발전을 이루었다(강선주, 2015). 기존의 논의를 종합하자면 중견국은 ① 물질적으로는 강대국을 압도하지는 못하나 그에 상당하거나 심각한 피해를 줄 수 있는 경제력과 군사력을 보유하며, ② 행태적으로는 국제 규범을 옹호하고 강대국-약소국 간 이해관계를 중재하며, ③ 정체성의 측면에서는 강대국 중심 정치로부터 상대적으로 자유로우면서 국제정치적 정책 결정 과정에 참여할 수 있는 국가 정도로 정의될 수 있다(가령, 김치욱, 2009; 강선주, 2015). 오늘날 많은 나라들이 이 중견국 개념에 의거하여 자신의 국익을 적극적으로 정의하려는 노력을 기울이고 있지만, 사실 이 개념은 국력 및 위상 측정의 기준 설정의 모호성과 그 규범적 함의 때문에 분석적 개념으로 활용하기에 적지 않은 어려움이 있는 것이 사실이다.

중소국(small state, second-tier state)은 기존 연구에서 크게 두 가지 방향으로 정의되는 것으로 보인다. 우선, 2차 세계대전 또는 냉전체제에 주목하는 연구들은 중소국을 당시의 유럽과 북아메리카 열강 사이에서 생존을 도모하는 '작은 국가(small state)'로 정의한다(가령, Fox, 1959; Vondenbosch, 1964; Rothestein, 1968).[13] 더 구체적으로, 작은 국가로서 중소국은 "강대국을 상대로 전쟁을 수행할 능력이 없으며 외교적으로 취약한"(Vondenbosch, 1964: 294) 국가들을 일컫는다. 중소국을 강대국의 힘이 투사되는 공간으로 인식하였다는 측면에서, 전통적인 중소국 연구는 전통 지정학의 충돌지대-완충지대 논의와 유사하다. 이후 냉전의 해체와 더불어 중소국은 1급(first-tier) 지정학적 강대국의 반열에 포함되기에는 모자라지만 특정 대륙 또는 지역에서 영향력을 행사할 수 있는 '준(準) 강대국(second-tier state)'을 가리키는 개념으로 이해된다(가령, Geeraerts and Salman, 2015; Vennett and Salman, 2018). 준 강대국의 연장선상에서, 연구에 따라 중소국은 특정 기존 체제에 대한 도전자와 동일시되기도 한다(가령,

---

13 조동준(2009: 10-11)에서 재인용.

Dittmeier, 2013).[14]

한편 중추 중견국(pivotal middle power state) 또는 중소 중추국(small pivot state)[15]은 고전 지정학의 중추국(pivot state) 논의를 발전적으로 계승하였다. 중추국은 20세기 초반 영국의 지리학자인 매킨더(Halford MacKinder)가 처음 주장한 것으로 알려져 있으며, 주로 강대국 분쟁의 중심에 위치, 제한된 역량을 바탕으로 다양한 안보적 역할을 수행할 수 있는 국가나 지역을 의미한다(Sweijs et al., 2014; 이수형, 2021). 여러 후속 연구를 거쳐, 최근의 한 연구에서는 중추국을 "강대국들의 영향력이 겹치는 곳에 위치, 그들과 연계되어 있으면서 그들이 탐내는 군사적, 경제적, 또는 이념적 전략자산을 보유한 국가"로 정의하고 있다 (Sweijs et al., 2014: 8). 이러한 논의를 바탕으로, 이수형은 '중추적 중견국'을 강대국이 상호 대립하는 지정학적 구도에서 상대를 누르기 위한 최소승자연합 (minimum winning coalition)을 구성하기 위해 반드시 포섭해야 하는 중견국으로 정의하고 있다(이수형, 2021: 476). 한편 전봉근이 제시하는 '중소 중추국' 개념은 그 지역 안보와 국제 안보에 대한 영향력과 전략자산에 대한 언급으로 보아 위의 중추국 개념을 원용하는 것으로 보인다(전봉근, 2018: 14). 기존의 논의를 정리하자면, 중추적 중견국 또는 중소 중추국은 ① 강대국 사이 대립의 중심에서 ② 강대국이 탐낼 만한 전략자산을 보유하고 ③ 특정 강대국과의 연계가 지역과 국제적 차원 안보에 영향을 준다는 세 가지 측면으로 정의할 수 있다. 엄밀히 말하면 이는 중추 중견국 또는 중소 중추국 자신보다 강대국의 전략적 판단(활용 가치)에 따라 정의되는 개념으로, 고전 지정학의 강대국 중심 시각을 계승한다고 볼 수 있다. 중추국의 위상은 강대국의 전략적 활용 가치에 따라 판단된다

---

14 예를 들어 핵 비확산(nuclear non-proliferation)체제에 대한 Dittmeier(2013)의 연구는 중소국을 핵확산금지조약(NPT)의 발효 이전 핵무기 개발에 성공한 보유국(first-generation proliferator)에 도전하는 잠재적 핵 개발국(potential proliferator)과 동일시하고 있다.

15 엄밀히 말하자면 "pivot states"는 중추국으로 번역되지만, 전봉근(2018)에서는 이를 중소중추국으로 지칭하고 있음.

는 점에서 해당 국가에 대한 강대국 이익의 크기와 비례한다고 볼 수 있다.

전체적으로, 중견국, 중소국, 그리고 중추국에 대한 논의는 2차 세계대전 이후 국제정치적 힘의 배분 변화와 국제정치적 행위자의 다양화에 따라 개념적, 이론적, 그리고 경험적인 발전을 이루었다. 우선, 중견국 개념이 주로 해당 국가의 객관적인 군사·경제적 역량과 외교 활동의 형태에 주목한다면, 중소국 개념은 해당 국가를 둘러싼 안보적 환경과 그에 대한 대응에 주목한다. 그러나 중견국과 중소국 개념에 대해 현재까지도 학문적으로 합의된 정의가 부재하다는 사실은 그 개념의 적용에 있어 적지 않은 문제점을 야기하고 있다. 중견국 개념은 그 구성요소에 대한 학문적 합의가 존재하지 않으며, 따라서 연구주제와 시기에 따른 자의적인 해석이 만연한다는 비판에 직면해 왔다(김치욱, 2009: 16). 한편 중소국의 경우 기존 체제적 강대국(system leader) 바로 아래 단계의 정치경제적 역량을 가졌으며, 특정 안보 위협 이슈에 노출된 국가라는 비교적 명확한 가정이 많은 연구를 통해 공유되고 있다. 그러나 2000년대 이후의 논의는 미국 단일패권 아래 미국의 동맹 또는 경쟁자를 모두 중소국으로 분류, 최근 미-중 또는 미-러 경쟁 구도와 관련 동학을 제대로 반영하지 못한다는 문제점이 있다.[16] 중추국은 중견국이나 중소국보다 '끼인 국가'가 지정학적 강대국의 대결 구도에 미칠 수 있는 영향에 초점을 맞춘다는 점에서 본서의 '중간국' 개념과 상통하는 측면이 있다. 또한, 중추국의 개념은 국제정치에서 상대적 약소국이 강대국에 대하여 외교적 성과를 얻어낼 수도 있다는 가정에 기반을 둔다는 점에서 유용한 분석의 틀이기도 하다.

본 연구가 주목하는 지정학적 중간국(middle-ground state)[17]은 중견국, 중

---

16 예를 들어 Vennet and Salman(2018)에서는 미국의 동맹인 영국, 호주, 일본뿐만 아니라 경쟁자인 중국, 러시아, 그리고 중립적인 관계로 평가받는 브라질 등이 모두 중소국으로 분류되어 있다.

17 신범식(2020)은 지정학적 중간국을 'middle-ground state'로 번역, 기존 중견국(middle state)과 용어상 차별화를 시도함.

소국, 그리고 중추국과 다음과 같은 개념상 차이점을 보인다. 우선, 중간국은 복수의 지정학적 강대국이 대립하는 단층대라는 정치적이며 지리적인 선행 조건을 포함한다는 점에서 중견국과 다르다. 중견국이 그 개념적 모호성으로 인해 연구자의 자의적 기준이 개입할 여지를 남기는 데 반해, 중간국은 지정학적 단층대의 존재 여부라는 비교적 객관적인 전제 조건을 가지고 있다는 장점을 지닌다. 또한 일정 수준 이상의 경성 권력(군사력 및 경제력)이 그 중요한 구성요소인 중견국과는 달리, 중간국은 외부적 압력을 제외하고는 그 국가의 물리적 규모 또는 국력의 크기에 구애받지 않으므로 이 기준의 단순성으로 인해 오히려 개념의 엄밀한 적용에 유리하다.[18]

중소국과 중간국은 그 개념적인 유사성으로 인해 혼용되는 모습을 보인다(가령, 전봉근, 2018). 두 개념은 외부적인 안보 위협이라는 가정을 공유하며 이에 대한 해당 국가의 대응을 그 연구 대상으로 한다는 점에서 매우 유사하다. 따라서 이 글에서는 중소국의 개념과 안보 위협에 대한 이론적 논의가 상당 부분 중간국 이론화에 기여할 수 있을 것으로 기대한다. 다만 기존 연구에서 드러나는 중소국의 개념이 강대국의 주변부, 준 강대국, 그리고 강대국(기존 질서)에 대한 도전자 등을 포괄하는 데 반해 지정학적 중간국 개념은 그 국력이나 성향보다는 강대국의 주변부로서 해당 국가의 위치성과 그 구조적 제약성에서 유래하는 개별 국가들의 대응에 더 주목한다는 차이가 있다.

중추국과 중간국은 강대국 간 경쟁 구도에 영향을 줄 수 있는 '끼인 국가'의 존재에 주목한다는 점에서 유사성을 가진다. 그러나 중추국의 개념이 강대국들의 '평가'에 의해 규정되는 반면, 중간국은 끼인 국가에 좀 더 주목한다는 차이가 있다.

정리하자면, 지정학적 중간국의 이론적 개념은 전통 지정학의 충돌지대-

---

18 이와 관련하여 신범식(2020: 39)은 강대국 또한 더 강한 세력 간 충돌 사이에 낄 경우 중간국으로 분류될 수 있다고 지적하기도 함.

완충지대 개념을 계승하면서도, 중견국 또는 중소국 개념에 비해 그 개념 구성의 전제 조건이 뚜렷하고 단순하며 그 정의에 있어 개별 사례 국가의 자체적인 국력이나 성향 등 자의성이 개입할 만한 요소를 최소화한다는 장점이 있다. 그러나 중간국, 중견국, 그리고 중소국의 비교는 이와 같은 장점의 극대화를 위해 지정학적 단층선에 대한 명확한 조작적 정의가 필수적임을 보여준다.

3. 지정학적 중간국 외교의 선택지

지정학적 중간국은 자신을 둘러싼 지정학적 단층대의 활성화로 인해 제기되는 외교·안보적 도전에 어떻게 대응하는가?[19] 중간국은 일반적으로 회피(hiding), 초월(transcending), 특화(specializing), 헤징(hedging), 균형(balancing), 편승(bandwagoning) 등의 다양한 전략을 선택지로 고려할 수 있는데, 이런 전략적 개념은 세분화의 과정을 거쳐 외교정책으로 실현된다.[20] 이러한 전략적 선택지 중에서 중간국가들은 특히 "편승과 균형 사이의 선택"을 해야 하는 경우를 자주 맞닥뜨리게 되는데, 양자 간 적절한 균형점을 선택하는 것은 실로 고난도의 외교적 과제가 된다. 냉전 시기 진영 간 대결 구도 하에서 중간국 외교의 선택지가 좁았다. 하지만 탈냉전기에 들어 아시아와 유라시아 전역에 펼쳐지고 있는 지정학적 단층대의 활성화로 중간국 외교의 선택은 다양한 지역 정치적 조건 및 특성과 결합되면서 더욱 다양해지고 있다. 하지만 탈냉전 이후 비교적 넓은 전략적 자율성의 공간을 향유하던 중간국 외교의 "기회의 창"은 최근 지정학의 귀환, 미-중 패권경쟁의 심화 등과 같은 국제정치적 변동과 함께 다시 줄어들고 있다.

---

19 중간국의 외교적 선택지 등의 이하 논의와 관련된 국내외 학자들의 논의의 정리를 위해 서울대 정치외교학부 대학원 박사과정 이준석이 수고해 주었다.

20 가령, 균형 전략은 '내적 균형'(internal balancing)과 '외적 균형'(external balancing), '제도적 균형'(institutional balancing) 등으로 나뉠 수 있으며, 편승은 양해적 편승, 호선적 편승, 암묵적 편승 등으로 구분해 볼 수 있다.

일반적으로 외부 안보 위협에 대한 개별 주권국가의 대응은 국제정치학 분야의 핵심적 연구주제 중 하나로, 주로 현실주의 또는 자유주의적 이론에 그 설명의 근거를 두고 있다. 현실주의와 자유주의 이론은 각각 외부 위협에 대한 세력 균형(power balancing) 또는 관여(engagement)를 선택하도록 하는 이론적 배경을 제공한다.

전통적인 신현실주의적 관점에서 상대적으로 약한 국가는 위협적인 강대국의 부상에 대해 균형과 편승의 두 가지 선택지를 가진다(Waltz 1979). 위협적인 강대국에 적극적으로 맞서는 균형은 다시 자신 스스로 역량을 강화하는 내적 균형와 다른 강대국과 협력 또는 동맹관계를 맺는 외적 균형으로 나눌 수 있다. 부상하는 강대국의 편에 서는 편승 또한 관여, 특화, 유화 등 여러 다른 강도와 차원에서 논의되어 왔다. 조동준(2009)은 일련의 논의를 종합하여, 중간국(중소국)의 외부의 안보 위협(부상하는 강대국)에 대한 외교적 대응을 다음과 같이 세부적으로 분류한 바 있다. 그에 따르면 중간국(중소국) 외교는 부상하는 외부 안보 위협(강대국)에 대한 적극적인 대응 여부, 그리고 부상하는 강대국의 요구 수용 여부에 따라 뒤따르는 특정 전략의 채택 여부가 결정된다. 따라서 중간국은 외적인 도전에 대하여 대응으로부터 회피하거나, 요구를 수용하거나, 요구에 불응하는 커다란 대응방향을 정하고, 각각의 방향에 따라 소극적 또는 적극적인 성격의 수단을 동원하여 전략적 옵션을 선택하게 되는데, 다양한 전략적 옵션은 **표 1-1**에서 정리된 바와 같다.

한편 전봉근(2018)은 조동준(2009)이 제시한 여러 외교적 선택지들이 실제 역사적 사례에서 실현되었던 유형을 중립, 외적 균형, 위험 분산, 비동맹, 공동 안보의 다섯 가지로 구분하였다(표 1-2 참조).

위협적인 강대국에 대한 상대적 약소국(중소국, 중견국, 중추국, 중간국)의 외교 전략에 대한 기존의 이론적 논의는 서로 양립할 수 없는 선택지(중립, 균형, 편승) 사이에서 한 국가가 어느 한 노선만을 따른다는 가정에 기반을 두고 있다. 그러나 실제로 적지 않은 수의 국가들은 위협적인 강대국의 부상에 대해 의도

표 1-1 외부 안보 위협에 대한 중간국 외교적 대응의 이론적 논의

대응 여부		전략 옵션	기본 원칙
대응 포기		숨기 / 중립	- 안보 위협국과 접촉 최소화
요구 수용		편승 특화 유화	- 안보 위협국에 적극 동조 - 안보 위협국에 특정 재화나 기능 제공 - 안보 위협국과 관계 개선
요구 불수용	관여	제도화 경제적 상호의존 사회화	- 안보 위협국과 제도를 통한 상호작용 - 안보 위협국과 경제 교역 증대 - 안보 위협국과 인적 교류 증대
	세력 균형	내적 균형 외적 균형	- 국내 자원을 활용한 균세 (내적 균세) - 군사동맹과 제도를 활용한 균세 (외적 균세)
	제도 활용	초월 / 제도적 균형	- 안보 위협국에 대항하는 다자주의 제도 협력

참조: 조동준(2009: 19-24)의 내용을 재정리함.

표 1-2 외부 안보 위협에 대한 중간국(중소 중추국)의 외교 전략 실현

외교 전략 실현	정의	역사적 사례
중립 (neutrality)	안보 위협국과 접촉 최소화	양차 세계대전 시기 스위스
외적 균형 (external balancing)	외부 군사동맹을 이용한 균형	한-미 동맹
비동맹 (non-alignment)	중소국 간 제도적 연대 추진	반둥 아시아-아프리카 회의
공동안보 (common security)	대화를 통한 상호 긴장 완화	미-소 핵전쟁 위협에 대한 유럽의 대응

참조: 전봉근(2018: 17-19)의 내용을 정리함.

적으로 모호한 태도를 취하거나, 둘 이상의 전략을 동시에 활용할 가능성에 대한 논의가 전개되었다. 일찍이 국제정치학에서는 부상하는 국가의 전략적 의도와 이익에 대한 불확실성(uncertainty)이 기존 강대국 및 역내국들의 복합적인 대응을 부른다는 논의가 전개된 바 있다. 주로 1990년대 중후반의 중국을 바라보는 미국을 그 경험적 사례로 삼아, 워싱턴이 베이징에 대해 일관되게 경쟁적

인(competitive) 입장을 취하지는 않음을 지적한다(가령, Edelstein, 2002; Medeiros, 2005).

이 같은 논의를 경험적으로 확장하여, 기존 강대국과 부상하는 강대국의 사이에서 어느 한쪽으로 일방적으로 기울어지지 않고 소극적인 중립을 추구하지도 않는 '전략적 헤징(strategic hedging)'이 중간국의 안보 전략으로서 연구의 대상이 되어 왔다. 전략적 헤징은 본래 외부 위협에 대한 복합적인 대응 전략을 가리키는 개념으로 도입되었으나, 점차 세계 또는 지역 차원의 패권국에 대한 준 강대국 또는 중소국의 복합적인 대응 전략을 가리키는 개념으로 소개되었다(Kuik, 2008; 이수형, 2012).[21] 기존의 논의를 종합하자면, 전략적 헤징은 ① 탈중앙화하는(쇠퇴하는) 단일패권(decentralizing unipolarity)의 구조 하에서, ② 패권국에 도전할 만한 역량을 갖춘 국가들이 ③ 패권국과 정면 대결을 회피하는 '관여'의 입장을 견지하면서 동시에 그 경제·안보적 역량 내지 그 상대적 자율성을 확충하는 '균형'의 입장도 확보해 나가는 '위험 분산(hedging)'의 행위로 정의될 수 있다(가령, Tessman and Wolfe, 2011; Tessman, 2012; Vennet and Salman, 2018).

전략적 헤징은 주로 2000년대 중반 이후 미국 단일패권 체제의 점진적인 쇠퇴에 대한 준 강대국들의 대응을 그 경험적 사례로 다루었으며, 이러한 맥락에서 중국, 러시아, 프랑스, 브라질, 인도 등이 주 분석의 대상이 되었다(가령, Salman, 2017; Vennet and Salman, 2018). 그러나 2000년대 후반 이후 중국과 러시아 등이 미국 주도의 국제체제를 위협할 만한 본격적인 경쟁자로 부상하면서, 전략적 헤징을 미-중 또는 미-러 간 경쟁 구도 속에서 이해하려는 시도가 이어졌다. 이러한 맥락 속에서 지역 강대국(러시아, 중국, 이란 등)에 대한 역내 중간국(중견국, 중소국, 중추국)들의 전략적 헤징을 관찰, 분석, 그리고 이론화하려는 일련의 연구가 발표되었다(가령, 이수형, 2012; Kuik, 2016; Binhuwaidin, 2019; Hwang

---

21 전략적 헤징의 기존 논의 및 각 구성요소에 대해서는 이수형(2012: 3-8)을 참조

and Ryou-Ellison, 2021).

이처럼 탈냉전 시기 외교 전략의 중요한 특징으로 부상한 '헤징'에 대한 이해는 본 연구의 관심 대상이 중간국 외교, 특히 중간국의 선택지에 대해서도 깊은 연관을 가진다. 중간국 외교 전략으로서 전략적 헤징에 대한 논의는 다음과 같은 특징을 가진다. 첫째, 이는 전통적인 미국 단극 패권체제 하에서 헤징의 주체였던 중국, 러시아 등의 지역 강대국들을 헤징의 대상으로 보고 그보다 더 약한 국가들을 헤징의 주체로 새롭게 정의한다. 둘째, 한 국가의 자체적 역량(경제력, 군사력 등) 못지않게 이를 둘러싼 세력 구도와 안보 상황을 헤징 전략 채택의 중요한 요인으로 규정한다. 구체적으로 이수형은 중견국(중간국)의 헤징 전략이 부상하는 강대국으로부터 직접적이고 임박한 위협이 존재하지 않으며 지역의 안보 환경이 경직되지 않았을 때만 가능하다는 외부적 성립 조건을 제시하고 있다(이수형, 2012: 16-17). 마지막으로 헤징이 이루어지는 영역(경제, 군사, 정치 등), 부상하는 강대국에 대한 인식, 또는 기존 강대국과의 관계 등에 따라 전략적 헤징은 여러 다른 유형으로 분류할 수 있다(이수형, 2012; Kuik, 2016). 일례로 이수형(2012)은 부상하는 강대국(중국)에 대한 인식과 기존 강대국(미국)과의 관계를 변수로 중간국의 전략적 헤징 유형을 표 1-3과 같이 분류한다.

정리하자면, 부상하는 강대국에 대한 중간국 외교의 유형화와 이론화는 전통적인 중립, 균형, 또는 편승에 입각한 논의로부터 중립과 편승 사이의 모호성과 위험 분산을 주제로 하는 전략적 헤징으로 그 무게중심이 옮겨오고 있

표 1-3 **부상하는 강대국에 대한 전략적 헤징의 유형**

유형	정의
경성 헤징	부상하는 지정학적 강대국에 대한 협력적 관여와 기존 지정학적 강대국과의 협력 관계 유지
연성 헤징	부상하는 지정학적 강대국에 대한 제한적/경쟁적인 관여와 기존 지정학적 강대국과 협력 관계 강화
이중 헤징	부상하는 지정학적 강대국과 기존 지정학적 강대국 양측 모두에 대한 적극적 관여 동시 추구

참조: 이수형(2012: 17-19)의 내용을 정리함.

는 것으로 보인다. 따라서 중간국 외교의 대응 패턴을 분석하는 연구들은 지정학적 단층대의 활성화라는 도전에 대하여 대외적 대응의 유형으로서 중간국 외교를 다양한 선택지에 따라 분류하고 각 선택의 이유를 설명하려는 노력을 진행할 필요가 있다. 본 연구는 이를 위해 유라시아와 아시아의 다양한 층위의 중간들을 선택하여 이들이 보여주는 대외전략의 특성을 외부적 환경 변화에 대한 반응의 관점에서 분석해 보는 일차적 목표를 지닌다. 하지만 이것만으로 충분하지 않다.

4. 중간국 외교의 국내정치적 기원

앞서 살펴본 바와 같이 중간국 외교를 이해하는 외부환경에 대한 대응의 측면에 대한 이해는 중간국 외교의 객관적 조건과 주관적 판단 및 대응의 측면을 분석하고 설명하는데 유용한 개념적 도구가 될 수 있다. 하지만 중간국의 주관적 조건에 대한 탐구가 없다면 이는 절반의 설명에 그친다. 따라서 중간국 외교의 국내정치적 기반에 대한 적절한 이해가 필수적으로 요청된다.

그 시기적인 차이에도 불구하고 아시아와 유라시아 신생 독립국들의 대부분은 독립과 더불어 "국가(혹은 국민)건설"(state/nation building)이라는 매우 복잡한 과제에 직면하게 되었다(가령, Smith, 1998; Kuzio, 1998). 물론 이들 중 몇몇은 양차 대전 이후 독립 국가를 형성했었던 경험이 있지만, 탈냉전과 더불어 새롭게 등장 국가들은 그 국제정치적 환경의 차이에 따라 그 국가건설 과정의 배경에 있어 큰 차이가 있었다. 또한 탈냉전기 독립 이전에 독립 국가의 경험을 가지고 있었던 국가들[22]과 완전히 새롭게 국가를 형성한 국가들 사이의 차이도 존재한다. 이러한 역사적 경험의 차이에도 불구하고, 미국, 중국, 그리고 소련/러

---

22 예를 들어 같은 구소련 국가들 안에서도 소련에 병합되기 이전 국민국가(nation-state)를 형성했던 경험이 있는 에스토니아, 리투아니아, 라트비아의 발트 3국과 그러한 경험이 없는 다른 연방 구성국들을 비교할 수 있음.

시아 등 강대국들과의 관계를 (재)설정하는 문제는 이들의 국가 (재)건설 과정에서 핵심적 과제였으며, 이는 결국 자신에 대한 규정, 즉 국가정체성(national identity)에 대한 질문과 연관될 수밖에 없다.[23]

개인을 넘어선 집단정체성 문제와 관련하여 하버마스(Jurgen Habermas)는 사회가 개인에게 "정체성을 지키는 해석체계"를 제공한다는 점에 주목하여 정체화(identification)에 대한 심리적 욕구는 개인 및 사회적 차원의 행동의 주요한 동인임을 주장하였으며, 블룸(Bloom, 1990)은 이를 국민정체성의 동학으로 발전, 논의하였다. 국민정체성의 동학은 탈 소비에트 국가들의 국가(재)건설 과정의 핵심적인 국내정치적 배경이 되었는데, 이는 이들 국가의 정체성의 위기는 즉각적으로 정당성의 위기(legitimacy crisis)로 연결될 수 있었기 때문이다.[24] 특히 블룸의 국민정체성 동학에 대한 논의는 주목할 만하다. 그는 정체성의 안정은 심리적 안전과 행복의 필수적인 조건이기에 이에 대한 도전과 불안정성의 증대는 그 반작용으로 집단적 정체성의 안정화를 위한 집단적 행동을 가져올 수 있음에 주목하였다. 근대 국민국가의 탄생과정에서 전쟁의 정체화(identification)에 대한 효과에서 볼 수 있듯이, 외부타자와의 관계가 집단적 정체성 형성의 동인임이 지적되어 왔다. 최근에는 국내정치적 전환기에 나타나는 민주화 등의 과정이 국민의 주인의식을 강화함으로써 가장 강력한 집단정체성인 국민정체성을 강화한다는 논의가 대두되었다. 자신의 이익을 보호하고 국가정체성을 강화하기 위한 가장 강력한 정치적 동학을 형성하는 과정을 국민정체성의 동학이라 부를 수 있을 것이다. 따라서 국민정체성의 경험을 함께 한 집단은 그 정체성을 위협하는 외부의 조건이 있거나, 그를 고양할 필요가 있다고 느끼는

---

23 이하 정체성과 국내정치의 동학에 대해서는 신범식(2020: 48-52)과 신범식(2006: 279-282)의 내용을 재정리하였음.

24 이 같은 상황은 탈 소비에트 국가로서 러시아의 사례에도 해당됨. 탈 소비에트 러시아가 경험한 정당성 위기에 대해서는 Holmes(1994)와 신범식(1998)을 참고.

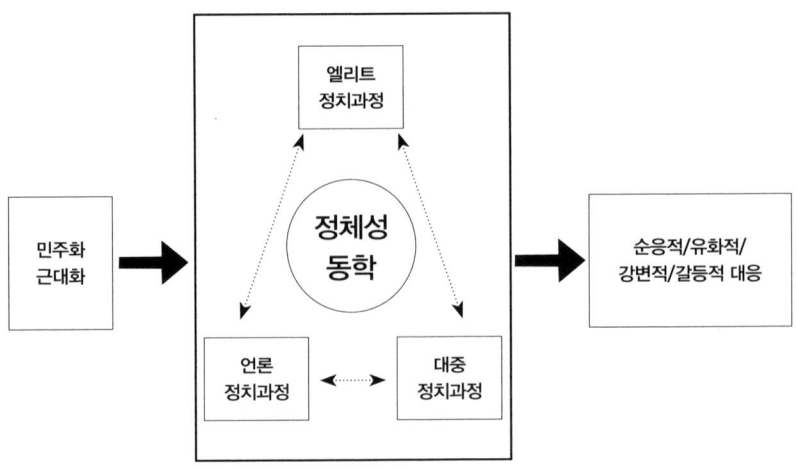

그림 1-2 민주화, 정체성의 정치, 대외정책

경우 강력한 집단행동을 분출할 수 있다. 이에 따라, 정치엘리트들의 국가이익과 국가 위신에 대한 호소나 대중 매체를 동원한 정서적 호소로 한 국가나 정치세력이 통제하기 어려운 수준의 정치적 동학을 형성하게 되는 경우가 나타난다(Bloom, 1990: 61-88).

이와 관련하여 스나이더(Snyder, 2000)의 연구는 큰 시사점을 지닌다. 그는 낙관적 자유주의자들이 사회주의권의 붕괴를 민주주의의 승리와 체제경쟁의 종식 – 후쿠야마 식 "역사의 종언(end of history)" – 으로 받아들였으나, 1990년대 이후 진행된 민주화가 일반적 기대와는 달리 민족주의의 부흥을 가져왔다고 주장한다(Snyder, 2000: 17-19). 이미 1991년의 걸프전과 유고슬라비아 내전, 1999년 코소보 사태 등은 민주주의의 전파가 평화를 진작시킬 것이라는 명제에 도전하였다. 또한 1993년 러시아의 "지리놉스키 현상"[25]과 탈 공산주의 국가들의 선거

---

25 극우 포퓰리즘 성향의 정치인 블라디미르 지리놉스키(Vladimir Zhirinovsky)가 이끄는 러시아 자유민주당(Liberal Democratic Party of Russia)이 신생 러시아연방의 첫 총선이었던 1993년 국가두마(하원) 선거에서 22.9%의 득표율로 64석을 석권, 원내 제1당으로 올라섰던 사건. 다만 당시 총선은 두마 전체 450석 중 130석(28.9%)이 무소속 의원들로 채워지고 무려 13

에서 나타난 공산당의 재기, 그리고 1994년 르완다사태 등은 민주화 과정이 낙관적 자유주의자들의 기대와는 다른 방향으로 전개되고 있음을 보여주었다.

민주화 이행기에 놓인 탈 공산주의 지역과 아시아 국가들에서 민족주의의 발흥을 목격하던 1990년대의 상황으로부터, 스나이더는 민주화 과정 자체가 민족주의와 인종 갈등의 토양을 제공할 수 있음을 경고하였다. 민주화 과정에서 민족주의의 발흥은 해당 국가의 대외정책 불안정성을 가중시키고, 민주주의 퇴행이 관찰되는 국가들에 대해 이웃 국가들이나 주변 강대국이 가하는 압력의 이유가 되기도 한다. 따라서 탈냉전 이후 유라시아와 아시아 국가들의 민주화 과정은 대외정책에서 정체성의 정치가 가지는 파괴력과 영향력에 대해 깊은 관심을 가져야 함을 촉구하고 있다.

하지만 스나이더는 민주화 단계에서 호전적인 대외정책으로 분쟁에 빠지는 이유와 관련해서 "정치엘리트의 조작"이라는 위로부터의 설명 방식에 의존함으로써 고전적 설명의 한계를 벗어나지 못한다고 하였다.[26] 즉 민주화를 통하여 기득권의 위협을 받게 된 정치엘리트들이 새로운 제도적 장치를 이용하여 수동적 대중을 선동, 대내적 혹은 대외적 분쟁에 빠지게 된다는 것이다. 그는 이 과정에서 나타나는 민족주의 이데올로기의 역할을 엘리트의 대중선동 및 조작을 위한 도구적 성격의 측면에서 주목하고 있다.

민주화를 통해 형성된 지배 엘리트가 불안한 정세를 돌파하기 위해 민족주의적 대외정책을 추진한다는 스나이더식의 가설은 대중이 소외된 채 엘리트 간의 타협으로 민주화가 진행될 경우, 아래로부터 발생하는 압력에 대응하기 위하여 지배 엘리트들이 대중을 동원할 시 민족주의적 요소들을 강조할 수 있다는 점에서는 타당성을 가진다.

개 정당이 최소 1석 이상을 얻는 등 극도로 파편화된 선거였음.

26 이런 외교정책 연구로는 국가 위기 시 '깃발 아래 뭉치기'(rally-'round-the Flag)나 대외 분쟁을 통해 국내 정치를 돌파하는 엘리트의 수법으로 '관심 전환'(diversion hypothesis) 관련 논의가 대표적이다. 이에 대해서는 Ostrom & Simon(1985), Ostrom & Job(1986) 등을 참조

하지만 민주화의 정치변동은 외부 압력에 대한 대중의 민감한 정서적 반응을 형성하는 한편, 공세적이거나 수세적인 민족적 자의식을 강화하여 민족의 새로운 지위에 대한 요청을 대내외적으로 고양시킨다. 이는 '색깔혁명'을 경험한 탈 소비에트 지역 국가들의 대러시아 관계 악화를 설명하는 효과적인 틀이 될 수 있다. 우크라이나와 조지아는 러시아와 무력 충돌을 겪었다는 점에서 그 강력한 경험적 사례가 될 수 있을 것이다. 아시아의 경우, 태국, 대만 그리고 홍콩 등지의 민주화 요구가 대외적 위신을 추구하는 국민(시민) 정서와 결부되는 상황 또한 이를 뒷받침한다. 이러한 중간국들의 대외적 반응이 순응 또는 유화적 대응이 아니라 강변적(assertive)이거나 경쟁적인 대응으로 표출될 경우, 이들과 주변 강대국과의 갈등 또는 이 과정에 영향력을 행사하려는 강대국들 사이의 갈등으로 비화할 수 있다는 점은 유라시아와 아시아의 지정학적 단층대 상에서 자주 발견되는 현상이다.

결국 중간국의 국내정치 차원에서 민주화와 같은 변화는 대중 자의식의 변화와 맞물려 정체성의 정치라는 동학을 수반하게 되며, 이는 새로운 자의식과 새로운 "국제적 지위"나 "국가적 위신"에 대한 요구로 발전, 집권 세력 대외정책 노선의 급격한 변화, 그리고 지역 국제정세의 불안정 요인으로 작용할 수 있다. 정체성 정치의 활성화는 향상된 국가 위신을 추구하는 요구와 맞물려 공격적이고 민족주의인 대외정책으로 발전할 수 있다. 민족주의적 대외정책의 발현은 중간국 외교에 요청되는 균형적이며 복합적인 전략("전략적 헤징")을 추구하기에 대단히 어려운 국내정치적 환경을 조성한다. 따라서 지정학적 단층대가 활성화되는 상황에서 대외정책적 딜레마에 봉착할 수 있는 중간국들은 국내정치적으로 정체성의 정치가 활성화되면서 나타나는 급격한 변동을 잘 관리하는 것이 중요하다. 하지만 국내정치적으로 새로운 변화를 추동하는 것이 지역 정치의 변화를 추동하는 새로운 조건이 될 수 있다는 점에서, 각 지역에서 전개되는 중간국 외교의 국내정치적 기반에 대한 사례 연구의 축적과 유형화, 이론화의 과정이 필요하다.

III. 책의 구성

본서의 저자들은 탈냉전 이후 국제정치의 변동에 의해 유라시아 중심과 주변부에서 공히 새롭게 활성화되고 있는 단층대에 위치한 중간국들을 대상으로 연구를 진행하였으며, 그 결과를 지역별 구성에 따라 1권에서는 동남아시아와 서아시아 및 남아시아 지역의 지정학적 중간국들의 외교를 분석하였으며, 2권에서는 중부와 서부 유라시아 지역의 지정학적 중간국 외교의 비교연구를 수행하였다. 미중 전략경쟁이 고조되어 가는 최근 들어 더욱 높아가는 중간국 외교에 대한 연구 요구에 부응하기 위하여 이 연구서에서는 다양한 지역정치의 구도 하에서 지정학적 중간국들이 어떤 노력을 기울이고 있는지를 분석하기 위하여 다음과 같은 질문들을 공통 질문으로 설정하였다. 지정학적 단층대 상에 위치한 특정한 중간국은 어떤 외교 전략적 딜레마를 가지는가? 이들은 자신의 외교적 딜레마 상황을 극복하기 위하여 어떤 대외 전략적 지향을 선택하였는가? 그러한 대외적 전략을 선택하도록 만든 대내적 및 대외적 요인은 무엇인가? 이런 질문들은 중간국 외교를 결정하는 각 지역의 국제정치가 개별 국가들 내부정치에 대해 미치는 영향뿐만 아니라 개별 국가의 국내정치적 동학이 대외정책으로 발현되는 과정에 대한 질문을 포괄하는 것이다. 이 책의 저자들은 이 연구 질문들 모두에 대해 일일이 답하고 있지는 않지만, 적어도 이런 질문에 답하기 위하여 필수적으로 살펴야 할 각국의 내외적 정황 및 핵심적인 현상에 주목하면서 지정학적 중간국의 맥락에서 각국의 외교 전략에 대한 연구를 진행하였다.

우선, **1부**는 동남아시아 지역 국가인 태국, 베트남, 싱가포르, 인도네시아, 말레이시아 5개국의 중간국 외교전략에 관해 다룬다. 동남아시아는 크게 대륙부와 해양부로 나뉘며, 대륙부 2개국과 해양부 2개국, 그리고 이를 잇는 싱가포르까지, 동남아시아의 국가들 중 중간국 외교의 모습을 보여주고 있는 대표적인 국가들을 소개한다. 동남아시아의 지역 국제정치가 미중 전략경쟁의 구도 속에서 갈등이 고조되고 있는 상황은 이 지역에서 중간국 외교가 얼마나 긴요한지 잘 보여주며, 한국의 중간국 외교전략에도 풍부한 함의를 가지는 것으로 보인다.

2장("태국 중간국 외교의 변화와 요인")에서 윤진표는 지정학적 중간국으로서 태국 외교는 "바람에 따라 유연하게 움직이는 대나무" 외교라기보다 "바람 속에 소용돌이치는 대나무" 외교라는 평가를 내리고 있다. 태국은 외환위기를 당한 1990년대 말부터 국민의 민족주의 감정과 국내정치의 양극화가 확대되고, 쿠데타로 인한 정치혼란 등으로 인해 중국으로부터 얻는 경제적 이익이 정권 유지에 중요해지면서 중국의 영향력이 강화되었다. 그러나 태국의 정책결정자들은 단일국가에 의존하는 외교는 현명하지 않다는 데에 동의하고 있으며, 중국의 불합리한 동북철도 건설 합작 투자를 취소하고 일본과 동서철도 합작 건설에 합의하는 등, '회피 전략'으로 중국과 균형을 맞추려는 대안을 모색하고 있다. 그럼에도 불구하고 태국은 탈냉전 이후 복합적인 국제정세를 다루기 위해 국익에 맞는 유연한 외교 전략을 구사하기 힘든 대내외적 제약요인을 여럿 안고 있다. 이러한 상황은 태국이 처한 지정학적 중간국으로서의 딜레마로 보이며, 지정학적 중간국으로서 태국은 합리적인 외교보다는 충동적으로 휘둘리는 외교를 보이고 있어 현재 상황이 지속되는 한 태국 외교에서 자주 연출되는 결정 장애는 쉽게 사라지지 않을 것으로 전망된다. 이 글이 지적하고 있는 것처럼 태국의 중간국 외교는 대나무같이 흔들리는 외교로 평가받고 있지만, 이런 흔들림은 중국에 대한 과도한 의존을 줄이면서 일본 등과 같은 외부의 타국과의 협력도 강화하고 있는 등 균세를 위한 노력의 일환임에 틀림없어 보인다.

3장("베트남의 중간국 외교")에서 김용균은 미중 어느 한쪽에 기울어지지 않은 전형적인 헤징 전략을 구사하고 있는 베트남의 균형 잡힌 중간국 외교의 국내정치적 기원을 세 가치 측면에서 고찰한다. 첫째는 정체성의 변화로, 국제질서를 사회주의 이념에 기초해 두 진영 간의 적대적 관계로 인식하던 베트남공산당은 개혁개방에 나서며 차츰 이념보다는 국익을 우선시하는 현실주의적이며 실용주의적 시각으로 국제정세를 바라보고 외교 전략을 수립하기 시작했다. 둘째는 파벌 간 균형을 통한 외교노선의 균형으로, 외교노선의 실용주의 경향 속에서도 공산당 내 보수파 이데올로그들의 영향력은 여전히 강력하게 남아 있어 베트남의 국익 우선 외교 노선이 자칫 미국 편에 서서 중국을 견제하는 편향으로 흐를 수 있는 경향을 방지해왔다. 이 점에서 베트남의 전략적 헤징은 공산당 내부에 존재하는 경합하는 두 접근 간 절묘한 타협과 균형의 산물이라고 이해할 수 있다. 여기에는 베트남 정책결정 과정의 분권적, 합의제적 성격이 중요한 제도적 요인으로 작용하고 있다. 셋째는 여론의 영향으로, 특히 대중 속에 광범위하게 퍼져있는 반중 정서는 베트남공산당의 전략적 운신의 폭을 크게 제한하는 요인이다. 중국이 앞으로 남중국해에서 수위를 높여가며 도발을 계속한다면 베트남공산당은 정권 유지를 위해서라도 중국의 지역 패권 견제를 위해 미국과의 외교 안보 협력을 강화하지 않을 수 없을 것이다. 하지만 여전히 중국과의 전략적 연대를 중시하는 공산당 지도부의 이념적 보수성을 고려했을 때 베트남 외교 전략의 급격한 변화를 기대하기는 어려울 것으로 보인다. 이 글은 중간국으로서 베트남의 헤징 전략을 가능하게 한 요인으로 정체성, 파벌, 여론을 꼽으며 국내정치적 요인을 통찰력있게 다룬다. 다만 베트남이 처한 국제정치적 요인도 좀 더 자세하게 다룬다면 더 풍부한 글이 될 것으로 보인다.

4장은 신재혁의 싱가포르의 중간국 외교 전략에 관한 글로, 제목은 "싱가포르의 중간국 외교"이다. 이 글은 원치 않게 탄생하여 말레이시아와 인도네시아 사이에서 생존이 위태로웠던 중간국 싱가포르가 반세기 만에 강한 외교력을 갖춘 중간국으로 성장한 이유를 분석하는 것을 목적으로 한다. 연구 결과, 싱가포르의 중간국 외교전략의 가장 중요한 특성은 다음과 같다. 첫째, 여러 나라와 안전한 연결망을 형성하여 외부로부터의 충격에 대비한다. 둘째, 비동맹주의를 선언하고 국익 중심의 독자적인 판단을 한다. 셋째, 강대국들을 불러들여 지역의 안정을 도모하고, 그들 간의 세력균형을 유지하여 횡포를 방지한다. 이는 한국과 같은 다른 중간국의 외교전략에 다음과 같은 함의를 제공한다. 먼저 안전한 연결망으로서 다자 간 안보협력이 중요하다. 또한 국익에 따라 독자적으로 판단하기 위해서는 강력한 전략적 자산을 보유해야 한다. 끝으로 강대국에 편승하기보다 세력균형을 도모하는 것이 강대국의 횡포를 방지하여 국익에 더 큰 도움이 될 수 있다. 본 글은 도시국가인 싱가포르가 성공적으로 중간국 외교 전략을 펼 수 있는 요인에 대한 분석을 시도한다. 지역국가들과 다자, 다층적인 협력을 도모하고, 전략적 자산을 바탕으로 강대국간 세력균형을 도모하는 싱가포르의 중간국 외교는 다른 중간국에도 좋은 모범이 될 수 있을 것으로 보인다.

5장은 최경희의 인도네시아의 중간국 외교 전략에 관한 글로, 제목은 "지정학적 중간국 인도네시아 외교전략: 세 번의 지정학적 단층대 충돌과 선택"이다. 인도네시아는 역사적으로 세 번의 지정학적 단층대 충돌을 경험하였다. 첫번째 지정학적 단층대 충돌은 네덜란드와 일본 식민제국 사이 충돌이다. 이 과정에서 인도네시아는 독자적인 민족국가의 탄생을 위해 독립운동을 벌였으며, 이러한 인도네시아 중간국 외교전략을 '초월전략'이라고 할 수 있다. 두 번째 지정학적 단층대 충돌은 냉전체제에 안에서 작동하는 미국과 소련의 대립이다. 수카르노와 하타 정부는 독립적이며 적극적인 외교 노선에 기반한 균형 전략과 비동맹 및 대결 전략을 폈으나 국내정치적 반발을 샀고, 쿠데타로 집권한 수하르토 정부는 서방과 관계를 회복하는 균형외교와 아세안을 통한 지역협력외교 및 제도화 전략을 폈다. 마지막으로 세 번째 지정학적 단층대 충돌은 2010년대 이후 본격화된 미국과 중국의 '복합적' 충돌이다. 인도네시아는 미국의 인도-태평양전략과 중국의 해양실크로드의 중심국가 중 하나로, 이에 대응해 해양주권 및 해양자원 개발을 위한 해양 전략 강화노선을 밝혔으며, 다자주의를 핵심으로 하는 복합전략의 중간국 외교 전략을 추진하고 있다. 인도네시아는 양자 및 다자관계, 지역과 글로벌 차원 그리고 쟁점별로 매우 다층적인 외교관계를 구축했다. 유도요노 정부의 '균형적이며 역동적인' 외교노선 그리고 현 조코위 정부의 '국민-중심의 외교'까지 인도네시아의 중간국 외교 전략은 시기에 따라 다양하게 변화해 왔다. 그러나 이러한 모든 외교 전략에서 인도네시아 외교의 궁극적인 특징은 바로 "사회에 기반한 외교"라는 점이다. 이러한 사회적 가치에 근거한 외교는 지정학적 중간국의 가장 중요한 실천적 자원의 하나가 될 수 있기에 중요성이 크다고 할 수 있다. 본 글은 인도네시아의 지정학적 단층대가 활성화된 시점을 세 시기로 나눠 보다 면밀한 분석을 시도한다. 인도네시아는 각 시기마다 초월, 제도화, 균형 등 다양한 중간국 외교 전략을 취했으나, 이 기반에는 사회적 가치를 중시하는 공통점이 있었음을 집어냈으며, 이는 다른 중간국에도 함의를 줄 수 있을 것이라 기대된다.

6장은 김형종의 말레이시아의 중간국 외교 전략에 관한 글로, 제목은 "말레이시아 중간국 외교 전략과 중립성"이다. 이 글은 말레이시아가 강대국 사이에 위치한 중간국의 지정학적 제약에 머물지 않고 '중립성'이라는 외교원칙의 채택과 실행을 통해 지정학과 규범적 차원에서 '중간'에 자리매김함으로써 중견 국가로서 역할을 모색해 왔다. 말레이시아는 냉전체제 속에서 양쪽 진영 사이에서 등거리 외교를 추구하고 아세안을 중심으로 지역 차원의 협력을 도모해 왔다. 아세안 중립성의 규범화에 기여하고 아세안공동체의 비전을 제시하는 등 주도적 역할을 수행했다. 이러한 중립성은 국내정치적 요인과 긴밀한 상관관계를 갖는데, 식민 지배의 결과로 형성된 다종족 사회는 국가 정체성 형성, 정치발전 그리고 외교정책 형성에 중요한 요인으로 자리 잡았다. 다수를 형성하는 말레이 종족과 이슬람은 국내 정치의 주요 변수이자 대외정책 결정요인으로 작용해왔으며, 말레이계의 정치적 지지 확보 문제는 중국과의 관계와 미·중 간 외교에도 영향을 미치고 있다. 말레이시아의 중간국 외교전략에서 볼 수 있듯, 양자 선택의 문제에서 전략적으로 규범적 측면에서 중간으로의 위치 선정은 전략적 측면에서 더 원만하게 헤징을 전개할 수 있을 뿐만 아니라 규범적 측면에서 선도적 역할을 수행할 기회를 제공한다. 본 글은 다종족인 국내정치적 요인이 말레이시아의 외교정책에 주요 변수가 됨을 잘 드러내며, 중간국으로서 중립성 및 규범성을 추구하는 외교전략에 주목해 중견국과 중간국 외교 특징의 접목을 시도했다.

2부는 남아시아와 서아시아 지역 국가, 인도, 파키스탄, 이란, 터키 4개국의 중간국 외교 전략에 관해 다룬다. 해당 국가들은 지역강국이거나 핵보유국인 국력이 강한 국가들이지만, 중간국 개념은 국력과 관계없이 지역강국도 지정학적 세력 각축이 벌어질 경우 중간국이 될 수 있다고 규정한다. 따라서 본 챕터에서는 국력의 크기와 상관없이 지정학적 세력 각축이 강하게 벌어지는 남아시아 및 서아시아 지역의 지정학적 단층대의 특성을 살펴보고, 경쟁하는 두 세력 사이에서 끼인 국가들의 외교 전략적 행태를 살펴본다.

7장은 김찬완의 인도의 중간국 외교 전략에 관한 글로, 제목은 "인도는 중견(간)국인가?: 신비동맹정책을 중심으로"이다. 인도가 과연 중견(간)국인지 질문에 대한 답을 찾기 위해 현실주의 국가속성 접근법, 자유주의의 형태적 접근법, 구성주의 정체성 및 아이디어 접근법을 적용한다. 연구 결과, 인도는 현실주의와 자유주의 측면에서 중견국이라고 주장하기에는 무리가 있으며, 강대국들 사이에 끼인 지정학적 중간국도 아니다. 그러나 인도는 군사, 안보협력 강화를 통해 국제정치 및 경제체제를 다극화하기 위해 신비동맹 정책을 추진 중이며, 독자적인 판단으로 자주외교를 펼쳐 모든 국가와 우호 협력관계를 증진한다는 비동맹의 기본적인 사고와 문화를 가지고 있어 정체성 및 아이디어 접근법에서는 중견국이라고 할 수 있다. 또한 최근 강화된 중국의 포위 압박정책으로 인해 인도는 안보 딜레마를 겪으면서 기존의 신비동맹정책 노선에서 벗어나 국가안보에서 공동안보의 필요성을 강하게 느끼는 인식의 전환 단계에 있다고 할 수 있어, 모디 정부 하에서 인도의 중간국 외교전략이 변화하게 될지 추이를 지켜볼 필요가 있다. 본 글은 인도가 중간국인지 아닌지에 대한 고찰을 주로 한다. 그러나 중간국은 중견국 개념과 달리 국력이나 행태적 접근법을 취하는 개념이 아니며, 때에 따라서는 강대국도 패권국 사이에 낀 중간국가가 될 수 있다. 그런 점에서 미국과 중국 사이에 낀 인도도 중간국 개념으로 분석이 가능하며, 화웨이 사태에서 드러나듯 미중 갈등 속 중간국의 딜레마에 빠지기도 하며, 그 과정에서 인도 나름의 중간국으로서의 외교 전략을 구사하고 있다고 볼 수 있다.

8장은 최윤정의 파키스탄의 중간국 외교 전략에 관한 글로, 제목은 "강대국 충돌과 중간국의 외교적 선택: 파키스탄 외교 전략의 재구성과 함의"이다. 파키스탄은 1947년 독립 이후 '온건한 이슬람국가'를 지향하며 독자적 외교정책을 추진하고자 했다. 하지만 이슬람과 힌두(인도), 미국과 공산권(러시아, 중국), 미국과 극단적 이슬람(알카에다와 탈레반)이 충돌하는 불안정한 지정학적 단층대에 위치하여, 단층대가 활성화될 때 극심한 대외전략적 딜레마를 겪었다. 이는 미, 중, 러 간의 갈등과 견제를 적절히 활용하는 파키스탄 대외전략의 기본이자 국가의 생존을 좌우하는 핵심 요건이 되었다. 파키스탄은 1989년 미군이 아프간에서 철수한 시점부터는 강대국에 대해 편승에 가까운 동맹외교를 선택하는 대신 연성균형 및 다자균형을 통한 적극적 헤징전략을 실시했으며, 독자적으로 안보를 지키기 위해 핵무기를 개발했다. 한편 국내 대표적인 이해집단인 군부, 이슬람, 그리고 지방 민족주의 세력의 작동에 따라 외교정책에 부침을 겪어왔으며, 이러한 내부 정치와 외부 압력이 씨줄과 날줄같이 복합적으로 파키스탄의 대외전략을 형성했다. 그러나 파키스탄이 정체성의 정치를 지속하는 이상 카슈미르를 둘러싸고 인도와의 갈등은 해소되기 어려울 것으로 보이며, 미국이 주도하고 인도가 참여 중인 인도태평양 전략에도 참여하기 힘들 전망이다. 이에 파키스탄의 중간국 외교 전략으로 다양한 헤징전략이 요구된다. 본 글은 파키스탄의 중간국 외교의 대내외적 요인을 골고루 살펴보며, 강대국 편승보다는 연성 및 다자균형을 통한 헤징전략이라고 평가한다. 그러나 대내외적 여건 상, 파키스탄은 점차 중국과의 협력이 강화되어 강대국 편승적인 면모가 강화되고 있는 것으로 보인다.

9장은 유달승의 이란의 중간국 외교 전략에 관한 글로, 제목은 "지정학적 중간국 이란의 외교전략"이다. 이란은 지리적으로 서남아시아에 위치한 국가로 인더스강과 티그리스강 사이의 이란고원에 있으며 아시아와 유럽을 연결하는 지정학적 요충지로 고대로부터 동양과 서양을 잇는 교량 역할을 해 왔다. 이러한 지정학적 요인으로 인해 이란의 역사는 아랍, 러시아, 영국, 미국 등 다양한 외세의 침입으로 점철되었다. 이에 따라 이란인들은 외부인에 대한 불신이 팽배해 전통적으로 외세에 대한 저항문화를 가지고 있고, 이를 바탕으로 강대국에 대한 등거리 외교원칙을 표방하고 있다. 1979년 이슬람 혁명 이후 이란은 '이슬람 공화국'을 강조하며 독자적인 자주노선을 표방하는 균형 외교 전략을 추진했다. 하지만 미국이 9·11 테러 사태 이후 이란에 대한 제재와 압박을 더욱 강화하자 이란은 중국과 러시아의 관계를 강화시키기 위한 동진 정책을 채택했다. 한편 이란의 외교 정책은 국내 정치와 밀접하게 연관되어 있어, 국내 정치 요인도 주된 변수가 되고 있다. 개혁파와 중도파의 집권 시기에는 실용주의 노선이 강조되었지만 신원리주의자 집권 시기에는 강경 자주파 노선이 등장했다. 이처럼 이란의 외교 정책은 내부적 요인 및 외부적 요인에 의해 영향을 받고 있으며, 현재 미중 패권 경쟁이 심화됨에 따라 이란의 중간국 외교 전략은 균형과 편승을 적절히 활용하는 헤징 전략이라고 볼 수 있다. 본 글은 이란의 중간국 외교의 대내외적 요인을 균형있게 살펴보며, 이란이 균형 및 편승을 적절히 활용하는 헤징전략을 펴고 있다고 평가한다. 다만 이란은 핵무기 및 신정체제로 인한 대내외적 제약 요인이 매우 강해, 균형과 편승을 적절히 활용하기보다는 편승전략이 강해지는 경향을 보이고 있는 것으로 보인다.

10장은 장지향의 터키의 중간국 외교 전략에 관한 글로, 제목은 "에르도안 시대 터키의 팽창주의 외교: 국내 일인체제 강화와 역내 지정학 변동에 따른 중간국의 일탈"이다. 터키는 중동, 유럽, 유라시아의 지정학 세력이 충돌하는 단층대에 자리 잡은 대표적 중간국으로, 이 단층대를 둘러싸고 미국, 러시아, 중국 간 세력 경쟁이 첨예해지는 가운데 강대국에 끼인 터키의 외교 전략은 크게 변모해왔다. 2010년대 초반 터키는 국제사회의 공익 증대, 자유 시장경제와 민주주의를 강조하는 중견국 외교를 내세웠다. NATO, G20, MIKTA 회원국이기도 한 터키는 국제사회에서 강대국 중심의 힘의 논리에 반대하고 시장경제, 인권과 민주주의 도모, 소프트 파워의 중요성을 주장했다. 그러나 2010년대 중반 이후 터키는 기존의 중견국 외교정책에서 벗어나 민족주의·신오스만주의·유라시아주의에 기반을 둔 공격적 팽창주의 정책을 추구하기 시작했다. 일탈에 가까운 이러한 변화는 에르도안(Recep Tayyip Erdoğan) 대통령의 권력 사유화 및 일인체제 강화라는 내부적 요인과, 미국의 쇠락, 러시아의 부상, 유럽의 관망에 의한 비자유주의 질서의 부상에 따른 중동 지정학의 지각변동이라는 외부적 요인이 작용하고 있다. 이러한 내, 외부적 요인으로 인해 터키의 중간국 외교 전략은 점차 일탈적인 팽창주의 외교로 변해가고 있어 귀추가 주목된다. 본 글은 중견국적인 면모를 선보이던 터키가 에르도안의 1인 권력 강화에 따라 일탈적인 면모를 보이고 있다고 평가한다. 그러나 본 책이 규범적인 성격을 띠는 '중견국'이 아닌 '중간국' 개념을 다루고 있다는 점에서, 터키의 러시아, 중국과의 관계를 일탈이 아닌 강대국 균형 전략 혹은 헤징 전략으로 바라볼 필요성도 제기될 수 있어 보인다.

이상의 글들을 통해 우리는 동남아시아와 남아시아 및 서아시아에 이르는 다양한 아시아의 지역들에 위치한 지정학적 중간국들이 보여주는 다양한 외교적 선택과 대응에 대한 풍부한 이해를 도모할 수 있었다. 물론 필자들에 따라서 각국의 외교 전략을 이해하는데 필요한 핵심적인 요인들에 대한 강조의 측면이

다르며, 또한 대외환경에 대한 반응 측면에 대한 강조나 그 국내정치적 기원에 대한 강조 간의 비중 또한 상이한 것이 사실이다. 하지만 분명한 것은 중간국 외교를 이해하는데 대외적 환경에 대한 대응의 측면과 그 국내정치적 기반을 동시에 살펴보는 작업이 매우 중요하다는 점을 보여준다. 물론 이론적 발전의 요청에 따르자면 이론적 단순성의 미학을 위해 특정 측면에 대한 강조가 필수적이기도 하지만 중간국 외교에 대한 대안 이해를 위해서 대외적 측면과 국내적 측면을 동시에 살펴보아야함을 본 연구의 다양한 사례들이 보여주고 있다고 할 수 있을 것이다. 향후 이러한 필요를 바탕으로 한 다양한 중간국 외교의 사례들이 연구되고 축적되면서 대외적 대응과 국내정치적 기원이 결합되는 다양한 경로와 과정에 대한 연구도 진행되어야 할 것이다.

참고문헌

강선주. 2015. "중견국 이론화의 이슈와 쟁점."『국제정치논총』55(1): 137-174.
김치욱. 2009. "국제정치의 분석단위로서 중견국가(Middle Power): 그 개념화와 시사점."『국제정치논총』49(1): 7-36.
김흥규 외. 2021.『신국제질서와 한국외교전략』. 서울: 명인문화사.
신범식. 1998. "현대 러시아 이념과 정치과정에 나타난 '서양'과 '동양'의 문제."『슬라브학보』14(2): 383-411.
신범식. 2006. "민주화, 민족주의 그리고 대외정책: 러시아 사례를 중심으로."『슬라브학보』21(4): 275-305.
신범식. 2020. "지정학적 중간국 우크라이나의 대외전략적 딜레마."『국제·지역연구』29(1): 37-69.
손열 외. 2016.『한국의 중견국 외교: 역사. 이론. 실제』. 서울: 명인문화사.
이수형. 2012. "동아시아 안보질서에서 강대국과 중견국의 헤징전략."『한국과 국제정치』28(3): 1-29.
이승주. 2016. "연합 형성과 중견국 외교."『국제·지역연구』25(2): 91-116.
전봉근. 2018.『중소 중추국 외교전략과 한국 외교』. 서울: 국립외교원 외교안보연구소
조동준. 2009. "안보위협에 대처하는 중소국의 선택."『세계정치』11: 7-29.

Binhuwaidin, Mohammed. 2019. "Oman's Response to a Rising Iran: A Case of Strategic Hedging." *Journal of Arabian Studies* 9(1): 1-12.
Bloom, William. 1990. *Personal Identity, National Identity and International Relations*. Cambridge: Cambridge University Press.
Cai, Kevin G. 2018. "The One Belt One Road and the Asian Infrastructure Bank: Beijing's New Strategy of Geoeconomics and Geopolitics." *Journal of Contemporary China* 27(114): 831-847.
Chapnick, Adam. 1999. "The Middle Power." *Canadian Foreign Policy Journal* 7(2): 73-82.

Cohen, Saul B. 1963. *Geography and Politics in a World Divided*. New York: Random House.

Diez, Thomas. 2004. "Europe's Others and the Return of Geopolitics." *Cambridge Review of International Affairs* 17(2) (July): 319-335.

Dittmeier. 2013. "Proliferation, Preemption, and Intervention in the Nuclearization of Second-Tier States." *Journal of Theoretical Politics* 25(4): 492-525.

Edelstein, David M. "Managing Uncertainty: Beliefs about Intentions and the Rise of Great Powers." *Security Studies* 12(1): 1-40.

Geeraerts, Gustaf and Mohammad Salman. 2015. "Measuring Strategic Hedging Capability fo Second-Tier States under Unipolarity." *Chinese Political Science Review* 1: 60-80.

Gentile, Michael. 2019. "Geographical Fault Line Cities in the World of Divided Cities." *Political Geography* 71: 126-138.

Hafeznia, Mohammad Reza. 2017. "Active Geostrategic Faults in the World." *Geopolitics Quarterly* 12(4): 1-12.

Holmes, L. 1994. "*Normalisation and Legitimation in Postcommunist Russia.*" in S. White, A. Pravda, Z. Gitelman eds. *Developments in Russia and Post-Soviet Politics*. London: Macmillan.

Hwang, Wonjae and Hayoun Jessie Ryou-Ellison. 2021. "Taking a Side between the United States and the People's Republic of China: Strategic Hedging of South Korea and India." *International Area Studies Review* 24(2): 60-78.

Kuik, Cheng-Chwee. 2008. "The Essence of Hedging: Malaysia and Singapore's Response to Rising China." *Contemporary Southeast Asia* 30(2): 159-185.

Kuik, Cheng-Chwee. 2016. "How Do Weaker States Hedge? Unpacking ASEAN States' Behavior towards China." *Journal of Contemporary China* 25(100): 500-514.

Kuzio, Taras. 1998. *Ukraine: State and Nation Building*, London: Routledge.

Mead, Walter Russell. 2014. "The Return of Geopolitics: The Revenge of the Revisionist Powers." *Foreign Policy* 93(3): 69-79.

Medeiros, Evans S. 2005. "Strategic Hedging and the Future of Asia-Pacific Stability." *The Washington Quarterly* 29(1): 145-167.

Menon, Rajan and Jack L. Snyder. 2017. "Buffer Zones: Anachronism, Power Vacuum, or Confidence Builder?" *Review of International Studies* 43(5): 1-25.

Nolte, Detlef. 2010. "How to Compare Regional Powers: Analytical Concepts and Research Topics." *Review of International Studies* 36(4): 881-901.

O'loughlin, John. 1999. "Ordering the 'Crush Zone': Geopolitical Games in Post-Cold War Eastern Europe." *Geopolitics* 4(1): 34-56.

Ostrom, Charles W., Jr. and Dennis M. Simon. 1985. "Promise and Performance: A Dynamic Model of Presidential Popularity." *The American Political Science Review* 79(2), 334-358.

Ostrom, Charles W., Jr. and Brian L. Job. 1986. "The President and the Political Use of Force." *The American Political Science Review* 80(2), 541-566.

O'Sullivan, P. 1986. *Geopolitics*. New York: St. Martin's Press.

Salman, Mohammed. 2017. "Strategic Hedging and Unipolarity's Demise: The Case of China's Strategic Hedging." *Asian Politics & Policy* 9(3): 354-377.

Smith, Graham. 1998. Vivien Law, Andrew Wilson, Annette Bohr and Edward Allworth, *Nation-building in the Post-Soviet Borderlands*, Cambridge: Cambridge University Press.

Snyder, Jack. 2000. *From Voting to Violence: Democratization and Nationalist Response*. New York: W.W. Norton & Company.

Spykman, Nicholas John. 1942. "Frontier, Security, and International Organiza-

tion." *Geographical Review* 32(3): 436-447.
Sweijs, Tim, Willem Theo Oosterveld, Emily Knowles, and Menno Schellekens. 2014. *Why Are Pivot States so Pivotal? The Role of Pivot States in Regional and Global Security*. The Hague, Netherlands: The Hague Centre for Strategic Studies.
Tessman, Brock. 2012. "System Structure and State Strategy: Adding Hedging to the Menu." *Security Studies* 21(2): 192-231.
Tessman, Brock and Wojtek Wolfe. 2011. "Great Powers and Strategic Hedging: the Case of Chinese Energy Security Strategy." *International Studies Review* 13: 214-240.
Vennett, Nikolas Vender and Mohammad Salman. 2018. "Strategic Hedging and Changes in Geopolitical Capabilities for Second-Tier States." *Chinese Political Science Review* 4: 86-134.
Vondenbosch, Amry. 1964. "The Small States in International Politics and Organization." *The Journal of Politics* 26: 293-312.
Waltz, Kenneth. 1979. *Theory of International Politics*. Reading, MA: Addison-Wesley.
Wolff, Andrew T. 2015. "The Future of NATO enlargement after the Ukraine Crisis." *International Affairs* 91(5): 1130-1121.

1부

동남아시아의 지정학적 중간국 외교

제2장 태국 중간국 외교의 변화와 요인   윤진표(성신여자대학교)

제3장 베트남의 중간국 외교   김용균(서울대학교)

제4장 싱가포르의 중간국 외교   신재혁(고려대학교)

제5장 지정학적 중간국 인도네시아 외교전략:
       세 번의 지정학적 단층대 충돌과 선택   최경희(서울대학교)

제6장 말레이시아 중간국 외교 전략과 중립성   김형종(연세대학교)

제2장

태국 중간국 외교의 변화와 요인

윤진표(성신여자대학교)

I. 머리말

21세기 들어 태국은 '대나무 외교'라고 불리며 오랫동안 유지되던 유연성과 실용주의 외교전통을 지키는 것이 점차 어려워지고 있다. 외환위기를 당한 1990년대 말부터 국민의 민족주의 감정과 국내정치의 양극화가 커지고, 중국 변수가 태국과 미중 관계에서 정책결정과정의 주요 요인으로 작용하면서 변화하게 되었다. 아시아의 미국 동맹국들과 비교해 태국은 항상 미국 정책을 수용하지는 않게 되었고, 많은 경우 오히려 중국에 우호적인 외교행태를 취하고 있다. 이런 정책 추세는 잘 계산된 전략에서 나온 결과물이기 보다 오히려 중국변수와 정책결정을 둘러싼 민감한 국내 상황에서 비롯된 반작용으로 보인다. 따라서 현재 태국의 외교정책은 전통적으로 불렸던 "바람에 따라 유연하게 움직이는 대나무" 외교라기보다 "바람 속에 소용돌이치는 대나무" 외교라는 평가를 받고 있다(Busbarat, 2016: 233). 이러한 상황은 태국이 위치한 지정학적 중간국으로서의 딜레마적인 위상을 보여주고 있다.

본 연구는 지정학적 단층대에 위치한 중간국으로서 태국 외교전략의 역사적 특징과 변화 그리고 외교정책에 영향을 미치는 대내외적 요인에 대해 분석하는 것을 목표로 한다. 태국의 외교 사례는 중간국이 보여주는 다양한 특징을 잘 나타내고 다른 중간국과 비교할 수 있는 틀을 제공해 줄 수 있다. 태국의 외교를 역사적 관점에서 구체적인 사례를 통해 살펴보고, 태국 외교정책의 특징과 한계를 제시함으로써 중간국이 보여주는 외교전략을 설명하고자 한다.

II. 중간국 개념과 분석틀

'중간국'은 경쟁하는 강대국 사이에 위치하는 국가로 개념화할 수 있다. 지정학적 중간국의 외교정책을 분석하는 목적은 강대국 간의 경쟁, 즉 지정학적 단층대의 활성화에 의해 중간국은 모순적인 외교전략의 압력에 노출된다는 가설을 설명하고자 하는 것이다. 중간국 연구는 중간국을 둘러싼 지역정치가 국가 내부에 미치는 외적 영향과 국내정치 동학의 내적 영향과의 인과관계를 구분하여 설명하는 분석틀을 세우고, 시기별로 나타난 역사적 사례를 제시하여 증명하려는 것이다(김상배, 2011; 신범식, 2020; 조동준, 2009; Kassimeris, 2009).

중간국(中間國)이란 경쟁하는 강대국 내지 지정학적 세력이 맞부딪히는 지대 즉 지정학적 단층대에 존재하는 국가들을 말한다. '끼인 국가', '사이 국가' 등으로도 불리는데 흔히 강대국들 사이에 끼인 국가로 불리는 중간국은 지역정치의 지정학적 구조에서 지정학적 단층대 상에 위치하고 있는지 여부에 의해 조건 지워지며, 세력권을 두고 각축하는 두 세력 간의 경쟁이 고조되는 지정학적 단층대의 활성화에 의해 모순적인 외교전략의 압력에 노출되게 된다. 따라서 중간국을 결정하는 가장 중요한 조건은 지정학적 단층대의 활성화이다. 중소국이나 약소국은 말할 것도 없고 드물게 나타나긴 하지만 강대국도 더 강력한 세력 간의 경쟁이나 충돌이 발생할 경우에 중간국이 될 수 있다. 중간국 개념은 현실주의적 시각을 바탕에 두었지만, '중견국'이나 '완충국' 개념보다 더 지정학적이며 중립적이고 분석가능성을 열어주는 개념으로 볼 수 있다. 기존 '중견국'(middle power) 개념은 모호한 개념으로 전락할 위험성이 있다. 국력의 측정과 비교가 지니는 어려움과 규범적 내지는 당위적 지향성으로 인하여 분석 개념이 되기 어렵다고 본다.

최근 국제정치의 뚜렷한 경향으로 지정학의 귀환 현상이 대두된 이후 미중 경쟁, 미러 경쟁 등 강대국 경쟁이 첨예화하면서 지정학적 단층대가 활성화되는 상황은 이른바 중간국들이 처한 국제정치와 지역정치에서의 지정학적 압력을 증대시킴으로써 그들의 외교 전략 수립과 실현에 딜레마적 과제를 부과하고 있다. 중간국들은 충돌하는 두 세력 사이에 끼인 국가로서 경쟁하는 강대국 내지 두 세력 사이에서 전략적 딜레마에 봉착하게 된다. 특정 지역의 지정학적인 세력구도 하에 둘 이상의 강대국이 벌이는 세력 경쟁의 충돌지대에 위치한 중간국들은 생존과 번영을 위해 외교 전략을 모색함에 있어서 다양한 선택지를 두고 고민하게 된다.

중간국들은 양대 세력권의 접점에 위치하면서 양측의 상반된 요구에 의하여 상충적인 정책적 선택지 사이에서 딜레마적 상황에 노출되기 때문에 대외 전략적 지향성을 선택하는데 있어 내적 필요와 외적 요청이 매우 복잡하게 얽히는 정책 환경에 노출된다. 따라서 중간국들의 대외 전략적 지향성의 추구는 생존과 번영을 위한 긴장된 선택 과정이 될 수밖에 없다. 전통적인 중간국의 대외 전략으로는 회피(hiding), 초월(transcending), 특화(specializing), 균형(balancing), 헤징(hedging), 편승(band-wagoning) 등을 들 수 있다.

중간국 외교의 유형화를 특정하는 것 못지않게 중요한 것은 중간국이 처한 구체적인 국제정치와 지역정치의 압력과 상황은 어떠하며 그것이 어떻게 국내정치에 영향을 미치는가를 살피는 것이다. 국내정치의 동학이 어떻게 대외 전략의 선택에 영향을 미치는가를 밝히고, 이러한 동학을 유형화하여 설명하는 것도 필요하다. 이러한 동적인 설명은 기존의 전략 유형에 집중하는 설명법이 "왜 동일한 구조적 조건에 처한 중간국들이 다른 전략적 선택을 하는지"에 대한 해답을 주지는 못하는 약점을 보완할 수 있다. 같은 헤징 전략이라 할지라도 지역별 지정학적 구도와 국가의 역량 및 국내정치적 동학에 따라서 상이한 특성의 헤징 전략을 구사할 수 있다. 이런 차이는 같은 강대국들이라도 지역별로 상이하게 형성되는 세력구도와 전략적 이익에 따라 상이한 전략적 지향을 모색하게 되고, 추진력의 강도에서도 차이를 보일 수 있다는 점과 역내 행위자들의 관계에 대한 역사적 경험 등 다양한 요인들로부터 기인한다.

따라서 외교 전략의 개념적 정치화 못지않게 다양한 지역에서 다양한 시기와 지역에 따라 존재하는 중간국들의 외교 전략의 구상과 실천의 경험을 발굴하여 비교지역적 관점에서 연구하는 것이 필요하다. 이러한 연구는 약소국과 중견국 범주에 들어가지 않아도 중간국의 외교적 특성에서 포획되는 일부 강대국들의 대외 전략을 설명하는데도 유용할 것이다. 초강대국 미국과 패권국의 지위에 도달해있는 중국의 경쟁시대가 본격적으로 열리면서 지정학적 중간국으로서 태국의 과거로부터 현재까지의 역사적 사례를 통해 중간국 외교의 변화와 요인을 분석하고자 한다.

III. 태국 중간국 외교의 역사적 배경

미소와 친절의 나라로 알려진 태국은 동남아를 대표하는 문화를 가지고 있는 나라이다. 한국전쟁에 군대를 파견해준 오랜 우방이고, 한국인들이 가장 많이 찾는 관광대국이자 한류 유행의 중심국이다. 한반도 2배 반에 달하는 51만km^2의 국토에 남북한인구를 합친 7천만 명이 살고 있는 태국은 동남아에서 유일하게 식민지배를 받지 않았다는 자부심을 갖고 있다. 1932년 쿠데타이후 지금까지 19번의 쿠데타가 발생하여 군부의 정치개입이 일상화되었지만 국왕과 불교, 국민으로 상징되는 국기처럼 태국의 정치문화는 비교적 안정된 모습을 보였다. 태국이 정치적 안정을 유지했던 이유는 국왕과 불교에 대한 국민들의 뿌리 깊은 신념에서 비롯된 유대감 때문이다. 국왕이 건재하는 한 권력의 중심은 국왕에게 있지 군부나 독재자의 손에 있지 않다는 믿음이 태국 국민들 마음속에 자리 잡고 있었다. 국왕은 군의 통수권자이자 비난과 고소의 대상이 될 수 없는 지존의 존재이다. 태국은 1980년대부터 중도적 국가개혁과 공동체 강화론을 펼쳤지만 1930년대 이래 유지해온 입헌적 존왕주의(尊王主義)를 넘어서지는 않았다.

태국의 국명은 타이왕국(Kingdom of Thailand)로, '자유의 땅'이란 의미를 갖고 있다. 국기는 청, 백, 적의 삼색기로 가운데 청색은 국왕, 백색은 불교(Sangha), 적색은 국민을 상징하며 국왕과 불교와 국민의 삼위일체식 결합을 강조한다. 태국을 상징하는 국왕은 태국국민의 단결과 화합의 구심점으로 상징적 국가원수이상의 권위를 행사한다. 태국 헌법은 누구도 국가와 불교와 국왕을 해치면서 자신의 헌법적 권리와 자유를 누릴 수 없다고 규정하고 있다. 태국의 왕권에 대한 불교식 원리에 따르면 왕은 모든 사람들의 집합체로부터 선출되는 것이고, 국민들이 진정으로 의지할 수 있는 보호자로서 올바르게 군림해야 하며 불교의 도덕률에 따라 지배해야 한다. 국왕은 마하싸마타(Mahasammata), 즉 선출된 위대한 사람이고, 담마라자(Dhammaraja), 즉 사람들의 이해를 정의롭게 조정하는 지배자라는 뜻으로 불렸다. 국왕과 불교는 국가적 통합을 상징하고 태국정치를 지탱하는 문화적 장치인 것이다(윤진표, 2020: 253).

현 태국왕조인 짜크리(Chakri)왕조 제9대(Rama Ⅸ) 푸미폰 아둔야뎃 국왕은 1946년 즉위하여 2016년 서거할 때까지 70년간 세계 최장수 재위를 기록했다. 태국의 현대 정치사와 함께 했던 푸미폰국왕은 전통적인 국왕의 위상뿐 아니라 재능과 인품까지 갖춘 국왕으로서 태국 국민의 절대적인 존경을 받았다. 그러나 21세기에 들어서서 푸미폰국왕의 건강이 악화되면서 입원과 퇴원을 반복하며 적절한 정치적 역할을 수행하는데 한계를 보였다. 2016년 10월 13일 푸미폰국왕이 서거했고, 12월 1일 와치라롱껀 왕세자가 라마 10세로 왕위를 계승했다. 국왕 승계는 태국에 정치변동을 알리는 신호와 같았다.

1. 19세기 태국의 대 영국과 프랑스 외교

1782년 시작된 방콕 짜크리왕조는 1824년 버마가 영국에 패하고, 1839년 아편전쟁에서 중국이 패한 사실을 잘 인지하고 있었다. 1833년 라마3세는 캄보디아를 침공해 베트남을 몰아냈지만 그 후 14년간 베트남과 지루한 전쟁을 벌였다. 캄보디아와 라오스는 태국과 베트남 사이에서 완충지대 역할을 했다. 19세기 중반 영국과 프랑스 등 유럽열강의 동남아 침략이 본격화하면서 짜크리왕조 라마4세 몽꿋 왕은 유럽에 사절단을 파견하는 등 유럽의 힘을 과소평가하지 않으면서 상황을 적극 관리하였다(Riggs, 1966: 105-109). 약소국인 태국은 독립유지를 위해 서구열강들을 상호견제시키는 특유의 외교전략을 개발하였다. 유럽열강의 식민주의가 절정해 달했던 19세기 말 태국은 사방이 적으로 둘러싸인 형국이 되었다. 영국이 통치한 말레이반도는 남부 태국을 위협했고, 버마를 식민화한 영국은 중국 남서부로의 통로를 개척하기 위해 태국 북부 치앙마이지역을 위협했다. 또한 베트남 인도차이나지역으로 진출했던 프랑스는 캄보디아와 라오스를 통해 태국에 끊임없이 압력을 가했다(김영애, 2001: 194-196). 그러나 1890년대 영국과 프랑스는 동남아지역에 대한 영토적 확장 능력이 한계에 도달했고, 두 나라 모두 태국을 취하는 것은 허락할 수 없었기 때문에 1896년 태국을 중립지역으로 유지하는 데 합의하게 되었다(Wyatt, 1984: 208-212).

20세기 들어 태국은 제1차세계대전이 발발하자 연합국에 가담함으로써 독립국가로서의 위치를 확고히 하는 전략을 폈다. 전후 태국은 베르사이유 평화회의와 국제연맹 창설에 참여함으로써 국제적 위상을 크게 높이게 되었다. 1922년 태국은 1850년대 미국과 체결했던 치외법권을 인정했던 불평등조약을 폐지하면서 다른 유럽국가들과 맺었던 불평등조약도 점차 폐지하게 되었다(김영애, 2001: 202-204).

2. 태평양전쟁시 태국의 대 일본 외교

태국은 1930년대 일본의 동남아 침략이 노골화되면서 일본을 예의주시했다.

국제연맹이 일본의 중국침략을 비난했을 때도 태국은 비난을 자제했다. 그러한 대가로 태국은 일본이 일으킨 태평양전쟁에서 프랑스에 빼앗겼던 캄보디아와 라오스를 회복할 수 있었다. 그렇다고 태국이 일본의 꼭두각시 노릇만 한 것은 아니었다. 태평양전쟁 당시 표면적으로 독립을 유지하면서 태국에 5만 명의 일본군 주둔을 허용하고 버마로의 통로를 열어주기는 했지만 당시 피분 쏭크람 총리는 일본이 주장했던 대동아공영권에의 참여는 거부했다. 피분 총리는 태국이 연합국과 추축국 어느 한쪽에도 관여하지 않도록 중립외교를 펼쳤다. 1941년 태국이 옛 태국의 영토였던 프랑스령 캄보디아 일부 지역을 공격하자 일본이 중재자로 나서서 태국 쪽에 유리하게 협상을 해주면서 일본에게 도움을 받고, 일본이 영국령 말레이 반도와 버마 지역을 점령하기 위해 일본군의 무상 주둔과 통행을 요구하자 피분 총리는 이를 수락했다. 1942년 피분 총리는 일본과 공수동맹을 체결하고 영국과 미국에 선전포고를 한 후 군대를 동원하여 영국령 버마의 샨주(州)를 침공했다. 피분 총리는 민족주의자로서 일본 세력을 업고 서양 제국주의 국가들에게 빼앗긴 영토를 회복하고 동남아 지역 패권을 잡으려는 '大태국주의'를 추구했다(Wyatt, 1984: 252-260). 태국의 동남아대륙부 중심국가 전략은 이때부터 시작되었다.

이와는 별도로 세니 주미 태국대사는 미국에 대한 태국의 선전포고문 전달을 거부하고 미국 정부의 지원 하에 항일 '자유태국운동(Free Thai Movement)'를 결성했다. 1943년 이후 전황이 일본에 불리해지자 일본은 말레이 반도 4개 주와 미얀마 2개 주를 태국에 주겠다는 등 협력관계 진전을 통해 지원을 얻어내려 하였으나 태국정부는 이를 거절했다. 미국 내 태국인들은 피분 총리의 암묵적인 지지 하에 자유태국임시정부를 수립했다. 태국정부는 중국을 통해 연합국과 접촉하여 반일 정책을 추진하고 있음을 피력하기 시작했고 1944년 8월 일본과의 전시협정을 파기했다. 1945년 8월 영국·미국에 대한 선전포고는 일본의 무력강압에 의한 것으로 무효라고 선언하고 쁘리디를 중심으로 한 관료세력은 당시 피분 중심 군사정부의 도움을 비공식적으로 받으면서 반일 운동을 진행했다(Riggs, 1966: 235-236). 연합국과의 협상력을 높이기 위해 피분 총리가 해임되고, 미국의 신임을 받으며 자유태국운동을 주도한 세니 주미대사를 1945년 9월 총리로 추대하여 전쟁 협상의 선두에 세웠다. 태국은 영국과 프랑스에 자진해서 손해배상을 하고 미국의 지원을 받아 패전국 대우를 면하면서 1946년 12월 유엔에 가입했다. 일본이 패망하자 친미파들은 피분 군사정부를 인수할 준비를 했고 전후 태국이 유리한 조건에서 연합국과 협상할 수 있는 위치를 차지하게 되었다. 이러한 배경으로 인해 태국 외교를 '대나무외교' 즉 이중외교의 특징을 갖는 나라로 부르게 되었다.

3. 냉전기 태국의 대 미국 외교

일본의 패전이 확실시 되던 1944년 정권을 내놓고 물러났던 피분이 1947년 쿠데타로 복귀하자 미국과 군사 및 경제원조조약을 체결하는 등 적극적인 친미외교가 시작되었다. 태국은 동남아에서 미국편에 서는 반공의 보루가 되었다. 피분 정부는 1950년 한국전이 발발하자 미국에 호응하여 한국에 태국군을 파견했고, 1950년 10월 17일 태국과 미국은 양국간 최초의 군사원조협정을 체결했다(Phongpaichit, 2002: 292-296). 태국은 미국의 지원을 받으며 파키스탄, 필리핀과 함께 1954년 동남아조약기구(SEATO)에 가입하고 공산화 위협에 처한 신생 베트남공화국의 제2의 방어선 역할을 하며 미국에 군사기지를 제공했다(Girling, 1981: 232-233). 1957년, 1958년 싸릿의 쿠데타와 1963년 타넘의 쿠데타 등 군부정권의 권위주의통치가 계속되었지만 미국의 지원과 연결된 반공주의 외교노선은 유지되었다. 태국은 역사적으로 갈등을 겪었던 버마와는 일상적 협상으로 해결하는 외교관계를 만들었지만 라오스, 캄보디아와는 뒤에 있던 베트남의 공산운동지원으로 인해 상당한 긴장관계가 조성되었다. 따라서 태국은 미국의 베트남전 개입과 함께 더욱 친미적 외교에 치중할 수 밖에 없었다. 미국과는 1964년 비상계획, 1967년의 합동사용과 공중방어조약을 체결하고, 태국군 근대화를 위한 군사원조를 촌락단위까지 제공받았다. 태국은 미국에 공군기지를 제공하고 미국의 후방군수기지 역할을 맡는 등 아시아에서 가장 강력하게 친미 외교를 하는 나라가 되었다(Bamrungsuk, 1988: 56-57).

　　1970년대에 들어서면서 인도차이나반도의 공산화가 가시권에 들어오고 태국이 느끼는 안보불안감은 크게 증폭되었다. 1975년 베트남, 캄보디아, 라오스가 공산화되고, 1979년 베트남이 캄보디아를 침공하는 사태가 발생하자 태국은 베트남의 태국 침공까지 걱정하지 않을 수 없는 상황을 맞았다(Terwiel, 2011: 277-279). 베트남전에서 철수한 미국의 공백 속에 태국은 캄보디아에서 반베트남전선을 형성한 크메르루즈와 시하누크가 주도한 반베트남전선을 지지할 수 밖에 없었고 UN에서도 이들을 지원했다. 이러한 상황에서 태국은 반베트남전선의 뒤를 봐주던 중국과 가까워지는 상황이 되었다. 냉전하의 캄보디아사태는 1980년대까지 지속되었다.

　　1990년대 들어 소련이 해체되고 동구공산권이 붕괴하면서 세계적 탈냉전 시대가 도래했다. 태국이 느끼던 외부의 지정학적 상황이 일순간 변해버린 것이다. 1989년 9월 캄보디아에서 베트남군이 철수하면서 소련과 중국관계가 회복되고 새로운 러시아와 미국과의 관계도 정상화되면서 태국과 베트남간 긴장관계도 완화되었다. 베트남과 캄보디아가 시장경제체제를 도입하며 변화하자 태국은 이들과의 정상적 외교관계 회복을 반기며 아세안(ASEAN) 가입도 적극 지원했다. 냉전시대 태국은 공산주의국가들과 맞서는 최일선에 있었고 미국의 절대적 지원에 의존해야 했다. 그러나 1990년대이후 탈냉전이 전개되며 태국은 더 이상 미국 일변도 외교에 의존하지 않아도 되는 상황이 되었다. 태국을 둘러싼 미얀마, 라오스, 캄보디아, 베트남 등 주변국들이 모두 아세안의 회원국이 되고 나서 태국은 더 이상 지역적인 군사안보 위협을 느낄 필요가 없어졌다. 태국은 아세안 외교와 더불어 1989년 시작된 아시아태평양경제협력체(APEC), 1994년 출범한 아세안지역안보포럼(ARF) 등 다자주의 경제안보협력에 적극적인 역할을 하게 되었다.

IV. 21세기 태국 중간국 외교의 변화

1. 1997년 태국발 외환위기 이후 태국 외교

1) 외적 요인 영향: 중국의 부상과 미·중·일 경쟁구도

태국은 미국과 중국 등 주변국들과 유연한 실용외교를 하는 것으로 평가받았다. 1975년 인도차이나 공산화까지 태국은 동남아에서 미국의 반공 군사체제의 중심 역할을 수행했고, 1976년 미군이 완전히 철수한 이후에도 양국의 안보 협력 관계는 계속 강화되어 매년 합동군사훈련에 참가하고, 태국-미국 전략대화도 개최하는 등 전통적인 협력 관계를 유지하고 있다. 2014년 5월 태국의 쿠데타 이후 미국은 군사원조와 군사훈련을 축소하는 등 양국 관계가 경색되었지만 2017년 1월 트럼프 행정부 출범 이후 양국 정상간 상호방문 초청이 이루어지는 등 회복기미를 보였다(Busbarat, 2018: 357-358).

태국은 1975년 4월 인도차이나 공산화 이후 7월 중국과 외교관계를 수립하는 등 발빠른 외교를 보였다. 이후 중국과 대 베트남 및 캄보디아정책에서 공동보조를 유지하고 군사 부문에서 1986년 이후 태국의 군장비 현대화 계획과 관련해 중국이 T-69 전차, 장갑차, 야포, 군함을 저가에 제공하면서 중국은 태국의 최대 무기 공급국으로 부상했다. 1991년 2월 태국 군부 쿠데타 발발 시 중국은 태국 군부에 대한 지지의사를 표명함으로써 태국 군부와 돈독한 유대관계를 형성하게 되었다. 태국은 중국에 대하여 대만과는 경제·통상·문화 관계만을 유지하고 있음을 강조하고 1개 중국 원칙을 견지함으로써 중국과의 유대관계를 강화하였다. 2006년 9월 쿠데타와 2014년 5월 쿠데타와 관련하여 중국은 내정 불간섭 원칙에 따라 태국과의 우호 협력 관계에 변화가 없음을 강조하며 연이은 양국 고위급 회동을 통해 양국관계는 기존의 경제 및 투자 중심의 관계에서 정치·군사 협력으로 확대되는 추세에 있다.

일본과의 관계는 전통적으로 왕실 간 교류를 중심으로 우호관계를 유지하고 있고, 일본은 교역·투자·경제원조 등 경제관계 전반에 걸쳐 태국의 가장 중

요한 상대국이다. 2014년 군부 쿠데타 이후 일본은 일부 서방국가와 달리 별다른 제재조치를 취하지 않았고 5차례의 양국 간 정상외교와 고위급 외교를 통해 양국 간 전통적인 경제통상 협력관계는 잘 유지되고 있다.

　　2020년 전세계적인 코로나19발생은 태국외교를 어려운 선택상황으로 몰아넣고 있다. 대나무가 바람따라 흔들리는 유연외교를 특징으로 했던 태국외교는 국제적으로 균형을 잘 잡는 외교를 해왔다는 평가를 받았지만 미중 패권경쟁과 일본과 유럽의 개입이 커지는 국제관계 속에 코로나19로 인한 충격은 태국에게 많은 새로운 숙제를 안겨주었다. 태국과 중국의 관계는 2014년 쿠데타 이후 국내정치에 관여하지 않는다는 중국의 자세로 인해 최근 몇 년간 더욱 돈독해졌다. 경제와 군사교류도 확대되었고 관광이 중요한 태국에게 40%가 넘는 방문객이 중국으로부터 들어왔다. 중국은 일대일로전략에 따라 태국에 대규모 인프라 건설을 제시하고 추진 중에 있다. 중국 윈난성에서 출발한 고속철도가 라오스 비엔티엔까지 2021년 개통되고 이어서 태국을 거쳐 말레이시아까지 이어지는 계획을 가지고 있다. 태국은 중국으로부터 과도한 빚을 지는 부담이 있지만 중국의 매력적인 요구를 무시하기는 어렵다. 반면 트럼프대통령의 미국중심주의와 태국군부에 대한 압력으로 불편했던 태국이 새로 들어선 바이든정부가 동맹회복과 동남아로의 회귀를 강조하는 상황에서 미국과의 오랜 관계도 회복하려하고 있다(Carminati, 2020). 여기에 일본이 미국, 호주, 인도와 함께하는 쿼드(QUAD)에 적극적으로 나서면서 태국의 중간국적 외교는 새로운 도전을 받고 있다.

2) 내적 요인 영향: 혼돈의 국내상황과 군부정치

2001년 탁씬 총리가 등장한 이후 태국의 정치지형은 큰 변화를 맞았다. 탁씬의 집권은 태국 사회를 기본부터 흔들어 놓는 결과를 낳았다. 왕실을 포함한 보수 기득권세력의 반발을 받던 탁씬이 2006년 쿠데타로 축출되고 나서 태국은 정치적 혼란에 빠졌다(Terwiel, 2011: 287-297). 왕실, 관료와 군부, 방콕의 중산층으로 대표되는 보수세력과 탁씬 등장 이후 정치참여의 효과를 경험한 도시빈민과 근로자 및 대다수 농민들로 구성된 진보세력 사이에 새로운 대립전선이 형성되었다.

1997년 헌법에 따라 탁씬은 1998년 자신이 창당한 타이락타이(TRT)당을 이끌고 2001년 선거에서 하원의 과반수를 차지하는 대승을 거두며 정권을 차지했다. 탁씬은 태국 통신사업을 주도한 기업가 출신으로 풍부한 자금과 대중영합주의적 선거 공약(마을당 100만 바트 개발지원금 지급, 빈민층에 30바트 건강보험금 지급, 농민에게 3년간 부채 유예)을 내걸고 IMF 체제로 낙망했던 국민들의 마음을 달래며 선거에서 압승했다. 2001년부터 2005년까지 의회해산 없이 4년 임기를 완전히 채운 탁씬은 2005년 선거에서 하원 500석 중 377석(75%)을 차지하는 압도적인 승리를 다시 거뒀다. 이러한 탁씬의 거침없는 행보에 불안을 느낀 관료와 군부 등 보수세력은 2006년 탁씬이 19억 달러에 이르는 자신과 가족의 보유주식을 역외에서 처분하며 세금을 한 푼도 내지 않자 이를 빌미로 반탁씬 운동을 확산시켰고, 끝내 2006년 9월 19일 손티 군사령관이 주도한 쿠데타를 통해 탁씬을 실각시켰다. 1932년 이래 18번째이자, 1991년 이후 15년만에 일어난 쿠데타였다.

군부가 주도하는 국가안보평의회가 권력을 장악하고 군 출신 수라윳 총리가 과도정부를 맡았다. 과도정부는 2007년 8월 신헌법을 국민투표를 실시하여 통과시켰다. 투표율은 58%였고 반대는 40%에 달했다. 그만큼 실각한 탁씬에 대한 국민적 지지가 폭넓게 형성되어 있었다. 2007년 12월 신헌법에 의한 총선이 실시되었지만 결과는 군부의 예상과 달리 해산된 타이락타이당을 이어 만들어진 탁씬계 팔랑쁘라차촌당(PPP)의 승리였다. 일인일표의 선거를 통해서는 축출된 탁씬의 인기가 여전함이 입증된 것이다. 2008년 1월 사막 팔랑쁘라차촌당(PPP) 당수가 총리에 임명되고 6개정당의 연립정부가 구성되었다. 2월 망명 중이던 탁씬이 귀국하자 5월부터 반탁씬 운동이 재개되었다. 민주주의민중연대(PAD)는 왕실을 상징하는 노란셔츠를 입고 거리로 나와 반정부·반탁씬 시위를 주도했다. 사막 퇴진과 의회 해산을 요구하며 총리공관, 정부청사와 수완나품 국제공항까지 점거했다. 2008년 8월 탁씬 부부는 재출국했고, 10월 대법원은 탁씬의 권력남용 혐의를 인정하고 징역 2년형을 선고했다. 12월 헌법재판소는 선거운동 부정혐의를 인정하여 집권당인 팔랑쁘라차촌당의 해산을 결정했다. 집권여당이 해산되자 의회는 아피싯 민주당총재를 새 총리로 선출하고 민주당을 중심으로 한 5개 정당의 연립정부를 만들었다. 2009년에 들어서자 이번에는 친탁씬계의 독재저항민주연합전선(UDD)이 빨간셔츠를 입고 방콕거리에서 시위를 시작했다. 2009년 3월 UDD는 총리공관을 점거하고 정부청사를 봉쇄하였다. 4월에는 빨간셔츠들의 점거시위로 파타야에서 열릴 예정이던 아세안과 아세안+3 정상회의가 무산되었다. 노란셔츠와 빨간셔츠의 시위와 충돌은 2009년 내내 계속되었다.

 2010년 3월 UDD가 아피싯 총리의 퇴진과 의회해산 및 조기총선을 요구하며 시위는 더욱 격화되었다. 4월 아피싯 총리는 방콕지역에 비상사태를 선포하였지만 시위는 계속 확산되었다. 5월 10일 아피싯 총리는 시위대가 정부의 제안을 거부하자 19일 군을 동원해 강제진압에 나섰다. 군의 시위진압으로 방콕시내에서만 21명이 사망하고 870여 명이 부상하는 유혈사태가 발생했다.

 2011년 3월 11일 아피싯 총리는 의회해산 후 총선 실시를 약속했다. 7월 3일 아피싯 총리의 민주당 대 탁씬의 분신이자 PPP당의 후신인 푸어타이당(PT)의 대결로 다시 총선이 치러졌다. 탁씬의 막내 여동생인 잉락이 이끈 푸어타이당이 480석 중 233석(49.5%)을 차지해 선거를 하면 탁씬계열이 승리한다는 사실이 재확인되었다. 2011년 10월 짜오프라야강 범람 등 70년만의 대홍수를 겪으며 민심은 더욱 분열되었다. 집권한 잉락의 푸어타이당은 2012년 들어 망명 중인 탁씬의 조정을 받으며 사면과 헌법개정 카드를 꺼내 들었다. 2006년 이래 모든 형사범을 일괄사면하고, 관련 헌법을 개정하자는 것인데 야당과 노란셔츠로부터 탁씬의 사면이 목적이라는 강력한 반발에 부딪쳤다. 그럼에도 푸어타이당은 2013년 11월 1일 하원에서 포괄적 사면법안을 통과시켰다. 이에 대해 11

월 11일 보수세력이 다수인 상원은 사면법안을 부결처리시켰고, 수텝 전 부총리가 지휘하는 반정부시위대(PDRC)는 정부청사를 점거하는 농성을 벌이기 시작했다. 2014년 1월 PDRC가 방콕 셧다운 시위를 개시하자 잉락 정부는 2월 2일 조기총선 실시로 맞받았다. 2월 2일 총선이 실시되었지만 3월 21일 헌법재판소는 총선 무효결정을 내렸다. 잉락 총리는 선거관리위원회와 7월 재총선에 합의했지만 헌법재판소는 5월 7일 잉락 총리의 권한남용 혐의를 인정해 총리직 해임을 결정했다. 정국이 더욱 혼란에 빠지자 군부는 2014년 5월 20일 계엄령을 선포하고, 22일 쁘라윳 육군사령관은 19번째 쿠데타를 선언했다.

정국의 안정을 위해 개입했다는 군부는 국가평화질서위원회(NCPO)에 권력을 집중시킨 임시헌법을 통과시켰다. NCPO에서 선출한 220명의 의원으로 구성된 국가입법회의에서 총리를 선출했고, 쁘라윳 사령관은 총리가 되었다. NCPO는 필요하면 입법, 사법, 행정부의 권한을 중지시키는 명령권을 보유하고 군부의 정치개입에 대한 사면 조항도 임시헌법에 넣었다(윤진표, 2020: 260). 2015년 4월 계엄령이 해제되고, 헌법초안위원회가 만든 헌법안이 2016년 8월 7일 국민투표에 부쳐졌다. 비민주적 조항이 가득한 헌법안에 대해 언론 비판과 집회가 금지된 가운데 시행된 국민투표는 59%의 투표율에 그쳤고, 찬성 61%, 반대 39%라는 결과로 통과되었다. 신헌법에 따른 총선 일정이 예정되었다가 푸미폰 국왕이 2016년 10월 13일 서거하자 일 년의 애도 기간이 선포되면서 모든 정치일정은 중단되었다. 군사정부는 애도기간이 지나고 2018년 들어 총선 일정을 발표하며 정치의 정상화를 예고했다.

태국의 20번째 2017년 헌법은 총선에 의해 민간에 권력을 이양한 후 5년까지 군부가 정치에 개입하는 것을 명문화하고 있다. 국가위기 발생 시 군사령관, 경찰사령관이 포함되는 국가전략개혁화해위원회(NSRRC)가 행정 및 입법권을 장악한다는 것이다. 2017년 헌법은 1980년대 사용된 1978년 헌법의 개정 복사판과 같다. 1973년부터 이어진 문민정부를 1976년 유혈 쿠데타로 붕괴시킨 크리앙삭 육군사령관이 만든 1978년 헌법은 총선 결과에 상관없이 비선출직 명망가를 총리로 임명할 수 있는 내용이었고, 1980년대 군 출신인 쁘렘을 총리로 만든 헌법이었다. 2017년 헌법은 이 모델을 그대로 복사했다. 상원은 NCPO가 250명 의원 중 244명을 지명하고 나머지 6석은 군사령관과 육, 해, 공, 경찰사령관 등 군 고위직에 자동 배당된다. 상원은 정부 불신임권을 보유하여 언제든 표결로 하원을 해산시킬 수 있다. 총리 선출은 하원(500명 중 350명 지역구+150명 비례대표 선출)에서 5% 이상의 의석을 차지한 정당에서 비선출직 명망가도 포함된 3명의 후보를 추천받아 하원의 과반수 의결로 결정한다. 만약 하원에서 과반수 의결 선출이 실패하면 상·하 양원 합동회의에서 결정한다. 2017년 헌법의 핵심은 군부통치의 제도화를 위해 선출되지 않은 원외 총리와 임명직 상원제를 명문화한 것이다. 이런 일련의 군부 보수세력의 조치에 대해 개헌은 금 간 벽에 벽지를 바른 것에 불과했다(윤진표, 2019: 7-9).

총선 일정을 미루던 군사정부는 와치라롱껀 국왕의 2019년 5월 대관식 행사를 위해 결국 3월 24일 총선을 실시했다. 원외 총리 선출이라는 정치적 목적을 달성하기 위해 쁘라윳 총리와 군부는 팔랑쁘라차랏당을 창당해 탁씬계 정당과 민주당 의원까지 포섭에 나섰다. 선거는 변형된 1인 1표 연동형 비례대표제로 인해 소수 정당에게 유리한 결과가 나타나도록 설계되었다. 결과는 군부가 의도한 대로 진행되었다. 선거 결과 하원 의석은 친군부계 정당인 팔랑쁘라차랏당(116석), 루엄팔랑쁘라차찻타이당(5), 팔랑텅틴타이당(3), 락폰빠쁘라텟타이당(2), 팔랑찻타이당(1)과 기타 11개 소수정당(각 1석), 반군부계 정당인 프어타이당(136), 아나콧마이당(81), 쎄리루엄타이당(10), 쁘라차찻당(7), 쎗타낏마이당(6), 프어찻당(5), 팔랑뿌엉촌타이당(1), 그리고 중도정당들은 민주당(53), 품짜이타이당(51), 찻타이팟타나(10), 찻팟타나당(3)으로 결정되었다. 어느 쪽도 하원에서 총리를 선출할 수 없는 상황이 되었고 총선후 5월 24일 국회가 소집되어 상하원 의장이 선출되고, 6월 5일 상하 양원회의에서 쁘라윳을 총리로 선출하였다. 총리 선출권을 확보하려면 최소 상하양원 과반수인 376표를 얻어야 하는데 상원은 사실상 군부가 장악하고 있어 군부가 지지하는 인물이 총리가 되는데는 전혀 문제가 없었다.

2006년 쿠데타이후 15년이 지난 지금까지 태국의 정치상황은 제도와 리더십, 시민사회의 총체적 부조리로 인해 민주주의는 정체와 위기상황을 맞았다. 총체적 부조리는 첫째, 1997년 헌법과 2007년 헌법, 2014년 임시헌법 등 제도적인 부조리, 둘째, 국왕과 탁신 리더십의 부조리, 셋째, 시민사회의 대립의 부조리, 넷째, 시대착오적 쿠데타 의존 부조리, 다섯째 기득권층의 의식 불변 부조리라고 할 수 있다. 이러한 부조리들이 겹치면서 지금의 태국은 통치하는 자가 선거에서 이길 수 없고, 선거에서 이긴 자는 통치할 수 없는 출구가 막힌 '정치가 없는 정체' 상태가 지속되고 있는 것이다(윤진표, 2020: 266-268). 2020년 8월 학생 중심으로 일어난 태국의 민주화요구는 왕실 개혁을 전면에서 요구하였다. 존왕주의와 민주주의간 대립은 태국사회 갈등의 배경을 형성하고 있다(Row, 2020; Parameswaran, 2020). 제도와 리더십이 다 같이 부조화를 이루는 가운데 태국 민주주의는 교착상태에 빠져있다. 보수 기득권세력은 대안이 없는 진부함과 정치적 무능력을 보여주고 있고, 새로운 국왕의 승계와 더불어 대안세력들도 각자 이익을 추구하는 복잡한 전략적 선택 게임의 상황이 되어버렸다. 시민사회가 민주주의민중연대와 반독재민주주의연합전선으로 나뉘어 대립하고, 노란셔츠 대 빨간셔츠 간 색깔의 정치(Color Politics)를 만들어냈다. 탁씬을 반대하거나 찬성하는 것으로 분열된 시민사회는 나아가 방콕 중산층 대 농민과 도시 빈민 간 계급갈등으로 확산되었다.

태국 국내정치의 특징을 지속과 변화의 측면으로 정리해 보면, 지속적인 측면은 1932년 이래 입헌군주제하의 의원내각제를 실시하고 있다는 점, 서거한 푸미폰 국왕에 대한 국민의 절대적 존경과 왕실의 권위가 존속되고 있다는 점, 1932년 이래 19번의 쿠데타와 군부의 정치개입이 계속되고 있다는 점, 국민의 90%이상이 불교도이고 위계질서에 대한 순응적인 정치문화를 가지고 있다는 점이다. 반면 변화의 측면은 국민소득 6,000달러 수준의 중진국에 도달하면서 소득과 도농 간 불균형 발전과 계층 간 갈등이 증가하고 시민사회가 성장하고 있는 점, 태국판 보수와 진보의 대립, 즉 왕실, 대기업, 관료, 군부 및 방콕 중산층으로 대표되는 보수기득권 세력과 농민, 자영업자, 근로자, 도시빈민으로 대표되는 진보세력이 탁신에 대한 평가로 분열되며 대립의 정치가 부상하였다는 점이다(윤진표, 2017). 이러한 지속과 변화의 측면들이 태국의 외교전략에 영향을 미치는 복합적인 힘으로 작용하고 있는 것이다.

2. 사례로 본 태국 외교의 변화

1) 테러와의 전쟁 참여

2001년 9·11사태 이후 태국은 부시행정부의 미국이 '테러와의 전쟁'으로 명명한 국제 대테러 캠페인에 동조하는 태도를 보였다. 태국 외교당국은 미국과 너무 가까워지는 것에 대한 우려에도 불구하고 안보분야에서 미국과 같은 노선을 견지해 왔다. 그런데 시간의 흐름에 따라 테러와의 전쟁에 대한 태국의 지지는 요동쳤다. 테러 공격이 있은 직후 당시 탁씬 정부는 중립을 지키겠다고 했다가 지식인, 언론과 상원 등 국내의 비판이 거세지자 곧 유엔이 주도하는 조치에 상응하는 테러와의 전쟁을 지지하는 방향으로 입장을 선회했다. 탁씬은 태국에서 두 번째로 큰 종교집단인 태국 남부지역의 무슬림 인구와 이들의 중동지역 국가와의 연관성에 관심이 있었다. 그래서 미국정책에 대한 적극적인 지지 표명에 우려를 갖고 있었다.

탁씬 정부 시절 태국과 중국의 관계는 아주 우호적이었다. 탁씬 총리는 미국의 테러와의 전쟁에 대한 지지가 중국에게는 태국이 미국이 주도하는 중국에 대한 억제전략을 지지하는 것으로 보일까 염려했다. 태국 정책결정자들은 태국의 유동적인 태도가 미국을 혼란스럽게 하고 화나게 하더라도 미국과의 전반적인 협력관계는 심각한 영향을 받지 않는다고 판단했다. 부시대통령이 테러와의 전쟁에서 미국 편인지 적의 편인지 명확히 해야 할 것이라며 테러와의 전쟁에 적극 동조하지 않는 나라들을 강하게 비판하자 태국은 태도를 변화시켰다. 태국은 아프가니스탄과 이라크에서 미국이 주도하는 군사작전에 물류 지원을 결정하며 미국의 대테러 정책에 즉각적인 반응을 보였다. 미 항공기는 태국 우타파오공군기지에서 연료 보급을 받았고, 미국의 공식요청을 받은 후 태국은 아프가니스탄에 비전투부대를 파견했다. 추가해서 태국은 미국과 정보를 공유하며 동남아의 테러조직인 제마이슬라미야(JI) 지휘관인 함발리의 체포를 도왔다. 태국은 미국CIA가 알카에다로 의심되는 조직원을 심문하는데 필요한 교도소도 제공했다. 그 결과로 태국은 미국으로부터 주요비나토동맹국(Major Non-NATO Ally: MNNA)지위를 얻어 상당한 미국 군사장비를 이양받게 되었다. 미국은 태국과의 FTA 협상도 개시하겠다고 약속했다. 탁신정부의 테러와의 전쟁 적극 지지로 인해 부시정부는 마약밀수자들과 태국남부 분리주의자들에 대한 탁씬 정부의 인권유린 정책을 강하게 비판하는 것을 자제하는 방향으로 전환하였다. 태국이 미국과 안보분야에서는 밀접한 관계를 계속 유지하려 한다고 판단했던 것이다.

국내여론과 주변국들의 비판 속에 균형을 이루려고는 하지만 근본적으로 안보면에는 미국과 같은 노선을 유지하고자 했다. 태국이 표면적으로는 모호한 말을 하더라도 실제로는 미국의 정책을 지지하는 자세는 변함이 없었다. 반면 중국과 관련해 태국은 중국과의 경제관계를 심화시키는 경제외교를 추진했다. 그렇게 함으로써 경제적 측면에서 양국관계를 심화시키는데 주력했다.

2) 범아시아정책

1997년 태국에서 발생한 외환위기로 태국은 IMF관리를 받게 되는 초유의 사태에 처하게 되었다. 2001년 경제위기 극복을 내걸고 집권한 탁씬 정부는 미국보다 훨씬 적극적으로 도움을 주겠다는 중국에 의존하기 시작했다. 동시에 탁씬 총리는 전진개입전략(Forward Engagement Strategy)을 내걸고 아시아국가들 간 협력체제를 강화하는 소다자주의적 경제협력에 주력하였다. 그 결과 아시아협력대화(Asia Cooperation Dialogue: ACD), 벵골만경제협력체(the Bay of Bengal for Multi-Sectoral Technical and Economic Cooperation: BIMSTEC), 에야워디차오프라야메콩경제협력전략(Ayeyawady-Chao Praya-Mekong Economic Cooperation Strategy: ACMECS) 등 범아시아정책(Pan-Asian Policy)을 펼치게 되었다.

태국의 범아시아정책 도입은 1997년 경제위기 이후 172억 달러 IMF 구제금융을 받으면서 경험한 미국과 일본에 대한 실망이 배경이었다. 나락에 빠진 태국을 경시했던 미국과 일본의 태도에 대해 신제국주의라는 말까지 사용하며 분노와 실망감을 표현했다. 태국 국내여론 또한 같은 감정을 가지게 되었다. 태국사람들은 미국을 오랜 우방이자 동맹국으로 생각했는데 어려울 때 도움을 주기는커녕 오히려 더 나락에 빠뜨리는 행동을 했다고 판단했고 이는 태국 내 반미정서 확대에 결정적으로 작용했다.

미국의 정책과는 다르게 중국은 이러한 공간을 타고 들어와 태국의 어려운 사정을 지원해주었다. 10억 달러 상당의 현금지원과 함께 중국통화가치를 절하시키지 않으면서 태국의 절박했던 외채상황을 도와주었다. 이러한 중국의 정책은 태국으로부터 엄청난 환영을 받았고, 1998년 한국과 일본을 포함한 아세안+3(ASEAN+3)가 만들어지고, 2000년에는 통화스와프체제인 치앙마이구상(Chiang Mai Initiative: CMI)의 출범으로까지 이어졌다. 태국에게 중국은 위기에도 버리지 않는 진정한 친구로 인식되는 계기가 되었다.

아시아와의 협력 증진은 탁씬정부의 핵심 외교정책이 되었다. 탁씬총리는 아시아협력대화(ACD)를 창설하며 아시아 국가간 역내협력을 발전시키는 핵심 장치로 활용하고자 했다. 이를 기반으로 하여 다양한 형태의 양자간, 다자간 지역협력체제를 발전시켜 상호의존성을 높이며 시너지효과를 높인다는 전략이었다. 이를 위해 탁씬은 중국을 수차례 방문하고 중국 당국자들도 수시로 방콕을 방문했다. 2004년 6월 제3차 ACD 정상회의를 중국이 개최하도록 했고 2005년 7월 중국을 방문한 탁씬 총리는 전략적 파트너십관계를 선언하였다. 태국남부 무슬림과 마약밀매자를 강력히 탄압하는 국내정책에 대해 서구가 비난했던 것과는 달리 중국은 국내문제로 보고 침묵하는 입장을 보였고 이는 탁씬을 더욱 친중국화하게 만들었다. 탁씬 정권에서 태국은 더욱 중국쪽으로 기울며 미국과 중국사이 균형을 잡던 외교가 중국으로 치우치는 결과를 낳았다.

3) 우타파오공군기지 사용

2012년 미국의 항공우주국 나사(NASA)는 과학연구 목적을 위해 태국의 동부 지역에 있는 우타파오공군기지를 사용하겠다는 요청을 했다. 2012년 3월 나사는 우타파오기지에서 항공기를 사용해 기후와 기상관련 연구(Southeast Asia Composition, Cloud, Climate Coupling Regional Study: SEAC4RS)를 수행하고 싶다는 의사를 태국정부에 전달했다. 우타파오기지는 미국의 전진배치전략에서 중요한 해외공군기지로 이미 활용되고 있었고, 태국과 미국간 오랜 안보협력 관례로 봐서 아무런 문제없이 사용 승인이 되었어야 했다. 더욱이 태국은 연구를 통해 많은 기후기상관련 정보를 미국과 공유할 수 있는 기회도 갖게 될 수 있었다. 그런데 태국여론이 여기에 강력히 반발하는 상황이 발생했다. 2012년 6월 태국여론은 나사의 요청은 미국이 중국을 견제하기 위한 군사적 사전포석이라고 반대하고 나섰다. 미국이 경제위기로 줄어든 국방예산문제를 해결하려고 싱가포르, 베트남, 필리핀, 태국 등 동남아국가들의 기지를 사용하고 궁극에는 군사기지로 사용될 것이라는 주장이었다. 게다가 태국 우타파오기지가 미국의 대중국 정보전에 사용될 것이라는 소문도 퍼졌다. 태국여론은 이는 주권침해이자 중국의 신뢰를 상실하게 되는 심각한 결정이라고 강력히 반발했다.

2012년 태국은 2011년 총선으로 탁씬계열의 프아타이당이 집권한 상태였다. 2006년 쿠데타로 망명한 탁씬을 이어 막내여동생인 잉락이 만든 프아타이당은 잉락이 총리가 되어 민선정부를 구성했다. 잉락 정부는 인도적 목적과 재해구조 목적을 위한 우타파오기지 사용문제를 가지고 미국과 공식적인 대화를 진행하고 있었다. 태국과 미국은 수십 년간 태국과 중국관계와 상관없이 우타파오기지 사용을 승인했고 아세안국가들도 아무 반대도 하지 않았다. 따라서 과학적 목적을 위한 2012년 나사의 요청은 아무런 장애가 될 수 없었다. 그럼에도 잉락 정부에 반대하던 야당인 민주당을 중심으로 국내에서 반대운동이 일어났다. 그러나 민주당은 자신들이 집권하던 2010년에는 기지사용을 승인했었다. 중국은 공식적으로 반대를 나타내지는 않았지만 태국여론에 편승해 은근히 압박하는 태도를 보였다. 잉락 정부는 6월 26일 내각 논의를 거쳐 8월 의회에서 논의해서 결정하도록 했다.

　　1983년 미국과 태국간 협정에 따르면 우타파오기지 사용은 미국방부와 태국 국방부와의 협의를 거쳐 결정하는 문제이지 의회의 결정까지 가야할 문제는 아니었다. 결국 미국이 요청 자체를 취소하는 결정을 내리면서 그대로 종료되었다. 이 문제는 태국이 더 이상 미국과는 동맹으로서 일상적인 관계를 유지하는 것도 힘들 수 있다는 사실을 보여준 사건이었다. 태국이 국내정치로 눈치를 보다가 안보관련 동맹관계까지 영향을 미친 사건이었다.

4) 환태평양경제동반자협정(TPP) 참여

2004년 태국과 미국은 FTA협상을 개시했다. 많은 국내의 반대로 협상은 지지부진했고 2006년 쿠데타로 탁씬 정권이 몰락하자 중단되었다. 2008년 부시 정부는 환태평양경제동반자협정(Tran-Pacific Economic Partnership Agreement: TPP)이란 다자간 무역협정을 추진하기 시작했다. 오바마 정부는 아시아로의 미국의 귀환(Pivot to Asia)을 선언하며 호주, 뉴질랜드, 말레이시아, 싱가포르, 일본이 참여하는 TPP협상에 주력했다. 처음에 태국은 TPP협상 참여를 거부했다. 첫째 이유는 국내세력들이 TPP의 효과에 의문을 제기했기 때문이다. 태국같은 소규모 경제가 시장 확대로 얻는 이익에 비해 선진국 경제와 다국적 기업이 주도하여 값비싼 대가를 치를 것이라는 우려가 컸다. 둘째 이유는 이미 많은 양자간 FTA를 맺고 있는데 비해 추가적으로 다자간 FTA로 얻을 이익이 적다는 주장이었다. 태국은 지역통합원칙으로서의 아세안 중심성이 오히려 약화될 것이라고 우려했다.

　　지역경제공동체로서 아세안의 단결을 앞세우는 편인 태국은 이 면에서 중국의 입장과 같은 편에 서게 되었다. 중국이 배제되고 미국이 주도하는 TPP는 중국이 그동안 아시아에서 주도했던 체제, 즉 아세안+3, 역내포괄적경제동반자협정(Regional Comprehensive Economic Partnership: RCEP), 치망마이구상(CMI)과 대치되는 것이었다. 미국이 주도하는 TPP와 중국이 주도하는 RCEP 사이에서 태국은 어정쩡한 자세를 보였다. 아세안 내에서도 태국의 태도에 대한 비판이 제기되었지만 태국은 TPP협상 참여를 여전히 주저했다.

미국의 여러 단계의 공식 요청을 접하던 태국은 2012년 11월 오바마 대통령의 태국방문을 계기로 TPP 참여 의사를 공식 천명했다. 태국 상무부는 미국 무역대표부, 의회관련 위원회, TPP참가국들과 협상 세부사항을 논의하기 시작했다. 국내 다양한 이익집단들과 논의도 들어갔다. 이로써 태국정부는 미국에게 태국이 중국의 편에 섰다는 인식을 불식시키고자 했다.[1] 한편 태국은 중국과도 RCEP협상도 동시에 진행했다. 오바마 방문 직후 잉락 총리가 참석한 캄보디아 프놈펜 아세안정상회의에서 RCEP 협상이 공식 개막되었다. 태국은 아세안 중심성을 지키는데 중국의 역할이 미국보다 중요하다고 생각했다. 상대적으로 TPP협상은 서두르지 않는 분위기였다. 2013년이후 태국 국내상황이 복잡해지고 2014년 쿠데타가 다시 발생하며 군사정부가 들어서자 TPP 협상은 중단되었다. 2016년 미국과 아세안특별정상회의가 열렸지만 진전이 없었고 태국의 최종결정은 TPP 불참이었다.

5) 잠수함 도입 연기

태국해군은 동남아 주변국의 해군력 증강에 맞춰 잠수함 도입을 오래전부터 추

---

1 TPP는 트럼프행정부가 탈퇴를 선언해서 미국이 빠지고, 2018년 12월 30일 11개국이 참여한 포괄적, 점진적 환태평양경제동반자협정(CPTPP)으로 발효되었다(참가국: 캐나다, 멕시코, 페루, 칠레, 일본, 싱가포르, 베트남, 말레이시아, 브루나이, 뉴질랜드, 호주). RCEP은 16개국이 협상하다가 2019년 11월 4일 인도를 제외한 15개국이 1단계 상품협정에 합의했다(참가국: 중국, 한국, 일본, 인도, 베트남, 싱가포르, 캄보디아, 태국, 라오스, 미얀마, 필리핀, 말레이시아, 브루나이, 인도네시아, 호주, 뉴질랜드).

진해 왔다. 2014년 쿠데타로 정권을 잡은 쁘라윗 사령관은 미국의 비판으로 불편한 관계가 되었고, 2015년 6월 중국과 잠수함 2척 도입 계약을 체결했다고 발표했다. 2017년 태국정부는 2023년 도입 예정으로 한 척의 중국제 위안급 디젤추진 잠수함(S26T)을 135억 바트(4억3천4백만 달러)에 구입하는 예산을 통과시켰다. 한 척의 잠수함이 추가되어, 2척, 총225억 바트(7억2천만 달러)의 예산을 7년에 걸쳐 중국에 지불한다는 계획이 세워졌다.

태국의 중국제 잠수함 도입 계획은 2020년 코로나사태가 발생하고 2분기 경제가 전년대비 12.2% 후퇴하면서 정부 안팎에서 비판의 도마에 올랐다. 야당인 프어타이당은 잠수함도입과 국민의 경제회생 중 택일하라며 반대했고, 쁘라윗 정부에 참여하고 있는 민주당도 연정 탈퇴도 불사하겠다며 비판했다. 더욱이 2020년 8월부터 쁘라윗의 사퇴, 헌법 개정에 왕실 개혁까지 요구하는 청년 중심의 민주화 시위가 확산되었다. 궁지에 몰린 쁘라윗 총리는 결국 중국제 잠수함 도입을 연기하고 2021년 예산 요청도 취소하며, 예산을 코로나사태 극복을 위해 전용하겠다는 발표를 하게 되었다. 2022년까지 예산 집행을 연기한다는 태국 정부의 결정에 중국도 동의했다. 중국제 잠수함 도입이 완전히 취소된 것은 아니지만 쁘라윗 정부의 연기 결정은 불안한 연정을 유지하고, 정부와 왕실에 대한 거센 비판 속에 더 이상의 상황 악화를 피하려는 국내정치적 양보였다.

V. 맺음말

태국 외교정책의 기본방향은 유엔과 아세안 같은 다양한 국제무대에서 개발도상국간 협력 강화에 적극적인 역할 확대를 도모하며 국제·지역 분쟁에서 역할을 증대하고, 남·남 협력을 증진하는데 맞춰져 있다. 아세안(ASEAN)에서 주도적 위치를 견지하고 아세안공동체 출범에 따른 아세안 중심성을 적극 추진한다는 목표도 가지고 있다. 태국 외교정책의 시책을 보면, 태국 남부지역 이슬람교도 소요사태 해결을 위한 상호이해 증진, 글로벌 이슈 관련 국제사회와의 공조 강화, 인간안보에 영향을 미치는 범세계적 이슈에서 유엔 및 지역기구와의 협력 강화, 태국 재외국민의 권익보호 및 타이 커뮤니티 강화 등 다양한 목표를 설정하고 있다. 그렇지만 문제는 미국과 중국이라는 강대국 사이에서 피할 수 없이 태국이 취해야만 하는 정책에서 위에서 살펴본 요인들에 의해 태국 외교의 운신의 폭은 갈수록 제약받고 있다는 사실이다.

2020년 싱가포르 동남아연구소에서 발표한 아세안시민의 대외인식조사 통계를 보면, 태국인들은 아세안에 대해 경제적 영향력이 가장 큰 나라를 중국(86.5%)으로 보고 있다(Tang, 2020: 16). 반면 미국은 5.2%, 일본은 3.1%에 불과했다. 태국은 아세안에 정치안보적 영향력이 큰 나라도 중국(53.1%)이라고 보았고, 미국이라고 답한 비율은 29.2%로 중국의 거의 절반 수준이다. 중국과 미국을 비슷하다고 본 필리핀을 제외하면 모든 동남아국가들이 태국과 유사한 인식을 가지고 있다. 반면에 중국의 정치안보적 영향력 증가에 대해 우려한다고 보는 인식은 평균 85.4%에 달해 태국을 포함한 모든 동남아 국가들이 중국의 팽창을 크게 염려하고 있다는 사실을 알 수 있다. 만약 미국과 중국 중 하나를 선택해야 하는 상황이 된다면 어느 나라를 선택하겠는가하는 질문에 태국인의 52.1%는 중국을, 47.9%는 미국을 선택해 미국보다 중국으로 기우는 모습을 보였다. 미국과 중국에 대해 어느 한편에 기울기보다는 균형전략을 추구하되 위험회피를 위해 유럽연합과 일본같은 제3의 선택지도 고려해야 한다는 것도 태국인들의 인식조사에서 드러났다.

태국은 미국과 중국의 패권경쟁이 중국의 급속한 부상으로 인해 필연적으로 더욱 치열해 질 것으로 보고 있다. 그러면서 미국이 태국의 국내정치에 대해 비판하는 상황에서는 중국에 좀 더 기우는 외교를 보일 가능성이 커보인다. 현재의 안보환경 속에 태국은 미국과 중국 사이에서 균형외교를 구사하기가 더욱 어려워지고 있다. 그동안 태국의 전략적 태도는 변동이 심한 환경에서 실용성과 유연성을 발휘하며 양 강대국과 우호적인 관계를 유지하는 것을 목표로 하였다. 그렇지만 부상하는 중국은 태국을 딜레마 상황으로 몰아넣었다. 중국과의 유대관계 발전은 태국경제에 부정할 수 없는 이익을 제공하는 한편 증가하는 경제적 의존은 정치전략적 함의를 증대시키게 된다. 즉 중국의 국익과 대치되는 외교정책의 경우 태국의 외교적 기동력을 제약하게 되기 때문이다. 미국과 태국의 동맹관계에도 불구하고 미국과의 안보관계 강화는 태국이 불가피하게 중국에 대한 억제정책에 참여하는 것으로 보이게 된다. 태국정책결정자들은 이를 중국과의 관계를 해치는 것을 보고 있다. 태국 외교는 지정학적 중간국이 갖는 일종의 안보적 딜레마 상황에 처해 있다. 앞서 살펴본 다섯가지 외교정책 결정과정은 미국과 중국 양쪽으로부터 받는 압력과 국내정치로 인해 태국 외교가 휘둘리고 있는 모습을 보여주고 있는 것이다.

21세기가 시작된 이래 태국 외교는 미국과 중국 사이에서 안정적 균형을 유지하는 것이 점점 더 복잡하고 어려운 과제가 되어버렸다. 다른 동남아국가들과 마찬가지로 태국은 중국과 밀접한 관계를 갖는 것으로부터 얻는 경제적 이익이 정권을 유지하는데 중요한 자원이 되었다. 이는 정권의 성격이 권위주의적일수록 더욱 그렇다. 쿠데타와 정치혼란같은 태국의 국내정치는 중국의 영향력을 키워준 주요 요인이 되었다. 그럼에도 태국의 정책결정자들은 단일국가에 의존하는 외교는 현명하지 않다는데는 여전히 동의하고 있다. 이러한 성향은 일본을 끌어들여 미얀마 다웨이에서 태국을 거쳐 캄보디와 베트남으로 이어지는 동서철도 건설을 일본과 합작한다는 정책에서 보여진다. 태국이 중국이 추진하던 동북철도 건설을 중국이 제시한 불합리한 조건을 거부하고 합작투자를 취소한 사례와 연관된다. 태국은 회피전략으로서 중국과 균형을 맞추려는 대안을 모색하고 있다. 그럼에도 불구하고 태국은 탈냉전이후 복합적인 국제정세를 다루기 위해 국익에 맞는 유연한 외교전략을 구사하기 힘든 대내외적 여러 제약요인을 안고 있다. 지정학적 중간국으로서 태국은 합리적인 외교보다는 충동적으로 휘둘리는 외교를 보이고 있어 외교전략의 결정장애는 쉽게 사라지지 않을 것으로 전망된다.

참고문헌

김상배. 2011. "네트워크로 보는 중견국 외교전략: 구조적 공백과 위치권력이론의 원용." 『국제정치논총』 51(3): 51-77.

김영애. 2001. 『태국사』. 서울: 한국외대출판부.

김홍구. 2008. 『태국정치 입문』. 부산: 부산외대출판부.

김홍구. 1996. 『태국군과 정치』. 서울: 전예원.

신범식. 2020. "지정학적 중간국 우크라이나의 대외전략적 딜레마." 『국제지역연구』 29(1): 39-69.

조동준. 2009. "안보위협에 대처하는 중소국의 선택." 『세계정치 11』 30(1): 8-28.

윤진표. 2020. 『현대 동남아의 이해』. 서울: 명인문화사.

윤진표. 2019. "동남아 2018: 변화의 땅, 혼돈의 바다." 『동남아시아연구』 28(1): 1-25.

윤진표. 2017. "합리성, 구조, 문화적 시각을 통한 태국의 정치변동 분석." 『한국태국학회논총』 24(1): 1-40.

Bamrungsuk, Surachart. 1988. *United States Foreign Policy and Thai Military Rule* 1947~1977. Bangkok: Duangkamol.

Busbarat, Pongphisoot. 2018. "Thailand in 2017: Stability without Certainties" *Southeast Asian Affairs* 2018: 354-359.

Busbarat, Pongphisoot. 2016. "Bamboo Swirling in the Wind: Thailand's Foreign Policy Imbalance between China and the United States" *Contemporary Southeast Asia* 38(2): 233-257.

Carminati, Daniele. 2020. "Thailand's Post-Pandemic Dance Between the Major Powers" *The Diplomat* (https://thediplomat.com/2020/09/2020년 10월 12일 검색).

Girling, John. 1981. *Thailand: Society and Politics*. Ithaca and London: Cornell University Press.

Goh, Evelyn. 2020. "The Asia Pacific's Age of Uncertainty: Great Power Competition, Globalisation, and the Economic-Security Nexus." *RSIS Work-*

ing Paper 330.

Kassimeris, Christos. 2009. "The Foreign Policy of Small Powers." *International Politics* 46(1): 84-101.

Parameswaran, Prashanth. 2020. "Thailand's Protests: Between the Old and the New" *The Diplomat*(https://thediplomat.com/2020/09/2020년 10월 15일 검색).

Phongpachit, Pasuk and Chris Baker. 2002. *Thailand: Economy and Politics*. New York: Oxford University Press.

Riggs, Fred W. 1966. *Thailand: The Modernization of a Bureaucratic Polity*. Honolulu: East-West Center Press.

Row, James. 2020. "Behind Thailand's Protests, Cracks in the Establishment" *The Diplomat*(https://thediplomat.com/2020/08/2020년 10월 10일 검색).

Tang Siew Mun et al. 2020. *The State of Southeast Asia: 2020 Survey Report*. Singapore: ISEAS.

Terwiel, B.J. 2011. *Thailand's Political History: From the 13th Century to Recent Times*. Bangkok: River Books.

Wyatt, David K. 1984. *Thailand: A Short History*. London: Yale University Press.

제3장

베트남의 중간국 외교

김용균(서울대학교)

I. 서론

2021년 1월 베트남공산당은 제13차 전국대표자대회(đại hội đại biểu toàn quốc; 이하 당대회)를 개최했다. 5년마다 열리는 당대회는 공산당의 최고 의사결정 기구이다. 여기 모인 1,500여 명의 대의원들은 사회, 경제, 문화 등 여러 분야에 걸쳐 지난 5년간 시행된 국가 정책의 성과와 한계를 평가하고 향후 정책 방향을 제시하는 당대회의 주요 문건들을 채택한다. 물론 외교정책도 주요하게 다루어지는 의제이다. 이번 당대회에서 채택된 베트남의 외교노선은, 과거에도 대체로 그랬듯이, 전체적으로 지금까지 제시된 정책 방향을 재확인하며 이를 계승하는 흐름 속에 일부 사용 용어에 변화를 가해 뉘앙스의 차이를 주었다.

먼저 지난 5년의 외교정책을 돌아보면서, 공산당은 지난 시기 채택된 정책 노선을 성공적으로 실행함으로써 베트남이 역내와 세계에서 자신의 "위치, 위상, 역할"(vị thế, uy tín, vai trò)을 크게 높일 수 있었다고 자평하였다. 하지만 날로 복잡해져만 가는 주변 외교안보 환경 속에서 베트남이 어떤 외교정책을 운용하는지의 중요성이 더욱 더 커지고 있다고 평가했다. 이점에서 "자주독립"(độc lập tự chủ), 외교관계의 "다방화와 다양화"(đa phương hoá, đa dạng hoá), 포괄적이고 깊은 국제통합"(hội nhập quốc tế toàn diện và sâu rộng) 등 지금까지 베트남 외교정책의 전략적 방향을 앞으로도 일관되게 견지하는 것이 중요하다는 것을 강조했다.

여기까지가 대체로 계승의 차원이라면, 뉘앙스의 변화를 준 대목은 다음과 같다. 먼저, 외교가 "선봉적 역할"(vai trò tiên phong)을 발휘해야 한다며 외교의 역할에 이례적인 중요성을 부과했다. 베트남이 그만큼 격화되는 미중 패권 경쟁 속에 조성된 현재의 외교안보 상황을 엄중하게 인식하고 있다는 의미이다. 둘째, 당대회 의결(nghị quyết đại hội đại biểu toàn quốc)은 외교정책이 국가이익을 최우선에 두어야 함을, 그러나 동시에 국익의 추구는 "국제법, 평등, 협력, 호혜"(luật pháp quốc tế, bình đẳng, hợp tác, cùng có lợi)의 원칙에 입각해야 함을 강조했다. 강대국 간 패권 각축 속에 끼여있는 중간국 베트남이 독립, 주권, 영토, 안보 등 자국 핵심이익을 지키기 위해서는 상대적 약소국의 외교적 무기인 국제법과 호혜평등 등 국제관계의 기본 원칙을 앞장서서 실천하는 것이 필요하다는 공산당의 전략적 사고를 드러내는 지점이다. 셋째, 그 중에서도 특히 다자주의 외교가 강조되었다. 당대회 의결은 다자기구와 세계질서의 수립에 베트남이 더 큰 역할을 할 수 있도록 다자외교의 장에 적극적으로 참여하고 적극적으로 기여해야 한다고 강조했다. 이는 지난 10년간 다자외교의 성과로 베트남이 중견국 위상을 달성했다는 자평에 기반한 것이자, 앞으로 그 위상에 걸맞는 중견국 외교를 펼치는 것이 작금의 복잡한 지정학적 상황이 요구하는 최상의 중간국 외교라는 인식을 반영한 것으로 보인다. 넷째, 포괄적이고 현대적인 외교를 하기위해 외교역량을 강화할 것을 주문했다. 다양한 영역에서 다양한 방식으로, 당대 당, 국가대 국가 차원의 외교뿐만 아니라 공공외교에까지 외교의 외연이 확장되어야 하며, 이를 위해서는 외교의 인적, 조직적, 물적, 기술적 기반이 현대화될 필요가 있음을 지적한 것이다. 전체적으로 봤을 때, 베트남은 현재 조성된 지정학적 긴장 속에 중간국으로서 국익을 최대화하기 위해서는 그 어느 때보다 높은 수준의 외교적 역량을 발휘해야할 필요가 있다고 인식하고 있음을 알 수 있다.

　　이 글은 오늘날 지정학적 단층대에 위치해있는 중간국 베트남의 외교정책을 분석한다. 먼저 베트남의 중간국 외교의 성격이 무엇이며, 개혁개방 이후 그것이 어떠한 과정을 통해 형성되어 왔는지 살펴볼 것이다. 다음으로 베트남 중간국 외교의 성격과 진화과정에 베트남 국내정치가 어떠한 영향을 미쳤는지 분석한다. 구체적으로, 공산당 지도부 내 국가 정체성의 변화, 파벌 간 경쟁과 합의를 통한 의사결정, 그리고 반중 민족주의의 영향을 고려한다.

II. 베트남의 중간국 외교: 성격과 진화과정

베트남은 여전히 공산당의 1당 지배가 유지되고 있는 세계에서 몇 안 되는 사회주의 국가이다. 베트남공산당은 열강의 식민주의에 맞서 민족해방 무장 항쟁을 성공적으로 이끌며 북베트남에서 공산당 지배 체제를 구축하였다. 이후 미국이 개입한 베트남 전쟁에서 승리하며 1975년 통일 독립국가 수립이라는 근대국가 건설 과제를 완수하였다. 30년간 지속된 전시 동원 체제 하에서 사회주의 건설을 추진하는 과정에서 공산당이 국가의 전 분야와 사회 구석구석을 장악하고 통제하는 전체주의적 당-국가 체제가 확립되었다.

　　30년만에 찾아온 평화는 사회주의 경제, 당-국가 체제의 진정한 시험대가 되었다. 하지만 승리감에 도취된 공산당 지도부는 급진적인 대내외 정책들을 무리하게 추진하며 경제위기와 국제적 고립을 자초하였다. 점증하는 계획경제의 모순과 서방의 경제제재로 베트남은 1980년대 중반에 이르면 소련의 원조로 가까스로 연명하는 세계 최빈국으로 전락하고 만다. 극심한 경제위기의 와중에 1985년 사실상 유일한 우방인 소련이 개혁개방에 나서자 베트남공산당도 1986년 12월 제6차 당대회에서 도이머이(đổi mới)를 선언하며 쇄신의 길에 나섰다.

　　베트남의 도이머이는 중국의 개혁개방 정책과 함께 가장 성공적인 탈사회주의 이행 사례로 손꼽힌다. 베트남은 지난 30여 년간 시장지향 경제개혁과 수출주도 산업화 정책을 성공적으로 추진하며 오늘날 세계에서 가장 빠르게 성장하는 신흥 공업국으로 거듭났다. 그동안 베트남 체제의 자본주의적 변모는 사회 전반에 걸쳐 눈부신 속도로 진행되어 왔으나 사회주의공화국이라는 정치체제의 기본 성격은 지금도 변함없이 유지되고 있다. 베트남공산당은 아직까지 지도이념으로 마르크스-레닌주의를 폐기한 적이 없으며, 베트남 헌법은 "노동자계급의 선봉대이자 베트남 민족 및 노동인민의 선봉대"인 베트남공산당이 여전히 "국가와 사회의 영도세력(lực lượng lãnh đạo)"이라고 명시하고 있다(베트남 사회주의공화국 헌법 제4조 1항).

대륙부 동남아시아의 동안에 위치해 있는 베트남(대월)은 역사적으로 서쪽의 버마, 중앙의 태국과 함께 메콩지역의 전통 강국이었다. 특히 19세기 중반 프랑스의 식민지로 전락하기 전까지 남진 팽창정책을 지속해 지금의 캄보디아와 라오스 영토 대부분을 포함하는 지역으로 세를 키웠다. 동아시아의 전통적인 중화질서 속에 편입되어있던 베트남 왕실은 내제외왕(內帝外王), 즉 안으로는 황제를 칭하고 밖으로는 스스로를 왕으로 불러 중국의 천황을 섬기는 이중전략을 취했다. 대제국 중국과 평화로우나 종속적인 조공관계를 유지하는 한편 동남아시아의 주변 약소국들에 대해서는 소제국으로서의 패권적 태도를 숨기지 않았던 것이다(Vuving, 2013: 53-54).

프랑스가 베트남과 함께 캄보디아와 라오스를 합쳐서 식민지연방을 만들고 이를 프랑스령 인도차이나(French Indochina)라고 부르면서 이 일대를 포괄하는 베트남의 제국 관념이 인도차이나라는 이름으로 근대로 이어졌다. 호치민(Hồ Chí Minh)이 1930년 공산주의 계열 운동가들을 모아 홍콩에서 창설한 베트남공산당의 창설 당시 이름이 인도차이나공산당이었던 것도 이러한 인식과 무관하지 않다. 이후 독립과 사회주의 체제 수립 과정에서도 베트남공산당은 인도차이나 3국의 투쟁을 지도하는 역할을 했다. 1978년 캄보디아에 개입해 크메르루즈(Khmer Rouge)를 몰아내고 친베트남 정권을 세운 것 역시 같은 맥락에서 이해할 수 있다. 인도차이나의 종주국 관념은 지금까지 이어져 베트남은 여전히 캄보디아, 라오스의 만형 역할을 자임하고 있다.

베트남은 급속한 경제성장에 힘입어 객관적인 국력 면에서 동남아시아 지역 내 강국의 위상을 빠르게 회복하고 있다. 베트남 경제는 도이머이 경제개혁 이후 35년간 매년 평균 6.5%로 성장해왔다(그림 3-1 참고). 특히 본격적으로 경제개방에 나선 1988년부터 동아시아 경제위기의 영향을 받기 전까지의 10년 동안 평균 7.9%의 고도성장을 이어나갔다. 그후 성장 속도가 다소 늦춰졌지만 2008년 금융위기가 닥칠 때까지 10년간 평균 6.6%의 준수한 성장률을 유지했다. 다음 6~7년 동안 대내외의 불안 요소들로 성장률이 5% 중반대로 하락했으나 최근 다시 반등 추세에 있다. 2019년에는 경제성장률 7.0%를 달성해 방글라데시, 에티오피아 등과 함께 세계에서 가장 빠르게 성장하는 국가였다(World Bank, 2020).

2020년 기준 1억에 가까운 인구에 명목 GDP 2,600억 달러(세계 44위)를 달성한 베트남은 동남아시아 전체에서 인구로는 세 번째, 경제규모로는 여섯 번째로 큰 나라이다(표 3-1). 인구규모면에서 볼 때 인구 대국 인도네시아와는 2.8배 이상 차이가 나지만 두 번째로 인구가 많은 필리핀과의 차이는 얼마 나지

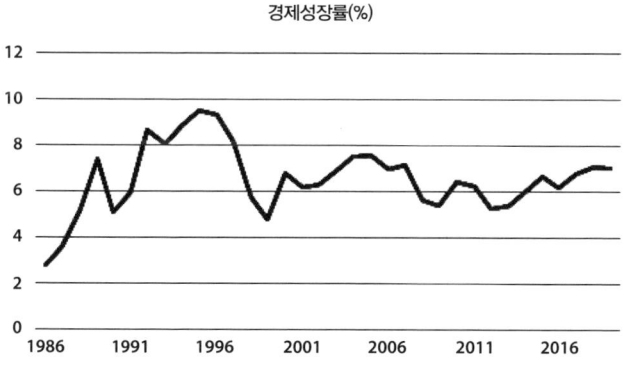

그림 3-1 도이머이 이후 베트남 경제성장률 추이
출처: World Bank 2020

표 3-1 동남아시아 국가들의 베트남 대비 인구 및 경제규모

	베트남 대비 인구규모		베트남 대비 경제규모
인도네시아	2.81	인도네시아	4.27
필리핀	1.12	**태국**	**2.08**
태국	**0.72**	필리핀	1.44
미얀마	**0.56**	싱가포르	1.42
말레이시아	0.33	말레이시아	1.39
캄보디아	**0.17**	**미얀마**	**0.29**
라오스	**0.07**	**캄보디아**	**0.10**
싱가포르	0.06	**라오스**	**0.07**
브루나이	0.004	브루나이	0.05

* 굵은 글씨는 대륙부 국가
출처: World Bank(2020)

않는다. 베트남 다음으로 인구가 많은 태국은 인구가 베트남의 72% 수준이다. 경제규모 측면에서는 인도네시아가 베트남의 4.3배, 태국이 2.1배로 이 두 나라에 비하면 베트남의 경제규모는 아직까지는 왜소한 편이다. 하지만 필리핀, 싱가포르, 말레이시아 경제와는 40% 정도 차이밖에 나지 않아 최근 베트남의 상대적으로 빠른 성장세를 감안하면 이들을 따라잡는 것은 시간문제라고 여겨진다. 대륙부 동남아시아로 대상을 좁히면 베트남은 인구로는 가장 크고 경제규모로는 태국 다음으로 크다(World Bank, 2020).

최근 들어 미중 패권경쟁이 본격화되면서 베트남을 둘러싼 지정학적 환경이 날로 복잡해지고 그 불확실성이 커지고 있다. 중국은 지정학적, 지경학적 요충지들을 잇는 일대일로 프로젝트를 통해 미국의 해상 봉쇄에 취약한 자신의 지리적 약점을 지우려고 하고 있다. 특히 자국 앞바다인 남중국해에 대한 지배권을 확립해 미국을 아예 일본-대만-필리핀-보르네오 섬을 잇는 제1열도선 밖으로 몰아내려고 한다(Friedberg, 2012; Hong, 2017). 미국은 중국을 자신이 주도해 만든 세계질서를 바꾸려는 수정주의 국가로 규정하고, 앞으로 중국이 아시아에서 패권을 장악하지 못하도록 하는 것을 국가전략의 최우선에 두고 있다

(White House, 2017). 이를 위해 미국은 중국의 일대일로 구축에 인도-태평양 전략으로, 중국의 남중국해 지배권 강화에 항행의 자유 작전으로 맞서고 있다. 이에 따라 중국의 일대일로가 지나가는 핵심 지역이자 남중국해를 품고 있는 지역인 동남아시아가 미중 패권경쟁의 각축장이 되면서, 특히 중국과 1,400킬로미터의 육지 국경을 맞대고 있고 남중국해 상으로 3,200킬로미터가 넘는 긴 해안선을 갖고 있는 베트남의 지정학적 중요성이 날로 커지고 있다.

베트남은 역사적으로 미국과 중국 두 나라와 대단히 복잡한 관계를 형성해왔다. 이는 양국 패권경쟁 사이에 끼인 지정학적 중간국 베트남의 외교정책 운용을 한층 더 까다롭게 만드는 요인인 동시에 베트남이 양국 사이에서 적절한 균형을 유지하도록 강제하는 조건이기도 하다. 중국과 베트남은 사회주의 동지국 사이이지만 1979년에 전쟁까지 치르면서 국교를 단절한 바있다. 1991년에 관계를 정상화한 양국은 2008년에는 동맹 다음으로 가장 높은 수준인 포괄적 전략적 협력 동반자(đối tác hợp tác chiến lược toàn diện) 관계로 양국 관계를 격상했다. 2020년 현재 중국은 베트남의 제1의 교역국(무역총액 1,320억 달러)이다. 베트남은 중국으로부터 가장 많이 수입하며(총수입의 32%), 미국 다음으로 중국으로 가장 많이 수출한다(총수출의 17%). 최근 들어 중국의 베트남 투자도 급증하고 있다. 하지만 이미 수차례 해상 무력충돌을 빚은 남중국해 영유권을 둘러싼 영토분쟁은 양국 간에 심각한 갈등을 낳고 있다. 특히, 2014년 중국이 파라셀(Paracel) 군도 내에 석유시추선 하이양 시유 981호(Hai Yang Shi You 981)를 파견해 굴착작업을 시작하며 양국 해군 간 대치 사태가 벌어진 이후, 베트남이 자신의 영토주권에 대한 중국의 위협을 인식하는 수준이 이전과는 질적으로 달라졌다. 베트남은 중국이 남중국해 전역을 지배하려는 시도를 막기 위해 모든 외교역량을 총동원하고 있다. 그러면서도 또 양국은 공산당 체제유지라는 가장 근본적인 목표에서 일치된 이해를 가지고 있으며, 이를 위해 당대 당 수준에서 긴밀한 협력관계를 유지하고 있다.

베트남이 자신의 "최대의 적"(kẻ thù không đội trời chung)이자 "인류 공동의

적"(kẻ thù chung của nhân loại)으로 규정했던 미국과의 관계 정상화는 1995년에 이루어졌다. 그보다 1년 전 미국은 30년간 유지해온 베트남에 대한 경제제재를 해제했고, 2001년 마침내 양국 간 무역협정이 발효되면서 베트남의 수출지향 경제성장 전략을 가능케한 대미 상품수출이 본격화되었다. 이후 지금까지 미국은 베트남의 최대 수출시장으로 남아있다(총수출의 27%). 2010년대에 들어 남중국해 영토분쟁이 갈수록 악화하는 상황 속에서 오바마 행정부의 미국이 "아시아로 회귀"(Pivot to Asia)할 것을 선언한 이후 양국은 군사안보 분야에서도 협력 수준을 꾸준히 높이고 있다. 그동안 미국과의 군사안보 협력에 조심스러웠던 베트남도 2014년 하이양 시유 981 사건이 터진 이후부터는 태도가 한층 적극적으로 바뀌었다. 2015년에는 응우옌푸쫑(Nguyễn Phú Trọng) 베트남공산당 총비서의 역사적인 미국 방문이 이루어졌고, 이듬해인 2016년 오바마 대통령의 하노이 방문을 계기로 미국의 대 베트남 무기수출 금지가 전면 해제되었다. 그리고 2018년에는 미국 항공모함 칼빈슨(Carl Vinson)호가 베트남 다낭항에 입항하며 양국의 높아진 안보 협력 수준을 과시했다.

하지만 2013년 포괄적 동반자(đối tác toàn diện) 관계로 발전한 베트남과 미국의 양국 관계는 아직 전략적 동반자(đối tác chiến lược) 관계까지 격상되지는 않고 있다. 이는 아직까지 베트남이 미국에 대해 갖고 있는 신뢰 수준이 최고 수준의 동반자 관계를 맺은 중국은 물론, 러시아, 인도, 일본, 한국 등 전략적 동반자 이상의 관계를 맺은 다른 16개국에 대해서보다 낮기 때문이다. 베트남은 미국의 아시아 관여 의지의 진정성을 못 미더워할 뿐만 아니라, 보다 근본적으로 미국이 여전히 베트남의 사회주의 체제 전복을 기도하고 있다는 의구심을 떨치지 못하고 있다. 특히 이 점에서 중국과 전략적 이해를 같이하고 있는 베트남은 미국과 군사안보적으로 지나치게 가까와지는 것이 자칫 중국에게 반중국 연합을 형성하는 것으로 비쳐질 것을 경계해왔다. 기실, 1998년 첫 공식화된 이후 지금까지 유지되고 있는 베트남의 "3불"(ba không) 국방정책은 바로 그러한 중국의 오해를 불식시키려는 의도를 담고 있다. 즉, 베트남은 미국 등 다른 강대국과 안보협력를 확대할지라도 그 "어느 나라와도 군사동맹을 맺지 않을 것"(không liên minh quân sự với bất kỳ nước nào)이며, "영토 내에 (그들의) 군사기지 주둔을 허용하지 않을 것"(không để căn cứ quân sự trên lãnh thổ)이고, "어떤 국가에 맞서기 위해 다른 국가에 기대지 않을 것"(không dựa vào nước này để chống nước kia)임을 천명한 것이다. 특히 이 마지막 원칙은 실제 맥락 상 "중국에 맞서기 위해 미국에 기대지 않을 것"이라고 읽힌다는 점에서 베트남의 진짜 의도에 대해 중국의 이해를 구하려는 것으로 볼 수 있다.

이렇듯 베트남은 역사적 관계 속에서 뿌리깊은 불신을 지녀온 미국과 중국 모두와 현실적 필요에 의해 긴밀한 협력 관계를 추구하면서도 어느 한쪽으로 기울어 다른 한쪽을 적대하지 않으려는, "균형잡힌 헤징"(balanced hedging) 전략을 구사해왔다(Shambaugh, 2018). 미중 양국 사이에 절묘한 균형을 유지하려는 이러한 베트남의 중간국 외교전략은 도이머이 선언 이후 큰틀의 외교노선 진화 속에서 서서히 그 모습을 갖춰왔다.

1980년대까지 외교적 고립무원 상태에 있었던 베트남은 1986년 도이머이 경제개혁에 나서며 대외관계에 있어서도 개방 정책을 채택하기 시작하였다. 공산당은, 점점 하나로 통합되어가는 세계 경제에서 세계 각국이 자국 발전을 위해 적극적으로 세계 경제 분업에 참여하고 있는 와중에 베트남은 정치적, 경제적으로 고립되어 경제적 낙후함에서 벗어나지 못하고 있다는 현실을 뼈아프게 인정했다. 이후 베트남은 서방의 경제제재를 풀고 소련에 대한 과도한 의존으로부터 탈피하기 위해 체제와 이념을 뛰어넘는 다각적 외교에 나서는 한편, 1981년 헌법에 "직접적이고 위험한 적"(kẻ thù trực tiếp và nguy hiểm)으로 명시했던 중국과 관계를 개선하는 데에도 힘을 기울였다.

중국과의 관계는 1971년 미중 데탕트를 계기로 나빠지기 시작했다. 그러던 중 인도차이나 반도 공산화 후 베트남의 지역 패권화를 견제하려는 중국이 캄보디아의 급진적 마오주의 세력이자 반베트남 성향이 강한 크메르루즈를 지원하자 베트남공산당은 1976년 12월의 4차 당대회에서 친중파를 모두 축출하였고, 이후 양국 관계는 악화일로의 길로 접어들었다. 1978년 중국의 침공 위협이 커지면서 베트남은 소련을 통해 이를 견제하고자 하였다. 그해 6월 코메콘(COMECON)에 가입하고 11월에는 소련과 상호방위협정을 체결했다(Ang, 2016: 86-88). 이때부터 거의 10년간 베트남은 경제원조와 외교안보에서 소련에 거의 절대적으로 의존하는 상황에 처하게 되었다. 소련의 급작스런 체제 변동이 찾아오며 소련으로부터의 원조와 안전 보장이 하루아침에 사라지자 베트남은 그러한 외교 전략이 얼마나 위험한 것이었는지 뼈저리게 깨닫게 된다.

도이머이 선언 후 외교정책의 본격적인 변화를 알린 것은 1988년 5월 정치국(Bộ Chính trị) 의결 13호(Nghị quyết số 13/NQ-TW)였다. 여기서 공산당은 경제적 낙후, 외교적 고립, 그리고 경제제재가 베트남의 안보와 독립을 해치는 가장 큰 위협 요소이며, 평화 유지와 경제발전이 베트남의 전략적 목표라고 강조했다. 그리고 이러한 상황에서 베트남의 새로운 외교전략은 "친구를 늘리고 적을 줄이는 것"(thêm bạn, bớt thù)이어야 하며, 이를 위해 앞으로 국제 협력관계를 "확대하고 다양화할 것"(mở rộng và đa dạng hoá)이라고 선언했다. 나중에 "외교관계의 다양화, 다방화"(đa dạng hoá, đa phương hoá quan hệ đối ngoại)로 정식화된 이러한 외교정책의 전략적 방향은 이후 베트남 외교정책의 근간이 된다. 이런 의미에서 정치국 의결 13호는 베트남이 외교정책에 있어서 새로운 전략적 사고를 하기 시작했음을 알리는, '외교정책의 도이머이 선언'이었다고 평가할 수 있다(Tung, 2021: 78).

베트남은 곧바로 중국, 미국 등 주요 강대국 및 이웃국가들과 외교관계를 정상화하기 위한 노력을 시작했다. 우선 이를 위한 선결조건으로 여겨진 캄보디아 주둔군을 철수하기 시작했고, 중국과 관계 정상화를 위한 물밑 접촉을 시작했다. 1991년 10월 캄보디아 문제가 파리협정을 통해 최종적으로 해결되면서 그해 말 베트남과 중국의 관계 정상화도 마무리되었다(Tung, 2021: 88). 한편, 1989년 초에 응우옌꺼타익(Nguyễn Cơ Thạch) 외교부장관을 통해 아세안 가입 의사를 최초 표명한 베트남은 1992년 제25차 아세안 국방장관 회의에서 발리

협약(Bali Treaty)에 서명하며 공식 가입을 위한 첫 발을 뗐다.

　　외교노선 변화의 첫걸음을 내딛는 와중이던 1991년 7월에 베트남공산당은 도이머이 선언 이후 첫 당대회(제7차)를 개최했다. 여기서 공산당은 정치국 의결 13호 방침을 계승해 베트남은 "평화, 독립, 발전을 위해" 체제와 상관없이 "세계 모든 나라와 친구가 되길 원한다"(Việt Nam muốn là bạn với tất cả các nước trong cộng đồng thế giới, phấn đấu vì hoà bình, độc lập và phát triển)고 선언한다. 그 해 말 중국과 관계 정상화를 매듭진 베트남공산당은 이듬해 소집한 두 차례의 중앙위원회(Ban Chấp hành Trung ương) 전원회의에서 자본주의 체제인 서방 강대국 및 동남아시아의 이웃국가와 외교관계를 발전시키기 위한 실천 과제에 대해 집중적으로 논의했다. 이에 따라 1993년 초 정치국은 베트남이 "적절한 시기에"(vào thời điểm thích hợp) 아세안에 가입할 준비가 돼있다는 메시지를 내었고, 그해 10월 동남아시아 순방길에 오른 도므어이(Đỗ Mười) 총비서가 베트남의 새로운 아세안 정책으로 1)독립적이고 주도적이며 다자화된 외교, 2)우호관계를 확대하고 적절한 시기에 아세안 가입, 3)역내 국가와 안보 대화 시작, 4)평화적 협상을 통한 분쟁의 해결 등 4가지를 제시했다. 베트남의 아세안 가입은 1995년 7월 성사되었다(Minh, 2011: 101-103).

　　미국과의 관계 정상화는 그 바로 직전에 이루어졌다. 1975년 통일 직후 시작한 베트남의 관계 정상화 노력이 20년만에 결실을 맺는 순간이었다. 하노이 미대사관 부지 선정에 대한 논의에까지 이르렀던 당시의 양국 간 협상은 전쟁 배상금 문제와 남베트남의 채무 승계 문제 등으로 막바지 난항을 거듭했다. 그러던 중 1978년 캄보디아와 중국으로부터 안보 위협에 직면한 베트남이 조건 없는 관계 정상화로 전략을 선회했지만, 중국과의 관계 정상화에 전략적 우선순위를 둔 미국이 베트남이 소련과 방위조약을 체결한 것을 문제 삼으면서 베트남의 그러한 제안을 거부했다. 이후 제3차 인도차이나 전쟁이 발발하면서 양국 간 협상은 중단되었고, 베트남의 캄보디아 철수가 완료된 이후에야 10여 년 만에 재개될 수 있었다. 1991년 미국은 자국민의 베트남 입국을 허용했고, 이듬해인 1992년에 양국 간 핫라인이 개통되었으며, 1994년 초 마침내 미국의 대베트남 경제제재가 전면 해제되었다. 그리고 1995년 베트남의 아세안 가입 협상이 마무리되자 7월 11일 전격적으로 양국은 역사적인 관계 정상화를 선언했다(Tung, 2021: 95).

1996년 개최된 제8차 당대회는 이상의 외교정책 성과를 자축하며 그러한 성공을 가능케한 도이머이 이후 정립된 새 외교노선의 정당성을 재확인하는 자리였다. 공산당은 "자주독립, 개방, 다방화와 다양화"(độc lập tự chủ, rộng mở, đa phương hoá và đa dạng hoá)의 외교정책을 계속 추구할 것임을 확인했다. 여기서 이후 지속적으로 등장하게 되는 "외교관계의 다양화, 다방화" 표현이 처음 공식적으로 사용되었다.

어느 한 쪽에 치우치지 않고 적대국을 만들지 않겠다는 외교원칙은 1998년 최초 발간된 국방백서에 국방정책 3불 원칙으로 표명되었다. 이의 직접적인 계기는 중국이 제공했다. 중국이 1997년 7월 베트남과 배타적 경제수역이 서로 겹치는 통킹만(Gulf of Tonkin) 해상에 석유시추선을 파견하였고, 이러한 중국의 도발에 베트남은 미국과의 협력을 강화하는 것으로 대응했다. 그러나, 앞서 언급했듯이, 중국과의 협력이 중요했던 베트남은 중국을 겨냥한 전략적 연합을 형성하려는 의도가 없다는 것을 중국에게 확인시켜 줄 필요가 있었다. 3불 원칙은 2004년과 2009년의 국방백서에도 반복해서 재확인되었으며, 가장 최근 발간된 2019년 4차 국방백서에서도 무력(또는 무력 위협)의 불사용(không sử dụng vũ lực hoặc đe doạ sử dụng vũ lực) 원칙이 추가된 "4불 원칙"으로 계승되고 있다(Grossman and Huynh, 2019).

하지만 1990년대까지만 해도 서방의 경제제재를 끝내고 경제발전을 위한 평화적 대외환경을 조성해 자본주의 국가들로부터 원조와 투자를 받아 하루빨리 경제성장을 이루려는 것이 개방적 외교정책을 채택한 주된 목적이었다. 외교문서에 "모든 나라들과 친구가 되길 원한다"는 표현이 자주 등장했을 뿐 여전히 국제관계 속에서 베트남의 지위와 역할이 무엇인지에 대한 자기 인식은 불명확한 상태로 남아 있었고 따라서 외교 활동도 다분히 수동적이었다(Minh, 2011: 103).

1990년대 말에 들어서 서서히 변화의 조짐이 나타나기 시작했다. 1997년 동아시아 금융위기가 변화의 계기를 제공했다. 금융위기의 여파로 그동안 순항하던 베트남 경제가 휘청했다. 1998년 5.8%로 추락한 경제성장률이 1999년에는 도이머이 이래 가장 낮은 4.8%까지 더 떨어졌다. 국제경제로의 통합이 내포하고 있던 위험을 체감하게 된 베트남은 그러한 위험을 완충하기 위한 방편으로 아세안 차원의 지역통합과 당시 지역의 금융 안전판 역할을 도맡았던 중국과의 경제협력을 보다 적극적으로 추구하기 시작했다. 이후 베트남은 아세안 내에서 자신의 역할을 높이며 아세안 일원으로서의 정체성을 형성해 나갔다(Tung, 2021: 191-192). 중국과의 관계도 완전한 정상화에 도달했다. 1999년에는 양국 간 육지 국경분쟁을 타결 지었고, 2000년에는 통킹만 수역 분할에도 합의를 이루었다. 또 1999년 양국은 "장기안정, 미래지향, 친선우정, 포괄협력"(*ổn định lâu dài, hướng tới thương lai, láng giềng hữu nghị, hợp tác toàn diện*)이라는 양국 관계 "16자 원칙"(*phương châm 16 chữ*)에도 합의하였다(Womack, 2013: 121-124).

그리고 2001년 제9차 당대회에서 평화, 독립, 발전을 위한 노력에 "베트남은 모든 나라의 친구, 신뢰할 수 있는 동반자가 될 준비가 되었다"(*Việt Nam sẵn sàng là bạn, là đối tác tin cậy của các nước*)는 표현이 등장했다(Minh, 2011: 103). 두 가지 변화가 눈에 띄는데, 우선, 기존의 "되기를 원한다"(*muốn là*)가 "될 준비가 되었다"(*sẵn sàng là*)로 바뀌었고, "친구"(*bạn*)에 더해 "신뢰할 수 있는 동반자"(*đối tác tin cậy*)라는 표현이 추가되었다. 전자가 앞으로 여러 국가들과 협력 관계를 만드는 데 보다 적극적으로 나설 것이며 베트남이 이제 그럴만한 객관적 역량을 지니게 되었음을 표현한 것이라면, 후자는 대외 관계에서 베트남이 추구하는 자기 정체성을 보다 구체화한 것으로 평가된다.

2003년 7월 제8차 전원회의에서 발표된 중앙위원회 의결 28호(*Nghị quyết số 28-NQ/TW*)는 베트남 외교정책의 새로운 이정표라고 여겨진다. 여기서 공산당은 베트남과 이해를 같이하는 모든 나라는 협력의 동반자(đối tác), 베트남의 이익에 반하는 국가는 투쟁의 대상(đối tượng)이라는 개념을 제시하면서 친구와 적을 나누는 기준으로 이념을 삭제하였다. 이로써 당시까지 전략적 적국으로 규정했던 미국과 전략적 연대를 추구할 수 있는 가능성을 열었다. 이후 베트남은 외교에서 보다 적극적이고 자신 있는 태도를 보이기 시작한다(Minh, 2011: 104).

특히 이 시기 러시아를 비롯해 여러 국가들과 전략적 동반자나 포괄적 동반자 협정을 맺으며 한층 높은 수준의 대외관계 다변화를 꾀했다(Thayer, 2017: 186). 이러한 노력은 그 후에도 지속되어 지금까지 17개국과 전략적 동반자, 13개국과 포괄적 동반자 협정을 맺었다. 아세안 및 다양한 아세안 주도 지역협의체(아세안 안보 포럼, 아세안 (확대)국방장관회의, 아세안 (확장)해양 포럼, 아셈(ASEM), 동아시아정상회의 등)에 적극적으로 참여해 아세안으로서의 정체성 역시 깊어졌다. 메콩강 유역 관련 기구들(메콩강위원회, 확대메콩지역, 란창-메콩협력 등)과 여러 지역 환경 기구들의 설립과 운영에도 주도적인 역할을 수행하기 시작했다.

베트남은 인도차이나 3국 간 양자 및 다자협력 역시 주도하였다(Chheang, 2018). 베트남이 맏형으로서 인도차이나 이웃국가에 기울이는 외교적 노력은 이들과의 고위급 초청 및 방문 빈도에서 잘 드러난다. 2005년에서 2016년 사이 베트남과 고위급 방문 교환이 가장 많은 나라는 라오스(86회)였다. 두 번째로 많은 나라가 중국(74회)이었고, 그 다음이 캄보디아(51회)였다. 특히 라오스, 캄보디아와의 외교사절 교환은 대체로 공산당 총비서, 국가주석, 수상 등 최고위급 방문이 주를 이루었다(Kang, 2017: 129).

베트남의 외교는 2010년대에 들어선 이후 한층 더 높은 단계로 진입해 이제 중견국 외교를 추구한다고 말할 수준에 이르렀다. 2010년 베트남은 아세안 의장국을 맡으며 2015 아세안 공동체 설립을 주도적으로 준비하였고 아시아-태평양 지역 내 아세안의 역할을 높이는 데 기여를 하였다. 이를 통해 베트남의 외교역량을 입증하였고 아세안 내 위상을 높였다.

이듬해인 2011년 개최된 제11차 당대회에서 "주동적이고 적극적으로"(*chủ động và tích cực*) "국제통합"(*hội nhập quốc tế*)을 추구하는 것을 당의 주요한 전략적 방향으로 설정하면서 이전의 경제 중심의 "국제 경제통합"(*hội nhập kinh tế quốc tế*)에서 앞으로 보다 포괄적이고 다차원적인 국제통합으로 방향 전환을 할 것임을 시사했다. 이후 실제로 대외관계에 관한 당 차원의 논의가 보다 광범위한 영역으로 확대되었다. 일례로 2013년 정치국은 의결 22호(*Nghị quyết số 22-NQ/TW*)를 채택하며 앞으로 베트남이 "국제규범 마련에 주도적인 역할"(*tích cực tham gia xây dựng và tận dụng hiệu quả các quy tắc, luật lệ quốc tế*)을 하고 "국제협력 이니셔티브와 메커니즘을 주동적으로 제안"(*chủ động đề xuất sáng kiến, cơ chế hợp tác*)함으로써 "국제사회 내 국가 역할을 강화하고"(*củng cố và nâng cao vai trò trong cộng đồng khu vực và quốc tế*), "인류의 평화, 민족독립, 민주주의, 사회진보에 기여해야 한다"(*góp phần tích cực vào cuộc đấu tranh vì hoà bình, độc lập dân tộc, dân chủ và tiến bộ xã hội trên thế giới*)고 결의하였다(Womack, 2013: 125).

현재 베트남은 다른 무엇보다 미중 간 전략적 경쟁이 갈수록 격화되는 복잡한 지정학적 상황 속에서 국익을 극대화하는 데, 특히 핵심 이익인 남중국해 영토와 자원을 둘러싼 중국과의 분쟁을 평화롭게 해결하는 데 외교역량을 집중하고 있다. 베트남은 동남아시아의 남중국해 분쟁 당사국들 중에서도 중국과 가장 첨예한 대립을 겪고 있는 나라이다. 1974년과 1988년 각각 파라셀 군도와 존슨사우스 암초(Johnson South Reef, 스프래틀리(Spratly) 군도)를 무력으로 점거한 바 있던 중국은 양국 관계가 정상화된 후인 1990년대 중반부터 분쟁 수역 내에서 시추활동을 벌이면서 다시 베트남의 영토주권을 위협하기 시작했다.

이에 대한 베트남의 대응은 대체로 유화와 견제의 이중전략을 구사하는 것이었다. 우선 베트남은 당, 군, 정부, 사회의 여러 차원에서 중국과 긴밀한 협력 관계를 만들기 위해 노력했다. 군사 안보 분야뿐만 아니라 사회 경제 문화 분야의 협력을 강화해 분쟁의 평화적 해결을 위한 양국 간 신뢰 구축을 시도한 것이다. 다른 한편으로 베트남은 부상하는 중국을 지역기구와 주변 강국과의 협력 강화를 통해 견제하려는 모습도 보이고 있다. 아세안과 아세안 주도 지역협의체에 중국을 참여시켜 남중국해 분쟁의 국제화, 다자화를 꾀했다. 또 러시아, 일본, 미국, 인도, 호주, 한국 등과 포괄적, 또는 전략적 동반자 관계를 맺으며 이들 국가들과 다양한 수준의 군사 안보 협력 관계를 발전시켜 나갔다(Thayer, 2017: 186-188). 그러면서도 자칫 이러한 노력이 반중 연합을 형성하는 것으로 비쳐지지 않기 위해 중국과 긴밀한 대화를 이어나갔다. 2014년 시추선 사건 이후 미국과의 군사 협력이 한층 강화되고 있지만 베트남은 여전히 미중 사이에서 어느 한 쪽에 편중되지 않는 "균형 잡힌 헤징" 전략(Shambaugh, 2018)을 구사하며 높은 수준의 자율성과 주도성을 발휘하고 있는 것으로 평가받고 있다. 그리고 바로 이 점에서 베트남의 중간국 외교가 빛을 발하고 있다는 것으로 볼 수 있다(Kang, 2017: 116).

III. 베트남 중간국 외교의 국내 정치적 기원

도이머이 이후 베트남 중간국 외교의 진화 과정을 설명할 수 있는 주요한 국내 정치적 요인으로 정체성의 변화, 경합하는 두 파벌 간의 균형, 그리고 민족주의의 부상 등 세 가지를 들 수 있다.

1. 정체성: 이념에서 이익으로

냉전 시기 베트남공산당의 지배적인 세계인식은 이념에 기초한 것이었다. 기본적으로 자본주의, 제국주의 국가들은 적대 진영, 사회주의 국가들은 우방이라는 이분법적 사고가 베트남의 국제관계에 대한 관점과 외교 전략을 규정하였다(Tung, 2021: 186). 1960년대 소련과 중국이 세계 공산주의의 패권을 두고 대결하자 베트남은 누구의 편도 들지 않았다. 당시 "미 제국주의"와 전쟁을 하며 전

세계 사회주의 승리를 위한 최전선에서 악전고투하던 베트남공산당은 오히려 자신들이야말로 사회주의 진영의 진정한 선봉이라는 믿음을 가졌다. 이러한 자기 확신은 1970년대 초반 두 사회주의 강대국이 미국과 데탕트 국면을 만들자 더 심화되었고, 1975년 베트남전쟁에서 승리하며 통일을 완수하면서 절정에 달했다. 베트남의 전국 공산화를 넘어 가깝게는 인도차이나 반도의 이웃국가들로, 멀리는 전 세계 제3세계 국가들로 사회주의를 확산하기 위해 제국주의와 싸우겠다는 의지가 하늘을 찌를 기세였다(Vu, 2017).

변화의 계기는 1980년대 초중반 체제 존립을 위협하는 수준의 심각한 경제위기였다. 이미 1970년대 후반부터 경제 곳곳에서 위기의 징후들이 나타났다. 특히 농업 부문의 문제가 심각했다. 농업 집단화, 가격 통제, 강제 수매, 지방 간 교역 금지 등의 사회주의 계획경제 정책들의 모순이 누적되며 세계적인 쌀 생산 대국임에도 베트남의 주요 도시에서 기근 등의 식량 위기가 발생했다. 상황이 악화되자 일부 지방정부들이 국가 법령과 중앙의 명령을 위반하며 상업활동에 나서기 시작한 것이 베트남 개혁개방의 시원이다. 이후 이들 지방의 일탈적 상업행위, 시장 요소의 도입이 생산 급증의 성과를 내자 중앙에 의해 사후적으로 당의 공식 정책으로 채택되는 과정이 전진과 후퇴를 반복하며 이어졌고, 이것이 결국 도이머이의 선언으로 귀결된 것이다(Fforde and de Vylder, 1996).

체제 내부의 위기가 개혁의 필요성을 인식시켰다면 소련과 중국의 노선 수정은 내부 논쟁 중이던 개혁 노선에 정당성을 부여하였다. 중국은 이미 1978년 개혁개방에 나서며 경제개발에 박차를 가하고 있는 상황이었다. 베트남으로서는 중국과 전쟁까지 치르며 외교관계를 단절했던 차였기에 중국의 변화를 예의주시하면서도 애써 그 의미를 평가절하하고 있었다. 하지만 고르바초프가 등장하고 소련이 개혁개방에 나서자 베트남공산당은 큰 충격에 휩싸였다. 내적 위기에 외적 충격이 더해지며 결국 1986년 베트남공산당은 낡은 사고의 틀을 벗어던지는 결단을 내리게 된다.

도이머이의 채택은 단지 계획경제에서 시장경제로의 전환만을 의미하는 것이 아니었다. 국제관계의 본질, 특히 세계경제가 작동하는 방식에 대한 인식의 전환 역시 수반되었다. 세계가 두 적대 세력 간 제로섬의 착취-피착취 관계가 아니라 복잡한 상호의존적 관계들로 이루어져 있다는 관점을 갖기 시작한 것이다. 여기에는 베트남이 겪고 있는 경제적 어려움이 사회주의 체제 자체의 오류에서 기인한 것이라기보다는 소련에 일방적으로 의존하며 고립을 자초한 외교 전략의 실패에서 비롯된 것이라는 인식이 깔려있었다. 따라서 대외관계의 개방, 특히 중국과 주변국, 그리고 미국을 비롯한 서방국가와의 외교관계 정상화야말로 경제 위기에서 벗어나고 체제 생존을 도모하기 위한 선결적 과제라고 인식하게 되었다(Elliott, 2012).

1988년 정치국 의결 13호를 기점으로 대외관계를 규정하는 요소로 이념의 자리를 국가이익 개념이 대신하기 시작했다. 물론 외교 목표에서 사회주의 국제연대의 기치가 완전히 사라진 것은 아니었다. 외교관계의 공식적인 우선순위는 여전히 미국과 미국의 동맹국들보다는 러시아, 라오스, 캄보디아, 중국, 쿠바 등의 공산당과 노동당, 평화, 민족 독립, 민주주의, 사회 진보를 위해 투쟁하는 세력, 그리고 인도 및 비동맹운동에 두었다(Thayer, 2017: 185).

하지만 이념에 대한 호소는 대체로 당의 공식 문서에서 습관처럼 반복되는 수사에 그쳤다. 실제 외교정책은 국가이익 극대화를 위한 실용주의 색채가 점차 뚜렷해졌다. 특히 1991년 제7차 당대회에서 뒤쳐진 경제를 발전시키기 위해 절실히 필요했던 해외 원조와 외국인 투자를 받기 위해 다양한 채널을 통해 많은 나라들과 다각적인 호혜협력 관계를 맺는 외교관계의 다양화와 다방화를 외교 정책의 방향으로 설정했다. 외교 전략의 우선순위 역시 경제발전에 우호적인 주변 환경을 조성하는 것에 두었다. 이에 따라 1992년에 한국과 수교하였으며, 1995년에는 아세안 가입이 성사되었고 미국과의 수교도 마무리 지었다. 그리고 1998년에 아시아 태평양 경제협력체(APEC)에도 가입하였다.

1990년대를 거치며 베트남은 외교적 고립 상태에서 벗어나 국제사회의 어엿한 일원으로 스스로를 성공적으로 탈바꿈시켰다. 하지만 2000년대 초반까지만 해도 외교 전략에 있어 이념적 편향이 완전히 사라진 것은 아니었다. 특히 중국과의 관계 개선을 위한 노력에 양국이 사회주의 이념을 공유하고 있다는 점을 부각시켰다. 이를테면, 2001년 베이징을 방문한 농득마인(Nông Đức Mạnh) 베트남공산당 총비서는 양국 관계를 1950-60년대에 쓰던 "동지이자 형제국"으로 표현하였다(Vuving, 2013: 66). 베트남은 여전히 "사회주의 동지이자 형제국"인 중국과의 관계 개선에 큰 공을 들인 반면, "전략적 적대국"인 미국에 대해서는 여전히 조심스럽게 접근했다.

하지만 동시에 1990년대 중반부터 남중국해를 둘러싸고 중국과 잦은 갈등을 겪으면서 베트남의 전략적 사고에 다시 한 번 점진적 변화가 일어나기 시작한다. 국가이익의 관점에서 볼 때 사회주의 우방인 중국과도 갈등의 요소가 있을 수 있고, 제국주의 미국과도 협력의 요소가 있을 수 있다는 인식이 점차 뚜렷하게 자리를 잡아가게 된 것이다. 이러한 점진적 인식 변화는 마침내 2003년 중앙위원회 의결 28호의 "투쟁의 대상"과도 협력할 요소가 있고 "협력의 동반자"와도 차이와 갈등이 존재할 수 있다는 협력과 투쟁의 변증법적 관계로 정식화하게 된다(Thayer, 2017: 185).

이후 중국과의 남중국해 분쟁을 해결하기 위해 아세안 지역협의체를 매개로 중국을 다자외교의 장으로 끌어들이려는 노력을 하는 한편 미국과의 협력도 군사 안보 분야로 조심스럽게 넓혀가기 시작했다. 2003년부터 미 해군이 매년 베트남을 방문하기 시작했다. 2000년대 후반부터는 미군함의 베트남 항 입항을 허락했고, 국방장관 상호 방문과 차관급 전략회담을 각각 3년에 한 번과 매년 개최하기 시작했다(Vuving, 2013: 64-65).

경제발전의 성공은 베트남의 객관적인 국력을 신장시켰을 뿐 아니라 이제까지 추진해온 외교 전략의 정당성을 확인시켜 줌으로써 국익 우선의 외교 노선을 더욱 확고히 하도록 만들었다. 개방과 중립의 실용주의 외교노선이 경제성장에 우호적인 국제적 환경을 만들어주었고, 경제성장으로 높아진 국력이 국익 우선 외교 지향을 더욱 추동하는 선순환 고리가 형성된 것이다. 2011년 11

차 당대회와 2013년 정치국 22호 의결에 담겨진, "주동적이고 적극적으로" 국제규범을 마련하고 국제협력 메커니즘을 제안하겠다는 선언도, 그리고 이의 구체적 실천 사례인 2019년 북미 하노이 정상회담 개최도 결국 이를 통해 국제사회에서 베트남의 위상을 강화하는 것이 국익을 실현하는 것이라는 인식에서 비롯된 것이다.

2. 파벌 간 경쟁과 합의제적 의사결정

베트남공산당이 과거의 경직된 이념의 틀을 버리고 실용주의로 무장해 지금의 중간국 외교 전략을 포용하게 되기까지의 과정은 결코 처음부터 일관성 있게 단선적으로 발전해온 것이 아니었다. 또 그러한 전환이 현재 불가역적으로 완결되었다고 보기도 어렵다. 그것은 당내 경합하는 두 세력이 국내외 상황이 새롭게 전개됨에 따라 서로 끊임없이 각축하는 속에서 이들의 상충된 세계관, 정세인식, 우선순위가 미묘한 균형을 이룬 결과였고, 이 점에서 지금의 외교 전략이라는 것도 여전히 국내 정치적 변동이나 외부적 충격에 의해 언제든 뒤집힐 수 있는 아슬아슬한 균형점이라고 할 수 있다.

1980년대 후반 베트남의 시장개혁과 대외개방은 응우옌반린(Nguyễn Văn Linh) 당시 총비서, 응우옌꺼타익 외교부장관 등이 주도했다. 이후 보반끼엣(Võ Văn Kiệt)을 필두로 한 역대 수상들이 대체로 개혁개방에 앞장섰다. 주로 정부 내 경제 및 외교 관련 부처에서 주도권을 행사해 온 당내 개혁파는 당보다는 국가를 우선시하는 경향이 있다. 정확히 말해, 이들은 국가가 발전해야 공산당의 권력 유지도 가능하다고 본다. 개혁개방의 길로 이들을 추동한 동인은 이대로 가다가는 베트남이 영원히 후진국으로 남게 될 것이라는 "뒤쳐질 것에 대한 두려움"이었다(Elliott, 2012). 서방의 기술과 자본을 적극적으로 받아들이고 세계경제 체제 속으로 과감하게 뛰어들어 하루빨리 베트남 경제를 선진화시켜야 한다고 믿는 이들은 따라서 서방, 특히 미국에 대해 비교적 우호적인 시각을 갖고 있다. 지금까지 베트남 대외정책의 진화 방향은 큰 틀에서 봤을 때 대체로 이들의 관점을 따라온 셈이다.

하지만 그렇다고 이들과 사상 노선 상의 대립각을 세워왔던 보수파가 늘 수세에 놓여있던 것은 아니다. 당 지도부 내에 사회주의에 대한 신념이 상대적으로 더 투철하고 당을 우위에 두고 사고하는 이들 보수파의 존재는 노선의 균형추가 한쪽으로 급격하게 기우는 것을 막는 역할을 하였다. 미국에 대한 뿌리 깊은 불신을 갖고 있는 이들은 미국의 제국주의 본성은 변하지 않았으며 미국은 여전히 사회주의 체제를 내부로부터 붕괴시키려는 의도를 버리지 않고 있다고 믿는다(Tung, 2021: 118). 즉 개혁개방 노선은 언제나 "평화적 전변"(diễn biến hoà bình)의 위험을 수반하는 것이며, 따라서 체제수호를 위해 중국과의 전략적 연대를 굳건히 해야 한다고 생각한다(Goh, 2016; Vu, 2017).

대외개방의 추진력이 1989년 천안문 사태와 동유럽의 잇따른 몰락 이후 급속히 약화된 것도 당내 보수파의 목소리가 반영된 결과였다. 1986년 12월 6차 당대회에서 도이머이 선언을 이끌어내며 베트남의 고르바초프라고 불리게 된 응우옌반린 총비서조차 체제 안보에 대한 심대한 위협을 느끼며 보수 노선으로 급격히 돌아섰다. 1989년 8월 열린 중앙위원회 7차 전원회의에서 응우옌반린 총비서는 레닌의 두 진영 이론, 즉 사회주의 대 자본주의, 제국주의의 근본적 적대 관계를 다시 강조했다. 이듬해 3월 공산당은 정치국 내 대표적 수정주의자였던 당시 당 중앙위원회 비서 쩐쑤언바익(Trần Xuân Bách)을 정치국에서 축출하고 1988년의 정치국 의결 13호에 담겼던 대서방 개방정책의 실행에 제동을 걸었다. 이후 공산당은 동유럽 몰락의 원인으로 중국이 제기한 미국의 평화적 전변 전략 담론을 적극 수용하며 문화적, 경제적 영향력을 통한 사회주의의 전복 위협에 대한 당내 경계 태세를 강화했다. 이 여파로 특히 안보전략과 관련해서 미국과 대화를 하는 것은 2003년까지 불가능해졌다(Vuving, 2010: 381; Womack, 2013: 121).

베트남은 1995년 국제적 고립을 탈피하고 경제발전을 위한 평화적 환경을 조성하기 위해 아세안에 가입했다. 하지만 이듬해 8월 당대회에서 채택된 정치

보고서에 아세안과 관련된 언급이 단 한 줄에 그쳤으며, 이후 1990년대 내내 베트남의 지역 참여는 미미한 상태로 남아있었다. 이 역시 여전히 동남아시아의 이웃 국가들, 특히 미국의 동맹국들에 대한 의혹과 불신을 떨치지 못했던 당내 보수파의 견제심리가 작용한 결과였다(Minh, 2011: 102).

2003년 중앙위원회 결의 28호 이후 미국과 군사 안보 협력을 시작한 베트남은 그러나 2000년대 후반에 들어 계속 수위가 높아지는 중국의 남중국해 도발에도 불구하고 2014년 남중국해 시추선 사건 전까지 미국과의 전략적 협력에 지나칠 정도로 소극적으로 임했다. 베트남 정부는 공식 외교담화에서 미국과의 관계에 대해 "양국 간 이익의 전략적 일치"가 존재한다고 표명했으나, 이는 개혁파의 시각일 뿐 보수파의 생각은 달랐다(Vuving, 2013: 66). 이를테면 비교적 최근인 2010년까지만 해도 보수 성향이 강한 공산당 중앙선전위원회(Ban Tuyên giáo Trung ương)는 여전히 당내 문서에서 미국을 "최대의 적"(kẻ thù không đội trời chung)으로 표현했다. 당시 조지아, 우크라이나, 벨라루스 등 동유럽 지역에서 발생한 일련의 색깔혁명을 두고 이것이 미국이 평화적 전변, 문화적 침략 전략을 강화한 증거라는 인식 하에 미국과의 협력이 내포하는 위험에 대해 경고하고 나선 것이다(Vuving, 2010: 381).

미국과 전략적 연대를 시도하려는 개혁파의 움직임에 계속 견제구를 던진 보수파는 베트남 대외관계의 중심축을 오히려 중국과의 전략적 동맹을 추구하는 방향으로 끌고 가기 위해 노력했다. 특히 비교적 최근까지 베트남공산당 총비서들은 베이징을 방문할 때마다 중국공산당 상대에게 양국 간 동맹 체결을 요청했다. 1990년 응우옌반린, 1991년 도므어이, 1997년 레카피에우(Lê Khả Phiêu), 그리고 2001년 농득마인 총비서 모두 그랬다. 중국의 반응은 항상 "동지이지만 동맹은 아니다"는 것이었다. 하지만 농득마인 총비서는 베이징 정상회담에서 양국 관계를 "동지이자 형제"라고 부르며 중국이 공동성명에 양국은 "헤게모니를 반대한다"는 표현을 넣는 것에 동의하도록 하는 데 성공하였다. 미국에 반대하는 양국의 제휴 선언을 이끌어낸 것이다. 2008년 중국과 베트남은 양국관계를 두 나라 모두에게 최초로 포괄적 전략적 협력 동반자 관계로 격상하는 데 합의했다. 보수파는 남중국해를 비롯한 양국 간 현안은 이러한 노력을 통해 중국의 선의에 호소함으로써 해결할 수 있을 것이라고 믿었다(Vuving, 2013: 62-63).

당 지도부 내에 서로 상충하는 정세인식과 노선을 지닌 두 세력이 경합하고 있지만 베트남의 외교 전략이 한쪽 노선에서 다른 한쪽으로 과격한 스윙을 겪기보다는 대체로 미묘한 절충적 균형을 유지한 채 서서히 변화해온 까닭은 베트남 정치체제의 권력분산과 다원성, 그리고 의사결정의 합의제적 성격에 기인한다. 합의제 전통이 강한 베트남은 개혁개방 이후 당 의장인 총비서, 국가수반인 국가주석, 정부수반인 수상이 함께 권력을 공유하는 트로이카 체제를 수립하였다. 1991년 7차 당대회에서 이러한 트로이카 체제의 권력분립을 도입하였고, 이듬해 개정된 헌법에 각각의 권한과 책임을 명문화해 이를 제도화하였다. 당시 당대회를 앞두고 당내 최고실력자 3인방인 도므어이, 레득아인(Lê Đức Anh), 보반끼엣이 어느 누구도 절대 우위를 점하지 못한 채 삼각 경쟁 구도를 형성하고 있었는데, 각각 총비서, 국가주석, 수상을 맡으면서 한 사람에게 권력이 집중되는 것을 막기 위한 방도로 서로 합의한 방안이 3자 간 권력분립이었다. 이후 일련의 정치개혁 조치의 도입으로 국회의 상대적 역할과 권한이 커지고 그에 따라 국회의장인 국회주석의 위상도 높아지면서 트로이카 체제는 국회주석을 포함한 4주(four pillars)체제로 점차 진화하게 되었다(김용균, 2020: 360-361). 총비서-국가주석-수상-국회주석이 권력을 분점하고 상호 견제하는 이러한 4주체제는 베트남 외교정책이 어느 한 최고 권력자의 의중에 따라 일방적으로 좌지우지되는 것을 방지하고 있다.

하지만 그렇다고 하더라도 만일 최고 4인방이 같은 노선 지향을 공유하고 있다면 노선 상의 상호견제를 기대하기 어려울 것이다. 실질적인 상호견제를 가능하게 하는 베트남공산당 지도부의 다원성은 19인 정치국과 180인 중앙위원회의 구성 및 이 두 기구 간 상대적 권력관계에 의해 확보되고 있다. 우선 중앙당 최고 집행기구로서 여러 핵심 당무 및 정부 경험을 쌓은 당 권력 최고서열 19인으로 구성되어 있는 정치국은 다양한 시각을 가진 이들 정치국원 간의 합의에 의해 외교 및 국가안보 전략을 비롯한 주요 정책 방향을 결정하는 경향이 있다.

여기에 중앙당 입법기구로서 매년 최소 두 차례 전원회의를 소집하는 180인 중앙위원회는 그 구성 상 지방의 목소리가 과다 대표되는 등 관점의 다원성이 더 클 수밖에 없다. 뿐만 아니라 개혁개방 이후 중앙위원회는 점차적으로 정치국에 대한 실질적 우위를 점해나가 현재 당대회를 제외하면 당내 최고 의사결정기구의 위상을 확립했다(김용균, 2020: 365-366). 결국 정치국에서 결의한 주요 정책 노선이 중앙위원회 전원회의에서 추인을 받아야하기 때문에 다원성이 높은 이들 다수의 지지가 없이는 정책 변경이 쉽지 않은 것이다.

차기 지도부, 즉 핵심 4인방을 비롯한 정치국 19인의 선출 역시 중앙위원회가 핵심적 역할을 한다. 차기 지도부 선출은 1년 남짓 당대회를 준비하는 전 과정에서 이루어지는 현직 정치국원 및 중앙위원회 위원, 그리고 1,500여 명의 당대회 대의원들의 집단적 의사결정 과정의 산물이다. 이 중에서도 특히 당대회 바로 직전에 열리는 중앙위원회 마지막 전원회의에서 표출된 중앙위원 다수의 의사가 결정적인 역할을 한다. 이 과정에서 선출된 공산당의 집단 지도체제는 당 내 다양한 이익과 정파 사이의 균형 및 이들 간 협상의 결과를 반영하고 있을 수밖에 없다(Gainsborough, 2010).

최고 4인방, 19인 정치국, 180인 중앙위원회, 그리고 당대회로 중층적으로 이루어져있는 베트남공산당 권력구조의 다원성과 상호 견제, 그리고 의사결정의 합의제적 성격으로 말미암아 이러한 과정을 통해 채택되는 정책 노선은 유연성보다는 경직성, 명확성보다는 모호성이 두드러지는 경향이 있다. 베트남이 국익우선 실용주의 방향을 견지하면서도, 따라서 남중국해 분쟁과 관련해서 아세안과 미국의 관여를 통해 중국의 위협을 견제하려는 전형적인 연성 균형 전략을 따르는 듯하면서도, 동시에 때로는 중국에 지나치게 유화적이고 미국을 경원시하는 태도를 보이는 것도 이러한 맥락에서 이해할 수 있다. 결국 대중 견제에는 개혁파의 목소리가, 대미 견제에는 보수파의 입김이 작용하고 있는 것이며, 이를 통해 베트남은 미중 경쟁의 틈바구니 속에서 절묘한 혼합 전략을 구사하며 외교 정책적 자율성과 주도성을 발휘하고 있다고 볼 수 있다.

3. 민족주의의 부상과 여론의 영향력

베트남공산당이 1941년 민족주의자들과 연합해 반불, 반일 독립투쟁을 벌이기 위해 비엣민(Việt Minh: 베트남 독립동맹회)을 결성한 이래로 베트남 민족주의는 언제나 베트남공산당의 위력한 대중 동원의 무기로 사용되어왔다. 1950년대 농업 관계의 급진적 사회주의화를 추진하면서도 베트남공산당은 "애국이 사회주의 건설"이라는 기치를 내걸고 대중 담론 속에 사회주의를 민족주의와 연계시키려고 노력하였다. 베트남 전쟁 역시 당 내부적으로는 전국적 공산주의 건설을 위한 과업으로 인식되었지만 공산당은 대외적으로 이를 "조국 수호를 위한 반미항전"이라고 명명했다. 이러한 역사적 경험을 통해서 대중의 마음속에 공산당은 베트남 민족과 떼려야 뗄 수 없는 불가분의 관계로 자리 잡게 된다. 통일 후에도 "이 민족과 사회주의는 하나"라고 천명하고, 국가의 과제로 "사회주의 건설"과 함께 "사회주의 조국 수호"를 항상 병치시킴으로써 베트남공산당은 민족주의를 사회주의 건설에 복무시키려는 노력을 이어나갔다(Vu, 2013: 156-161). 특히 1970년대 중국과의 관계가 악화되고 1979년 급기야 중국과 전쟁을 하게 되자 베트남공산당은 20세기 초 민족주의자들에 의해 만들어진 "4천년 중국 지배와 침략에 맞서 싸운 베트남 민족"의 신화를 복구해 반중 민족주의에 동원하였다(Kang, 2017: 119).

 냉전이 끝나고 경제의 자본주의화가 심화되면서 대중들에게 사회주의 이념은 자연스레 갈수록 소구력을 잃어갔다. 이념이 떠나고 남은 자리에는 민족주의의 불씨가 살아있었다. 특히 반중 민족주의의 불씨는 여전히 뜨거운 채로 남아있어서 작은 땔감만 주어져도 훨훨 타오를 기세였다. 1988년 남중국해에서 중국의 도발로 베트남 선박 2척이 침몰하고 병사 70여 명이 목숨을 잃은 기억이 생생했던 터였다. 여기에 1990년대 중반 이후 간헐적으로 반복된 중국의 남중국해 도발은 반중 민족주의의 불을 지폈다. 당시는 베트남공산당이 중국과의 관계를 정상화하고 심지어 중국과 전략적 동맹까지 맺기 위해 애를 쓰던 시기였다. 하지만 반중 정서를 잠재우려는 공산당의 노력에도 불구하고 한번 밖으로 나온 반중 민족주의를 다시 병 속에 담기는 어려웠다.

　　2000년대 이후 중국의 부상에 비례해 반중 정서의 강도도 점차 세져갔다. 특히 이 시기 중국이 남중국해 점유 섬들에 항공기와 미사일을 배치하는 등 일련의 군사화 조치들을 취하면서 베트남의 반중 정서를 극도로 자극하기 시작했고, 이는 결국 2008년, 2011년, 2014년, 2018년 대규모 반중 시위로 이어졌다. 특히 최근의 반중 시위는 중국에 지나치게 유약한 태도를 보이는 베트남 정부를 겨냥하는 반정부 시위의 양상마저 보이고 있다. 베트남공산당이 무기로 쓰던 민족주의의 칼이 그 손아귀를 벗어나 이제 공산당을 찌를 지도 모르는 상황이 된 것이다(Vu, 2013: 162).

　　2000년대 말부터 중국은 남중국해 지배 전략을 더욱 노골화하였다. 2009년 5월 중국은 UN 대륙붕한계위원회에 지도를 제출하면서 1947년 중화민국 지도에 표기되어 있는 구단선을 포함시키며 이 선 내 지형물, 해역, 해저에 대한 자국의 포괄적 주권을 처음으로 공식화하였다. 이어 구단선 내 조업 중단 조치를 일방적으로 선포하며 당시 조업 중이던 베트남 어민들을 체포하는 등 무력 행사를 통해 구단선 내 자국의 해양권을 기정사실화하기 시작했다. 중국은 또 2011년 발간된 중국의 평화적 발전 백서에 남중국해 해양권을 대만, 티벳, 신장 등에 대한 영토주권과 동일한 지위를 갖는 핵심 이익의 하나로 명시하며, 남중국해에 대한 권리를 결코 포기하지 않을 것임을 분명히 하였다.

　　2013년 말부터 중국은 분쟁 지역 내 암초, 산호초, 퇴 등 자국 점유 지형물들에 준설선을 파견, 간척사업을 실시하고 인공 구조물을 설치하면서 이들을 도서화하는 인공섬 건설 작업에 나서기 시작했다. 그러던 와중 2014년 5월 베트남의 리선(Lý Sơn)섬 동쪽 120해리 지점에 중국 국영 석유회사 중국해양석유총공사가 석유 시추 플랫폼 하이양 시유 981호를 설치하는 사건이 발생했다. 중첩되는 양국 배타적 경제수역의 중간선 서편, 즉 베트남 수역에 있는 석유와 가스에 대한 통제권을 중국이 주장하고 나선 것이다. 베트남은 60여 척의 해군 선박을 파견하며 주권 사수의 의지를 내보였다. 양국 해군의 대치는 2개월간 이어지며 수차례 크고 작은 충돌이 발생했다.

사태 발생 초반부터 베트남 대중의 반중 정서가 폭발해 국가의 통제 능력을 넘어버렸다. 2개월에 걸쳐 베트남 전역에서 대규모 반중시위가 일어났고, 일부 지역에서는 폭동 사태로 번졌다. 호치민시, 하노이, 다낭 등 주요 도시에서 시작된 시위가 며칠 만에 베트남 남부 빈즈엉(Bình Dương) 성 산업공단으로 번져 약 2만 명이 시위에 참가했는데, 한자 간판이 붙어 있는 공장에 대한 방화와 약탈 등 폭동으로 이어진 것이다. 이 곳 공장 10여 곳이 불타는 등 1천여 개가 넘는 중국계 공장들이 직간접적인 피해를 입었다. 베트남 중부 하띤(Hà Tĩnh) 성에서도 반중 폭동이 일어나 수십 명의 중국인 사상자가 발생했다. 2014년 시추선 사태로 인한 중국 측 인명피해는 사망 4명, 중상 23명, 경상 130여 명으로 집계되었다.

2018년 여름 베트남 정부는 적극적인 외국자본 유치를 위해 북부 꽝닌(Quảng Ninh) 성의 번돈(Vân Đồn), 중부 카인화(Khánh Hoà) 성의 박번퐁(Bắc Vân Phong), 남부 끼엔쟝(Kien Giang) 성의 푸꾸옥(Phú Quốc)을 경제특구로 조성할 계획을 마련하고 6월 국회에서 이에 대한 법안 처리를 할 계획이었다. 이 법안에 경제특구의 외국인 투자자에게 토지를 최장 99년간 임대할 수 있다는 조항이 들어있었는데, 이에 대해 인터넷과 소셜미디어(social media: SNS)를 중심으로 정부가 중국에 땅을 팔아넘기려는 것이라는 의혹이 제기되며 법안 처리를 며칠 앞두고 전국적으로 대규모 반중 시위가 발생했다. 일부 지역에서는 성 인민위원회 건물(도청) 울타리가 파괴되고 경비초소가 불타는 등 공공기관에 대한 폭력사태로까지 비화되었다. 베트남공산당은 결국 해당 법안의 처리를 무기한 연기하였다.

베트남에서의 이러한 반중 정서는 대중 수준을 넘어서 지식인, 엘리트 계층에서도 널리 공유되고 있다. 이 점은 2019년 싱가포르 싱크탱크 ISEAS-유솝 이스학 연구소에서 실시한 동남아시아 10개국 전문가 조사 결과에서도 잘 드러난다. 이 조사는 동남아시아 각국의 정부 및 공공기관, 학계, 기업, 언론, 시민사회에서 외교정책과 여론 형성에 영향을 미치는 전문가에게 미중 경쟁 등 외교안보 현안에 대한 의견을 물었다. 질문 항목 중에는 특히 중국에 대한 다음 네 개의 질문이 있었다. 1) 중국은 지역 내 패권을 추구할 것인가 아니면 리더가 될 것인가, 2) 아세안은 미국과 중국 중 누구의 편에 서야하는가, 3) 자신의 국가와 중국의 양국 관계가 향후 3년 더 좋아질 것인가, 4) 중국의 부상은 세계의 평화, 안보, 번영, 질서를 위해 바람직한가. 각 문항에서 베트남 응답자들은 동남아시아 전체에서 가장 뚜렷하게 중국에 대한 부정적인 견해를 드러냈다(ISEAS-Yusof Ishak Institute, 2020). 현재 반중 민족주의는 엘리트와 대중을 막론하고 베트남 사회 전반에 광범위하게 퍼져있다.

지난 20여 년간 베트남 정치체제의 점진적 민주화와 인터넷의 보급과 확산으로 외교정책에 대한 여론의 영향력이 지속적으로 커져왔음을 감안했을 때, 이러한 반중 민족주의는 대외 정책에 있어서 베트남공산당의 운신의 폭을 크게 제약하는 요소이다. 개혁개방 이후 베트남 정치체제는 공산당 1당 지배 체제의 기본 성격을 유지하는 가운데 민주주의적 요소가 강화되는 방향으로 점진적인 변화를 겪어왔다. 1990년대 도입된 일련의 국회의원 선거 개혁으로 국회의원의 대표성, 다원성, 책임성이 높아졌다. 이는 국회가 인민의 대표기구로서 자신의 역할과 위상을 다하는 데 필요한 조건 한 가지를 마련해주었다. 이러한 토대 위에서 2000년대 이후 국회의 입법 기능과 대정부 견제 기능을 강화하는 조치들이 이어졌다. 이로써 과거 당의 거수기에 불과했던 베트남의 국회는 높아진 전문성과 유권자 요구에 대한 반응성으로 정부의 권력을 견제하고 정책 결정 과정에 영향력을 행사하는 유의미한 행위자로 거듭났다(김용균, 2020: 345-346).

2018년 여름 경제특구 지정에 반대하는 대규모 반중 시위가 이 법안의 국회 심의 일정이 전국적 대중 동원의 초점(focal point) 역할을 하면서 발생했다는 사실은 의미심장하다. 오늘날 베트남에서 국민의 여론이 국회와 같은 민주적 기제와 인터넷을 통해 정부의 대외정책 결정에 중대한 영향력을 끼칠 수 있는 가능성이 점차 커지고 있는 것이다.

이러한 조건에서 중국과의 남중국해 분쟁에서 베트남이 자국의 영토 주권을 지키는 문제는 단지 바다 위의 바위섬 몇 개를 잃고 말고 하는 문제가 아니라 체제의 사활이 달린 문제라고 할 수 있다. 남중국해 분쟁 해결에 베트남이 모든 외교역량을 쏟을 수밖에 없는 상황인 것이다. 중국과의 친선, 우호 협력 강화를 통해 분쟁의 평화적 해결을 위한 신뢰 구축에 힘쓰는 한편, 아세안을 매개로 남중국해 행동강령 등의 국제규범을 수립하고, 미국, 일본, 러시아, 인도 등 아시아-태평양 지역 강대국들과 전략적 연대를 강화하여 대중국 연성 균형을 추구하는 등 현재 베트남은 남중국해 분쟁 해결을 위해 모든 외교적 수단을 동원하고 있다.

IV. 결론

미중 패권경쟁이 본격화되면서 두 세력권이 교차하는 동남아시아 지역의 중간국 국가들은 말 그대로 지정학적 단층대 위에 서서 위태로운 균형 잡기를 해야만 하는 상황에 놓이게 되었다. 최근 이러한 상황에서 동남아시아 국가들의 외교전략을 분석한 샴보(Shambaugh, 2018)는 싱가포르와 함께 베트남을 미중 어느 한쪽에 기울어지지 않은 전형적인 헤징 전략을 구사하고 있는 국가로 분류한 바 있다. 이 글은 베트남의 이러한 균형 잡힌 중간국 외교의 국내정치적 기원을 세 가지 측면에서 고찰했다. 국제질서를 사회주의 이념에 기초해 두 진영 간의 적대적 관계로 인식하던 베트남공산당은 개혁개방에 나서며 차츰 이념보다는 국익을 우선시하는 현실주의적이며 실용주의적 시각으로 국제정세를 바라보고 외교 전략을 수립하기 시작했다. 하지만 공산당 내 보수파 이데올로그들의 영향력은 여전히 강력하게 남아 있어 베트남의 국익 우선 외교 노선이 자칫 미국 편에 서서 중국을 견제하는 편향으로 흐를 수 있는 경향을 방지해왔다. 이 점에서 베트남의 전략적 헤징은 공산당 내부에 존재하는 경합하는 두 접근 간 절묘한 타협과 균형의 산물이라고 이해할 수 있다. 여기에는 베트남 정책결정 과정의 분권적, 합의제적 성격이 중요한 제도적 요인으로 작용하고 있다. 하지만 여론의 영향, 특히 대중 속에 광범위하게 퍼져있는 반중 정서는 베트남공산당의 전략적 운신의 폭을 크게 제한하는 요인이다. 중국이 앞으로 남중국해에서 수위를 높여가며 도발을 계속한다면 베트남공산당은 정권 유지를 위해서라도 중국의 지역 패권 견제를 위해 미국과의 외교 안보 협력을 강화하지 않을 수 없을 것이다. 하지만 여전히 중국과의 전략적 연대를 중시하는 공산당 지도부의 이념적 보수성을 고려했을 때 베트남 외교 전략의 급격한 변화를 기대하기는 어려울 것으로 보인다.

참고문헌

김용균. 2020. "베트남: 경쟁 없는 책임성과 대표성." 조원빈 편, 『뉴노멀 시대, 아시아의 뉴데모크라시』. 성균관대학교 출판부.

Ang, Cheng Guan. 2016. "China's Influence Over Vietnam in War and Peace." in Evelyn Goh, ed., *Rising China's Influence in Developing Asia*. Oxford, UK: Oxford University Press: 80-100.

Chheang, Vannarith. 2018. "Vietnam's Foreign Policy Towards its Smaller Neighbors." in Le Hong Hiep and Anton Tsvetov, eds., *Vietnam's Foreign Policy under Doi Moi*. Singapore: ISEAS Publishing: 166-185.

Elliott, David W. P. 2012. *Changing Worlds: Vietnam's Transition from Cold War to Globalization*. New York: Oxford University Press.

Fforde, Adam, and Stefan de Vylder. 1996. *From Plan to Market: The Economic Transition in Vietnam*. Boulder: Westview Press.

Friedberg, Aaron. 2012. *A Contest for Supremacy*. New York, NY: W.W. Norton.

Gainsborough, Martin. 2010. *Vietnam: Rethinking the State*. Thailand: Silkworm Books.

Goh, Evelyn. 2016. "Southeast Asian Strategies Toward the Great Powers: Still Hedging After All These Years?" Asan Special Forum(Seoul: Asan Forum, February 22, 2016).

Grossman, Derek, and Dung Huynh. 2019. "Vietnam's Defense Policy of 'No' Quietly Saves Room for 'Yes'." *The Diplomat*(January 19, 2019).

Hong, Zhao. 2017. "'One Belt One Road' and China-Southeast Asia Relations." in Lowell Dittmer and Ngeow Chow Bing, eds., *Southeast Asia and China: A Contest in Mutual Socialization*. Singapore: World Scientific: 211-226.

ISEAS-Yusof Ishak Institute. 2020. *State of Southeast Asia: 2020 Survey Report*.

Singapore: ISEAS-Yusof Ishak Institute.

Kang, David C. 2017. *American Grand Strategy and East Asian Security in the Twenty-First Century*. New York: Cambridge University Press.

Pham Quang Minh. 2013. "East Asia and the Pacific: The Regional Roles of Vietnam and South Korea." in Joon-Woo Park, Gi-Wook Shin, and Donald W. Keyser, eds., *Asia's Middle Powers? The Identity and Regional Policy of South Korea and Vietnam*. Stanford: Walter H. Shorenstein Asia-Pacific Research Center Books: 73-97.

Shambaugh, David. 2018. "U.S.-China Rivalry in Southeast Asia: Power Shift or Competitive Coexistence?" *International Security* 42(4): 85-127.

Thayer, Carlyle A. 2017. "Vietnam's Foreign Policy in an Era of Rising Sino-US Competition and Increasing Domestic Political Influence." *Asian Security* 13(3): 183-199.

Tung, Nguyen Vu. 2021. *Flying Blind: Vietnam's Decision to Join ASEAN*. Singapore: ISAEA-Yusof Ishak Institute.

Vu, Tuong. 2013. "Unhappy Nations: The Evolution of Modern Korea and Vietnam." in Joon-Woo Park, Gi-Wook Shin, and Donald W. Keyser, eds., *Asia's Middle Powers? The Identity and Regional Policy of South Korea and Vietnam*. Stanford: Walter H. Shorenstein Asia-Pacific Research Center Books: 153-173.

Vu, Tuong. 2017. *Vietnam's Communist Revolution: The Power and Limits of Ideology*. New York: Cambridge University Press.

Vuving, Alexander L. 2013. "How Experience and Identity Shape Vietnam's Relations with China and the United States." in Joon-Woo Park, Gi-Wook Shin, and Donald W. Keyser, eds., *Asia's Middle Powers? The Identity and Regional Policy of South Korea and Vietnam*. Stanford: Walter H. Shorenstein Asia-Pacific Research Center Books: 53-71.

Vuving, Alexander L. 2017. "ASEAN and Vietnam's Security." in Lowell Dittmer and Ngeow Chow Bing, eds., *Southeast Asia and China: A Contest in Mutual Socialization*. Singapore: World Scientific: 211-226.

White House. 2017. *The National Security Strategy of the United States of America*. Washington, D.C.: White House.

Womack, Brantly. 2013. "Identity in Motion: Vietnam since 1976." in Joon-Woo Park, Gi-Wook Shin, and Donald W. Keyser, eds., *Asia's Middle Powers? The Identity and Regional Policy of South Korea and Vietnam*. Stanford: Walter H. Shorenstein Asia-Pacific Research Center Books: 115-133.

World Bank. 2020. *World Development Indicators*. Washington, D.C.: World Bank.

제4장

싱가포르의 중간국 외교

신재혁 (고려대학교)

I. 들어가며

2018년 6월 12일 싱가포르에 전 세계의 이목이 집중되었다. 미국의 트럼프 대통령과 북한의 김정은 국무위원장이 양국 역사상 최초의 정상회담을 싱가포르에서 가졌기 때문이다. 두 정상이 만나기로 합의한 이후 회담 장소가 어디로 결정될지에 관심이 모였다. 북한에서 가까운 중국이나 러시아에서부터 중립국인 스위스나 스웨덴이 거론됐고, 심지어 미국이나 북한에서 열릴지 모른다는 예측도 흘러나왔다. 이처럼 세계적인 관심을 모은 역사적인 제1차 북미 정상회담 장소가 싱가포르로 결정된 것은, 싱가포르가 북한과 미국뿐만 아니라 한국, 중국, 일본과도 돈독한 관계를 맺어온 외교적 노력의 결실을 드러내는 상징적인 사건이었다. 북미 당사자 외에도 두 정상 간의 만남을 주선한 한국, 한반도 문제와 밀접한 이해관계를 갖고 있는 중국과 일본이 모두 동의할 수 있는 장소로서 싱가포르보다 더 적합한 곳을 찾기는 어려웠을 것이다. 싱가포르는 북미 정상회담을 유치함으로써 강대국 사이에 끼인 중간국이 보여줄 수 있는 외교 전략의 정수를 보여주었다 해도 과언이 아니다.

이처럼 싱가포르는 전 세계에 북미 간의 가교 역할을 하는 외교 강국으로서 면모를 과시했지만, 불과 반세기 전에는 원치 않게 탄생하여 생존조차 위태로운 작은 도시 국가에 불과했다. 19세기 초부터 영국 식민지였던 싱가포르는 1963년 9월 말레이시아에 편입함으로써 영국으로부터 독립했으나, 그로부터 2년도 되지 않은 1965년 8월 말레이시아로부터 축출되어 원치 않게 독립 국가가 되었다. 그 직후 싱가포르는 말레이시아와 인도네시아 사이에서 존립을 장담할 수 없는 취약한 상황에 놓였다. 특히 국방을 담당했던 영국군이 떠나기로 한 상황에서 당시 말레이시아와 영토 분쟁을 벌이고 있던 인도네시아가 싱가포르를 점령할 위험성이 높았다.

원치 않게 탄생하여 주변의 큰 나라들 틈에서 생존이 위태로웠던 싱가포르는 어떻게 반세기 만에 최초의 북미 회담을 성공적으로 유치할 정도로 강한 외교력을 갖춘 중간국으로 성장했을까? 이 글에서는 싱가포르의 외교 전략에 초점을 맞추어 이 질문에 대한 답을 제공하고자 한다. 중간국으로서 싱가포르의 외교 전략은 크게 세 가지로 요약할 수 있다. 첫째 안전한 연결망 형성과 선제적 외교, 둘째 비동맹주의와 국익 중심의 독자적 판단, 셋째 세력균형 전략이라 부를 수 있는 강대국 간 균형 유지 전략이 그것이다.

이하에서는 먼저 싱가포르가 처한 지정학적 배경에 대한 이해를 돕기 위해 싱가포르 역사를 간략하게 소개하고, 위에 제시한 세 가지 싱가포르 외교 전략의 특성을 차례로 설명할 것이다. 그 후 중국과 미국, 필리핀, 베트남 등이 갈등을 벌이고 있는 남중국해의 영토 분쟁을 사례로 싱가포르 외교 전략의 특성이 실제 현실에서 어떻게 발현되는지 고찰할 것이다. 끝으로 결론에서는 싱가포르 외교 전략이 한국과 같은 다른 중간국에 제공하는 함의를 논할 것이다.

II. 싱가포르 약사(略史): 지정학적 배경

1819년 1월 29일 래플스(Stamford Raffles)가 말레이반도 끝에 있는 싱가포르에 도착했을 때, 싱가포르는 사실상 주인 없는 섬이었다. 싱가포르 남쪽 인도네시아를 점령한 네덜란드가 아직 여기까지는 영역을 넓히지 않았고, 싱가포르와 인접한 말레이시아 조호르의 술탄도 이 섬을 지배하는데 큰 관심이 없었다. 그래서 래플스는 조호르 술탄과 협상을 통해 2월 6일, 도착한 지 열흘도 되지 않아 싱가포르를 영국령으로 만들 수 있었다. 싱가포르에 정부가 수립된 것은 이처럼 래플스에 의해 영국의 식민 통치가 시작된 때부터였다.

영국이 싱가포르에 최초의 정부를 수립했기 때문에, 싱가포르에서는 베트남이나 인도네시아 등 동남아시아의 다른 이웃 국가들과 비교할 때 독립운동이 크게 일어나지 않았다. 싱가포르인 입장에서는 원래 갖고 있던 자기 나라를 다른 나라에 빼앗긴 것이 아니었기 때문이다. 그래서 싱가포르 사람들은 영국의 지배를 당연하게 생각하는 경향이 강했다. 그런데 2차 세계대전 기간 중 일본군의 침략에 쉽게 항복하는 영국군을 보면서 싱가포르인들은 나라를 지키기 위해서는 독립이 필요하다고 생각하기 시작했다(리콴유, 1999).

일본이 패망하여 돌아간 이후 다시 영국이 돌아왔으나, 영국을 대하는 싱가포르 사람들의 태도는 달라져 있었다. 싱가포르의 독립을 강하게 요구한 것이다. 영국은 버마(오늘날 미얀마)와 말라야(오늘날 말레이시아) 등과 더불어 싱가포르도 적절한 시기에 독립을 허용하기로 방침을 정했다. 그리고 1955년에는 싱가포르에서 유권자가 직접 의원을 선출하는 최초의 총선이 실시됐다. 당시 싱가포르에서는 공산주의 계열이 주도하는 노동자 파업과 학생 시위가 거세게 일어나고 있었다. 1949년 중국공산당이 국공내전에서 승리하여 중국 본토를 장악하자 해외 중국인들 사이에서도 공산주의가 크게 확산되었다. 특히 싱가포르는 중국계가 다수를 차지하고 있었기 때문에 공산주의 세력이 큰 지지를 얻고 있었다. 이에 따라 파업과 시위가 격화되자 싱가포르 정부는 좌파 지도자 림친시옹(林淸祥, Lim Chin Siong: 1933~1996)을 구속하는 등 공산주의자들을 강경하게 탄압하였다.

림친시옹이 구속된 가운데 실시된 1959년 두 번째 총선에서는 리콴유(李光耀, Lee Kuan Yew: 1923~2015)가 이끄는 인민행동당(People's Action Party)이 압승을 거두었다. 인민행동당은 리콴유가 림친시옹과 함께 창립한 정당이었는데, 1959년 총선을 앞두고 리콴유는 선거 승리 시 림친시옹의 석방을 약속했다. 리콴유는 급진적인 공산주의가 싱가포르 발전에 도움이 되지 않는다고 생각했지만, 선거 승리를 위해서는 다수를 차지하는 중국계 유권자 사이에서 인기가 높았던 공산주의 계열 지도자 림친시옹과 연합이 필요했던 것이다.

총리로 선출된 리콴유는 약속대로 림친시옹을 석방했다. 하지만 그는 공산주의자들이 싱가포르의 발전을 저해하지 못하도록 그들의 영향력을 축소하고자 했다. 리콴유는 공산주의 세력을 약화하고, 동시에 말레이반도 끝에 놓인 항구 도시에 불과한 싱가포르의 생존과 번영을 추구하기 위해서는 말라야 연방(1963년부터 말레이시아)에 편입되는 것이 최선의 방안이라고 믿었다. 이를 통해 거대한 말라야 시장에 안정적으로 접근할 수 있고, 강력한 반공 정책을 펼치는 말라야 정부의 힘을 빌려 싱가포르 내 공산주의 계열도 진압할 수 있으리라 기대했기 때문이다(리콴유, 1999).

말라야 정부 여당 통일말레이국민조직(United Malays National Organisation, 이하 UMNO) 내에서는 중국계가 다수인 싱가포르를 말라야 연방에 편입하는 것에 대하여 우려의 목소리가 컸다. 당시 말라야에서는 소수 중국계에 부가 집중되어 있어서 가난한 다수 말레이계의 불만이 높았다. 말레이계를 대변하는 UMNO는 '말레이인의 우위(Malay supremacy)'를 주창하며 각종 말레이계 우대 정책을 추진하고 있었는데, 싱가포르를 편입하여 중국계 유권자가 늘어나면 이러한 정책에 제동이 걸릴 수 있었던 것이다. 이에 리콴유는 말레이인이 절대다수인 사바(북보르네오)와 사라왁 지역을 싱가포르와 함께 말라야 연방에 편입시킬 것을 제안했다. 이를 통해 말레이계의 우위를 지킬 수 있다고 믿은 UMNO

지도부는 결국 싱가포르 편입을 승인했고, 1962년 9월 싱가포르 주민투표를 거쳐 1963년 9월 16일 싱가포르는 사바, 사라왁과 함께 공식적으로 말레이시아에 편입되었다.

말레이시아의 일부로서 싱가포르가 생존과 번영을 추구할 수 있으리라는 기대는 오래 지속되지 못했다. 1964년 4월 말레이시아 총선에서 리콴유의 인민행동당은 싱가포르뿐만 아니라 말레이계가 다수인 말라야 지역 선거에도 참여했다. 이에 위협을 느낀 UMNO 지도부는 싱가포르에서 말레이인에 대한 차별이 극심하다는 소문을 퍼뜨려서 리콴유와 PAP를 공격했고, 급기야 1964년 7월 21일 싱가포르에서 말레이계와 중국계 간에 유혈 충돌 사태가 발생했다. 8월 2일까지 지속된 폭동으로 수백 명의 사상자가 발생했는데, 한 달 뒤에도 다시 말레이계와 중국계 간에 충돌이 일어나 백 명 이상의 사상자가 발생했다. 이를 계기로 UMNO 지도부가 이끄는 말레이시아 정부는 싱가포르를 말레이시아에서 축출하기로 결정했고, 결국 1965년 8월 9일 싱가포르는 말레이시아에서 분리되었다. 리콴유는 끝까지 싱가포르가 말레이시아의 일부로 남길 원했으나, 종족 갈등과 이로 인한 말레이시아 정부의 거부 때문에 어쩔 수 없이 독립된 싱가포르를 이끌어가야 하게 된 것이다.

싱가포르는 독립 국가로 탄생했을 때부터 생존이 위태로웠다. 말레이시아와 관계가 악화될 경우 말레이시아 시장에 대한 접근이 차단될 수 있었고, 심지어 인접한 말레이시아 조호르바루에서 공급받고 있는 식수가 끊어질 수도 있었다. 반대로 싱가포르가 정치적 안정을 이루어 경제가 발전할 경우 말레이시아 UMNO 지도부가 마음을 바꾸어 싱가포르를 다시 점령할 수도 있었다. 외부에서는 수카르노(Sukarno: 1901~1970) 대통령이 이끄는 인도네시아가 큰 위협 요인이었다. 1963년 말라야 연방이 영국령이었던 보르네오섬 북부의 사바와 사라왁 지역을 합병하여 말레이시아를 수립하자 수카르노는 이에 반발하여 보르네오(인도네시아어로는 칼리만탄) 북부 지역에 병력을 보내 교전을 벌였다. 영국군의 지원에 힘입어 보르네오에서의 도발은 저지했지만, 수카르노가 말레이시아로부터 축출된 싱가포르를 점령하려고 나설 수도 있었다. 특히 말레이반도 끝에 위치한 싱가포르는 중국과 중동, 유럽 사이의 해상 교역로인 말라카해협(Malacca Strait)의 입구에 자리 잡은 전략적으로 매우 중요한 항구 도시였다(Renxin, 2020). 따라서 수카르노가 싱가포르를 점령할 유인은 충분히 강했다.

당면한 안보 위협에 대처하기 위해 리콴유는 우선 영국 정부와 협상하여 떠날 채비를 하고 있던 영국군의 주둔을 1971년까지 연장했다. 또한 징병제를 실시하여 병력을 확보하였고, 1966년에는 중동에서 싱가포르와 유사한 처지에 놓인 이스라엘에 군사 고문단 파견을 요청했다. 초기 싱가포르 군대는 이스라엘 군대를 모델로 하여 훈련 및 방어 체계를 갖추었고, 1968년에는 이스라엘로부터 탱크도 도입했다.

그로부터 반세기가 지난 오늘날 싱가포르는 동남아시아 최강의 공군과 해군력을 갖추게 됐다(Brimelow, 2018). 또한 건국 초 싱가포르의 생존을 위협했던 말레이시아와 인도네시아는 함께 동남아시아 국가연합 아세안(Association of Southeast Asian Nations: ASEAN)을 창설하고 이끌어 가는 최우방국이 되었다. 중국의 부상과 함께 동남아시아 지역에서 미국과 중국 간의 패권 경쟁이 격화됨에 따라 베트남과 필리핀, 캄보디아 등 주변 국가들은 미국 또는 중국과 갈등을 겪고 있지만, 싱가포르는 미국과 중국 어느 쪽과도 두드러진 갈등 없이 평화로운 관계를 유지하고 있다. 한마디로 오늘날 싱가포르는 동남아시아에서 가장 안전하게 교역하고 여행을 갈 수 있는 나라가 된 것이다.

이처럼 싱가포르는 위태롭게 탄생한 지 반세기 만에 동남아시아에서 가장 평화롭게 번영하는 나라로 발전한 것이다. 다음 장에서는 이를 가능하게 한 싱가포르의 외교 전략의 특성을 상술할 것이다.

III. 싱가포르 외교 전략의 특성

1. 안전한 연결망 형성과 선제적 외교

싱가포르 외교 전략의 핵심 중 하나는 자국의 취약성(vulnerability)을 극복하기 위하여 주변 국가 및 강대국과 안전한 연결망(web of connection)을 구축하는 것을 가장 중요한 목표로 삼았다는 것이다(Rana, 2006). 안전한 연결망이란 안보를 위협하는 예상치 못한 외부 충격이 발생하더라도 그 충격을 상쇄할 수 있는 다양하고 풍부한 외교 관계를 의미한다. 이를 위해 우선 총리가 직접 주도하여 외교 안보 분야 관료와 전문가들과 함께 브레인스토밍을 실시하고, 가능한 다양한 시나리오를 만들어 여러 상황에 대처하기 위한 대응 방안을 수립하였다.

이러한 대응 방안 중 일차적으로 중요성을 가지는 과제는 싱가포르가 위치한 동남아시아 지역의 주변국들과 함께 역내 안보를 위한 협력을 가능하게 하는 국제기구를 창설하는 것이었다. 이는 어느 한 나라에서 발생하는 위협 요인에 대해 다른 주변 나라들과 공동으로 대응할 수 있기 때문에 가장 중요한 연결망에 해당한다. 특히 탄생 초기 싱가포르의 생존을 장담하지 못하게 했던 주변국 말레이시아와 인도네시아의 위협에 대처하기 위해 이들과 함께 아세안을 창설하는데 적극 협력했다. 아세안이 창설된 1967년은 베트남전쟁이 한창인 시기였다. 아세안 선언(ASEAN Declaration)에 나타난 창립 목표는 동남아시아 지역의 경제 성장과 문화 발전, 평화 등이었지만, 아세안 창립 국가인 싱가포르, 말레이시아, 인도네시아, 태국, 필리핀의 가장 중요한 관심사는 지역 내 공산주의 확산을 저지하고 시장경제를 지키기 위해 협력하는 일이었다. 불과 2년 전 말레이시아로부터 축출되어 독립한 싱가포르로서는 반공을 기조로 삼는 동남아시아 국가들의 이러한 공동의 목표가 지역 내에서 첫 번째 안전한 연결망을 구축하는 좋은 기회가 되었던 것이다.

이후 싱가포르는 선제적 외교(proactive diplomacy) 기조 아래 각종 안보 위협에 대응하기 위한 안전한 연결망 형성을 주도하였다(Rana, 2006). 예를 들어

1994년 태국 방콕에서 처음 모인 아세안지역안보포럼(ASEAN Regional Forum, 이하 ARF)은 싱가포르가 창설을 주도하였다. ARF는 아세안 10개 회원국 전체뿐만 아니라 한국, 중국, 일본, 러시아, 미국, 유럽연합 등 아세안의 10개 대화 파트너 국가(dialogue partners)가 참가하고, 이외에도 파푸아뉴기니와 몽골, 심지어 북한에 이르기까지 동남아시아 지역 안보에 이해관계가 있는 거의 모든 아시아태평양 국가를 한자리에 모이게 하는 유례없는 다자간 대화 플랫폼을 제공하고 있다. ARF에서는 각국 외교부 장관이 모이는 공식 회담과 함께 대학이나 싱크탱크 소속 민간 전문가가 참가하는 비공식 회의도 함께 열린다.

1992년 싱가포르는 뉴욕에서 소규모 국가들의 비공식적 모임인 소국포럼(The Forum of Small States, 이하 FOSS)도 창설하였다. FOSS는 이념이나 발전 수준과 관계없이 세계 모든 지역의 소규모 국가들을 회원국으로 수용하는데, 2021년 현재 108개 국가가 참여하고 있다(Singapore Ministry of Foreign Affairs, 2021). FOSS 회의는 매년 여러 차례 개최되는데, 여기서 소규모 국가들은 상호 관심사에 대한 논의를 통해 공동 입장을 마련하여 유엔(UN)에서 더 큰 목소리를 내려고 한다.

싱가포르는 또한 2009년 FOSS의 성공적인 활동을 토대로 하여 G20에 소속되지 않은 중소규모 국가들의 비공식적 포럼인 글로벌 거버넌스 그룹(Global Governance Group 또는 3G of small and medium-sized states, 이하 3G)의 발족을 주도하였다. 중소규모 국가들이 유엔에서 더 큰 목소리를 낼 수 있도록 도와주는 3G는 강대국들의 포럼인 G20에서의 논의가 유엔의 다자 협력 플랫폼 내에서 이루어지도록 돕는 역할을 하고 있다(Kassim, 2012).

이외에도 싱가포르가 선제적으로 국가 간의 안전한 연결망을 형성한 사례로는 1996년부터 격년으로 개최되고 있는 아시아-유럽 정상회의(Asia-Europe Meeting, 이하 ASEM)를 꼽을 수 있다. ASEM은 리콴유 뒤를 이어 싱가포르 총리를 맡은 고촉통(吳作棟, Goh Chok Tong: 1941~)이 프랑스 대통령 시라크(Jacques Chirac: 1932~2019)와 함께 주도한 결과물이었다(Rana, 2006). ASEM에서는 아시아와 유럽의 51개 국가와 2개의 지역 협력체(유럽연합과 아세안)가 참여하여 정치, 경제·금융, 사회·문화·교육 세 분야(pillars)의 중요 사안들을 논의하고 있다(ASEM Info Board, 2021).

싱가포르는 이처럼 다양한 국가 간 협력체 창설을 주도해 왔다. 일차적으로는 동남아시아 지역 내 협력체인 아세안으로부터 시작하여, 동남아시아 지역의 안보에 긴밀한 이해관계가 있는 아시아태평양 주변국까지 외연을 확장하여 ARF를 창설했다. ASEM은 북한이 참여하는 극소수의 국제 포럼 중 하나라는 점에서도 중요성이 크다. 나아가 싱가포르는 자국과 유사한 조건을 가진 전 세계 소규모 국가 포럼인 FOSS를 설립한 후, G20에 포함되지 않은 중규모 국가까지 포함하여 3G를 설립했다. 아시아와 유럽 정상들을 한 자리에 모이게 하는 ASEM 창설도 주도하였다. 이를 통해 싱가포르는 잠재적인 안보 위협에 선제적으로 대응할 수 있는 다양하고 풍부한 연결망을 갖게 되었다.

2. 비동맹주의와 국익 중심의 독자적 판단

리콴유는 말레이시아로부터 축출된 싱가포르를 처음 책임지게 됐을 때, 비동맹주의(non-alignment) 입장을 취하는 것이 국가 안보를 지킬 수 있는 유일한 방법이라고 믿었다(Renxin, 2020). 싱가포르가 자국 안보를 강화하기 위해 강대국 중 어느 한쪽과 동맹을 맺게 되면, 강대국 간의 군사 분쟁에 원치 않게 끌려들어가는 일이 발생할 수 있다. 또한 어느 한쪽 편이라는 이유로 다른 편 국가로부터 위협을 받을 수도 있다. 따라서 싱가포르와 같은 소규모 국가는 동맹을 맺음으로써 오히려 안보 위협이 증가할 수 있기 때문에 비동맹주의를 추구하는 것이 더 낫다는 것이다.

이에 따라 싱가포르 정부는 탄생 직후 비동맹주의를 선언하였고, 1970년에는 세계 비동맹운동(Non-Aligned Movement)에 회원국으로 가입하였다. 비동맹운동은 인도와 이집트 등 냉전 시기 미국이나 소련 중 어느 한 진영에 참여하지 않은 제3세계 국가들이 1955년 인도네시아 반둥회의(Bandung Conference)

에서 원칙에 합의한 후 1961년 유고슬라비아에서 설립하였다. 비동맹주의를 선언한 싱가포르는 비동맹운동에 가입함으로써 같은 노선을 추구하는 세계의 다른 나라들과 협력할 수 있는 기회를 얻게 된 것이다.

냉전이 종식된 현재까지도 비동맹운동에는 120개 회원국이 참여하고 있다. 이들은 대부분 글로벌 남부(Global South)라 불리는 아시아와 남미, 아프리카의 개발도상국가들인데, 이들은 유엔에서처럼 비동맹운동을 통해 평화와 번영을 위한 상호 협력의 기회를 모색하고 있다. 싱가포르는 더 이상 개발도상국이 아니지만 강대국과 동맹 없이 안보를 추구하는 유사한 조건에 있는 전 세계 개발도상국들과 또 하나의 안전한 연결망을 형성하고 있는 것이다.

강대국의 전쟁에 끌려들어 가지 않아도 된다는 점 외에도 비동맹 노선을 추구할 때 얻을 수 있는 또 하나의 중요한 장점은 국익을 중심으로 독자적인 판단을 할 수 있다는 점이다(안문석, 2016). 현실주의 시각에서 보면 국제 관계에서 모든 국가는 국익을 가장 우선시한다고도 볼 수 있다(유현석, 2018). 그러므로 싱가포르가 국익 중심의 외교 전략을 취한다는 것이 특별하다고 말하기 어려울 것이다. 싱가포르 외교 전략의 특성은 독자적인 판단에 있다.

싱가포르의 국익 중심 독자적 판단의 대표적인 예는 2014년 미국의 반대에도 불구하고 아시아인프라투자은행(Asian Infrastructure Investment Bank, 이하 AIIB)에 가입한 것이다. 중국이 AIIB 설립을 추진하고 있었는데, 미국은 자신들이 주도하는 국제통화기금(International Monetary Fund, 이하 IMF) 역할을 대신하는 국제 금융기관 설립을 반대했다. 미국은 주변국에 일일이 전화하고 사람을 파견하여 AIIB에 가입하지 말라고 종용하였고, 한국과 영국 등 미국과의 관계가 중요한 나라들은 AIIB 가입을 망설였다(안문석, 2016). 그런 상황에서 2014년 7월 싱가포르는 AIIB 가입을 선언했다. 미국 재무부가 참여하지 말아 달라고 전화를 했는데도 AIIB에 가입한 것이다. 싱가포르는 아시아에서 실제 인프라 투자 요구가 높고, 여기에 참여해야 국익을 확보할 수 있다는 내용을 미국에 전달했다. 더불어 미국이 주도하는 IMF도 아시아에 인프라 투자를 더 많이 해야 한다고 강조했다. 미국의 요청을 국익을 앞세워 거절하면서 미국에 조언까지 한 것이다. 흥미롭게도 미국은 이를 이유로 싱가포르와 긴장을 높이기보다 쉽게 수긍하는 모습을 보였다.

AIIB 가입처럼 국제적으로 중요한 이슈에 대한 입장을 결정할 때, 강대국과의 동맹에 의존하여 안보를 추구하는 한국과 같은 나라에서는 독자적인 판단을 하기 어려운 경우가 많다. 안보를 의지하고 있는 미국과 같은 강대국의 의견을 무시하기 힘들기 때문이다. 이에 비해 동맹에 의존하지 않는 국가는 강대국의 압력으로부터 보다 자유로울 수 있다. 하지만 중소규모 국가들은 안보 외에도 무역이나 투자, 원조와 같은 경제적인 측면에서 강대국에 대한 의존도가 높은 경향이 있다. 이런 경우 중소규모 국가가 비동맹 노선을 취하고 있다 하더라도 강대국의 압력으로부터 자유롭기 어려울 것이다.

싱가포르가 국익 중심의 독자적인 외교 전략을 취할 수 있는 이유는 안보에 있어서 비동맹 노선을 취할 뿐만 아니라 경제적으로도 2019년 구매력평가(purchasing power parity: PPP) 기준 1인당 국민소득이 9만 달러를 넘는 부국이 되었기 때문에 강대국에 대한 의존성이 그다지 높지 않기 때문이라고 볼 수 있다. 여기에 더해 싱가포르는 자국의 전략적 자산을 엄밀하게 평가해서 국제 관계에서 적절하게 활용하고 있다(안문석, 2016).

싱가포르의 가장 핵심적인 자산은 지정학적 위치다. 싱가포르는 전략적 요충지인 말라카해협 입구에 자리 잡고 있다. 말라카해협은 인도양과 태평양을 연결하는 가장 짧은 바닷길로서 매일 2백 척 이상, 연간 7만 척의 선박이 통과하는데, 동북아시아로 운송되는 석유의 80%와 세계 무역 상품의 3분의 1이 이곳을 지나간다(Qu and Meng, 2012). 따라서 만약 싱가포르가 막강한 해군력을 이용하여 말라카해협을 봉쇄한다면 동아시아는 물론 세계 경제에 심각한 타격을 줄 수 있다. 이를 잘 알고 있는 미국이나 중국은 싱가포르와의 관계 악화를 원하지 않고, 미국이나 중국이 그러한 이유로 싱가포르를 강하게 압박하기 어렵다는 사실을 싱가포르가 잘 알고 있다(안문석, 2016). 강대국의 압력으로부터 자유롭게 국익 중심의 독자적인 판단을 할 수 있는 근원적인 이유가 여기에 있는 것이다.

싱가포르는 이러한 지정학적 자산의 효과를 극대화하기 위해 강력한 군사력을 갖추는 데 매진해 왔다. 막강한 해군력과 공군력이 없이는 말라카해협 봉쇄와 같은 전략 자산 활용은 불가능하기 때문이다. 싱가포르 정부는 막대한 국방 예산을 지출해 왔다. 예를 들어 1968년부터 매년 평균 1.4배씩 국방 예산을 늘려서 1990년에는 국방비를 31억 달러 지출했는데, 이는 국가 GDP의 5.1%에 해당한다(전제국, 2002). 같은 해 한국은 GDP의 4.4%를 국방비에 지출했다. 1990년 국민 1인당 국방비 부담액도 싱가포르는 625달러로 한국 240달러보다 2.6배 더 많은 수준이다(전제국, 2002). 2020년 싱가포르는 136억 달러의 국방비를 지출했는데, 2021년에는 이보다 12.7% 증가한 153억 달러 정도의 국방비를 지출할 예정이다(Grevatt and MacDonald, 2021). 그 결과 싱가포르는 동남아시아 최강의 공군력과 해군력을 갖추게 되었는데(Brimelow, 2018), 세계적으로도 인구에 비해 막강한 군사력을 보유하고 있다. 2021년 현재 전체 군사력은 세계 140개국 중 40위, 공군력은 44위, 해군력은 49위를 기록하고 있다(Global Fire Power, 2021).

3. 세력균형 전략: 강대국 간 균형 유지

국가 건설 초기 동맹에 의존하지 않는 독자적인 안보(비동맹주의)를 추구했던 리콴유는 1970년대 들어 비동맹주의의 전략적 목표를 새롭게 설정했다. 예를 들어 리콴유는 1973년에 유고슬라비아 대통령을 환영하는 자리에서 "소규모 국가들에게 중요한 질문은 더 이상 강대국의 특정 진영으로 끌려 들어가는 것을 어떻게 피하느냐가 아니라, 그들이 서로 타협했을 때 얻을 이익을 어떻게 알게 만들 것이냐이다"라고 말했다(Renxin, 2020). 비동맹운동의 중요한 목표가 강대국의 영향에서 멀어지는 것이라기보다 강대국의 긍정적인 영향력을 활용하는 것이라는 의미이다.

하나의 패권 국가만 존재한다면 강대국의 횡포로부터 자유롭기 어렵다. 하지만 복수의 강대국이 존재한다면 경쟁에서 승리하기 위해 횡포를 스스로 억제할 가능성이 높다. 따라서 강대국 간의 세력균형을 달성할 수 있다면 비동맹주의를 추구하면서도 강력한 힘에 의한 평화 유지와 같은 강대국의 긍정적인 효과를 얻을 수 있을 것이라 기대할 수 있는 것이다.

세력균형을 통해 비동맹운동의 목표를 달성하기 위하여 리콴유는 동남아시아 지역에서 강대국을 몰아내기보다 복수의 강대국을 이 지역으로 끌어들이고자 했다. 강대국 없이 지역 내 평화를 유지하기 어렵다고 생각했기 때문이다. 그래서 싱가포르는 냉전 시기에는 미국과 소련 모두에게 동남아시아의 평화 유지에 기여할 것을 촉구했고, 냉전이 종식된 후 중국이 부상하는 시기에는 미국과 중국에게 같은 역할을 담당하도록 주문하고 있다(Renxin, 2020).

이때 중요한 것은 강대국 간의 세력균형을 유지해야 하는데, 싱가포르의 전략은 전통적인 세력균형이론(Waltz, 1979)에서처럼 다소 약한 편에 서서 양 세력 간의 균형을 도모하는 것은 아니다. 그보다 싱가포르는 양 세력 모두에 제한적으로 편승하여 균형을 추구하면서 국익을 극대화하고, 동시에 제3국과 다자협력 플랫폼을 이용하여 어느 한 세력이 패권적인 영향력을 갖는 것을 방지하는데 초점을 두고 있다. 이하에서는 미국과 중국이 동아시아에서 패권 경쟁을 벌이고 있는 현 시기 싱가포르의 세력균형 전략을 상술할 것이다.

1) 미국 편에서 균형 유지(Balancing with the US)

냉전 시기 싱가포르는 동남아시아 평화 정착을 위한 소련의 적극적인 역할을 주문하면서도, 공산주의 확산을 우려하였기 때문에 이 지역에 대한 미국의 적극적인 관여를 촉구하였다(Renxin, 2020). 리콴유는 베트남과 캄보디아, 라오스, 미얀마에서 공산주의자들이 국가 권력을 장악하면서 소련의 영향력이 강해지자 아시아태평양 지역에서 세력균형을 유지하는 핵심은 미국이며, 미국의 존재만이 동남아시아의 평화를 유지할 수 있을 것이라 믿었다. 그래서 싱가포르는 미국과 비록 동맹 관계는 아니지만 정치적, 군사적으로 상당히 긴밀한 관계를 형성하였다. 예를 들어 양국은 미군을 싱가포르에 주둔시키는 군사협정에 서명하였고 합동군사훈련도 실시했다. 경제적 측면에서도 미국에 대한 상품 수출이 중요한 역할을 담당했고, 미국의 투자와 무역을 통해 경제성장을 추구했다.

9·11 테러 이후 싱가포르는 미국의 이라크전쟁과 대테러활동을 강력히 지지함으로써 두 나라의 관계는 더욱 돈독해졌다.

중국이 부상하자 싱가포르는 동남아시아 지역에 대한 중국의 지배력이 지나치게 커지는 것을 방지하기 위해 미국과 협력을 더욱 강화하였다. 2002년부터 매년 미국과 '동남아시아 협력 및 훈련(Southeast Asia Cooperation and Training, 이하 SEACAT)'이라 불리는 합동군사훈련을 해상에서 시행하고, 2003년 5월 미국과 자유무역협정(FTA)을 체결한 것이 그 대표적인 예이다(Yang, 2012). 특히 SEACAT은 안전한 연결망을 추구하는 싱가포르 외교 전략의 특성을 잘 드러낸다. 이는 미국과 싱가포르 두 나라만 참가하는 해상훈련이 아니라 동남아시아 이웃 국가들이 함께 참가하는 다자 합동 해상훈련이기 때문이다. 예를 들어 2019년 실시된 SEACAT에서는 남중국해와 접하지 않은 라오스, 미얀마를 제외한 모든 아세안 회원국이 참가했다(Parameswaran, 2019).

싱가포르는 탈냉전 시기에도 여전히 동남아시아에서 미국의 역할을 중요하게 여기고 있다, 미국은 이 지역 경제성장을 촉진하고 질서를 유지할 수 있도록 하는데 없어서는 안될 국가라고 보고 있는 것이다. 특히 싱가포르는 동남아시아에 영향력을 확대하고 있는 중국을 견제할 수 있는 국가는 미국밖에 없다고 생각한다. 그래서 미국과 자유무역협정에 관하여 협상하는 동안 싱가포르 정부는 미국 정부에게 중국은 미국이 유지하려고 하는 국제질서에 만족하지 않을 것이고 장차 중국이 미국의 아시아태평양 전략에 위협이 될 것이기 때문에 미국이 아시아에 더욱 깊이 관여를 해야 하는데, 싱가포르가 미국이 아시아에 영향력을 행사하기 위한 발판으로서 역할을 할 것이라고 강조했다(Yang, 2012: 123). 미국의 힘을 빌어 중국을 견제하려는 의도가 분명하게 들어나는 것이다.

중국과 미국 간의 갈등이 격화되자 싱가포르는 미국과 적극적으로 협력하여 중국을 견제했다. 특히 미국의 군사장비와 무기를 대량 구매하여 미국을 매우 흡족하게 만들었다. 오바마 행정부가 '아시아 중심(Pivot to Asia)' 정책을 공식 발표한 이후 미국 외교의 전략적 중심은 아시아태평양 지역으로 옮겨졌고, 싱가포르는 이의 핵심 국가가 되었다(Renxin, 2020).

미국은 또한 싱가포르의 최대 교역국인 동시에 강력한 군사적 후원자이다. 싱가포르는 미국에 공군 및 해군 기지를 제공하고, 2003년 '주요 안보협력 파트너'가 되기로 합의했으며, 2005년 7월에는 미국과 '국방 및 안보 분야의 긴밀한 협력 파트너십을 위한 전략적 기본 협약(Strategic Framework Agreement for Closer Cooperation Partnership in Defense and Security)'을 체결했다(변창구, 2012).

이처럼 싱가포르는 중국을 견제하려는 미국의 안보 이익과 자신의 국익을 결합시키고 있는데, 이러한 점에서 싱가포르 외교 전략은 강대국 힘에 편승하여 안보를 확보하는 '연성편승전략'의 속성도 지니고 있다고 볼 수 있다(변창구, 2012). 이는 전통적 편승전략과는 다른 제한적인 편승전략이다. 전통적 편승전략과의 차이는 (1) 정치적, 군사적 동맹 형태보다는 정치적 파트너십을 추구하고, (2) 제로섬 시나리오를 반대하며, (3) 자국의 자율성 상실이나 지나친 의존은 회피한다는 점이다(변창구, 2012).

2) 중국 편에서 균형 유지(Balancing with China)

1978년부터 중국이 개혁개방을 추진하자 리콴유는 중국이 결국 경제성장에 성공할 것이고, 이를 위해 동남아시아 국가들과 우호적 관계를 맺으려 할 것이라 주장했다(Renxin, 2020). 냉전 시기 중국과 싱가포르 간의 공식적 외교 관계는 없었지만, 무역과 비공식적 교류는 지속되었다. 이 시기 싱가포르의 대중국 정책의 기본 원칙은 외교와 무역을 분리하는 것이었다. 싱가포르 경제성장을 위해 중국은 중요한 국가였기 때문에 중국과 활발하게 교류하였고, 특히 인구의 다수를 차지하는 중국계 싱가포르인들은 중국과의 교역을 촉진하는데 중요한 역할을 하였다.

또한 싱가포르는 1971년 10월 대만(중화민국) 대신 중국(중화인민공화국)을 유엔에 받아들이기로 하는 유엔 총회 결의 제2758호를 미국과 일본, 필리핀 등의 반대에도 불구하고 지지했다. 이 결의에 따라 대만은 유엔을 탈퇴하고 중국이 안전보장이사회 상임이사국이 되었다. 하지만 싱가포르는 공산주의 중국과 과도하게 친밀한 관계를 맺는 것에 대해 1967년 아세안을 같이 창립한 반공주의 말레이시아, 인도네시아, 필리핀, 태국은 우려하기 시작했다. 동남아시아 반공 연대라 할 수 있는 당시 아세안 5개 회원국 간의 협력이 중요했기 때문에 싱가포르는 냉전 기간 중국과 비공식적인 교류는 활발하였지만 공식적인 외교 관계는 수립하지 않았다. 싱가포르는 1990년 10월, 대부분의 동남아시아 국가들이 중국과 국교를 수립한 후에야 중국과 공식 외교 관계를 수립하였다. 불필요한 긴장을 조성하는 형식적 행위보다 실리 추구를 더 중시했다고 평가할 수 있다.

1980년대 들어 중국이 개혁개방 노선을 본격화하자 싱가포르는 중국이 국제사회에 신속하게 통합될 수 있도록 기꺼이 돕겠다는 의지를 표명하며 중국과의 연대를 강화하였다(Yang, 2012). 싱가포르는 중국 기업에게 싱가포르 증권거래소에 상장하도록 장려하였는데, 그 결과 2011년까지 싱가포르 증권거래소에 상장된 중국 기업의 수는 146개에 달했다. 이는 싱가포르 증권거래소에 등록된 해외 기업 중 약 19%를 차지한 것으로, 이 중국 기업들의 총 시장 가치는 260억 싱가포르 달러에 이르렀다(Yang, 2012). 또한 싱가포르 정부는 지속적으로 중국에 대한 투자를 장려하였다. 그 결과 2011년 싱가포르는 중국에 4번째로 많은 투자를 하는 나라가 되었다. 군사적으로는 중국보다 미국과의 협력을 강화하면서 경제적으로는 미국뿐만 아니라 중국과 협력을 확대해 온 것이다. 이러한 싱가포르의 외교 전략은 실용주의(pragmatism)라 부를 수 있다(고길곤, 2021). 규범이나 이념보다 실리를 추구하면서 강대국 간의 세력균형을 도모하는 것이다.

3) 다자간 협력을 통한 세력균형

미국과 중국 양국 간의 세력균형은 어느 한쪽으로 추가 기울면 깨질 수 있기 때문에 불안정할 수 있다. 이에 비해 제3자 또는 여러 국가가 참여하게 되면 미국과 중국 중 어느 한쪽이 패권적인 힘을 갖게 될 가능성이 낮아지기 때문에 세력균형을 유지하기 수월해진다.

특히 21세기 들어 중국이 크게 부상하면서 동아시아에서 미국과의 패권경쟁이 심해지자, 싱가포르는 다른 강국들을 이 지역에 끌어들여서 다자간 협력을 통한 세력균형을 추구하고 있다. 대표적인 예로 동아시아정상회의(East Asia Summit, 이하 EAS)를 들 수 있다. 2005년부터 매년 개최되는 EAS에는 2021년 현재 아세안 10개국과 한국, 중국, 일본, 호주, 뉴질랜드, 인도, 미국, 러시아 등 총 18개국 정상이 참석하고 있다. 동아시아 국가가 아닌 미국과 러시아 정상은 2005년 첫 회의부터 회원으로 참석한 것은 아니고, 2011년 제6회 회의부터 정식 회원으로 참석하고 있다. 그런데 동아시아 국가라 하기 어려운 인도 정상은 첫 회의부터 회원으로 참석했다. 인도 정상의 EAS 참여를 중국은 강하게 반대했으나, 싱가포르는 EAS를 중국이 주도하게 되는 상황을 우려하여 중국과 경쟁 관계에 있는 인도의 가입을 적극 지지했다(변창구, 2012). 싱가포르는 이후 EAS에 미국과 러시아 정상이 참여하는 것도 지원했고, ARF 등 각종 동아시아 다자협력기구에 미국이나 중국만이 아니라 인도, 호주, 뉴질랜드 등 제3국의 가입을 지원하는 외교 전술을 사용하고 있다.

이러한 싱가포르의 균형전략은 전통적인 균형전략에서 벗어나 국제제도 및 협상, 국가 간 연대를 통해서 전술적·간접적·제한적 수단으로 강대국의 공격적 행동을 좌절시키거나 방해하는 정책이라는 점에서 '연성균형(soft balancing)전략'이라고도 볼 수 있다(변창구, 2012).

IV. 사례: 남중국해 문제

2차 세계대전 후부터 중국은 베트남, 필리핀 등과 남중국해에서 영토 분쟁을 벌여 왔다. 특히 2000년대 들어 중국이 고도의 경제성장을 발판으로 삼아 동아시아에서 패권 경쟁에 본격적으로 나서면서 남중국해에서의 긴장은 크게 고조되고 있다. 2005년 1월 중국 경비정이 통킹만에서 조업 중이던 베트남 어선에 발포하여 9명의 베트남 어민을 살해했고, 2011년 2월에는 스프래틀리 군도에서 중국 함선(frigate)이 필리핀 어선을 공격했다. 같은 해 5월에는 중국 선박이 베트남의 배타적경제수역(exclusive economic zone) 내에서 베트남의 석유·가스 조사선의 케이블을 절단하기도 했다. 심지어 2014년 8월에는 중국 전투기가 미군 정찰기를 위협해서 몰아냈다. 2015년 4월 미국의 경고에도 불구하고 중국은 영토 분쟁 지역에 인공섬을 건설했고, 이에 미국은 같은 해 10월 구축함을 파견하여 '항행의 자유 작전(Freedom of Navigation Operations)'을 벌였다.

중국과 남중국해에서 분쟁을 벌이고 있는 당사국인 베트남과 필리핀 등은 중국의 태도를 강력하게 규탄하면서, 중국을 비난하여 압박하는데 다른 아세안 회원국들의 동참을 촉구해 왔다. 중국은 남중국해에서 자국의 영해 범위라고 주장하는 이른바 구단선(九段線)을 내세우며 1982년 유엔 해양법 협약(United Nations Convention on the Law of the Sea)에서 규정한 각국의 200해리 배타적경제수역을 부정하고 있기 때문이다. 다시 말해 중국은 다른 나라 배타적경제수역 내의 섬에 대해서도 영유권을 주장하며 때로는 그 안에서 폭력을 불사하고 있다. 그런데도 동남아시아의 이웃 국가들은 중국의 보복을 두려워하여 중국을 비난하는데 동참하기를 주저하고 있다. 이들은 무역과 투자 등에 있어서 중국에 대한 의존도가 높은 편이기 때문이다.

경제적으로 중국과의 관계가 중요한 싱가포르 역시 중국을 비난하기 어려운 처지이다. 하지만 아세안 회원국들과 영토 분쟁을 일으키고 있는 남중국해 문제에 대해 모른 척할 수도 없는 상황이다. 중국을 비난하지 않는다면 아세안

내에서 베트남, 필리핀 등의 비난을 살 것이고, 나아가 남중국해에서 군사적 충돌이 일어난다면 자칫 지역의 안정을 심각하게 파괴할 수도 있기 때문이다.

싱가포르는 남중국해 문제에 대처하기 위해 먼저 안전한 연결망을 최대한 활용하고 있다. 예를 들어 싱가포르는 2014년에 열린 서태평양 해군 심포지엄(Western Pacific Naval Symposium)에 참석하여 중국, 필리핀, 인도네시아를 포함한 21개국과 함께 '바다에서 계획되지 않은 조우를 위한 규범(Code for Unplanned Encounters at Sea, 이하 CUES)'에 서명했다. CUES는 해상에서 우발적인 충돌을 방지하기 위한 여러 안전 수칙(safety procedures)과 교신 수칙(communications procedures)이 포함되어 있다(USNI News, 2014). 2016년 3월 싱가포르 외교부 장관은 중국을 방문하여 남중국해 문제에 관하여 싱가포르는 중립적인 입장에서 분쟁 당사자 간의 건설적인 대화 채널이 될 것이고, 군사적 충돌을 방지하기 위해 CUES를 확대 적용할 것을 제안했다(Koh, 2016). 중국을 포함한 여러 나라가 합의한 국제 규범을 통해 우선 전쟁이 발발하여 지역 안정이 파괴되는 최악의 상황을 피하고자 한 것이다.

그렇다고 싱가포르가 중국의 심기를 거스르는 결정을 피하기만 하는 것은 아니다. 2016년 7월 국제상설중재재판소(Permanent Court of Arbitration, 이하 PCA)가 중국의 영유권(구단선) 주장이 근거 없다는 판결을 내리자, 싱가포르 정부는 법치(rule of law)를 원칙으로 내세우며 PCA의 판결을 지지하였다. 중국에 대한 직접적인 비난은 하지 않지만, 국제기구의 중재 결정에 따라 문제를 해결해야 한다는 입장을 취하며 중국을 압박한 것이다. 이에 대한 보복으로 중국은 태국에서 싱가포르로 이송 중이던 장갑차를 홍콩에서 저지시켰고, 베이징의 일대일로포럼(Belt and Road Forum)에서 싱가포르 총리를 배제시켰다(Chong, 2017). 그럼에도 불구하고 싱가포르는 법치 원칙을 고수하고 있다. 싱가포르가 자기 전략적 자산의 힘을 믿고 중국의 눈치를 보지 않는 독자적인 판단을 한 것이라 할 수 있다.

남중국해에서 중국으로 인한 안보 위협이 증가함에 따라 싱가포르는 미국의 군사적 개입을 확대하여 세력균형을 통한 평화를 추구하고 있다. 그 예로 '창이해군기지(Changi Naval Base)'에 미 해군 전투함 정박을 허용한 것을 들 수 있다(김구륜, 2014). 이 기지는 미 해군 항공모함전투단 전체를 수용할 수 있을 정도로 규모가 거대하다. 미 해군이 싱가포르에 머물며 전투에 참가할 수 있다는 것은 중국에게 상당한 압박으로 작용할 것이다.

V. 나가며

이 글에서는 말레이시아와 인도네시아 사이에서 생존이 위태로웠던 중간국 싱가포르가 어떠한 외교 전략으로 평화와 번영을 일구어왔는지 살펴보았다. 그 외교 전략의 가장 중요한 특성은 다음과 같이 요약할 수 있다. 첫째, 여러 나라와 안전한 연결망을 형성하여 외부로부터의 충격에 대비한다. 둘째, 비동맹주의를 선언하고 국익 중심의 독자적인 판단을 한다. 셋째, 강대국들을 불러들여 지역의 안정을 도모하고, 그들 간의 세력균형을 유지하여 횡포를 방지한다.

이러한 싱가포르 외교 전략의 특성은 현재 동아시아의 가장 큰 위험 요인이라 할 수 있는 남중국해 문제에 대한 싱가포르의 대처에서도 잘 드러난다. 싱가포르는 다자 간의 연결망에서 도출된 국제 규범을 통해 남중국해에서 군사적인 충돌이 일어나지 않도록 노력하고 있다. 중국과의 관계가 다소 경색될 수 있을지라도 독자적인 판단으로 법치를 원칙으로 제시하며 중국의 주장을 기각한 국제상설중재재판소의 결정을 지지했다. 증가하는 중국의 위협에 대처하기 위해 미국과의 군사적 협력을 강화하여 세력균형을 통한 평화를 추구하고 있다.

강대국 사이에 낀 중간국으로서 싱가포르의 외교 전략의 특성은 한국과 같은 다른 중간국의 외교 전략에 상당한 함의를 제공한다. 먼저 안전한 연결망이라 표현할 수 있는 다자 간의 안보협력이 중요하다. 한국 역시 북한으로부터의 위협에 대처하기 위해서는 북한 역시 ARF와 같은 다자 안보 협력체에 참가하도록 유도해야 할 것이다. 또한 북한과도 관계가 좋은 아세안 국가들과의 연결망을 추가로 구축할 수 있다. 아세안과 한중일이 함께 하는 아세안+3 외에 아세안과 남북한이 함께 아세안+2를 창설한다면 도움이 될 것이다.

싱가포르처럼 동맹에 의존하지 않고 국익에 따라 독자적으로 판단할 수 있으려면 강력한 전략적 자산을 보유해야 한다. 말라카해협과 같은 지정학적 자산이 없다면 경제력이나 국방력에 기반한 전략적 자산을 강화해야 할 것이다. 이는 한국과 같이 강대국과의 동맹에 의존하여 안보를 추구하는 국가에서도 동일하게 적용될 수 있다. 경제력이나 국방력이 강화될수록 동맹의 필요성은 약해지고 독자적 판단의 여지는 확대될 것이기 때문이다.

끝으로 강대국에 편승하는 전략은 국익을 위해 필요하겠지만 세력균형을 도모하는 것이 강대국의 횡포를 방지하여 국익에 더 큰 도움이 될 수 있다. 한국 역시 격해지는 미중 간의 패권 경쟁 사이에 끼어있는 형국이다. 미국이 요구한 사드(Terminal High Altitude Area Defense: THAAD) 배치와 그로 인한 중국의 경제 보복과 같이 어느 한쪽에 치우친 정책은 다른 쪽의 보복을 부른다. 하지만 안보는 미국에 의존하지만 경제는 중국에 더욱 의존하는 상황은 싱가포르의 양측에 대한 제한적 편승과 유사하다. ARF와 같은 동아시아 다자 안보협력을 강화하여 싱가포르와 유사하게 세력균형을 추구한다면, 평화를 유지하면서 강대국 사이를 연결하는 가교국(bridging state) 역할을 담당할 수 있을 것이다.

참고문헌

고길곤. 2021. 『싱가포르 다시 보기: 싱가포르의 정치·행정 시스템 분석』 제2판. 고양: 문우사.

김구륜. 2014. "대미(對美)·대중(對中) 조화외교: 국내 및 해외 사례연구." 『통일연구원 KINU 연구총서』 14(10): 94-120.

리콴유. 류지호 옮김. 1999. 『리콴유 자서전』. 파주: 문학사상사.

변창구. 2012. "싱가포르의 실용주의적 안보외교: 전략적 특성과 함의." 『대한정치학회보』 20(2): 203-221.

안문석. 2016. "싱가포르의 '새우의 고래 외교'." 『인물과 사상』 224: 115-128.

유현석. 2018. 『국제정세의 이해: 위기의 시대, 지구촌의 어젠다와 국제관계』. 파주: 한울아카데미.

전제국. 2002. 『싱가포르: 도시국가에서 글로벌국가로』. 서울: 봉명

ASEM Info Board. 2021. "Fostering Dialogue & Cooperation between Asia & Europe." https://www.aseminfoboard.org/about/overview (accessed 20 March 2021).

Brimelow, Ben. 2018. "How a tiny city-state became a military powerhouse with the best air force and navy in Southeast Asia." *Business Insider.* April 9. https://www.businessinsider.com/singapore-military-best-air-force-navy-southeast-asia-2018-4 (accessed on 16 February 2021).

Chong, Ja Ian. 2017. "Singapore's Foreign Policy at a Juncture." *East Asia Forum.* https://www.eastasiaforum.org/2017/11/08/singapores-foreign-policy-at-a-juncture (accessed on 23 October 2020).

Eszterhai, Viktor, and Wang Renxin, eds. 2020. *Stuck between Great Powers: The Geopolitics of the Peripheries.* Budapest: Corvinus University of Budapest.

Global Fire Power. 2021. "Annual GFP Review." https://www.globalfirepower.com/country-military-strength-detail.php?country_id=singapore (accessed on 15 April 2021).

Grevatt, Jon, and Andrew MacDonald. 2021. "Singapore announces budget increase for 2021." *JANES*(February 17). https://www.janes.com/defence-news/news-detail/singapore-announces-budget-increase-for-2021_15567(accessed on 15 April 2021).

Kassim, Yang Razali. 2012. "S5 versus P5: The Rise of the Small States?" *RSIS Commentaries* 187(October 8). https://www.rsis.edu.sg/wp-content/uploads/2014/07/CO12187.pdf(accessed on 20 March 2021).

Koh, Jeremy. 2016. "Singapore suggests interim solution to South China Sea dispute." *Channel NewsAsia*(March 1). https://web.archive.org/web/20170224110928/http://www.channelnewsasia.com/news/asiapacific/singapore-suggests/2562972.html (accessed on 22 March 2021).

Parameswaran, Prashanth. 2019. "Maritime Security Exercise Highlights US-Indo-Pacific Defense Ties." *The Diplomat*(August 27). https://thediplomat.com/2019/08/maritime-security-exercise-highlights-us-indo-pacific-defense-ties(accessed 21 March 2021).

Qu, Xiaobo and Qiang Meng. 2012. "The Economic Importance of the Straits of Malacca and Singapore: An Extreme Scenario Analysis." *Transportation Research Part E: Logistics and Transportation Review* 48(1): 258-265.

Rana, Kishan S. 2006. "Singapore's Diplomacy: Vulnerability into Strength." *The Hague Journal of Diplomacy* 1(1): 81-106.

Renxin, Wang. 2020. "The Fundamental Principle of Singapore's Foreign Policy: The Balance of Power." In *Stuck between Great Powers: The Geopolitics of the Peripheries*. eds., Viktor Eszterhai and Wang Renxin. Budapest: Corvinus University of Budapest. 119-134.

Singapore Ministry of Foreign Affairs. 2021. "Small States." https://www.mfa.gov.sg/SINGAPORES-FOREIGN-POLICY/International-Issues/

Small-States(accessed on 20 March 2021).

Shichao, Yang. 2012. "Singapore's Economic Diplomacy." *China International Studies* 8(6): 112-125.

USNI News. 2014. "Document: Code for Unplanned Encounters at Sea." June 17. https://news.usni.org/2014/06/17/document-conduct-unplanned-encounters-sea(accessed on 22 March 2021).

제5장

지정학적 중간국 인도네시아 외교전략:
세 번의 지정학적 단층대 충돌과 선택

최경희 (서울대학교 아시아연구소 HK연구교수)

I. 서론

전통적으로 지정학은 지리적 요소와 힘 간의 관계를 설명해왔다. 이전에는 대서양을 중심으로 유럽과 미국이 힘의 우위를 차지했던 시대였다면, 지금은 새로운 아시아-태평양 또는 인도-태평양 시대를 맞이하고 있다. 이러한 지정학적 변동의 시대에 아시아-태평양을 중심으로 미국과 중국의 전략경쟁은 시대적 화두가 되었다. 인도네시아는 세계 최대의 다도국가로서 인도양과 태평양에 걸쳐서 1만 7천여 개의 섬으로 구성된 다도국가이다. 다른 어떤 국가보다 인도-태평양 또는 아시아-태평양 시대에 중요한 지정학적 위치에 존재한다.

본 연구에서는 강대국의 경쟁을 '지정학적 단층대 충돌'로 설정하고, '지정학적 중간국'으로서 인도네시아 외교전략을 설명하고자 한다. 인도네시아가 하나의 '독립된 국가'로 등장하는 역사적 과정에서부터 현재까지 세 번의 지정학적 단층대 충돌이 있었다고 볼 수 있다. 첫 번째 단층대 충돌은 '네덜란드와 일본' 사이에 존재하는 제국주의 간 갈등이고, 두 번째 단층대 충돌은 '미국과 소련(중국)'을 중심으로 한 냉전체제 내 갈등이고, 세 번째 단층대 충돌은 지금 현재 진행 중인 '미국과 중국'의 갈등이라고 볼 수 있다. 그리고 세 번째 지정학적 단층대 충돌은 현재 진행형이라는 측면에서 기존 단층대 충돌과 다르다. 다만, 세 번째 지정학적 단층대 충돌은 중국 시진핑과 미국 트럼프 국면과 중국 시진핑과 미국 바이든 국면으로 구분될 수 있고, 일단 세 번째의 충돌의 첫 번째 국면은 종결되었다고 볼 수 있다. 중국의 시진핑과 미국의 바이든 대결국면은 앞으로 전개될 과정이기 때문에, 본 글에서는 시진핑과 트럼프 국면까지로 세 번의 지정학적 단층대 충돌에 대한 역사적 경험을 다루고자 한다.

인도네시아는 과연 이러한 세 번의 지정학적 단층대 충돌의 시기에서 지정학적 중간국으로서 어떤 외교적 선택을 하였는가? 그리고 이러한 외교적 선택의 결과는 어떤 외교적 결과를 만들어 내었는가? 지정학적 단층대 충돌은 세 시기마다 '성격'을 달리한다. 첫 번째 시기는 식민주의와 반식민주의 시기, 두 번째 시기는 냉전으로서 이념의 대결 시기, 세 번째는 경제와 안보, 이념과 기술 등이 복합적으로 결합된 복합국면의 시기라고 볼 수 있다. 따라서 각 국면마다 인도네시아가 취한 전략적 목표가 다르고, 외교적 구현방식이 다르고, 그 결과도 다르다고 본다. 인도네시아가 각 지정학적 단층대 충돌의 공간에서 어떤 전략적 목표와 외교적 실천을 선택하였는지를 분석하고자 한다. 지정학적 중간국으로서 인도네시아 외교를 설명함으로써, 새로운 국제질서 변동의 가능성을 탐색하고자 한다.

II. 지정학적 중간국 외교전략에 대한 이론적 기초

1. 지정학의 귀환과 지정학적 중간국 개념의 위치

오늘날 "지정학의 귀환(The Return of Geopolitics)"(Mead, 2014)은 '새로운 지각변동' 또는 '새로운 힘의 변동'을 설명하면서 국제정치학에서 하나의 화두가 되었다. 새로운 지정학적 힘의 변동의 사례로 러시아의 크리미아 침공, 중국의 해양전략 강화, 중국에 대한 일본의 대응전략 강화, 중동에서의 이란의 영향력 변화 등이 언급된다(Mead, 2014). 그리하여 미국 오바마 행정부의 '아시아로의 회귀(Pivot to Asia)' 전략은 바로 이러한 지정학적 힘의 변동에 맞춰 미국의 대외전략이 어떻게 바뀌고 있는지를 보여주는 첫 사례이다. '아시아로의 회귀'는 곧 중동지역의 권력구조를 변화시키는 것으로 나아갔고, 트럼프 행정부는 더 나아가 전통적으로 유럽과의 동맹의 핵심적인 축인 북대서양조약기구(NATO)를 약화시키면서, 유럽과 미국의 관계도 변화시켰다. 특히 트럼프 행정부는 2020년 2월 미국과 탈레반이 서명한 평화합의 선언문, 2020년 8월 이스라엘과 아랍에미리트 간의 아브라함 협정을 체결했다. 이는 미국이 이스라엘을 중심으로 중동지역의 전략적 재조정을 계속적으로 시도한 결과이다(유상범·정구연, 2020). 미국의 지정학적 우선순위가 인도-태평양으로 바뀌면서 유럽과 중동에서 힘의 공백이 작동했던 것이 트럼프 시대였다. 그러나 새롭게 출범한 바이든 정부는 과연 어떠한 지정학적 변동을 만들어 내려고 하는가. 주지하는 바와 같이 오바마, 트럼프, 바이든 행정부로 이어지는 공통된 인식은 '중국'이란 위협적인 존재에 대한 인식이다. 트럼프 행정부 동안에 전개되었던 미국과 중국의 무역분쟁, 군사적 긴장, 금융분쟁뿐만 아니라 미래 첨단산업의 기술경쟁까지 대립과 갈등의 소재였다. 즉, 전통적인 지정학의 대립구도였던 '영토와 군사력'의 문제였다면, 새로운 지정학의 대립구도는 전통적인 요소를 포함하면서도 무역, 기술, 금융, 가치 등을 포함한 복합적인 패권경쟁의 성격을 갖는다는 것이다.

　　이러한 '새로운 힘의 지각변동'을 '신지정학', '복합지정학', '탈지정학' 접근으로 설명하고, 다양한 명칭으로 지정학을 새롭게 복귀시키고 있다. 이러한 흐름 중에서 비판지정학과 대항지정학이 있다. 비판지정학(Critical geopolitics)은 전통지정학이나 현실주의 국제정치에 대한 대안을 제시하기보다는 이들의 지정학적 상상과 담론 그리고 여기에 기반을 둔 정치과정을 해체하는데 초점을 맞추고 있는 반면에, 대항지정학(Counter-geopolitics)은 지정학적 경쟁으로 특징화되는 국제질서와 공존하면서도, 실천을 통해서 이의 영향력을 희석시킴으로써 대안적 질서의 공존을 추구하는 입장이다(김태환, 2019: 39). 결국 지정학의 복귀는 이러한 새로운 힘의 변동을 설명하고자 시도로서 의미가 있지만, 그 과정과 결과에 대한 설명력을 높이고 있지는 못하다고 볼 수 있다.

그렇다면 '지정학적 중간국'이란 지정학 논의에서 어떤 의미를 차지하고 있는가? 필자는 신지정학 논의의 하나인 비판지정학과 대항지정학 사이의 어느 위치에 존재한다고 본다. 기존 지정학적 상상과 담론은 주로 '강대국' 중심의 논의였다. 이러한 측면에서 '지정학적 중간국' 논의는 '강대국 사이에 끼인 국가들'을 '설명의 중심대상'으로 설정함으로써 기존 전통 지정학적 논의를 해체하는 과정이라고 볼 수 있다. 그러나 '지정학적 중간국'이 어떤 행위를 선택했느냐에 따라 이것은 대안적 질서를 추구할 수도 있고 아닐 수도 있다. 여기서 기존 질서와 대안 질서에 대한 인식도 매우 복합적이기 때문에, 지정학적 중간국의 행위결과에 따른 국제 질서의 논의도 쟁점이 될 수 있다. 다만 확실한 것은 기존 국제질서는 강대국 중심이었기 때문에, 강대국 중심의 국제질서가 아닌 '중간국 중심'에 대한 논의는 이미 '대안성'을 내포하고 있다고 본다. 결국, '지정학적 중간국' 논의는 비판지정학의 출발점에서 대항적 지정학으로 귀결될 수도 있고 또는 반드시 대항지정학으로 귀결되지 않을 수도 있는 두 갈래길 어딘가에 존재하는 것이다.

정리하자면, '지정학적 중간국(中間國)'은 경쟁하는 '강대국 사이에 끼인 국가'를 말한다. 이들 중간국은 지역 및 국제정치 구조에서 지정학적 단층대 상에 위치하고 있는지 여부에 의해 조건 지워지며, 세력권을 두고 각축하는 두 세력 간의 경쟁이 고조되는 지정학적 단층대의 활성화에 의하여 딜레마적 외교압력에 노출된다. 중간국을 결정짓는 가장 중요한 조건은 지정학적 단층대 활성화이다. 따라서 중소국이나 약소국은 말할 것도 없고, 드물게는 강대국도 더 강력한 세력 간의 경쟁이나 충동이 발생할 경우에 중간국이 될 수 있다(신범식, 2020: 39). 이러한 중간국 개념에 기초하여 강대국 경쟁이 첨예화된다는 것은 지정학적 단층대가 활성화된다는 점이다. 강대국은 각각의 강한 영향력을 갖는 지정학적 세력이고, 지정학적 세력이 맞부딪히는 지대가 존재하는 것인데, 그 지대에 위치한 국가들을 '중간국'이라고 볼 수 있다.

2. 지정학적 중간국의 외교전략

지정학적 중간국이 어떤 외교전략을 선택할 수 있는지는 여러 조건이 존재한다. 첫째, 중간국의 외부적 요인이다. 지정학적 단층대 충돌인 선도국과 부상국 사이의 갈등의 내용이 무엇인가에 따라 중간국의 외교전략은 달라질 수 있다고 본다. 영토문제인지, 군사력문제인지, 무역 및 금융 갈등인지, 기술경쟁 갈등인지에 따라 대응양상도 다르다. 둘째, 중간국의 내재적 요인이다. 중간국 능력이 어느 정도인가, 중간국이 국내 및 대외적 자원을 어느 정도 이끌어서 활용할 수 있는지 그 능력에 따라 달라진다. 또한 중간국의 내재적 요인으로서 매우 중요한 것은 그 해당시기 정권의 성격이다. 민주적인 국가인지, 권위주의적 국가인지도 영향을 미칠 것이고, 정권의 외교전략 자체가 그 해당 시기 중간국 외교에 상당한 영향을 미칠 것이다. 셋째, 중간국의 양자적 외교관계적 요인이다. 중간국과 선도국(패권국), 중간국과 부상국(도전국)과의 외교 전통의 유무와 특징에 따라 지정학적 단층대 충돌 시기에 영향을 미칠 것으로 보인다.

다음으로는 중간국과 중견국의 개념의 차이이다. 중견국 외교 담론이 발전되는 과정에는 두 가지 의미가 있다. 이 두 가지 의미 중의 하나는 강대국-중견국-약소국 분류에 나타나듯 전통적인 하드파워 요소로 기존에 강대국 중심의 외교의 한계를 넘어서는 것과 다른 하나는 중견국 외교의 지향이 하드파워 요소로만 외교를 설명하려고 하는 한계를 극복하고자 하는 시도를 동시에 내포하고 있다. 후자를 설명하는데 중견국과 중간국의 상호관련성이 존재한다. 그렇다면, 중간국과 중견국은 어떤 차이 또는 관계가 있는가? 첫째, 하드파워는 중견국의 속성을 구성하는 가장 일차적인 요소로서, 강대국에는 미치지 못하지만 약소국과는 달리 명확한 물질적 기반을 보유하고 있다는 점이다(이승주,

2016). 이러한 하드파워적으로 구분한 중견국 개념적 요소는 지정학적 중간국 개념에는 영향을 미치고 있지 않다. 오히려 지정학적 중간국은 지정학적 단층대 충돌에 끼인 국가이기 때문에 강대국일수도 중견국일수도 약소국일수도 있다는 점이 차이이다. 둘째, 중견국 개념의 발전은 중견국이 보유하고 있는 개별적 속성과 자원도 중요하지만, 중견국이 맺고 있는 관계적 맥락을 제기한다. 중견국들이 세계정치의 네트워크적 속성을 잘 파악하고 네트워크 상의 유리한 위치를 점하기 위한 전략을 성공적으로 실행할 때, 다른 국가들과의 소통과 협력을 더 효과적으로 수행할 수 있다는 점이다(김상배, 2014). 이러한 접근으로 보았을 때, 중견국과 중간국이 '관계적', '네트워크'적 의미를 갖는다는 데는 같지만, 지정학적 중간국 개념이 지정학적 단층대와의 관계 및 그 네트워크적 속성에 기초하고 있다는 것이 차이점이다. 셋째, 중견국 외교행태는 주요 글로벌 이슈에 적극적으로 참여하는 특징을 보이며, 다자주의적 접근, 평화적으로 문제를 해결하는 방식을 선호하는 특징을 갖는다. 이로서 중견국 외교는 과정지향적이며, 다른 국가에 대한 안보위협의 근원이 되지 않는다(이승주, 2016). 다자주의적 접근, 평화적인 문제해결 접근, 과정지향적 접근, 안보위협적이지 않는 중견국 외교행태는 바로 지정학적 강대국 충돌 사이에 끼인 중간국의 외교전략과 상당히 맞닿아 있다고 볼 수 있다. 그렇기 때문에 신지정학 또는 복합지정학으로서 '지정학적 중간국의 외교'를 주목하는 것은 이러한 외교적 선택이 비판적 또는 대항적 성격의 지정학으로 이동할 수 있는 근거를 제공하고 있다고 보기 때문이다.

    마지막으로 지정학적 중간국의 외교선택에는 어떤 것들이 존재하는가? 조동준(2009)은 '안보위협에 대한 중소국의 선택'에 관한 외교전략들을 제시했다. 안보를 위협하는 국가에 대해서 대응을 포기할 것인가 아니면 대응을 할 것인가라는 첫 출발부터 7개 경우에 대한 외교적 선택을 도식화하여, 각 단계별 숨기/중립, 편승, 특화, 유화, 제도, 경제적 상호의존, 사회화, 내적균세, 외적균세, 초월 등 다양한 외교적 선택이 존재한다는 것을 밝혀내었다. 그런데 이러한 용어들이 유의미하면서도 이러한 도식화가 '지정학적 중간국'의 외교적 선택으로 차용할 때는 고려해야 할 지점이 있다. 바로 안보를 위협하는 상대방과의 양자관계가 아니라 지정학적 단층대 사이에 끼인 중간국의 선택이기 때문에 역삼각형 구도로서 삼자관계라는 차이점이다. 최경준(2020)은 A국과 B국, 2×2 매트릭스 도식에 따라 균형, 헤징, 중립, 편승이라는 4가지 중간국 외교전략을 설명하고 있다. 강대국의 충돌을 상정한 것은 조동준의 분석틀보다 진일보한 경향이 있지만, 최경준의 중간국 외교전략 4가지 방식은 조동준이 설명하고 있는 중소국의 다양한 외교전략들인 초월전략이나 제도화전략 등을 담아낼 수 없는 구조적 한계를 갖고 있다. 결국 지정학적 중간국의 외교적 선택은 지정학적 단층대의 충돌과 그 사이에 끼인 중간국 사이의 다층적 구도가 시기적으로 조건적으로 어떻게 발흥되는지에 따라 다양한 외교적 선택이 가능할 수 있음을 설명할 수 있다.

III. 인도네시아를 둘러싼 지정학적 단층대 충돌의 세 경험

1. 제국주의 네덜란드와 일본의 지정학적 단층대 충돌

네덜란드는 인도네시아에 아주 오랫동안 영향을 미쳐왔고, 지금의 인도네시아를 형성하는데 결정적인 역할을 한 국가이다. 유럽열강들은 대항해 시대에 동남아로 향했고, 네덜란드 동인도회사(Verenigde Oostdische Compagnie: VOC)도 동남아에 도착했다. 포르투갈이 네덜란드보다 먼저 동남아에 진출한 것으로, 1511년 포르투갈의 멀라까 점령은 동남아 역사를 변경시킨 첫 사건으로 기록된다. 포르투갈은 네덜란드가 출현하기까지 이 지역에 영향력을 행사하였다. 그러나 네덜란드가 1605년 암본에 있었던 포르투갈을 무력으로 몰아내고 군사기지를 건설하면서, 인도네시아에 영향력을 끼치기 시작했다. 그 이후 1619년 네덜란드 VOC 4대 총독인 얀 피터르스존 코언이 바타비아(Batavia, 현 Jakarta)

에 무역·군사 기지를 건설하고 마따람(Mataram) 왕국과 경쟁하기 시작하였다. 그로부터 인도네시아의 마지막 전통왕조라고 볼 수 있는 마따람과 200년 이상 분쟁을 지속하였다. 네덜란드가 승기를 잡고 인도네시아 전역에 제국주의로서 영향을 발휘하게 된 것이 1825~1830년 5년까지 지속되었던 '자바전쟁' 이후이다. 1830년 이후 1917년까지 네덜란드 VOC는 문화체계(cultural system) 식민정책을 구사했다. 문화시스템정책은 노골적인 식민지 노동착취를 의미한다. 이전에는 주어진 자원수탈을 의미한다면, 이로부터 본격적으로 억압적 노동을 통한 식민지 착취를 의미한다(SarDesai, 1997).

이러한 네덜란드 식민지배체제에 도전을 한 것은 일본이었다. 1941년 일본군이 진주만을 기습 공격한 이후, 이마무라 히토시(Imamura Hitoshi) 사령관이 이끄는 16부대는 네덜란드군의 절반 정도에 불과했지만, 막강한 해군력으로 싱가포르와 필리핀을 연이어 함락시키고, 인도네시아 팔름방, 바타비아, 반둥 등을 점령했다. 1942년 네덜란드령 동인도는 일본군에 의해 완전히 장악되었다. 그러나 일본군에 의한 지배는 오래가지 않았고, 연합군이 1945년 히로시마와 나가사키에 원자탄을 투하하면서 패망하였다. 그러나 일본도 네덜란드도 인도네시아에 대한 지배를 쉽게 포기하지 않았다는 점을 상기할 필요가 있다.

인도네시아 현대사에서 '혁명전쟁'이라고 불리는 네덜란드와의 전투가 다시 전개되었다. 일본의 패망 이후 10월 즈음 연합군이 자바와 수마트라에 입성하였고 그 속에서 네덜란드왕국군도 다시 들어왔다. 수카르노를 중심으로 출범한 인도네시아 정부는 시민치안군(Tentara Keamannan Rakjat: TKR)을 규합했다. 이들은 '혁명전쟁'을 수행하는 인도네시아 혁명군으로, 1947년 6월 인도네시아 공화국 군대(Tentara National Indonesia: TNI)로 네덜란드군과 일본군과 곳곳에서 무력충돌을 전개하였다. 네덜란드는 자바와 수마트라만을 인도네시아 국가로 편입하고, 그 밖의 다른 인도네시아 지역을 네덜란드연방으로 편입하려는 의도를 갖고 있었다. 1946년 7월 15만 명의 군대를 동원해 대대적인 공세를 취하기 시작했다. 당시 인도네시아 공화국 군대는 열세였다. 하지만 인도네시아 공화국 군대는 네덜란드군과 일본국과 접전을 치뤘다. 인도네시아군과 일본군이 충돌한 렝꽁전투, 일본군 무장해제를 지휘했던 영국군과 싸운 수라바야전투 등 독립을 향한 항전이 곳곳에서 치러진 것이다. 1946년 1월부터 1949년 독립전쟁이 끝날 때까지 족자카르타는 공화국 수도로 역할 하였다(양승윤·배동선, 2018).

 이 무렵 국제사회가 인도네시아 사태에 개입하기 시작했다. 1948년 1월 유엔의 중재에 따라 양쪽이 휴전협정을 체결하였다. 하지만 네덜란드는 공화국 정부를 전복하려고 하는 의도를 포기하지 않고 휴전협정을 일방적으로 파기하고 두 번째 군사행동을 취했다. 이때 공화국 정부는 게릴라 부대를 활용해 인도네시아 전역에서 네덜란드 군대를 괴롭혔다. 지루한 공방전이 벌어지는 동안 네덜란드가 세운 연방 소속 국가들이 하나둘 이탈하기 시작했다. 유엔은 인도네시아가 독립할 수 있도록 보장할 것을 네덜란드에게 요구하였다. 그리고 미국은 네덜란드에 대한 원조를 연기하고, 마셜 플랜에서 네덜란드를 제외하겠다고 압박했고, 네덜란드는 다른 선택의 여지가 없었다. 이에 1949년 12월 28일 네덜란드는 이리안자야를 제외하고 모든 네덜란드령 인도네시아를 독립국가로 인정했다. 인도네시아 공화국은 1945년에서 1949년 네덜란드와의 전쟁을 통해 완벽한 독립을 달성했다(소병국, 2020). 정리하자면, 식민지 쟁탈전을 감행한 네덜란드와 일본 제국주의의 군사적 충돌이 독립 전과 후 인도네시아에 있었던 지정학적 단층대 충돌의 본질적인 성격이었다.

2. 냉전체제의 지정학적 단층대 충돌

독립 이후 인도네시아에 닥친 두 번째 지정학적 단층대 충돌은 냉전체제였다. 전 지구적으로 보면, 제2차 세계대전 이후 신생독립국가의 처리문제를 둘러싼 연합군 내의 미국과 소련의 입장이 달라지면서 형성된 냉전체제는 1991년 소련이 붕괴되면서 사라졌지만, 냉전체제는 하위 지역별로 다른 양상으로 전개되어왔고 그 결과도 다르다.

동남아지역에 가장 먼저 영향을 미치기 시작한 것은 미국이고, 미국은 소련 공산주의에 대한 봉쇄(containment) 전략을 동남아지역에서도 전개하였다. 본격적으로는 동남아 인도차이나반도에서 공산주의가 확산됨에 따라 1954년 미국은 인도차이나반도를 제외한 국가들과 '동남아집단방위조약(Manila Pact: Southeast Asia Collective Defense Treaty)'을 체결하고, '동남아조약기구(Southeast Asia Treaty Organization: SEATO)'를 만들었다. 이 방위조약을 체결한 나라는 미국, 영국, 호주, 뉴질랜드, 프랑스, 파키스탄, 태국, 필리핀이었다. 이 조약과 기구를 통하여 라오스, 캄보디아, 베트남이 공산화되는 과정에서 다른 지역으로 확대되는 것을 저지하기 위한 노력이었다. SEATO는 NATO와는 달리 군사적 동맹기구가 아니라, 정치적 동맹체이다. 미국의 군사적 동맹은 필리핀에 한정되어 발생하였다. SEATO의 존재는 1961~1962년 태국을 위협하는 라오스 공산주의 세력에 대한 대응에서 드러났는데, 특히 미국은 마닐라 협약에 기초하여 태국을 지원했다. 이러한 경험을 기초로 미국과 태국의 양자 안보협력관계가 형성되었다. 당시 영국은 말레이시아와 싱가포르가 독립하기 전까지 SEATO 산하에 두었다. 1957년 두 국가는 영연방 파트너인 호주와 뉴질랜드와 앵글로-말라야 국방협정(Anglo-Malay Defence Agreement: AMDA)을 맺었다. 이러한 안보협력은 말레이시아와 인도네시아 사이에서 "대립(Confrontation)" 국면이 작용할 때, 말레이시아를 지원했으며, AMDA는 1971년 5대 전략방위협정(Five Power Defence Arrangement: FPDA)으로 이어졌고, FPDA는 냉전이 끝날 때까지 유지되었다(Weatherbee, 2010: 64). AMDA와 FPDA는 호주, 말레이시아, 뉴질랜드, 영국의 방위협정으로서 동남아 지역 내 친서방진영의 블록으로 해석될 수 있다.

대륙부 인도차이나반도에서 냉전은 다르게 전개되었다. 1964년 미국의 통킹만 사건으로 촉발된 베트남전쟁은 제2차 인도차이나전쟁으로 불린다. 10년간의 전쟁은 북베트남의 승리로 귀결되었다. 1975년 4월 베트남과 캄보디아, 라오스 등 인도차이나지역의 공산화로 뚜렷하게 귀결되었다. 10년 간 전개되는 미국과 베트남 전쟁에서 중국은 베트남을 지원했지만, 이 전쟁이 종료되고, 1979년 베트남은 캄보디아를 침공하였다. 당시 중국은 캄보디아를 지원하면서, 같은 사회주의 진영임에도 불구하고 중국, 베트남, 캄보디아의 권력관계는 복잡하게 형성되었다. 이러한 대륙부 동남아 국가와 중국 간의 역사적 경험은 1991년 소련이 붕괴되고 탈냉전의 분위기 속에서 1995년 베트남, 1997년 라오스·미얀마, 1999년 캄보디아에 각각 아세안에 회원국으로 가입했지만, 중국 관련 이슈에 대하여 대륙부 동남아 국가 사이에 일치보단 차이를 드러내는 배경으로 작용하고 있다.

　인도네시아를 둘러싼 동남아지역에서는 냉전체제를 구축하는데 핵심적인 축이었던 미국을 중심으로 한 자유주의진영과 소련과 중국을 중심으로 한 공산주의진영이 작동하긴 했지만, 군사적 동맹에 기반한 양쪽 진영으로 강고한 조직이 형성되었다고 볼 수는 없다. 오히려 동남아지역에서는 1960년대 초부터 지역협력차원에서 의미 있는 두 개의 집단이 있었다. 하나가 1961년 태국, 필리핀, 말레이시아에 의해 설립된 동남아연합(Association of Southeast Asia: ASA)과 다른 하나가 1963년 필리핀, 말레이시아, 인도네시아 간 문화적 전통의 결속을 강조한 마필린도(MAPHILINDO)이다. 이 두 조직 모두 오래 지속되지는 못하였지만, 동남아 국가들만으로 구성된 최초의 지역협력체였으며 아세안이 출범하게 된 중요한 선례가 되었다. 냉전체제라는 양 진영 간 이념대립에 기초한 지정학적 단층대 충돌은 동남아지역에서는 대륙부 동남아지역과 해양부 동남아지역에서 각각 다르게 전개되었다. 상대적으로 냉전체제에 기반한 지정학적 단층대 충돌의 경험이 대륙부 동남아지역에 강하게 흔적이 남았고, 해양부 동남아지역에서는 상대적으로 덜 흔적을 남겼다고 볼 수 있다. 해양부 동남아지역의 국가들은 지정학적 단층대 충돌을 회피하여 다른 지역질서를 만들고자 하는 노력을 계속적으로 취했다. 당시 중국의 지정학적 중시 요소가 해양이 아니라 인접한 대륙 국가 간에 작용한 것이었다고도 해석할 수 있다.

3. '복합강국' 미국과 중국의 지정학적 단층대 충돌

인도네시아에게 닥친 세 번째 지정학적 단층대 충돌은 미국과 중국의 경쟁체제이다. 지정학의 귀환을 불러일으키고, 신지정학과 복합지정학의 중심 연구대상이 바로 중국의 부상과 그에 따른 세계의 지각변동과 변동하는 힘의 재배열 과정이다. 이때 중국은 과거 사회주의 진영에서의 패권국가가 아니라 경제적 슈퍼파워 국가로서 그 영향력이 확대됨으로써 전개되는 일련의 과정으로서 매우 복합적으로 활성화된다고 볼 수 있다. 여기서 '복합적'이라는 말에 주목하고자 한다. 미국과 중국의 지정학적 단층대 충돌이 세계 어느 국가에게도 어떻게 대응할지 쉽게 결론을 내리지 못하는 것은 지금의 국제관계에서 양국의 관계라는 것이 일면 또는 일부분이 아니라 매우 큰 복합적 의미를 차지하고 있기 때문이다. 21세기 세계정치는 군사, 경제, 외교 등의 어느 한 두 영역에만 관련된 것이 아니라 기술, 정보, 지식, 문화, 커뮤니케이션, 환경, 에너지, 자원, 여성, 인권 등 여러 영역이 복합적으로 걸쳐 있다(김상배, 2012). 그리고 21세기 세계질서는 국민국가라는 노드 행위자들이 경쟁하는 단순질서로서의 '아나키(Anarchy)'가 아닌 다양한 형태의 노드와 네트워크 행위자들이 경합하는 복합질서로서의 '네트워크아키(Networkarchy)'로 개념화해 볼 수 있다(김상배, 2012: 367). 이러한 맥락에서 보았을 때, 21세기 미국과 중국이라는 강대국은 군사적 지위를 넘어서 경제, 기술과 지식, 인구, 자원, 문화, 커뮤니케이션 등 여러 영역에서 복합적 요소를 갖는 강대국이라고 보고, '복합강국'이라는 표현을 쓰고자 한다.

미국은 인도네시아에게 1970년대 경제발전을 일으키는데 핵심적인 파트너로서 기여해왔고, 중국은 IMF 외환위기를 극복하는 과정에서 인도네시아뿐만 아니라 동남아 국가들이 위기를 극복하는 과정에서 매우 큰 역할을 하였다. 미국 오바마 대통령은 인도네시아에서 어렸을 때 살았을 만큼 인도네시아와 특별한 인연이 있었고, 2009년 오바마 대통령 취임이후 아시아 중에서는 최초로 방문한 국가도 인도네시아였다. 또한 2013년 시진핑도 취임이후 아시아 중에서 첫 방문한 국가도 인도네시아였다. 인도네시아에게 중국과 미국은 모든 측면에서 매우 중요한 전략적 파트너 국가들이다. 그러나 인도네시아가 전통적으로 균형적인 외교를 취해왔던 것에 비해, 조코위 정부가 너무 친중국적인 성향을 보이는 것은 아닌지에 대한 비판이 높아지기도 했었다. 조코위 정부로서는 당면한 경제적 문제를 해결하기 위해서는 중국의 투자를 절실히 필요로 했다(Syailendra, 2018). 이 과정에서 미국 트럼프 정부의 등장은 인도네시아에게 또 다른 국면으로 도래한다. 하나는 무슬림 입국 제한조치로 상징되는 반무슬림 정책과 다른 하나는 TPP 탈퇴로 시작된 다자무역협정의 무력화 또는 다자 거버넌스로부터 미국의 후퇴이다(Fitriani, 2017). 무슬림 인구를 최대로 보유하고, 개방경제를 지향하는 인도네시아로서는 트럼프의 이러한 행정조치가 매우 충격적이었다. 사실 트럼프 이전까지만 해도 인도네시아 입장에서는 중국이 인도네시아에게 있어서 경제적으로 너무나도 큰 영향을 미치고 있기 때문에, 이 부분을 완화하기 위해서 미국을 아세안과 동아시아차원에서 더 많은 영향력을 행사할 수 있도록 적극적인 균형정책을 취해 온 것이 사실이다. 이에 2018년 3월 트럼프 대통령이 중국에 대한 추가관세 부과를 결정한 이후 두 국가의 통상분쟁이 시작되었으나 그 이후 전개된 미국과 중국의 갈등의 본질은 관세전쟁이 아니라 기술패권 경쟁에 있었다. 이러한 4차 산업혁명을 대표하는 기술이 군대 및 우주산업까지 영향을 미치고 있기에 매우 중요하다. 미국이 중국의 화웨이(Huawei Techologies)와 틱톡(TikTok)에 대한 제제가 있을 때, 인도네시아 사회도 상당한 관심을 보였다. 2018년 중반기 샤오미(Xiaomi), 화웨이, 오포(Oppo), 비보(Vivo) 등 중국의 스마트폰이 한국의 삼성을 이미 앞지르기 시작했다. 2019년 초에 중국 알리바바(Alibaba)가 제2 데이터센터를 인도네시아에 오픈하였다. 인도네시아도 디지털사회로의 전환경제를 가속화하고 있고, 인터넷 산업이 큰 규모이기 때문에 미국과 중국의 4차 산업혁명을 둘러싼 기술경쟁이 부정적으로 도래된다고 하면, 인도네시아에게도 큰 타격을 받을 것이다. 그러나 지금까지의 미국과 중국의 기술전쟁이 직접적으로 인도네시아시장에 영향을 미쳤다고는 볼 수 없다.

인도-태평양 지역에서 미국과 중국의 갈등이 구체적으로 드러나는 지점은 대만문제, 홍콩문제, 중국·인도 국경분쟁 문제 등이고 직접적인 동남아 관련 이슈는 '남중국해'였는데, 가장 최근에는 '메콩개발' 이슈로 확장되었다. 2010년대 이후 계속적으로 전개된 남중국해 분쟁은 2020년에도 일촉즉발의 상황이었다.[1] 메콩강 문제는 동남아의 주요 안보이슈로 부상하고 있다. 메콩강 개발에 그동안 중국의 영향력은 상당하였다. 중국은 메콩강 개발 과정에서 많은 환경문제를 발생시키고 있는데, 이에 대한 제동을 미국이 걸었다. 메콩강 하류에 가뭄과 물부족 현상은 상류의 무분별한 개발이고, 여기에는 중국의 역할이 크다는 것이다. 이에 2020년 2월 비엔티엔에서 열린 란창-메콩 외교장관회의에서 중국은 앞으로 수자원 관련 정보를 메콩국가들과 공유할 것을 긍정적으로 검토하겠다고 하였다(윤진표·최경희, 2020). 남중국해와 메콩강 이슈 중에서 인도네시아와 직접적으로 연관된 것은 남중국해이슈이다. 인도네시아 조코위 정부는 역대 정부와는 달리 해양강국전략을 내세웠다. 이로서 해양주권이 강화되면서 대륙붕 경계가 중요시 되고, 인도네시아 나뚜나 해협은 남중국해 이슈와 직접적으로 관련되면서 인도네시아도 남중국해 이슈에 당사국이 되었다. 이 해협에 나타나는 중국 불법어선을 폭파한 경우처럼 해양주권을 강화하기 위한 인도네시아의 강화된 해양전략은 남중국해를 둘러싼 미국과 중국 사이에서 새롭게 개척해야할 영역이 된 것이다.

---

1 7월 19일에서 23일 미국 니미츠호와 로널드 레이건호 2개 항공모함과 여러 전함이 남중국해와 필리핀해에서 군사훈련을 실시했고, 호주, 일본과 함께 남중국해와 괌 주변해역에서 3군 해상 연합훈련도 실시했다. 그리고 8월 25일 중국의 남중국해 영유권 주장을 무시하려 미군의 U2 정찰기를 띄우자 중국군은 8월 26일 '둥펑26'(최대사거리 4,000Km), '둥펑21'(최대사거리 1,800km) 미사일을 발사했고, 전략핵잠수함에서 '쥐랑 2A' 미사일 2발을 쐈다. 그리고 같은 해 8월 26일 미국 국무부와 상무부는 남중국해 군사기지 건설에 참여한 중국 기업 24곳과 그 경영진에 제재를 부과했다. 미국은 제재 대상 기업들이 남중국해에서 중국의 도발적인 인공 섬 건설에 중요한 역할을 담당했다고 지적했다. 중국은 2013년 이후 남중국해 7곳에 약 3,000에이커 이상의 인공 섬을 건설하고 방공 부대와 대함정 미사일 부대를 배치해 왔다(윤진표·최경희, 2020).

IV. 지정학적 중간국 인도네시아의 전략적 선택

1. 독립을 향한 외교: 초월전략

인도네시아 독립과정은 20세기 초에 시작된 '민족주의 운동'의 출현으로부터 시작되었고, 두 계열이 존재한다. 하나는 이슬람 세력과 다른 하나는 세속주의 세력이다. 전자는 이슬람 개혁주의 '까움 무다(Kaum Muda, 젊은세대)' 운동으로 시작한다. 그리고 1912년 족자카르타에 무함마디야가 만들어졌고, 이슬람 전통주의자 계열의 나흐다뚤 울라마, 자바 무슬림 바띡 상인을 중심으로 결성된 '사레깟 다강 이슬라미야', 훗날 '사레깟 이슬람' 등 이슬람단체들이 상당히 존재한다(McVey and Semaun, 1966). 후자는 1908년에 만들어진 '부디 우또모(Budi Utomo)'로부터 기원한다. 그리고 사회주의 사상에 영향을 받아서 탄생한 1914년 동인도사회민주연합(ISDV)가 1920년 '동인도공산주의연합'으로 개칭했고, 1921년에는 아시아 최초의 공산당 인도네시아공산당(PKI)로 재탄생하여, 1926년과 1927년 PKI는 반뜬과 미낭까바우를 중심으로 봉기를 주도하기도 하였다. 이러한 종교 및 사회주의 색채와는 달리 세속적 민족주의 단체가 있었고, 바로 이 흐름이 민족주의 운동의 주류세력이 되었다. 네덜란드 유학중인 모함마드 하타, 수딴 샤흐리르 등이 1908년에 세운 동인도협회, 1922년 인도네시아협의회(PI)가 있었고, 국내에서는 수카르노가 1925년 '반둥스터디클럽'을 결성하여 세속적 민족주의 운동을 시작하였다. 1927년 반둥스터디클럽과 네덜란드에서 귀국한 PI 회원이 만나서 인도네시아민족연합을 결성하였고, 1928년 이 조직은 인도네시아국민당(PNI)으로 개칭하였다(소병국, 2020). 이러한 제국주의 시기 대외적 자율성을 발휘하는 외교는 국내 편재된 이슬람 민족주의 세력과 세속적인 민족주의 좌우 세력을 하나의 연합세력으로 만들어가는 능력에 달려있었다.

동남아시아에 대한 일본군정의 정책은 두 가지 목표였고, 이 두 가지 목표는 상당히 모순적인 내용이다. 하나는 '아시아 민중의 해방(liberation of Asian peoples)'이고, 다른 하나는 동남아지역에 풍부한 천연, 자연자원과 인력을 활용하는 것이었다. 즉, '해방(liberation theory)'과 '식민(colonial practice)'이라는 두 가지 요소를 모두 포함하고 있는 것이다(Nakamura, 1970: 3). 자바에 도착한 일본군정은 이러한 기조 하에 인도네시아 민족주의 세력을 만났다. 그가 바로 수카르노였고, 일본군정은 그를 당시 독립운동세력 중에서 가장 지도력을 발휘하고 있는 인사로 선택하였다. 당시 제16군 사령관인 이마무라 히토시와 수카르노는 두 번 만났다고 한다. 수카르노가 일본 군정의 자바 안착을 도와주는 댓가로 이마무라는 일본이 인도네시아의 독립을 곧 이행할 것이라고 약속한 것이다(Nakamura, 1970: 20). 그러나 이러한 약속은 이루어지지 않았다. 다만, 1944년 9월 일본 수상은 인도네시아의 독립이 임박했다고 공개 선언하기도 하면서, 인도네시아 독립을 위한 일정정도 유화정책을 취했다.

1945년 3월 인도네시아 지도자들을 중심으로 인도네시아독립준비실무조사위원회(Badan Penyelidik Usaha-usaha Persiapan Kemerdekaan Indonesia: BPUP-KI)와 인도네시아독립위원회(Panitia Persiapan Kemerdekaan Indonesia: PPKI)가 만들어졌다. 두 기구에서 한 일은 헌법을 준비하는 작업이다. BPUPKI는 1945년 6월 1일 인도네시아공화국의 국가이념인 '빤짜실라(Pancasila)'를 발표했다. 1945년 8월 18일 PPKI는 '자카르타 헌장(Jakarta Charter)'을 발표했다(Elson, 2009). 빤짜실라 헌법과 자까르타 헌장의 가장 본질적인 차이는 후자는 바로 이슬람이 주류적 가치로, 이슬람 국가의 성격을 명시하는 것이라고 한다면, 전자는 이슬람적 가치(유일신에 대한 믿음)를 존중하면서도 이슬람 국가를 명시하지 않음으로써 민족주의, 민주주의 등 세속적 가치를 담아낸 헌법이념이다. 두 헌법이념 사이의 긴장은 1945~1949년 혁명전쟁을 치루는 기간 동안 수카르노와 하타가 지도력을 발휘하면서 빤짜실라 이념으로 무게중심이 이동했다.

1948년 1월 유엔의 중재에 따라 자카르타 딴중 쁘리옥 항구에 정박해 있던 미국 군함 렌빌에서 양쪽의 휴전협정을 체결했다. 네덜란드의 군사행동에 무기력하게 대응하고 이어서 굴욕적인 휴전협정이 체결하기에 이르자 샤리푸딘 내각은 무너지고, 수카르노가 다시 전면에 등장하고, 하타가 비상내각 구성에 착수하였다. 그리고 1948년 8월 PKI는 1927년 미낭까바우 봉기 후 소련으로 망명했던 지도자 무쏘가 인도네시아로 돌아왔다. 그는 좌파정당들을 PKI로 통합했고 '토지점유운동'을 일으켰다. PKI 지지자들은 동부 자바의 마디운을 점령하고 사회주의공화국을 선포했다. 급진세력을 옹호하던 수디르만 장군조차 인도네시아가 공산주의자의 지배하에 놓이는 것을 원치 않았다. 공화국 군대 실리왕이 사단이 마디운으로 진격해 치열한 전투 끝에 PKI 봉기를 진압했다. 이 과정에서 약 8,000명이 목숨을 잃고, 약 3만 5,000명이 체포되었다. 이 일로 인해 공화국 정부 내의 좌파 세력이 제거되고, 군부도 좌파 장교를 숙청하기 시작했다. 군부는 수카르노를 대체할 수 없는 국가지도자로 인정하기 시작했다. 더욱이 인도네시아 공화국 정부가 반공산주의 세력이라는 것을 서방세계에 분명히 각인시켜주는 계기가 되었다. 이 쿠데타 진압을 기점으로 미국을 포함한 자유주의 진영이 인도네시아 독립투쟁을 적극적으로 지지하기 시작했다(소병국, 2020: 530).

수카르노와 하타를 중심으로 정치세력은 네덜란드, 일본 그리고 마지막으로 연합국을 상대하면서, 인도네시아의 독립을 관철시켰다. 스스로 독립을 획득하고 만들어갔던 이 역사적 과정이 인도네시아 정치체제의 정통성(legitimacy)의 근간이 되었고, 그 정통성이 '빤짜실라' 헌법이념으로 구체화되어 매우 독특한 토착화된 이념의 국가를 탄생시킨 것이다. 이러한 새로운 민족국가의 탄생을 만들어낼 수 있는 그 힘에 기초한 외교전략을 제국주의 세력을 뛰어 넘을 수 있는 외교전략이었기 때문에 '초월'전략이라고 명명하고자 한다.

2. 비동맹노선과 독자적인 지역질서구축을 위한 외교: 균형, 특화 및 제도화전략

냉전체제의 지정학적 단층대 충돌 시기 동안 인도네시아는 수카르노 체제와 수하르토 체제라는 이질적인 두 개의 정부시기를 보내면서, 외교전략의 차이도 나타났다. 수카르노 지배시기(1949년에서 1965년)를 구질서(Old Order)로, 수하르토 지배시기(1966년에서 1998년)를 신질서(New Order)로 명명한다. 이러한 구분은 수하르토가 군사쿠데타로 수카르노를 권좌에 내려오게 하고 이전 정부와 구분하는 과정에서 명명된 용어이다. '구'와 '신'을 가르는 가장 큰 특징은 '혁명'에서 '발전'으로 국가의 모토가 바뀐 것이다(Mohmad, 2007).

냉전 초기 인도네시아 정치지도자들은 어떤 인식을 갖고 있었을까? 독립 이후 상당한 외교적 자신감에 기초하여 냉전체제를 수동적으로 이해하지 않았고, 매우 적극적인 자세로 대응했다고 볼 수 있다. 냉전체제는 오히려 강대국들이 인도네시아에 상당한 관심과 개입욕구를 표현할 것이라고 그들은 인식하였고, 중요한 것은 이러한 관심을 어떻게 실질적인 물질적 이익들로 귀결시킬 수 있을 것인가를 고민했다. 그래서 그들은 소련의 원조를 이끌어 내면서 이를 견제하려는 미국의 관심 모두를 끌어들인 것이다. 냉전체제에 기반한 경쟁적 상황에서 그들에게 의지하지 않으면서도 그 거대한 세력으로부터 경제적, 군사적, 외교적 지원을 이끌어낼 수 있도록 하는 것이 인도네시아의 외교전략이었다(Weinstein, 1971: 107). 이와 같은 상황인식은 매우 흥미롭다. 냉전이라는 '강대국들의 경쟁'을 활용하여 최대한 자기의 이익을 관철시키기 위해 균형전략을 취했다는 점이다. 그래서 그들의 관심을 최대로 높이면서도 동남아 지역이나 인도네시아의 국가로 그들의 영향력이 편입되지 않도록 하는 것이다. 이러한 외교인식은 그 이후로도 계속 유지되는 것이고, 이러한 인식을 가능하게 했던 것이 바로 '독립'을 획득하는 과정에서 독립운동 세력 간의 심각한 정통성 문제가 남아있지 않았다는 점과도 연관된다. 초대 대통령과 부통령인 수카르노와 하타 정부는 독립운동세력으로서 그 정신이 계승되어 탄생한 첫 정부로서 정통성을 갖고 있었고, 하타 부대통령은 1948년 연설에서 "독립적이고 적극적인 외교(Bebas dan aktif diplomat, Independent and active diplomacy)" 노선(Pitsuwan, 2014: 237)을 밝혔다.

냉전의 지정학적 단층대 충돌시기에서 수카르노가 보여준 가장 중요한 외교행사가 1955년 4월 반둥에서 있었던 '아시아-아프리카 회의(Asian-African

Conference)'이다. 반둥회의는 인도네시아가 국제무대에서 중요한 행위자임을 드러내는 역사적 사건이다. 본 회의에서 10가지 원칙이 선포되었다. "인권존중, 영토적 통합과 주권에 대한 상호존중, 종족과 민족의 동등성 존중, 모든 국가의 자기 방어권 존중, 외부 세력이 다른 국가의 내재적인 문제에 대해서 개입하거나 간섭하지 않는 것, 어떤 강대국의 힘의 이익을 위해 집단적 방위를 행사하는 것을 삼가는 것, 다른 국가를 물리적으로 침공하거나 폭력을 사용하는 것을 삼가는 것, 평화적인 방법을 통해 분쟁을 해결하는 것, 상호이익과 협력을 증진시키는 것, 정의와 국제적 의무를 존중하는 것"이다(Weatherbee, 2010: 67). 주권에 대한 상호존중, 내정불간섭, 전쟁과 국가 간 물리적 폭력에 대한 반대, 평화적인 분쟁의 해결이라는 국제적인 조항이 구축하면서, '비동맹운동(Nonaligned Movement: NAM)' 노선을 특화하였다. 제1세계, 제2세계도 아닌 제3세계 비동맹 노선은 현대 인도네시아외교 전략으로 계속 이어져 내려오고 있다. 1955년 반둥에서 아시아-아프리카 회의가 처음으로 개최될 수 있었던 것은 수카르노 정부의 성격으로부터 기원한다. 독립운동의 정통성을 갖는 수카르노와 하타 정부는 인도네시아의 '독립'을 저해하는 외부환경에 대해서 비판적인 견해를 분명히 갖고 왔고, 민족주의와 공산주의 계열의 정치리더가 권력을 이루어왔다.

수카르노에서 수하르토로 권력이 이동하는 과정에서 인도네시아와 말레이시아 국가 차원에서 긴장이 발생하였다. 역사적으로 이를 대결국면(konfrontasi, confrontation)이라고 한다. 말레이시아는 영국의 식민지배를 받았는데, 1963년 영국이 말레이시아를 독립시킬 때 말레이시아연방, 지금의 서말레이시아 영역인 사바와 사라왁, 싱가포르를 포함하여 말레이시아 영토로 구획하여 선포한 것이다. 인도네시아 입장에서 볼 때, 인도네시아 영토라고 생각하는 보르네오섬의 사바와 사라왁지역이 말레이시아 국가영토로 선포된 것이기 때문에 매우 당황스러운 일인 것이다. 이에 수카르노와 PKI는 말레이시아에 전면적인 대결을 선포하였다. 앞에서도 언급하였듯이 당시 말레이시아는 AMDA의 엄호를 받는 국가였고, 이에 PKI는 중국으로부터 무기를 지원받기도 하였다. 이러한 일촉즉발의 긴장과정이 전개되는 상황이었다. 이러한 대외적인 차원에서 긴장이 고조되는 과정에서 인도네시아 내부에서는 바로 1965년 군부쿠데타가 발발한 것이다. 수하르토는 이 사건을 해결하는 과정에서 자신의 최고의 정적인 PKI를 완전히 제거하고 군부 내에서도 매우 중요한 위치를 차지하게 되었다. 수하르토 체제의 출범은 이 체제가 붕괴할 때까지 치명적인 약점인 '폭력'에 기반 한 정권이었다는 것이다. 가장 극렬한 국가폭력을 감행한 이후 수하르토는 권좌에 오를 수 있었기 때문에 이 체제의 정통성의 취약성은 '발전', '근대화'를 통해 역사적 책무를 대체하였다(Simpson, 2009).

인도네시아 국가권력을 접수한 수하르토는 정권의 정통성 취약문제를 극복하기 위해 외부로부터 정권의 안정성을 유지하는 것이 오히려 중요한 과제였다. 이러한 목적은 당시 싱가포르와 말레이시아 국가이익에게도 부합된 것이다. 신생독립국가로서의 말레이시아와 1965년 말레이시아로부터 독립한 싱가포르 모두 '안정적인 지역환경'이 필요했다. 1966년 인도네시아와 말레이시아의 예비 접촉 이후, 1967년 8월 8일 태국, 필리핀, 싱가포르, 인도네시아, 말레이시아가 방콕선언(Bangkok Declaration)을 채택함으로써 아세안이 탄생하였다. 방콕선언의 핵심내용은 경제발전, 사회진보, 문화발전을 위해서 지역협력을 강조하고 있다. 또한 이러한 발전이 가능하기 위해서는 '평화'와 '안전'이 중요함을 밝히고 있다. 그로부터 아세안은 1970년대 냉전이 격화되는 상황에서 1971년 '평화, 자유와 중립지대(Zone of Peace, Freedom and Neutrality: ZOPFAN)' 선언, 1972년 '동남아우호협력조약(Treaty of Amity and Cooperation: TAC)' 등을 만들어내면서 독자적이면서 평화로운 지역질서를 만들기 위한 노력을 계속 이행해 나갔다. 그러나 당시 아세안의 출발은 인도네시아, 말레이시아, 싱가포르 등 각 국가마다 안정적인 역내질서를 필요로 할 만큼 대외적 주권성이 취약한 상태였다. 그럼에도 불구하고, 이렇게 만들어진 아세안은 냉전과 탈냉전 국면에서 동남아 지역에서 독자적인 지역질서 구축하는데 기여를 했다는 것은 의미하는 바가 크다.

인도네시아는 냉전체제의 지정학적 단층대 충돌시기에 수카르노와 수하르토라는 두 정치적 인물을 통해 지나왔는데, 각각 외교적 차이를 분명하게 보여주고 있다. 수카르노 대통령이 냉전체제 사이의 균형전략과 비동맹노선이라는 새로운 국제질서를 제도화하는데 노력했다고 한다면, 수하르토 대통령 시기는 아세안이라는 지역협력체를 만드는 제도화전략을 선택했다는 점이다. 그리고 두 정부 모두 약소국 연대와 주권국가의 상호존중과 동등성, 국가 간 평화 및 협력체제의 역사적 토대를 만들었다. 그러나 수카르노 정부가 균형전략을 취하기는 했지만 비동맹노선으로 친공산주의 영역으로 경도된 양상을 보였다고 한다면, 수하르토 정부는 서방진영과의 외교를 전방위적으로 확대했던 것도 아주 큰 차이이다. 수하르토는 인도네시아의 경제발전과 근대화를 추구하기 위해 WB, IBRD 등 자유주의 국제질서체제로 깊게 들어갔다. 특히 미국국제개발협력(USAID), 포드재단, 락펠러재단 등은 주요한 공여국으로 활동했다(Simpson, 2009). 결국 냉전체제의 지정학적 단층대 충돌에서 수카르노와 수하르토 정부 모두 균형전략을 취했다는 것은 공통점이 있고, 차이점으로 보면 단적인 예로 수카르노는 1965년 UN에서 탈퇴했는데, 수하르토는 1966년 UN에 다시 재가입했다(Weinstein, 1971: 97). 또한 수카르노는 비동맹노선을 취하면서 특화전략을 취했다는 강점이 있고, 수하르토는 아세안 지역협력체를 제안하고 강화하는 제도화전략을 취했다는 강점이 있다.

3. 중층적 글로벌 거버넌스와 지역질서 고도화: 복합전략

탈냉전, 지구화, 정보혁명이 진행되는 지구적 변동에서 인도네시아도 IMF외환위기로부터 촉발된 경제위기를 계기로 민주주의 정치체제로 전환하였다. 민주화 이후 직선제 대통령제가 도입되고, 유노요노 정부 10년의 집권기간(2004~2014년)이 지났고, 현 조코위 정부는 2014년에 시작하여, 2019년 재선에 성공하여 2기 집권 중이다. 미국과 중국의 지정학적 단층대 충돌의 가능성이 본격화된 시점은 미국에서 트럼프 정부가 등장한 이후 2018년에서 2020년 사이라고 볼 수 있다. 미국과 중국의 갈등적 이슈는 민주주의와 인권, 군사안보 및 기술경제 등이 있는데, 이러한 이슈는 민주화 이후 인도네시아 유도요노와 조코위 정부의 국정방향과 긴밀하게 연관된 것이다.

유도요노 정부는 '균형적이고 역동적인 외교(Dynamic Equilibrium)' 노선을 표방하면서(Fortuna, 2014), G20의 주요행위자로서 국제적 다자외교의 주요 행위자로 활동했다. 특히 2008년에 발족한 발리 민주주의 포럼(Bali Democracy Forum: BDF)은 민주화된 인도네시아를 상징하는 매우 중요한 글로벌 포럼이 되었다. 그리고 민주화 이후 인도네시아 정부의 최대 화두는 '경제'이고, 인도네시아 외교부(Kementerian Luar Negeri Republik Indonesia)도 역시 이러한 흐름에 맞추어 '경제외교'를 매우 중시 여기고 있다. 유도요노 정부에 이어서 조코위 정부까지 '인프라 구축전략'은 인도네시아 최대의 국정과제이다. 이것은 역내에서는 아세안연계성 전략과 중국과는 일대일로전략의 해양실크로드와 연결된 부분이다. 그리고 4차 산업혁명에 따른 디지털 경제로의 전환, 무슬림 최대보유국답게 샤리아경제(Sharia Economy)로의 전환도 매우 중요한 국정현안이다. 지구상 최대 다도국가로서의 경제발전의 지향뿐만 아니라 남중국해 이슈와 인도-태평양 지역이 중요하게 부각되는 배경에서 조코위 정부가 역대 정부와 다르게 강조한 외교영역이 '해양'이다. 첫째, 해양외교의 강화이다. 다도국가인 인도네시아는 10개의 이웃 국가들과 마주하는데, 해양국경의 명확성을 확보하기 위하여 해양국경분쟁의 조속한 해결을 위한 노력이다. 해양영토 분쟁해결을 위해 주요 국가들과의 외교력을 높이는 것이다. 둘째, 해양주권의 확보이다. 해양 영토성 회복과 그 범위까지 인도네시아 국가 시스템이 실질적으로 작동될 수 있도록 하는 것이다. 기존 6대 경제회랑을 해양영토와 연관시켜서 국가안보와 경제활동이 작동되는 국가시스템을 만드는 것이다. 셋째, 해양자원의 확보이다. 경제적 배타수역(EEZ) 안의 천연 및 해양자원에 대한 확보와 개발이다. 인도-태평양 중심에 자리하고 있는 인도네시아는 풍부한 해양자원을 개발하고자 하는 것이다 (Connelly, 2015).

무엇보다 21세기는 복합외교의 시대이다. 양자관계 조차 복합적이며, 글로벌 차원에서는 다자관계 질서가 복합적으로 전개되고 있다. 그렇기 때문에 미국과 중국의 충돌이 더 파급효과를 만들어내고 있다. 그러나 두 국가도 이미 '국제정치의 복합 네트워크' 속에서 작동하는 국가라는 점을 상기할 필요가 있다. 예를 들어, 미국과 중국 모두 아세안이 주도하는 지역협력체인 아세안+미국, 아세안+중국, ARF, EAS, 아세안확대국방장관회의(ADMM+) 등 주요한 회의체에 이미 중요한 외교파트너들이다. 인도네시아는 아세안을 만들고 확대발전시킨 주요국가로서 아세안을 통한 다자외교를 활발하게 진행하고 있기 때문에, 아세안 차원에서 전개되는 지역 및 국제외교는 인도네시아가 보여주고 있는 복합외교 전략의 주요한 요소이다.

표 5-1에서 보듯 인도네시아는 양자, 지역 그리고 다자 외교관계를 전방

표 5-1 **인도네시아 외교 네트워크**

분석수준	대상
양자관계	162개 국가와 외교관계 수립
ASEAN	ASEAN Community(2015), AEC, APSC, ASCC, EAS, ASEAN+3 등
지역협력	ARF(ASEAN Regional Forum, 1994) · MSG(Melanesian Spearhead Group 1988) · CICA(Conference on Interaction and Confidence Building Measures in Asia, 1992) · PIF(Pacific Island Forum, 1971년) · CTI-CFF(Coral Triangle Initiative on Coral Reefs, Fisheries, and Food Security, 2006) · SwPD(Southwest Pacific Dialogue, 2004년) · FEALAC(Forum for East Asia and Latin America Cooperation, 2001년) · Uni Eropa(2014) · BIMP-EAGT(Brunei-Indonesia-Malaysia-Philipina East Asia Growth Area, 1994) · Indonesia-Asia Cooperation Dialogue(2002), · AMED(Asia-Middle East Dialogue, 2003/2004) · IMT-GT(Indonesia-Malaysia-Thailand Growth Triangle, 1993) · APEC(Asia-Pacific Economic Cooperation, 1989) · NAASP(The New Asian-African Strategic Partnership, 2005) · IORA(Indian Ocean Rim-Association, 1997) 등
다자협력	UN 및 관련 기구, WTO, WB, G77-China, G15, G20, Developing 8, Colombo Plan, OIC(Organization of Islamic Conference), Non-Aligned Movement 등

출처: 인도네시아 외교부사이트(https://kemlu.go.id/portal/en) 검토 이후 저자 작성

위적으로 펼치면서, 다양한 이슈에 대한 다양한 네트워크 구축을 통해 복합외교를 추구하고 있다. 첫째, 아세안 공동체(ASEAN Community) 차원의 외교이다. 인도네시아와 아세안은 그 출발부터 긴밀한 연관성을 갖고 출발하였고, 아세안과 운명을 같이 해왔다고 해도 과언이 아니다. 2015년 출범한 아세안공동체 세 축의 하나인 '정치안보공동체(APSC)' 구상은 인도네시아 정부의 노력이 깊게 관여된 공동체이다. 미국 트럼프와 중국 시진핑이 '아시아-태평양' 또는 '인도-태평양' 지역을 상대로 경쟁을 가속화하고 있는 차원에서 인도네시아 주도로 2019년 '인도-태평양 전략에 대한 아세안의 전망(ASEAN Outlook on the Indo-Pacific: AOIP)'을 아세안 차원에서 발표하도록 이끌었다. AOIP의 핵심내용은 인도-태평양 지역은 '경쟁'의 공간이 아니라 '대화와 협력'의 공간으로, 모두를 위한 발전과 번영의 지역을 만드는 것이며, 이러한 목표 실현을 위해서는 '아세안 중심적 지역협력체'를 더욱 발전시키겠다는 뜻이다. 둘째, 아시아태평양 국가들 그리고 무슬림 국가들과의 외교이다. 특히 동남아 해양부에 자리하고 있는 인도네시아는 인도로 향하는 서남아시아, 태평양에 있는 많은 다도국가들과 소다자 협력체제를 가동시키고 있다. 태평양 포럼(PIF), 환인도양연대(IORA), CTI-CFF 등이다. CTI-CFF는 유도요노 대통령의 발상으로 주도된 것이고, 생물다양성 보존을 강화하기 위해 특히 산호(Coral) 보유국 6개 국가 회의체이다. 환인도양연대(IORA)은 '인도양을 위한 APEC'이란 목표 속에 2017년 인도네시아가 의장국이었고, 20주년 기념행사를 통해 이정표를 세웠다고 평가 받는다. 최대 다수의 무슬림 보유국답게 이슬람 컨퍼런스 조직(OIC) 등 다양한 회의체에서 활동하고 있다. 셋째, 중견국 외교전략이다. 인도네시아는 세계에 존재하는 강대국, 중견국 그리고 약소국의 모든 국가와 '이슈와 필요'에 따라 외교관계를 구축하고 있다고 볼 수 있다. 그 중에서 '중견국 외교'에 기초한 몇 가지 회의체를 볼 수 있다. G-15는 1989년에 개최했던 제9차 비동맹 정상회의의 결과로 만들어진 회의체이다. 현재 회원국은 15개 국가 이상이지만, 최초 협의체의 이름을 지금까지도 유지한다. 그리고 2013년 한국정부가 제안해서 출범한

MIKTA 협력체에 인도네시아 정부도 함께 하고 있다.

　　지금까지의 인도네시아 외교 전통과 현대 인도네시아 외교채널에 기초하여 보았을 때, 복합적 이슈가 작동하는 미국과 중국의 지정학적 단층대 충돌에 대한 인도네시아의 입장은 '이슈별'로 그리고 '다자적인 제도적 접근'을 통해 해결한다는 기본 원칙을 갖고 있다. 예를 들면, 팔레스타인의 독립을 지지하는 입장에서 미국과는 견해 차이를 가질 수 있는 것이고, 인권과 민주주의를 지지하는 입장에서 중국에 대한 비판적 견해를 가질 수 있는 것이고, 인도네시아 해양연계전략은 중국의 일대일로 중 해양실크로드와 협력관계를 유지할 수 있지만, 남중국해를 둘러싼 해양안보 이슈에서는 인도네시아 해양주권 확보를 위해서 중국과 대립하면서 그리고 아세안 중심성 전략안에서 움직이는 것이다. 정리하자면, 미국과 중국의 지정학적 단층대 충돌이 여러 요소로 상호작용하고 있기에, 지정학적 중간국으로서 인도네시아는 복합적인 외교전략을 구사하고 있다. 즉, 다층적으로 존재하는 다자적인 제도접근을 통해 주권의 상호존중, 평화, 인권, 공동번영 등 기본원칙을 관철시키기 위한 외교노력을 경주하고 있다.

V. 결론

인도네시아는 역사적으로 세 번의 지정학적 단층대 충돌을 경험하였다. 첫 번째 지정학적 단층대 충돌은 인도네시아에 먼저 도착한 선발 제국주의 네덜란드와 후발 제국주의 일본의 충돌이다. 당시 인도네시아에는 외부 세력에 의해 명명된 명칭만을 갖고 있었다. 이러한 식민지 쟁탈전 국면에서 '독자적인 민족국가'로의 탄생을 스스로 만들어내는 노력을 취했고, 국내 다양한 독립운동세력의 이념과 요구, 리더십을 통합하여 독립선언을 발표함으로써 합의된 정통성에 기초한 독립국가를 만들어내었다. 이러한 과정에서 양 제국주의의 힘을 능가할 만한 인도네시아의 힘이 필요했고, 민족의 독립과 자유라는 정당성에 기초한 독립운동이 이러한 결과를 가능하게 했다. 이러한 인도네시아 외교전략을 '초월전략'이라고 명명한 것이다. 다음으로 두 번째 지정학적 단층대 충돌은 냉전체제에 안에서 작동하는 미국과 소련의 대립이다. 대륙부 동남아 국가에서는 중소분쟁이후 중국이 크게 영향을 미쳤다. 인도네시아는 독립 이후 초대 대통령인 수카르노는 '자유롭고 적극적인 외교' 노선에 기초하여 미국과 소련에 대한 균형전략을 구사하였다. 그리고 아프리카-아시아 정상회의를 통해 비동맹 노선을 '특화'하기도 하였다. 시간이 갈수록 국내적으로는 좌파친화적인 성향으로 국내외 외교를 전개하는 '대결전략'을 취하기도 하였다. 그러나 이러한 흐름은 국내정치 한계에 부딪히고, 군부에 의한 쿠데타로 수카르노 시대는 가고 수하르토 정권이 등장하였다. 수하르토는 대결전략을 버리고, 역내 안정적인 지역질서를 필요로 했고, 아세안지역협력체를 만들기 위한 '제도화전략'을 선택했다. 그리고 수카르노 시기 멀어졌던 서방진영과의 적극적인 관계 개선을 통해 '균형전략'을 다시 회복시켰다.

인도네시아는 2010년대 이후 본격화된 지정학적 단층대 충돌의 세 번째를 경험하고 있는데, 이 세 번째 경험은 미국 트럼프와 중국 시진핑 국면에서 미국 바이든에서 중국 시진핑 국면으로 바뀌기도 하였다. 최근 미국과 중국의 충돌과 갈등이 '복합적'이라는 측면에서 그 이전 단층대 충돌과는 질적으로 달라졌다는 점을 주목하였다. 즉, 미국과 중국은 군사강국의 의미만을 갖는 것이 아니라 경제강국, 기술강국, 문화강국, 인구강국이라는 측면에서 '복합' 강국이라는 개념을 사용했고, 특히 미국과 중국의 군사력 증진과 확대가 4차 산업혁명 기술과 인공지능 기술과 연계된 것으로 더욱 복잡하게 전개될 것이라고 분석하였다. 이에 2000년대 이후 인도네시아도 민주화, 글로벌화, 경제성장 등 개혁의 시기를 상대적으로 성공적으로 지나오면서 아세안 역내뿐만 아니라 글로벌 차원에서 인도네시아의 정치, 경제 그리고 사회문화 위상은 상당히 높아졌다. 인도네시아 외교는 양자관계 및 다자관계, 지역과 글로벌 차원 그리고 이슈 및 쟁점별로 매우 다층적인 외교관계를 구축했다. 특히 인도-태평양을 중심으로 각축인 미국의 인도-태평양전략과 중국의 일대일로의 하나인 해양실크로드 중심의 하나인 인도네시아도 해양주권 및 해양자원 개발을 위한 해양전략 강화노선을 밝히고 있는 것도 의미하는 바가 크다. 인도네시아는 전통적으로 균형전략을 선택했다는 측면에서 세 번째 지정학적 단층대 충돌 국면에서도 다르지 않을 것이다. 인도네시아는 하나의 독립된 국가로서 미국과 중국과 외교를 펼칠 때, 단순히 힘의 논리에 따라 편승하거나 어려운 이슈에 대해서 포기하거나 숨기보다는 각 아젠다에 대해서 인도네시아 외교원칙에 입각하여 역동적으로 움직이며 대응해 나가고 있다. 다시 말하자면, 독립과 주권, 인권과 민주주의, 경제와 기술, 인적이동과 문화 등 복합외교시대에 맞게 다층적으로 대응하는 것이다. 결국 인도네시아가 지정학적 단층대 충돌의 국면에서 가장 중시 여기는 전략이 있다고 한다면, 바로 '다자주의' 외교전략이고, 이것이 복합전략의 핵심이라고 볼 수 있다.

마지막으로 이러한 지정학적 단층대 충돌마다 그 고비를 넘어온 인도네시아 외교가 갖는 가장 본질적인 의미를 정리하고자 한다. 수카르노와 하타 정부의 '독립적이며 적극적인 외교' 전략과 '비동맹 노선', 수하르토의 균형외교와 지역협력 외교전략, 유도요노의 '균형적이며 역동적인' 외교노선 그리고 현 조코위 정부의 '국민-중심의 외교(people-based diplomacy)'(Saragih, 2014)까지 각각 정부별로 외교전략을 명명할 수 있다. 이러한 모든 외교전략에서 인도네시아 외교의 가장 궁극적인 특징은 바로 "사회에 기반한 외교"라는 점이다. 외교는 궁극적으로 국민들이 무엇을 원하는가라는 사회적 차원과 연관되어 있어야 한다는 점이다(Wicaksana, 2016a; 2016b). 독립과 주권, 평화와 번영, 인권과 민주주의 등 국민이 바라는 가치를 구현하는 것이 외교이어야 하고, 역으로 상대방 국민의 독립과 주권, 평화와 번영, 인권과 민주주의를 위해서 상대방과 평화적으로 그 문제를 만들어가야 것이 외교라는 것이다. 하지만 이러한 원칙과 방향을 국제적 차원에서 선도적으로 구현해 내기에는 인도네시아의 외교자원과 역량은 현실적으로 아직 매우 부족하다. 그럼에도 불구하고 계속 인도네시아 외교를 주목해야 하는 이유는 인도네시아 외교의 기본가치인 사회적 가치에 근거한 외교의 중요성이 지정학적 중간국의 가장 중요한 실천적 자원의 하나가 될 수 있다고 보기 때문이다.

참고문헌

김상배. 2012. "복합세계정치론의 이해: 전략·원리·질서." 하영선·김상배 편. 『복한세계정치론: 전략과 원리 그리고 새로운 질서』 서울: 한울아카데미: 341-374.
김상배. 2014. 『아라크네의 국제정치학: 네트워크 세계정치이론의 도전』. 서울: 한울아카데미.
김태환. 2019. "제1장 지정학. 탈지정학. 대항지정학: 평화와 공존의 한국 외교정책 정체성을 향하여." 김태환·이재현·인남식 지음. 『지정학적 시각과 한국외교』. 서울: 사회평론아카데미: 14-70
양승윤·배동선. 2018. 『수카르노와 인도네시아 현대사』. 서울: 아모르문디.
소병국. 2020. 『동남아시아사』. 서울: 책과함께.
신범식. 2020. "지정학적 중간국 우크라이나의 대외전략적 딜레마." 『국제·지역연구』 제29(1): 37-69.
물타뚤리. 2019. 『막스 하벨라르』(양승윤. 배동선 옮김). 서울: 시와 진실.
유상범·정구연. 2020. "제2장 패권도전에 대응한 미국 우선주의와 힘을 통한 평화 추구." 정한범 외 『2020 동아시아전략평가』 서울: 동아시아안보전략연구회: 51-115.
윤진표·최경희. 2020. "제6장 아세안: 복합적 안보위기에 대응한 다자주의와 아세안 중심성 추구." 정한범 외 『2020 동아시아 전략평가』. 서울: 동아시아안보전략연구회: 361-432.
이승주. 2016. "연합형성과 중견국 외교: 믹타(MIKTA)의 사례." 『국제·지역연구』 25(2): 91-116.
조동준. 2009. "안보위협에 대처하는 중소국의 선택." 『세계정치 11』 30(1): 8-28.
최경준. 2020. "미-중 갈등과 동남아시아: 베트남. 미얀마. 필리핀의 대응전략과 중간국 외교." 『아태연구』 27(4): 29-66.

Connelly, Aaron. 2015. "Sovereignty and the Sea: President Joko Widodo's Foreign Policy Challenges." *Contemporary Southeast Asia* 37(1): 1-28.

Elson, R.E. 2009. "Another Look at the Jakarta Charter Controversy of 1945." *Indonesia* 88: 105-130.

Fitriani, Evi. 2017. "The Trump Presidency and Indonesia: Challenges and Opportunities." *Contemporary Southeast Asia* 39(1): 58-64.

Fortuna, Dewi Anwar. 2014. "Indonesia's foreign relations: policy shaped by the ideal of 'dynamic equilibrium'." *East Asia Forum*(2 Feb 2014). https://www.eastasiaforum.org/2014/02/04/indonesias-foreign-relations-policy-shaped-by-the-ideal-of-dynamic-equilibrium/(검색일: 2020년 4월 30일)

McVey, Ruth and Comrade Semaun. 1966. "An Early Account of the Independence Movement." *Indonesia* 1: 46-75.

Mead. 2014. "The Return of Geopolitics." *Foreign Affairs* 93(3): 69-79.

Mohamad, Kartono. 2007. "Family Planning." McGlynn, John H. et al., eds, *Indonesia in the Soeharto Years: Issues, Incidents and Images*. Singapore: The Lontar Foundation.

Nakamura, Mitsu. 1970. "General Imamura and the Early Period of Japanese Occupation." *Indonesia* 10: 1-26.

Pitsuwan, Faudi. 2014. "Smart Power Strategy: Recalibrating Indonesian Foreign Policy." *Asian Politics & Policy* 6(2): 237-266.

Saragih, Bagus BT. 2014. "Jokowi on 'people-based diplomacy'." *Jakarta Post*(September 10).

SarDesai, D. R. 1997. *Southeast Asia: Past & Present*. Chiang Mai: Silworm Books.

Simpson, Brad. 2009. "Indonesia's 'Accelerated Modernization' and the Global Discourse of Development, 1960-1975." *Diplomatic History* 33(3): 467-486.

Sukuma, Rizal. 2013. "The United States, the Middle East, and the Future of 'Asia Pivot'." *Indonesian Quarterly* 41(4): 221-232.

Syailendra, Emirza Adi. 2018. "Indonesia's elite divided on China." *East Asia*

Forum. https://www.eastasiaforum.org/2018/04/20/indonesias-elite-divided-on-china/(검색일: 2021년 6월 23일)

Weatherbee, Donald E. 2010. *International Relations in Southeast Asia: The Struggle for Autonomy.* Singapore: ISEAS.

Weinstein, Franklin B. 1971. "The Indonesian Elite's View of the World and the Foreign Policy of Development." *Indonesia* 12: 97-131.

Wicaksana, I Gede Wahyu. 2016a. "International society: the social dimensions of Indonesia's foreign policy." *The Pacific Review* 29(5): 741-759.

Wicaksana, I Gede Wahyu. 2016b. "The Changing perspective of International relations in Indonesia." *International Relations of the Asia-Pacific* 18(2): 1-27.

제6장
말레이시아 중간국 외교 전략과 중립성

김형종(연세대학교 교수)

I. 서론

말레이시아는 동남아시아 대륙부와 해양부를 연결하는 지정학적 및 지경학적 중요성을 갖는다. 역사적으로 말레이시아는 지정학적 조건을 살려 해상교통로를 활용하는 동시에 대외 역학 관계에서 '중간적 위치'에 자리했다. 15세기 말라카 왕국이 동서를 잇는 해상무역의 중심지로 번영을 누릴 수 있었던 것은 지리적 장점과 개방적 무역정책 덕분에 가능했다. 당시 인도, 벵골, 자바, 중국 등 각지에서 모인 상인에게 각각 항구 관리를 통해 자유로운 항구 발전을 허용함으로써 중립적 지위를 구축하였다. 주변국 시암(Siam)과 마자파힛(Majapahit)의 위협을 견제하기 위해 중국과 긴밀한 관계를 형성하기도 했다.

    식민 지배 이후 냉전체제에서 말레이시아 외교는 독립과 국가형성의 중요한 수단이었다. 말레이시아 국가형성 과정에서 인도네시아의 대치정책(konfrontasi)의 위협과 베트남 전쟁을 정점으로 전개된 동남아시아의 냉전적 안보 질서는 말레이시아 국가형성 과정에 있어 중대한 도전이었다. 현재 중국의 부상에 따른 미중 갈등의 양상 속에 말레이시아는 지정학적 중간지대에 위치하며 강대국 사이의 생존 전략을 모색하는 형국이다.

　　말레이시아가 독립 이후 국가형성 및 정치발전 과정에서 보여준 외교적 행보는 중간국가 외교 전략의 특징 분석에 유용한 사례를 제공한다. 중간국가는 '강대국들 사이에 끼인 중간국'을 의미한다. 신범식(2020)에 따르면 중간국가는 '지정학적 단층대'에 위치하며 강대국 사이에서 지정학적 딜레마 외교압력에 직면한다. 강대국 간 갈등이 심화되는 시기에 중간국은 더욱 주목받게 된다. 한편, 중견국가(middle power)는 국가 능력, 행태에 있어 중간 능력과 그의 특징적인 외교행위를 동시에 충족시킨다. 중간국가와 중견국가는 개념상 상충하기보다는 보완성을 갖는다. 중간국가는 전략적 상호작용으로 중추국(pivot-state)이 되기도 하며 더 능동적으로 자국의 외교 전략의 성공적 전개를 통해 중견국의 지위를 획득하기도 한다.

　　지정학적, 지경학적 관점에서 중간적 위치는 말레이시아 외교의 구조적 요인이자 주요 외교원칙으로 중립성을 발전시키는데 기여했다. 말레이시아는 냉전체제 속에서 양쪽 진영 사이에서 등거리 외교를 추구했는데 이는 주변국과의 상대적 역학 관계와 국내정치적 요인 등이 복합적으로 반영된 결과이다.

　　말레이시아는 국가 안보와 국익을 추구하는 동시에 아세안을 중심으로 지역 차원의 협력을 도모해왔다. 아세안 중립성(neutrality)의 규범화에 기여하고 아세안공동체의 비전을 제시하는 등 주도적 역할을 수행했다. 중립성은 말레이시아 외교의 핵심적 원칙으로 다양한 외교 현안에서 적극적인 역할과 리더십을 발휘하는 기반이 되었다. 비동맹 중립 원칙을 통해 남남협력, 아세안의 발전, 냉전 시기 강대국 및 주변국 외교를 전개했으며 탈냉전 이후의 다양한 이슈에서도 중립성을 유지하며 정책 결정을 내려왔다.

　　중립성에 기반한 외교정책은 국내정치적 요인과 긴밀한 상관관계를 갖는다. 식민 지배의 결과로 형성된 다종족 사회는 국가 정체성 형성, 정치발전 그리고 외교정책 형성에 중요한 요인으로 자리 잡았다. 다수를 형성하는 말레이 종족과 이슬람은 국내 정치의 주요 변수이자 대외정책 결정요인으로 작용해왔다.

이슬람협력기구(Organization of Islamic Cooperation: OIC) 내 지도력 발휘, 팔레스타인과 이스라엘 관련 정책, 무슬림 인권 등 다양한 국제문제와 관련하여 말레이시아는 이슬람 국가의 정체성에 기초해서 외교정책을 펼쳐왔다. 말레이계의 정치적 지지 확보 문제는 중국과의 관계와 미·중 간 외교에도 영향을 미치고 있다.

말레이시아는 적극적인 외교정책을 통해 자신을 스스로 중견국으로 인식해왔다.[1] 국제무대에서 특정 사안에 대한 논의를 주도함으로써 소프트 파워를 축적하고자 했다. 최근 호주의 로위연구소(Lowy Institute)의 아시아 파워지수에 따르면 아시안 26개국 중 말레이시아의 종합 파워(power)는 10위로 평가됐다.[2]

이 글은 말레이시아가 강대국 사이에 위치한 중간국의 지정학적 제약에 머물지 않고 중립성이라는 외교원칙의 채택과 실행을 통해 지정학과 규범적 차원에서 '중간'에 자리매김(positioning)함으로써 중견 국가로서 역할을 모색해 왔음을 주요 사례를 통해 밝히고자 한다. 이 글의 구성은 다음과 같다. 첫째, 중간국가 특성을 검토하고 외교정책 형성에 있어 주요 결정요인 분석 틀을 제시하고자 한다. 둘째, 말레이시아 외교의 역사적 전개 과정을 통해 중립성의 규범화 과정을 고찰하고자 한다. 셋째, 현재 말레이시아가 당면한 중간국가로서의 대내외적 외교 환경의 변화와 국내정치적 요인을 중심으로 말레이시아 외교전략을 분석하고 끝으로 최근 국내 정치변동에 따른 외교정책에 대한 전망을 제시하고자 한다.

---

1 말레이시아 정치인 Ruhanie Ahmad는 말레이시아는 인구, 군사력 등을 고려할 때 중견국으로 평가되지 않지만, 경제 및 지정학적 사안에 대해 지역 및 세계 수준에서의 다자주의를 활용한 적극적인 외교정책을 전개함으로써 중견국가의 입장을 다져왔다고 평가했다(NST 19/03/12)., Malaysia, a middle power?, New Straits Times, 2019/3/12. https://www.nst.com.my/opinion/columnists/2019/03/468227/malaysia-middle-power.

2 문화적 영향력, 경제력, 회복력, 미래 자원 등에서 상대적으로 높게 평가되었다. https://power.lowyinstitute.org/countries/malaysia/

II. 중간국가 외교 결정요인

현실주의적 접근은 중간국가의 외교전략을 균형(balancing), 편승(bandwagoning), 헤징을 중심으로 분석한다. 중간국가는 강대국 간 경쟁 속에서 끊임없이 이러한 전략적 선택을 강요받는다. 지역주의(regionalism)도 강대국 경쟁 관계에서 비롯되는 국제질서의 역동성에 대응하는 전략의 연장선에서 파악된다. 지역 내 국가 간 전략적 연대 또는 공동의 견해를 밝힘으로써 개별 국가는 균형, 편승, 또는 헤징 전략 추구에 따른 위험성을 줄일 수 있다. 지정학적 단층대의 중간에 위치한 중간국가에게는 적극적 균형정책과 편승전략이 중간국가의 본질적 속성과 위상을 저해할 가능성이 있다. 특정 강대국을 견제할 목적으로 타 강대국과 연대하여 균형을 추구하거나 부상하는 강대국에 편승하는 전략은 결국은 중립성을 훼손할 수 있다. 이러한 이유로 인해 아세안 국가를 비롯한 다수의 중간국가가 강대국 갈등 상황에서 취하는 외교전략은 연성 균형(soft balancing) 또는 헤징의 성격을 갖는다(Kuik, 2008; Ciorciari, 2010; Chen and Yang, 2013; Murphy, 2017).

국제정치의 현실에서 경쟁하는 강대국 사이에서 취할 수 있는 외교적 선택을 제약하는 이러한 구조적 요인 이외에 개별 국가의 국내적 정치의 요인도 외교정책의 형성에 큰 영향을 미친다. 따라서 정치지도자의 개인적 특성, 정권의 변화 등을 포함하는 국내 정치변동에 따라 외교정책의 일관성이 결여된 모습을 보이기도 한다(Jones and Jenne, 2021; Haacke, 2019). 현실주의적 관점에서 일관성이 결여된 외교정책의 전개는 상황에 따른 합리적 선택의 결과로 국가이익을 실현하기 위한 수단으로서 의미가 있다.

외교정책의 형성과 이행과정의 역동성은 물질적 이해관계에 따른 전략적 판단만으로는 충분히 설명되지 않는다. 구성주의적 접근에 따르면 국가이익은 주어진 것이 아닌 정체성과 역사적 경험의 공유 그리고 사회적 상호작용 등에 의해 새롭게 정의될 수 있으며 이에 의해 국제질서가 재구성될 수 있다. 강대국의 힘의 배분 상태에 따라 형성되는 지정학적 단층 사이에서 국제규범의 형성과 유지를 통해 국제사회에서 중견국가로서 기능할 가능성을 갖는다. 중간국가의 구조적 조건을 극복하고 능동적인 역할을 수행하기 위해서는 중견국가로서 자기 인식이 필요하다. 중견국가로의 인식에 있어 군사력과 경제력은 절대적 요인이 아니다. 국제사회에서의 지정학적 지형은 규범과 정체성의 문제를 동반한다. 중견국가 개념은 특정 외교정책의 운용을 위한 규범적 플랫폼의 의미를 내포한다. 정체성을 중심으로 규범선도자(norm entrepreneur)의 역할을 수행한다면 힘(power)의 제약 속에서도 다양한 외교정책을 전개할 가능성을 높인다. 중간국가의 경우 역사적 경험과 지도자의 철학을 바탕으로 국내정치적 요인과 외부환경의 변화에 대응하는 과정에서 중간국가 프레임을 일관되게 유지할 수 있다.

말레이시아의 외교정책은 중립성에 기반한다. 중립성은 외교전략 수단이기도 하지만 반복되는 외교 행위의 원칙으로 규범화될 가능성도 동시에 갖는다. 규범화는 수단인 동시에 외교 행위를 통해 궁극적으로 달성하고자 하는 목표로서 의미가 있다. '중립성'이라는 목표를 실현하기 위해서는 지정학적 조건에 더해 한편으로 치우치지 않도록 규범적 경쟁과 갈등에서 스스로를 중간에 위치시킬(positioning) 필요가 있다.

말레이시아의 외교 사례는 지정학적 조건과 군사 및 경제력의 제약 속에서 규정된 국가이익을 규범적 측면에서 중립적 자리에 위치시킴으로써 중간국가 입지를 강화하고 중견국가로서의 역할을 추구해 왔음을 보여준다. 그 과정에서 국익은 정체성, 역사적 경험 등의 비물질적(non-material) 요인에 의해 재정의될 수 있음을 보여준다. 이는 중간국가 논의에도 시사점을 제공한다. 즉, 지정학적 위치라는 주어진 조건 속에서 국가이익의 실현을 위한 전략적 선택을 강요받는 수동적인 상황을 극복하기 위해 중간국가는 능동적으로 중견국가의 역할을 모색할 수 있다.

지정학적 단층대 사이에 있는 중간국가의 외교정책은 국제정치적 환경 변화에 대한 대응과 국내정치적 역동성을 반영한다. 중간국가의 외교의 특성은 개인적 차원, 국내적 차원, 지역 및 다자차원에서 고려될 수 있다. 정치, 경제력의 제약 속에서도 말레이시아는 개인, 국가, 지역 및 다자주의 등 다양한 차원에서 중립성의 원칙을 유지하고자 했으며 이는 말레이시아 외교정책의 핵심적 원칙으로 자리를 잡았다. 말레이시아는 지정학적 조건과 함께 전략적 위치를 적극적으로 변경 또는 부여하려는 시도를 통해 중견국가로서의 정체성을 형성하였다.

말레이시아 외교전략을 이해하기 위해 다음의 사항이 고려될 필요가 있다. 첫째, 다종족 사회라는 구조적 요인이다. 말레이계, 중국계, 인도계로 구성된 다종족 사회의 구성은 정치과정과 외교정책 형성에도 중요한 요인으로 자리를 잡았다. 다수 말레이계의 종교인 이슬람은 국내정치적으로 국가 정체성 형성의 바탕을 이루고 있으며 대중동 외교에 중요성을 부여한다. 서구와 이슬람의 갈등적 상황에서 말레이시아는 이슬람 관련 외교를 통해 중립성을 확보하며 국제사회에서 적극적인 역할을 모색했다. 다종족 사회구조는 자연스럽게 중국과 인도와의 양자관계를 형성하는 데도 중요하게 작용했다.

둘째, 정치지도자 개인의 역할이 중요한 변수로 작용해 왔다. 말레이시아 외교정책 결정에 있어 총리의 권한은 매우 중요한 요인이다. 총리 개인의 교육 및 정치적 배경은 외교정책에 영향을 미쳤다. 초대 총리 압둘라만(Abdul Rahman)과 2대 총리 압둘라작(Tun Abdul Razak Hussein), 3대 후세인 온 총리(Hussein Onn)는 각각 태국, 인도네시아, 인도에 개인적 인연과 친분이 있었으며 이는 해당 국가와의 양자관계 개선에 기여했다. 압둘라 바다위(Abdullah Badawi)의 경우 대학에서 이슬람을 전공하고 이슬람 관련 외교무대에서의 적극적인 역할을 주도했다. 외교부와 관료의 외교정책 결정 과정은 압둘라작 시기를 제외하면 대부분의 시기에 총리에게 권한이 집중되었다. 특히, 마하티르 총리는 20여 년의 집권 기간에 권력을 총리에 더욱 집중시켰으며 적극적 외교정책 결정 과정에 직접적으로 관여했다. 마하티르의 외교 정책적 유산은 말레이시아 외교

정책에 여전히 영향을 미치고 있다. 마하티르 이후에도 외교안보 정책결정은 총리 개인적 요인에 의해 좌우되었다.

셋째, 정권의 안정성과 관련된 정치변동의 역동성이다. 외교정책을 통해 달성하고자 하는 근본적 목표는 안보, 경제발전, 정체성의 유지이다. 영토 보존과 국가생존, 평화 및 전쟁 방지와 더불어 정권(권력) 유지와 경제발전은 중요한 정치적 사안이다. 말레이시아의 외교안보 정책은 대체로 일관성을 유지하며 안정적으로 발전해왔다. 이는 독립 이후 2018년까지 국민전선(Barisan Nasional: BN)의 장기집권에 따른 결과이기도 하다. 장기집권은 집권 세력 내 권력투쟁의 부재를 의미하지 않는다. 집권 세력 내 권력투쟁이 심화되거나 집권 기반이 약화될 경우에는 외교 및 안보 정책을 국내 정치의 수단으로 활용하고자 하였다. 마하티르는 장기집권 기간에 소속 정당인 통일말레이국민조직(United Malays National Organization: UMNO) 내부로부터의 제기된 정치적 도전에 대응하는 과정에서 정치적 정당성과 지지기반을 확보하기 위해 외교를 적극적으로 이용했다. 총리 재임 기간 중 국민 다수를 구성하는 무슬림 말레이계를 의식해서 이슬람과 관련한 정책들을 적극적으로 활용했다. 최근 수년간 이슬람의 정치화가 심화되고 있다. 집권세력의 권력 유지를 위해서는 말레이계의 지지를 확보하는 것이 최대 관건으로 떠올랐다. 이는 국내 종족 간 조화로운 관계를 위협할 수 있으며 대외 관계, 특히, 중국과의 관계에도 영향을 미치고 있다. 2018년 최초의 정권 교체를 이룬 희망연합(Paktan Harapan: PH)의 집권과 2020년 '의회 쿠데타'를 통한 국민연대(Perikatan Nasional: PN)의 집권 등 급격한 정치변동으로 인해 국내 정치의 불확실성이 증가하였다.

마지막으로 대외적 요인을 들 수 있다. 대외적 요인으로는 냉전 해체 이후 세계화와 지역주의와 더불어 중미 간 패권 갈등이 말레이시아 외교정책에 영향을 미쳐왔다. 주변국과의 안정적인 관계를 유지하여 안보 위협을 낮추는 것이 말레이시아 외교정책의 주요 과제였다. 말레이시아는 아세안의 비전을 제시하는 한편, 회원국 간 갈등 완화를 위한 중재 역할을 해왔다. 말레이시아는 주변국 및 아세안 협력에 있어 적극적으로 대처했으며 아세안 평화자유중립지역(Zone of Peace, Freedom and Neutrality: ZOPFAN)선언, 아세안비전2020 및 아세안 회원국 확대를 적극적으로 주도했다. 말레이시아는 대외 관계에 있어 우선순위를 아세안에 두었다. 아세안은 말레이시아가 중립화 외교원칙을 공식화하고 규범화하는데 중요한 외교 채널로 작동했다. 마하티르가 1990년대 초에 동아시아경제그룹(East Asian Economic Group: EAEG / East Asian Economic Caucus: EAEC)을 제안한 이후 1997-98년 경제위기를 계기로 APT(ASEAN Plus Three)가 창설되었다. 2005년 말레이시아는 의장국으로서 동아시아정상회의(East Asia Summit: EAS)의 출범에 기여했다. 아세안공동체 건설과 아세안 중심성은 말레이시아 외교적 역량과 선택권을 넓히는 주요 외교적 기반이다. 남중국해 영유권 분쟁의 당사국으로서 중국과의 평화적 해결을 모색하는 한편 사이버안보, 대테러 등의 주요 이슈 해결에 있어서 아세안을 주요 외교 채널로 활용하고 있다. 아세안 중심성은 미·중 갈등 속에서 중간국가의 역할과 위상을 확보하는 데 있어 핵심적 요인이다. 강대국 사이에서 양자택일이 아닌 중립성을 확보하는 데 있어 아세안은 효과적인 외교적 대안으로 활용되고 있다.

III. 중립성 원칙의 형성과 발전

독립 직후 말레이시아의 외교는 강대국 및 친서방 의존 전략을 취했는데 이는 공산주의 위협을 견제하고자 하는 목적에서 비롯되었다. 말레이시아의 독립과 국가형성(nation building)과정에서 외교는 중요한 전략적 도구였다. 독립과정에서 외교적 협상에 의존한 말레이시아의 사례는 무력 투쟁을 전개했던 인도네시아와 대비되었다. 이는 단지 과정의 차이에 그치는 것이 아니라 향후 국가 형성에 있어 국제사회의 말레이시아에 대한 인식에도 영향을 미쳤다. 1957년 독립한 말라야연방(Federation of Malaya)은 냉전체제 속에서 영국의 영향력이 지속되는 가운데 친서방 외교정책과 함께 반공 정책을 견지했다. 정치적 독립을 유지하는 방편이자 국가생존 전략의 하나로 앵글로-말라야 방위협정(Anglo-Malayan Defence Agreement: AMDA)을 체결했다.[3] 말라야연방의 친서방정책의 결과물로 협정 체결국 군대의 주둔을 허용하였지만, 침략이 발생하면 자동적 군사개입 조항은 없었다. 종족별 지지에 기반을 둔 정당들의 연합체인 BN에서 다수당은 말레이계 중심의 UMNO였다. 당시 UMNO는 말레이계 중심의 민족주의 정서에 기반하고 있었기에 소속 의원들은 말라야연방이 신생 독립국으로서 내정불간섭을 통해 외부의 간섭을 최대한 배제하는 것을 원했으며 AMDA의 창설에는 비판적이었다. 이러한 내부 비판을 의식해 서방 의존적 외교정책은 다소 완화되었으며 그 결과 당시 서방 국가들이 주도했던 '반공 그룹'의 성격이 강했던 동남아조약기구(Southeast Asia Treaty Organization: SEATO)에 말라야연방은 가입하지 않았다. 대신 동남아시아 국가들로 구성된 지역협의체인 동남아시아연합(Association of Southeast Asia: ASA)설립을 주도했다.

1963년 말라야연방에 사바(North Borneo), 사라왁(Sarawak), 그리고 싱가포르를 포함하는 말레이시아를 형성하는 과정에서 인도네시아는 강한 반대를 표명하였다. 수카르노(Sukarno) 정권은 이를 서구열강의 식민 지배를 연장하기 위한 수단으로 파악했다. 말레이시아 형성에 앞서 브루나이, 사바, 사라왁 간 자치권 연대를 통한 독립 국가를 건설하고자 하는 논의가 있었으나 영국의 거부로 무산된 바 있다. 이후 진행된 말레이시아 형성 과정은 영국의 동의를 전제로 이루어지는 영국의 '신식민주의' 구상에 지나지 않았던 것으로 수카르노 정권은 인식했으며 그 결과 말레이시아에 대해 대치정책을 선언했다. 대치정책에 따라 인도네시아는 군사작전도 전개했는데 이미 AMDA에 따라 영국, 호주, 뉴질랜드의 군대가 말레이시아에 주둔함에 따라 사태의 악화를 막는데 기여했다(Bristow, 2005: 4). 당시 인도네시아와 필리핀을 포함하는 3개국 간의 느슨한 협

---

3 AMDA는 1971년 5개국방위협정(Five Power Defence Agreement)로 대체되었다.

의체 건설에 대한 합의로 탄생한 마필린도(MAPHILINDO)는 '말레이 세계'(Malay World)를 공동의 정체성으로 삼았지만, 말레이시아 국가설립으로 인해 무산되었다.

　　말라야연방 입장에서는 사바, 사라왁을 연방에 포함하는 의도가 단순히 영토 확장에 있는 것이 아니라 주변국, 특히, 인도네시아와 무력 충돌을 막고 국내 공산주의 세력의 위협에 대응하는 안보적 요인이 더 크게 작용했다. 인도네시아 수카르노 정권의 대치정책과 관련해서 당시 중국의 지지가 있는 것으로 인식하였다. 당시 활발하게 활동했던 말라야공산당(Malayan Communist Party)의 구성원 대부분이 중국계였던 점을 고려할 때 이들이 중국과 연대할 가능성도 배제할 수 없었기 때문이다. 말라야연방으로서는 인도네시아와 중국 그리고 국내 공산당의 연대 가능성을 직접적인 안보 위협요인으로 판단했다. 말레이시아에 사바, 사라왁을 포함한 것은 중국계가 다수를 이루는 싱가포르에 대한 견제의 의미도 있었다. 말레이계의 수적 우위를 확보하는 것은 국가 정체성 유지에 절대적으로 필요했기 때문이다. 사바, 사라왁의 원주민들의 다수는 무슬림이 아니었지만, 말레이계와 정서적 기반이 크게 다르지 않아 정체성을 공유할 수 있을 것으로 간주했다.

　　결국 말레이시아가 탄생했지만, 그 과정에서 형성된 친서방 이미지로 인해 제3세계 비동맹연대에 있어 말레이시아의 외교적 입지는 축소되었다. 대표적 사례로 카이로에서 개최된 비동맹회의에 초대받지 못한 것을 들 수 있다. 이와 관련해서 국내에서 외교정책에 대한 비판이 증가했으며 이를 계기로 말레이시아는 아시아, 아프리카의 국가와의 외교관계를 강화하는 한편, 소련 및 동유럽 국가와도 외교관계를 수립했다. 인도네시아의 수하르토 정권은 역내 국제관계의 변화를 가져왔다. 인도네시아의 참여로 아세안이 출범하게 되었으며 대치정책이 종료되었고 지역협력이 모색되었다. 말레이시아는 냉전 심화와 지역협력의 태동 속에서 중립화 정책을 적극적으로 추진하였다. 그 과정에서 1968년 말레이시아는 동남아시아 중립화와 불가침조약을 제안했지만 사전 논의가 충분하지 않았던 탓에 주변국의 공식적 대응이 없었다.

　1969년 종족 유혈사태는 국내 정치뿐만 아니라 말레이시아 외교정책에서도 큰 전환점이 되었다. 총선 결과를 둘러싼 말레이계와 중국계 충돌로 벌어진 유혈사태는 주변국 인도네시아와 싱가포르와의 관계에도 영향을 미쳤다. 대치정책의 종료 이후 관계 개선을 모색하던 인도네시아와 말레이시아에게 말레이계의 우월적 지위 확보는 공동의 이해관계로 비쳤다. 반면, 말레이시아와 인도네시아의 관계 개선 추이를 주시하던 싱가포르는 말레이계가 다수를 차지하는 주변국의 종족적 민감성의 증가를 지역질서의 불안정 요인으로 파악했다. (Yong, 2003: 336-338). 무엇보다 종족 간 유혈사태를 계기로 1970년에 라작의 총리 취임은 말레이시아 외교정책의 변화를 가져왔다.

　라작 총리 집권 시기에는 중립성과 비동맹의 원칙이 정립되며 미들파워맨십(middlepowermanship)을 바탕으로 중간국 제약속에 중견국가의 기틀을 마련했다. 라작 총리의 집권을 계기로 중립성은 말레이시아의 공식 외교원칙으로 자리 잡았다(Lee Poh Ping, 1982: 518). 라작 총리는 비동맹, 중립화 외교정책의 기조를 유지하면서도 주요 강대국과 협력을 모색했다. 1974년 동남아시아 국가로는 처음으로 중국과 외교관계를 수립했다. 말레이시아는 1970년 비동맹회의와 유엔 총회 및 1971년 영연방회의에서 동남아시아를 중립화할 것을 공식적으로 제안했다. 중립화 아이디어는 강대국의 정치 및 군사적 불개입 보장을 전제로 했다. 그러나 정작 강대국들은 동남아시아 중립 보장과 관련해서 의미 있는 반응을 보이지 않았다. 미국은 이에 대해 공식적 대응을 하지 않았으며 소련은 중립화 개념을 지지하지 않았다. 아세안 회원국도 이러한 구상에 동의하지 않았다. 인도네시아는 강대국의 보장을 통한 중립 실현이라는 구상에 반대했다. 인도네시아는 국가의 자주적 역량을 통한 지역의 중립성 확보를 선호했다. 강대국의 역내 전략적 이해관계를 고려할 때 현실적으로 강대국에 의한 지역의 중립성 보장은 실현되기 어렵다고 보았기 때문이다. 싱가포르는 세력 균형(balance of power) 전략을 선호했다(Saravanamuttu, 1984: 188). 말레이시아가 제안한 중립화(neutralization)란 용어도 과정으로서의 의미인지 최종적 결과물인지도 분명하지 않았다. 결국 중립화 아이디어는 강대국에 의한 안보 보장 개념이 생략되었으며 중립화는 중립(neutrality)으로 대체되었다(Yong, 2003: 346-347). 이는 아세안 이니셔티브인 ZOPFAN으로 구체화 되었으며 이후 아세안의 주요 원칙과 규범으로 발전했다.

ZOPFAN이 제기된 시점이 베트남 전쟁의 정점이었다는 점에서 미국 주도의 질서에 편승하려는 수단일 뿐이라는 인도차이나 국가의 비판이 있었다. 북베트남측은 진정한 지역의 중립화는 베트남 전쟁이 끝나야 가능하다고 밝힌 바 있다(Tarling, 2017: 199). 인도차이나 정세가 역내 주요 현안으로 부상한 시점에서 말레이시아는 인도차이나 국가들의 의심을 해소하기 위해 중립성에 기반한 관계 개선을 시도했다.

1977년 쿠알라룸푸르에서 개최된 2차 아세안 정상회담을 계기로 말레이시아 총리가 베트남과 라오스를 각각 방문하고 양자 차원의 관계 개선을 시도했다. 말레이시아는 꾸안딴(Kuantan)독트린을 통해 인도네시아와 함께 아세안의 대 인도차이나 노선의 변화를 주도했다. 태국을 중심으로 아세안 회원국은 베트남의 안보적 위협에 대한 강경한 태도를 견지했다. 반면, 말레이시아는 냉전의 지정학 속에서 중간위치를 확보하려는 전략을 취했다. 베트남이 소련과 중국 사이에 중립적 위치에 있는 것이 유리한 것으로 판단한 것이다. 냉전이 지배하는 지역 질서의 양극화 심화를 막기 위해 말레이시아는 아세안 국가 중 가장 적극적으로 인도차이나 국가들과의 신뢰 구축과 평화유지를 추구했다. '보트 피플' 이슈와 베트남의 캄푸치아 점령에 대해 아세안 차원의 비판을 견지하는 동시에 이들 국가와 관계 개선을 지속적으로 시도했다. 결과적으로 말레이시아는 아세안 국가 중 가장 먼저 베트남, 라오스, 캄푸치아와 외교관계를 각각 수립했다(Saravanamuttu, 2010: 179).

마하티르는 '미들파워맨십'을 통한 중견국 외교를 추구했다(Nossal and Stubbs, 1997). 쿠부텍(Khoo Boo Teik, 2001)에 따르면 마하티르즘(Mahathirsm)은 민족주의, 자본주의, 이슬람, 포퓰리즘, 권위주의의 결합으로 일종의 이데올로기적 성격을 지니며 이를 통해 마하티르 개인의 영향력이 대폭 강화되었다. 마하티르 집권 동안 총리에 집중된 권한은 외교정책에서 있어 개인적 요인을 더욱 강조하는 계기가 되었으며 이는 마하티르 퇴임 이후에도 지속되고 있다. 마하티르 시기에 반서구, 제3세계주의를 통한 남남협력 강화, 국가 중심의 경제발전 모델과 연계한 동방정책(Look East Policy)이 추진되었다. 아울러 아세안을 중심으로 한 지역주의, 이슬람 중심의 외교정책 등의 전개를 통해 중견국 외교를 펼쳤으며 이는 말레이시아가 국제사회의 책임 있는 성원으로 인식되는데 기여했다(Camroux, 1994).

마하티르 집권 초기 주요 국제문제와 관련하여 중간 위치에서 중립적 거리를 확보하고자 했다. 캄보디아 사태와 관련하여 심화된 러시아와 중국의 경쟁이 지역 안정을 위협하는 것으로 간주했다(Lee Poh Ping, 1982: 518). 마하티르는 총리 취임 직후 중국의 위협을 지적하기도 했으며 중국의 위협을 견제하는 완충역할을 확보하는 노력으로 이어졌다. 역내에서는 베트남의 세력 강화 지지하는 한편 역외에서는 일본의 역할 강화에 주목했다. 일본은 후쿠다 독트린 이후 지속해서 아세안과의 관계 강화에 대한 정치적 의지를 표명했기에 말레이시아는 일본이 동남아시아에서 세력 균형에 도움을 줄 것으로 기대했다. 마하티르 집권 시기에는 말레이시아는 미국(서구)에 비판적 견해를 밝히는 동시에 동아시아의 부상에 편승하는 모습을 보였다. 정책적으로 영국제품에 대한 보이콧 운동인 "Buy British Last"와 동방정책을 전개했다. 이는 스스로 위치를 서구와 동아시아에 중간에 위치시키며 양측에 관여하는 양상으로 전개되었다.

마하티르는 아세안 중심의 동남아시아 지역주의 심화를 적극적으로 추진했다. 대표적으로 1997년 의장국을 맡으며 '아세안 비전 2020'에 대한 합의를 주도했다. 이를 통해 아세안의 장기비전으로 '배려하고 나누는 사회'(caring and sharing society) 비전을 제시했다. 무엇보다 아세안 회원국 확대를 추진하였는데 그 결과로 1997년에 미얀마와 라오스가 아세안에 가입했다. 당시 미얀마의 아세안 가입과 관련 군부 통치를 이유로 국제사회의 비난과 우려에도 불구하고 마하티르가 적극적으로 이의 가입을 추진하였다. 1996년에 마하티르는 미얀마 군부 지도자를 말레이시아로 초청하기도 했다. 마하티르는 미얀마의 아세안 가입과 관련하여 "미얀마가 아세안 회원국이 된다면 특정 규범을 준수하게 된다"라고 옹호한 바 있다(Idris and Zarina, 2020: 14).

1997~98년 경제위기를 계기로 동아시아 지역주의가 본격적으로 태동함에 따라 1990년대 초반에 동아시아경제그룹(EAEG) 창설을 제안한 바 있는 마하티르는 이에 적극적으로 관여했다. 말레이시아는 의장국 자격으로 경제위기 이전 이미 한·중·일 3개국을 아세안정상회의에 초청하기로 한 상태였다. 결국, 마하티르의 동아시아 지역주의 아이디어는 APT 제도화로 실현되었다. 마하티르의 동아시아 협력 구상은 초기부터 아세안과 한·중·일을 중심으로 전개되었으며 미국은 물론 호주도 포함하지 않았다. 동아시아 정체성을 명분으로 내세웠는데 이는 미국과 유럽을 견제하는 의미가 있다. 그 과정에서 중립성의 원칙을 재확인했다. 마하티르는 9·11사태 이후 미국의 주도로 대테러 전쟁이 전개됨에 따라 이슬람 세계의 인권 보호를 주장하고 미국에 대해 비판적 태도를 보였다.

2003년 마하티르에 이어 총리에 오른 압둘라 바다위(Abdullah Badawi)는 이슬람 전공자로서 이 시기에 온건 이슬람을 표방하며 종교 간 대화를 주도하며 중립성을 강화했다. 말레이시아는 OIC의 의장국을 맡았다. 말레이시아의 의장국 수행 기간(2003~2008) 동안 말레이시아는 OIC 회원국가 간 경제개발 협력을 강화하는 데 주력했다.[4] 압둘라 시기에는 서방에 대한 헤징과 이슬람 편승 양태를 보였다. 개인적 요인으로 마하티르 시기와 비교해 국제무대에서의 적극적 외교 형태는 감소하였지만 온건하고 개방적인 스타일을 통해 중견국의 소프트파워를 강화시킨 것으로 평가된다(Saravanamuttu, 2010: 345-347).

---

4   https://www.kln.gov.my/web/guest/home/-/journal_content/56/10136/180884?refererP lid=10139

IV. 국내정치와 중간국 외교전략 사례

1. 이슬람 이슈와 중간국가 전략

국내 정치변동과 대외정책은 상호 밀접하게 상호작용하며 영향을 미친다. 말레이시아의 국내정치적 주요 요인으로 정치지도자의 개인적 배경과 정권의 안정성, 말레이계 정치적 영향력에 따른 종교적 요인, 경제성장, 정책 결정 과정에서 의회 및 시민사회의 역할 여부 등을 고려할 수 있다. 최근 말레이시아 정치에서 집권 엘리트의 역동성이 증가하고 있다.

전통적으로 말레이시아 정치변동에 있어 이른바 3M(money, machinery, media)이 중요하게 작용했다. 여당의 금권정치, 여당에게 유리한 선거구 획정과 전국적인 당 조직, 미디어 장악은 BN이 2018년까지 정권을 유지하는데 핵심적 요인이었다. 2018년 정권 교체를 전후하여 종족(race), 종교(religion), 충성심(royalty), 이른바 3R이 주요 정치 변수로 부상했다(김형종·홍석준, 2018: 54-55). 다수의 중국계의 표심이 BN에 등을 돌린 이후 말레이계의 정치적 지지를 얻는 것이 정권 창출과 유지에 핵심 관건이 되었다. 이는 말레이계의 종교인 이슬람의 정치화 경향과 맞물려 전개되는바 보수적 이슬람 가치의 확산과 사회분열 문제가 대두되고 있다. 이슬람은 말레이시아 정치에서 항상 중요한 변수로 작용해 왔다. 이슬람은 단지 종교에 그치지 않고 국가 정체성의 형성에서부터 실제 정책에 이르기까지 지속해서 영향을 미쳤다.

영국의 식민 지배 시기에 저항 의식의 형성에도 이슬람적 가치를 지키려는 동기가 중요하게 작용하였다. 독립 이후 말레이시아 헌법은 이슬람을 공식 종교로 규정하고 있지만 타 조항에 구체적으로 어떻게 영향을 미치는지는 명확히 규정하지 않았다. 그러나 실제 정치과정에서 이슬람은 국가 이데올로기를 대표하는 정치적 도구로 종종 사용되었다. 특히, 이슬람이 말레이의 정체성을 결정함에 따라 말레이계의 정당인 UMNO에 있어 이슬람 정통성은 정치적 생존을 위한 핵심적 사안이었다. 독립 이후 다종족 사회에 기반을 둔 연합정권은 다원적 정치 문화를 형성하고 이슬람의 탈정치화를 견인하였다. BN은 이슬람 정치를 구현하기보다 다원적 포용적 정책을 취할 수밖에 없었으며 이슬람 관련 정통성은 대외정책을 통해 추구되었다. 1961년 초대 총리 뚠꾸 압둘라만은 이슬람국가 간 연방(commonwealth)을 제안했는데 이는 나중에 OIC 창설로 이어졌다. 이를 통해 이슬람이 말레이시아의 공식 종교임을 표방하는 계기가 되었다. 라작 정권 시기에도 급변하는 중동정세로 인해 OIC는 중요한 외교 현안이었다. 라작 정부 시절 국가 차원의 이슬람 기구들이 설립되었는데 이슬람에 기반한 국가 정체성 형성에 이바지하는 동시에 중동국가들로부터 다양한 원조 유입의 채널로 활용되었다(Hamid and Mohd. Razali, 2015: 305~307). 말레이시아 대 중동 정책은 이슬람 정체성에 기반하고 있다. 독립 초기 인도네시아의 대치 정책을 회피하기 위해 팔레스타인 정책을 강화했다. 이후에도 국내정치적 지지 획득을 위해 팔레스타인을 지지해왔다. 중동문제에 대응하는 과정에서 무슬림 세계에 관여하는 동시에 중간국으로서의 리더십을 모색했다(Tan, 2021).

    말레이시아 외교정책에 대한 시민사회의 대응은 1990년대에 접어들며 중동문제와 연계하여 비로소 조직화되었고 목소리를 낼 수 있었다. 이라크의 쿠웨이트 침공과 이에 따른 대 이라크 전쟁의 발발은 국내 평화 운동이 탄생하는 배경이 되었다. 미국이 주도하는 새로운 국제질서에 대한 우려와 보스니아와 르완다의 참혹한 인권 침해를 계기로 말레이시아 내 40개 시민단체가 연대한 말레이시아행동전선(Malaysian Action Front: MAF)이 결성되었다. MAF를 주도한 것은 말레이시아이슬람청년운동(Angkatan Belia Islam Malaysia: ABIM)과 말레이시아청연회의(Majlis Belia Malaysia: MBM)이었다. 당시 여당이었던 말레이계를 대표하는 UMNO와 중국계 야당인 민주행동당(Democratic Action Party: DAP), 말레이계 야당인 범말레이시아이슬람당(Parti Islam Se-Malaysia: PAS) 등의 정당과 기독교계 시민단체도 함께 참여하는 연합체였다. 이슬람 부흥운동을 주도했던 ABIM은 MAF의 의장과 사무국 역할을 했다. MAF는 매우 다양한 배경의 조직을 포함하고 있었다. 보스니아 내 무슬림에 대한 인종청소가 발생하자 이에 대한 대응을 모색하는 국제회의가 쿠알라룸푸르에서 개최되었는데 이를 계기로 1994년에는 대규모 군중 집회가 열렸다. 당시 집회에는 ABIM 출신의 부총리 안와르 이브라힘(Anwar Ibrahim)이 찬조 연설을 했다. 1994년 시민단체가 주도한 인권 관련 국제회의에 마하티르 총리가 기조연설을 하는 등 시민사회와 정부는 긴밀한 협력관계를 유지하고 있었다(Fan Yew Teng, 2003: 188-189).

마하티르는 '이슬람화'(Islamization) 정책을 펼치며 관련 국가 제도를 강화했다. 이슬람센터를 총리실 산하 이슬람발전국(Department of Islamic Development: JAKIM)으로 격상하는 한편, 연방정부와 지방정부의 이슬람 관련 조직 연계성을 강화했다. 국제이슬람대학교를 설립하기도 했다. 그러나 권위주의적 통치 스타일이 강화되면서 마하티르 정권의 이슬람 정책은 선택적 이슬람 활동에 국한되었으며 상대적으로 이슬람 근본주의를 강조하는 단체의 정치적 영향력은 제약되었다. 마하티르 이후에 총리에 오른 압둘라 바다위 총리는 이슬람 전공자이자 이슬람 지도자였다. 이 시기에 말레이시아는 OIC 의장국을 수행했다. 압둘라 바다위는 문명적 이슬람(Islam Haidhari)을 내세운 온건 이슬람을 촉진했다. 그러나 UMNO 내 보수세력과 이슬람 단체는 온건적 접근으로 인해 말레이 무슬림의 지위가 상실될 수 있는 위협요인으로 인식하며 반발했다. 2008년 선거에서 2/3 의석 확보에 실패한 책임을 물어 압둘라 바다위는 총리직을 사임했다. 후계자로 집권한 나집은 독실한 이슬람교도와는 거리가 멀었다. 몽골 출신 여성 살해 사건과 관련한 나집의 염문설과 개입 의혹이 제기되었다. 아울러 나집 아내의 사치벽 등으로 그의 평판은 이미 상당히 실추되어 이슬람 관련 정책의 주도권을 잡기 어려운 상태였다.

나집 정권에 대한 중국계의 지지 이탈이 가속화됨에 따라 말레이계의 지지 확보는 정권 유지에 핵심적 변수로 부상했다. 나집 정권은 이슬람 교리를 강화하는 야당인 PAS와 느슨한 연대를 추진하며 말레이계의 지지 회복을 노렸다. 이 과정에서 이슬람의 탈세속화 현상이 심화되었다(김형종·홍석준, 2018). 이러한 국내정치적 변화는 대외정책에도 영향을 미쳤다. 이슬람, 대 중동 정책에 대한 강조와 더불어 중국에 대한 의존 심화는 국내정치적으로도 말레이계의 위기감을 고조시켰다. 나집이 집권 시기의 정치적 이슬람(political Islam)의 등장은 눈에 띄는 변화 중의 하나이다. 이슬람 교리를 정치에 반영하고자 하는 것이 아닌 정치적 수단으로 이슬람이 사용되는 경향이 강화되었다.

도덕적 결함을 가진 나집은 팍스이슬라미카(Pax Islamica)를 표방하며 국민단결을 명분으로 1Malaysia 캠페인을 전개했는데 이에 이슬람을 의도적으로 제외하였다. 대신 나집은 중도적 이슬람을 표방하며 글로벌온건운동(Global Movement of Moderates)을 주도하며 개인의 취약한 이슬람적 기반을 외교적으로 만회하고자 하였다. 그러나 나집의 취약한 종교적 정통성으로 인해 국내정치적으로는 이슬람 관련 주도권이 보수적 이슬람 그룹으로 집중되기 시작했다. 말레이무슬림연대(Ikatan Muslimin Malaysia: ISMA) 등의 보수적 이슬람 세력의 강화는 말레이 무슬림의 지배적 정치적 위치를 지지하며 이슬람 정책의 강화를 요구했다(Hamid and Mohd. Razali, 2015: 316-322). 결국 이슬람의 정치적 역할에 대한 정치적 관리에 실패함에 따라 탈세속화가 가속화되는 결과를 낳았다.

이러한 국내 정치변동은 주요 외교 사안에 영향을 미쳤다. 이슬람 관련 국제 이슈에 적극적으로 대응함으로써 말레이계의 지지 회복을 꾀하고자 했다. 로힝자 사태와 중동문제에 있어 말레이시아는 이슬람 연대를 위한 정책을 취하였다. 다만 이와 관련한 말레이시아의 외교 형태는 극단적인 형태보다는 이슈 당사국과 국제여론의 '중간'입장을 표명하였다.

미얀마의 박해받는 소수 종족 로힝자는 무슬림으로 말레이시아 내부에서도 이슬람 단체를 중심으로 미얀마 정부에 대한 비판적 여론이 형성되었다. 2016년 로힝자족에 대한 국가폭력으로 인권 침해가 심각해졌다. 그런데도 전통적으로 내정불간섭 원칙을 따르고 있는 아세안과 그 회원국의 대응은 제한적이었다. 이에 반해 당시 나집 총리는 로힝자족 사태에 관련한 대중 집회에 참석하는 등 아세안 국가 정상 중에서는 가장 적극적으로 미얀마 정부를 비판했다. 2016년 방글라데시에 난민의 의료지원을 위한 병원 운영에 RM350만을 지원하는 한편 2017년에도 OIC 회의에서 로힝자에 대한 1천만 링깃의 지원 의사를 밝혔다. 대외적으로도 적극적으로 로힝자 사태에 대해 발언을 이어갔다. 2017년 미국에서 트럼프와의 정상회담 공동기자회견문을 통해 폭력 중단과 인도적 지원을 촉구했다(Malaysiakini 17/12/30). 이는 아세안의 내정불간섭원칙에 따른 한계와 국제사회의 적극적 인도적 지원에 대한 요청 여론 사이에 해당하는 태도다.

로힝자족과 관련해서 적극적인 목소리를 냈지만 정작 나집 정부는 로힝자족 난민에 대해 난민 지위를 인정하지 않았다. 2018년 총선이 임박한 시점에서 말레이계의 지지를 의식한 국내정치적 행위라는 비판이 제기되었다. 역대 총선이 임박한 시점에서 보스니아 난민과 가자지구 구호 등 이슬람 관련 국제이슈에 적극적인 모습을 보인 바 있다(김형종·홍석준, 2018: 74).

PH정권이 국민의 개혁 열기로 탄생한 만큼 민주주의와 인권을 외교정책에서 분리할 수 없었다. 로힝자 사태와 관련 마하티르는 2019년 유엔 총회 연설을 통해 '종족학살'로 규정하며 미얀마 정부와 함께 유엔의 미미한 대응을 강도 높게 비판했다. 한편, 미얀마 정부를 국제사법재판소에 제소한 OIC의 조치에 대해서는 높이 평가했다. 나집 정부하에서 미얀마에 대한 수사적 비판에만 집중했던 것과 비교할 때 마하티르의 이러한 언급은 아세안 그룹과 국제 인권 이슈에서 중간적 입장에 위치함으로써 규범 주창자로서의 가능성을 제시한 것이다. PH의 집권으로 재등장한 마하티르는 진일보한 국내 민주주의 발전을 계기로 중립성 원칙을 회복하는 동시에 국제문제에 있어서 주변 국가와 아세안을 통해 협력하며 특정 이슈에 선도적 제안과 주장을 제기했다. 이는 자국을 전략적으로 분리하고 중간적 위치에 자리매김하는 시도였다

무히딘 야신 총리 취임 이후 말레이계를 의식한 중동 및 이슬람 관련 외교 집중이 지속되었다. 이러한 양상은 2020년 총리 취임 이후 해외 방문에서도 드러난다. 인도네시아, 사우디아라비아, 아랍에미리트, 브루나이를 각각 방문했다. 사우디아라비아 방문은 본인의 성지 순례를 겸한 것이었다고 하지만 사우디아라비아 측으로부터 추가적인 1만 명의 성지순례객 할당을 얻어냈다.

말레이시아는 이슬람과 관련된 국제문제에 원칙적으로 이슬람 가치 수호를 표방하지만, 사안별로 융통성을 발휘해왔다. 2020년 8월 발표된 아브라함 협정(Abraham Accords)에 대한 말레이시아의 대응은 이러한 융통성을 보여주는 사례이다. 아브라함 협정을 통해 이스라엘과 UAE 및 바레인과의 외교관계 정상화가 이루어졌다. 팔레스타인을 비롯한 다수의 중동국가가 이 협정을 비판했지만, 말레이시아는 직접적인 비판을 자제했다. UAE의 주권 행위로 인정하는 한편 기존 팔레스타인 정책은 유지하기로 했다. 미국과 사우디아라비아는 이스라엘과 중동 및 기타 국가들의 외교관계 정상화를 모색하는 과정에서 파키스탄과 인도네시아 등에 이스라엘과의 외교관계 정상화와 관련한 개발지원 약속 등의 제안을 받은 것으로 알려졌다. 말레이시아는 중동 정책의 전향적 수용 가능성과는 거리를 두고 있다(Tan, 2021). 비동맹원칙에 기반을 둔 말레이시아는 전통적으로 사우디아라비아를 비롯한 주요 중동국가와 우호적 관계를 유지했다. 나집 정권하에서 예멘사태와 관련 사우디아라비아를 지원하기 위해 군대를 파견한 바 있다. 이후 집권한 PH정부는 이를 철수시켰다. 국내정치적 여건이 말레이계 지지 확보를 둘러싼 경쟁 심화로 계속 이어지면 중동 정책에서도 실리와 정체성의 중간적 자리매김 전략이 유지될 가능성이 크다.

2. 중미 갈등과 중간국가 전략

중국의 부상에 따른 중미 간 갈등 구조의 심화는 말레이시아 대외 관계의 핵심적 현안으로 대두되었다. 1969년 5월 유혈사태를 겪으며 종족 문제의 민감성을 관리하기 위해 중국과 오히려 우호적 관계를 모색하면서 역내 중국의 영향력이 강화될 가능성에 대해서는 조심스러운 입장을 견지해왔다. 아울러 아세안 차원의 공동 대응을 통해 중립성 원칙을 확인해 왔다. 말레이시아는 미·중 간 경쟁에 있어 헤징 전략을 취해왔다(Kuik, 2008; Ciorciari, 2010; Chen and Yang, 2013; Murphy, 2017). 중국의 부상과 영향력 확대는 말레이시아뿐만 아니라 지역 질서의 변경을 의미했다. 미국의 대중국 견제 전략에 인도태평양지역의 호주, 인도,

일본 등 주요 국가가 협력하고 있는 형국이다. 말레이시아는 전통적으로 중립성을 표방하며 주요 국가와 다각적 협력을 도모했다. 중국의 부상은 인도와 국방협력이 강화되는 계기가 되었다(Nathan, 2013). 말레이시아 다종족 정치 구조로 인해 중국에 대한 정책은 국내 정치에서 자유로울 수 없다.

나집 정권하에서의 역동적 정치변동은 말레이시아 외교 중립성 전개에 변화를 가져왔다. 미국과 중국의 경쟁이 심화되는 시기에 중립성의 원칙보다는 외교적 중심축이 미국과 중국을 오가는 형국이 연출되었다. 이러한 변화의 중심에는 '1말레이시아개발회사'(1MDB) 스캔들이 있다. 1MDB라는 정부투자 기관을 운영하던 중 최소 7억 달러 이상의 자금을 유용한 것으로 의혹이 제기되며 심각한 정치적 위기가 초래되었다.

1MDB 의혹이 제기되기 이전과 의혹 제기 초기 단계에서 나집 정권은 미국과 적극적인 협력을 도모했다. 2014년 양국은 정상회담이 개최되었는데 당시 미국은 '아시아로의 회귀'(pivot to Asia) 선언 이후 남중국해 문제에 대해서도 적극적으로 개입을 모색하던 시기이다. 말레이시아 영해에서 미국 해군의 활동을 허용하는 등 미국의 남중국해 관련 전략에 협조했다. 말레이시아의 적극적인 대미 정책은 말레이시아의 '미국으로의 회귀'(pivot to America)로 평가되기도 했다(김형종·황인원, 2017: 151). 남중국해 갈등이 고조됨에 따라 말레이시아는 제임스 암사해역(James Shoal) 인근에서 미군과 함께 해병대 상륙기동훈련을 실시했다. 그러나 공식적이고 정기적인 미군의 말레이시아 파견은 말레이시아의 주권과 중국과의 관계와의 민감성으로 인해 거부하고 있다. 여전히 말레이시아는 군사협력에 있어서 다자간 협력을 선호하고 있다.

말레이시아는 미국뿐만 아니라 중국과도 적극적으로 군사 안보 협력을 모색해왔다. 2013년 중국과 포괄적 전략적 파트너십을 체결했다. 말레이시아는 2015년부터 중국과 합동 해군훈련을 전개하는 한편 2017년에는 말레이시아-중국 고위 국방협력위원회를 발족시켰다. 1999년 양국협력 프레임워크, 2005년 방위협력 양해각서체결, 2005년과 2014년 각각 방위협력에 관한 공동성명을 발표했다. 2004년 방공시스템인 FN-6의 구매를 결정했다. 중국과의 군사협력은 미국과 말레이시아의 협력 그리고 중국과 기타 아세안 국가들과의 군사협력보다 상대적으로 작은 규모다. 그러나 말레이시아 중국은 남중국해 갈등적 상황에서도 방위협력을 꾸준히 추진하고 있다는 점에 주목할 필요가 있다(Ngeow Chow Bing, 2015).

남중국해 갈등과 관련해 말레이시아의 중미 간 어느 쪽에도 치우치지 않는 전략은 나집 정권의 위기 심화로 인해 변화를 맞게 된다. 미국 법무부가 2016년 7월 1MDB 스캔들의 자금세탁 의혹과 관련 조사를 개시함에 따라 나집 정권은 미국과의 협력을 통해 사건의 확대를 막고자 시도했던 것으로 보인다. 2017년 5월에는 사우디아라비아에서 열린 미국-이슬람 정상회의를 계기로 트럼프를 만난 이후 9월 미국을 방문해 골프 회동을 포함한 정상회의 일정을 가졌다. 나집은 방미 기간 중 미국에 약 200억 달러 상당의 투자계획을 밝히기도 했다.

그러나 나집의 대형 부정부패 사건으로 인해 미국을 비롯한 서구에서 말레이시아에 대한 부정적 인식이 확산하였고 이로 인해 링깃의 가치 하락 등 경제적 여파도 발생했다. 나집은 외교적으로 위상을 만회하고 중국으로부터 신규 투자유입을 물색하였다. 2016년 11월에 나집은 중국을 공식 방문했다. 이는 필리핀 두테르테 대통령의 방중 직후에 이루어진 것으로 나집도 방위협력과 남중국해 문제와 관련 협력을 논의했다. 전통적으로 미국의 무기체계에 의존했던 말레이시아로서는 이례적으로 중국과 해안경비선 구매 등 방위산업 관련 계약도 체결했다. 700톤급 해양 순찰선 4척의 구매를 포함한다(Parameswaran, 2020). 일대일로(Belt and Road Initiative: BRI) 프로젝트를 추진하며 동남아시아 지역에 활발히 투자를 전개하던 중국은 나집의 방중 기간 중 총 14건의 투자계약을 체결했다. 특히, 부정부패 스캔들로 부실화된 1MDB에 중국계 기업의 지분이 증가했으며 말레이시아 반도 동부 해안 철도 프로젝트 등 대형 인프라 프로젝트에 중국 기업의 투자와 참여가 증가했다. 나집은 중국과 외교관계를 설립한 2대 총리 라작의 아들로 친중국 외교 행보에 개인적 역사적 의미를 부여하기도 했으나 개인의 비리 및 집권 세력의 위기의식으로 인한 외교의 정치 수단화의 성격이 컸다. 나집 정권 시절 추진된 대규모 국책사업에 대한 중국 자본의 유입에 대해 말레이계의 불안이 작용하였으며 이는 말레이계의 표심이 중요했던 2018년 선거에서 나집 정권이 패배하는데 기여했다(Leong, 2018).

2018년 최초의 정권 교체를 이룬 마하티르가 이끄는 PH는 전반적인 개혁을 표방했다. 마하티르 총리 취임은 외교 분야에서 변화를 가져왔다. 먼저 중국 투자와 기업이 연관되어 진행 중이던 대형 국가 프로젝트(East Coast Rail Link: ECRL)와 파이프라인 프로젝트(Multi-Product Pipeline: MPP) 및 Trans-Sabah Gas Pipeline)의 재검토를 발표했다. 그러나 이는 반중국 행보와는 거리가 멀다. 나집 정권하에서 중국의 투자유입 과정에서 발생한 부정부패 정황을 점검하는 한편 과도한 재정 부담으로 프로젝트 건설 비용을 낮추기 위한 대중국 협상카드로 활용하려는 성격이 강했다. 이후 PH정부는 ECRL 프로젝트의 건설비용을 낮추며 재추진을 결정했다.

2019년 중국에서 열린 2차 BRI포럼에 참석한 마하티르는 BRI에 대한 적극적 지지를 표명한 데 이어 말레이시아가 지역 허브가 될 것이며 이로부터 이익을 얻을 수 있다고 밝혔다. 한편, 새로운 형태의 식민지가 되는 상황을 원하지 않는다고 언급했다. 경제 분야와 달리 정치적 측면에서는 중국의 권위주의 정부 시스템에 매력을 느끼지 못한다고 밝히기도 했다. 중국의 투자 증가에 대한 국내정치적 반감을 완화하는 동시에 경제적 실익과 남중국해 이슈와 관련한 말레이시아 의 안보를 방어하는데 주력했다.

남중국해 분쟁과 관련해서 당사국인 말레이시아는 실효 지배 섬에 대한 영유권을 주장하고 있다. 필리핀, 베트남 등과 비교할 때 상대적으로 중국을 직접적으로 상대하지 않으며 아세안 차원의 규칙 기반(rules-based) 평화적 질서를 원칙적 차원에서 강조해왔다. 필리핀의 두테르테 대통령이 2016년 헤이그 상설 재판소(PCA)의 필리핀에 유리한 판결에도 불구하고 중국으로부터의 경제적 혜택을 대가로 분쟁 대상인 필리핀의 영해에서의 중국 조업을 막을 수 없다고 밝혀 국내외로부터 안보를 희생했다는 비판을 받은 것과 대조적이다.

남중국해 문제는 미국의 적극적인 관여로 미·중 간 갈등의 장으로 변하고 있다. 아세안의 중립성 규범에도 불구하고 그간 필리핀과 베트남은 중국의 군사력을 견제하기 위한 제한적인 균형정책을 추진해왔다. 최근 두테르테의 외교는 전통적 균형, 편승, 또는 헤징과는 달리 중국과 미국을 오가는 이른바 '독립적' 외교 형태를 보였다. 이에 반해 말레이시아는 전략적 헤징의 연장선에서 중간국가로서의 규범적 중립을 적극적으로 모색했다. 말레이시아는 개별 국가 차원 또는 지역 차원에서도 중국에 대한 견제 균형 정책에 반대입장을 견지해왔다(Haacke, 2019: 402). 마하티르는 "미국과 일본 모두 완전 신뢰하기에는 부족하며 일본의 경우 긍정적인 기여를 할 수 있음에도 불구하고 미국과의 동맹관계는 바람직하지 않다"라고 밝혔다(Gerstl, 2020: 117). 마하티르는 최악의 상황에 대비해서 군함이 아닌 순찰함을 통해 남중국해를 공동순찰 구역으로 만들 것을 제안했다. 이는 군사적 충돌을 방지하고 평화적 질서를 지향하는 규범적 차원의 제안에 해당한다. 말레이시아 외교부 장관과 국방부 장관은 관련 주장을 적극적으로 전개하며 이른바 '마하티르 독트린'을 전파했다. 미·중 양국에 대한 군사적 전개의 자제를 촉구하고 아세안의 적극적 역할을 강조했다. 미국과 중국 사이의 선택적 상황에서 규범적 중립화를 추구함으로써 지정학적 중간국의 위험성을 적극적으로 해소하고자 하는 전략이다.

남중국해 이슈에 이어 미국의 인도태평양전략의 추진은 중미 간 갈등의 심화 가능성을 동반하고 있다. 중국의 역내 영향력 강화를 견제하기 위해 일본, 인도, 호주와의 긴밀한 협력을 바탕으로 한 거대 지역 전략으로 규칙 기반, 항해의 자유를 표방하는 인태전략을 미국이 추진하면서 역내 국가들의 참여를 둘러싼 전략적 고민도 깊어지고 있다. 아세안은 2019년에 인도태평양에 대한 아세안 전망(ASEAN Outlook on the Indo-Pacific: AOIP)을 발표하며 남중국해의 평화적 이용, 아세안의 중심성을 강조했다. 말레이시아는 아세안 회원국으로서 AOIP에 동의했지만, 독자적으로는 이에 대한 언급을 자제하고 있다. 2019년

PH정부가 발행한 '말레이시아 외교정책 프레임워크'에서도 인도태평양에 대한 직접적인 언급은 없었다.

현실주의적 시각에 따르면 남중국해 분쟁당사국이자 중소국인 말레이시아는 전략적 균형을 맞추기 위해 인태전략에 대한 참여가 자연스러운 전략적 선택일 수 있다. 그러나 중립성의 전통을 고려할 때 인태전략의 참여는 미국에 편중되는 부담을 불러올 것이다. 특히, 말레이시아의 전통적 해양 교류의 역사를 고려할 때 인도양과 태평양 그리고 해양도서부와 대륙부를 잇는 가교역할을 할 필요성이 제기된다. 아울러 인태전략은 단일 선택의 문제가 아닌 중미갈등 구도 속에서 전개된다는 점은 말레이시아의 중간국으로서의 전략적 역할에 대한 신중한 접근을 요구한다. 중국의 남중국해 공격적 행동과 미국의 항해 자유 간 대립, 중국의 BRI와 일본의 양질의 인프라를 위한 파트너십(Partnership for Quality Infrastructure: PQI)등의 경쟁적 지역 구도가 복합적으로 얽혀있다. 말레이시아의 해양부와 대륙부의 혼합적 지리적 특성은 자체적으로 연계성 강화를 위한 자기 전략의 필요성을 요구한다. 마하티르는 이미 1995년 쿤밍-싱가포르 철도 연결(Singapore-Kunming Rail Link)을 통한 대륙부와 해양 도서부 동남아시아 연계성 강화를 제안한 바 있다. 말레이시아의 비동맹, 포용적 협력, 공동안보의 개념을 방위백서를 통해 밝힘과 동시에 인태전략에 있어서도 이를 적용하고 있다(Kuik, 2019).

V. 결론

이 글은 말레이시아의 지정학적 중간국가 위치가 중립성을 바탕으로 헤징 전략을 전개하는 한편 규범적 차원에서 중간에 위치시켜왔음을 주요 사례를 통해 살펴봤다. 아울러 다종족 사회로 특징되는 말레이시아 국내정치적 요인이 말레이시아 외교정책 형성에 있어 큰 영향을 미쳤음을 보였다. 중소국가로서 말레이시아는 중립성을 국가 및 아세안 차원에서 규범화하고자 했다. 이러한 말레이시아 외교는 중간국가로서 강대국 정치에 대응하는 데 있어 적극적인 외교정책 형성의 사례로 의미가 있다. 인도양과 태평양의 잇는 지정학적 위치는 인도 태평양 지역에서 심화되는 중미 간 경쟁에 있어서 중간국가의 전략적 대응에도 시사점을 제공한다. 즉, 양자 선택의 문제에서 전략적으로 규범적 측면에서 중간으로의 위치 선정은 전략적 측면에서 더 원만하게 헤징을 전개할 수 있을 뿐만 아니라 규범적 측면에서 선도적 역할을 수행할 기회를 제공한다.

향후 말레이시아의 중간국가 외교 전략의 과제를 분석하기 위해서는 국내 정치적 변동과 비중 갈등의 심화에 따른 지역 정치변동의 상관관계에 주목할 필요가 있다. 나집정권의 사례에서 보듯 국내정치적 요인은 중립성을 훼손하는 부정적 영향을 미칠 수 있다. PH정권 이후 집권한 무히딘 정권의 유지 또는 권력 개편에 따른 외교정책의 변화 가능성에 주목할 필요가 있다. 현재 집권 세력의 정치기반은 여전히 불안정하다. 선거에 의한 정권 교체가 아닌 의회 내 이합집산으로 정권이 결정되는 양상으로 그 불안정이 증가하고 있다. 오랫동안 '차기 총리'로 정치변동을 주도한 안와르는 의원 과반수의 지지를 얻었다고 주장하였으나 총리직 승계에는 실패했다. 코로나19 사태와 경제침체로 현 정권의 정치적 지지기반은 더욱 약해질 가능성이 있다. 나집 정권의 사례에서 보듯이 2020년 '의회 쿠테타'로 야기된 불안정한 정국으로 인해 집권 세력의 국내 정치 몰입을 가져오는 동시에 안정적 정권 창출을 위해 외교를 국내 정치의 수단으로 삼을 가능성이 커지고 있다.

국내정치적으로 권위주의 강화와 경기침체가 악화될 경우 강대국 관련 대응은 국내정치적 요인에 의해 지속적으로 제약을 받을 것이다. 반면, 안와르 중심으로 권력이 재편될 때도 2018 총선에서 드러난 민심에 얼마나 부합할 수 있을지가 관건이다. 경제 개혁에 초점을 두고 이슬람 및 말레이계에 대한 조화를 추진한다면 적극적으로 아세안 정책을 펼치며 중립성을 강화하는 조치를 지속할 가능성이 크다.

불안정성의 증가는 정치, 경제, 사회, 대외정책 등 제 분야에서의 중요한 도전으로 제기된다. 이 경우 전통적 중립성의 원칙과 중간국가로서의 전략적 선택에 부정적 영향을 미칠 것으로 우려된다. 말레이시아가 중간국가의 지정학적 조건을 활용하며 적극적으로 규범 선도를 통한 중립성을 확보할 수 있을지는 당분간 국내 정치발전에 의해 좌우될 전망이다.

참고문헌

김형종·홍석준. 2018. "말레이시아 2017: 정치적 이슬람의 부상."『동남아시아연구』 28(1): 53-82.

김형종·황인원. 2017. "말레이시아 2016: 위기의 지속과 기회의 상실."『동남아시아연구』 27(1): 131-161.

Adam, Leong Kok Wey. 2018. "Foreign policy concerns swayed Malaysia's voters." East Asia Forum(July 28). https://www.eastasiaforum.org/2018/07/28/foreign-policy-concerns-swayed-malaysias-voters.

Abdul Hamid, Ahmad, and C. H. C. M. Razali. 2015. "The Changing Face of Political Islam in Malaysia in the Era of Najib Razak, 2009-2013." *Sojourn* 30: 301-337.

Bristow, Damon. 2005. "The Five Power Defence Arrangements: Southeast Asia's Unknown Regional Security Organization." *Contemporary Southeast Asia* 27(1): 1-20.

Camroux, David, 1994. "Looking East and Inwards: Internal Factors in Malaysian Foreign Relations during the Mahathir Era, 1981-1994." *Australia-Asia Paper* 72, Griffith University, Centre for the Study of Australia-Asia Relations.

Chen, I.T.Y. and Yang, A.H. 2013. "A harmonized Southeast Asia? Explanatory typologies of ASEAN countries' strategies to the rise of China." *The Pacific Review* 26(3): 265-288.

Ciorciari, J.D. 2010. *The Limits of Alignment: Southeast Asia and the Great Powers since 1975*. Washington, DC: George Washington University Press.

Chin, James. 2017. "Najib'S China Legacy - Policy Forum". *Policy Forum*. http://www.policyforum.net/najibs-china-legacy/.

Fan Yew Teng. 2003. " The Peace Movement and Malaysian Foreign and Domestic Policy." In Meredith L. Weiss and Saliha Hassan(eds.) *Social Movements in Malaysia From Moral Communities to NGOs*. London and New York: Routledge Curzon.

Gerstl, A. 2020. "Malaysia's Hedging Strategy Towards China Under Mahathir Mohamad(2018-2020): Direct Engagement, Limited Balancing, and Limited Bandwagoning." *Journal of Current Chinese Affairs* 49(1): 106-131.

Idris, N. A., and Zarina Othman. 2009. "From 'non-interference' to 'constructive engagement': Contemporary Malaysia-Myanmar relations." https://www.researchgate.net/publication/292056618_From_'non-interference'_to_'constructive_engagement'_Contemporary_Malaysia-Myanmar_relations.

Jones, David Martin, and Jenne, Nicole. 2021. "Hedging and grand strategy in Southeast Asian foreign policy." *International Relations of the Asia-Pacific* 22(2): 1-31.

Haacke, Jürgen. 2019. "The concept of hedging and its application to Southeast Asia: a critique and a proposal for a modified conceptual and methodological framework." *International Relations of the Asia-Pacific* 19(3): 375-417.

Khoo Boo Teik. 2001. *Paradoxes of Mahathirism: An Intellectual Biography of Mahathir Mohamad*. Shah Alam: Oxford University Press.

Kuik, Cheng-Chwee. 2017. "A Southeast Asian perspective." *The Asan Forum* (5 September 2017).

Kuik, Cheng-Chwee. 2019. "Mapping Malaysia in the Evolving Indo-Pacific Construct." Ron Huisken et al., *CSCAP Regional Security Outlook* 2020: 45-48

Krishnan, Tharishini. 2019. Navigating Malaysia into the Indo-Pacific Stream. https://www.researchgate.net/publication/337160015_Navigating_Malaysia_into_the_Indo-Pacific_Stream.

LEE Poh Ping. 1982. "The Indochinese Situation and the Big Powers in Southeast Asia: The Malaysian View." *Asian Survey* 22: 516-523.

Leong, Kok Wey. 2018. "Foreign policy concerns swayed Malaysia's voters." *East Asia Forum* (July 28). https://www.eastasiaforum.org/2018/07/28/foreign-policy-concerns-swayed-malaysias-voters.

Murphy, A.M. 2017. "Great power rivalries, domestic politics and Southeast Asian foreign policy: exploring the linkages." *Asian Security* 13(3): 165-182.

Nathan, K.S. 2013. India-ASEAN Defence Relations. S. Rajaratnam School of International Studies Monograph 28. https://www.rsis.edu.sg/wp-content/uploads/2014/07/Monograph2813.pdf.

Ngeow Chow Bing. 2015. Comprehensive Strategic Partners but Prosaic Military Ties: The Development of Malaysia-China Defence Relations 1991-2015. *Contemporary Southeast Asia* 37(2): 269-304.

Richard, Nossal K., and Richard, Stubbs. 1997. *Mahathir's Malaysia: An Emerging Middle Power, Cooper, Andrew F, Niche power: Middle Powers after the Cold War*. London: Palgrave MacMillan.

Saravanamuttu, Johan. 2010. *Malaysia's Foreign Policy, the First Fifty Years: Alignment, Neutralism, Islamism*. Singapore: ISEAS.

Saravanamuttu, Johan. 1984. "ASEAN Security for the 1980s: The Case for a Revitalized ZOPFAN." *Contemporary Southeast Asia* 6(2): 186-196.

Tan, Ariel. 2021, "The Abraham Accords: Malaysia's Cautious Response." https://www.rsis.edu.sg/rsis-publication/rsis/the-abraham-accords-malaysias-cautious-response/#.YFL5WWT7SBQ.

Tarling, Nicholas. 2017. *Neutrality in Southeast Asia*. Routledge: New York.

Melissen, Jan. 2005. "The New Public Diplomacy: Between Theory and Practice." In Jan Melissen(eds.) *Soft Power in International Relations*: 3-27, New York: Palgrave Macmillan.

Parameswaran, Prashanth. 2020. "Malaysia-China Security Ties in the Spotlight with First Littoral Mission Ship Delivery." *The Diplomat* (2 January 2020). https://thediplomat.com/2020/01/malaysia-china-security-ties-in-the-spotlight-with-first-littoral-mission-ship-delivery/

Yong, Joseph Liow Chin. 2003. 'Visions of Serumpun': Tun Abdul Razak and the golden years of Indo-Malay blood brotherhood, 1967-75. *South East Asia Research* 11(3): 327-350.

2부

남아시아 및 서아시아의 지정학적 중간국 외교

제7장 인도는 중견(간)국인가?: 신비동맹정책을 중심으로   김찬완(한국외국어대학교)

제8장 강대국 충돌과 중간국의 외교적 선택:
       파키스탄 외교전략의 재구성과 함의   최윤정(세종연구소)

제9장 지정학적 중간국 이란의 외교전략   유달승(한국외국어대학교)

제10장 에르도안 시대 터키의 팽창주의 외교: 국내 일인체제 강화와
       역내 지정학 변동에 따른 중간국의 일탈   장지향(아산정책연구원)

제7장

인도는 중견(간)국인가?: 신비동맹정책을 중심으로[*]

김찬완(한국외국어대학교 교수)

I. 머리말

코로나19 상황과 미·중 간의 경쟁 구도가 심화하는 상황에서 인도 모디 총리는 2014년 취임 이후 6년 만에 처음으로 2020년 5월에 비동맹운동 비대면 정상회담에 참석했다. 모디 총리의 비동맹회의 참석을 기점으로 또다시 인도에서 비동맹정책의 적절성과 방향에 대한 논의가 활발히 이루어지고 있다.

  과거 냉전 기간 인도 비동맹정책은 이상주의에 기반한 것이 아니고 현실적인 측면에서 받아들여졌다고 할 수 있다. 국내 정치구조, 경제상황, 국제정치 상황에서 전략적 자율성을 확보하고 빈곤문제를 해결하기 위해 비동맹을 선택했다(Pant and Super, 2015: 749). 따라서 오늘날 인도의 정치구조, 경제상황, 국제정치 질서가 과거와는 완전히 달라서 인도가 전통적으로 추구해왔던 비동맹정책에 대한 유용성에 논란이 있는 것이다.

---

[*] 이 장은 김찬완. 2021. "인도는 중견(간)국인가?: 신비동맹을 중심으로." 『남아시아연구』 27(2)에 게재된 글임.

미국의 주도권을 위협할 정도로 G2로서 중국의 급부상은 전통적인 비동맹정책으로 현 상황을 대처하기에는 역부족이다. 과거 냉전 시대 미소 양 진영으로 대립하고 있었을 때는 비동맹정책은 유용한 정책이었다고 할 수 있지만, 지금은 그때의 상황과 완전히 다르다. 과거 미국이나 소련은 인도의 안보에 직접적인 위협으로 존재하지 않았었다. 하지만 지금의 중국은 인도의 직접적이고 최고의 위협으로 다가오고 있어서 인도의 선택은 전통적인 비동맹정책과는 달라야 한다.

2020년 5월 히말라야 고지대의 갈완(Galwan)개곡과 판공(Pangong) 호수 주변에서의 중국과의 국경분쟁이 시작된 이후 인도는 국제사회에서 반중국 전선을 구축하려고 노력하고 있다. 인도는 미국 주도의 비공식 안보협의체인 '쿼드(QUAD)'에 가입하여 인도-태평양 전략을 추구하고 있고, 일본, 호주, 프랑스 등과도 다자간, 양자간 국방협력을 강화해나가고 있다.

이런 상황에서 인도가 국제정치에서 전통적으로 추구해왔던 비동맹정책을 지속하고 있는지 아니면 어떤 변화가 있는지 살펴보는 것은 매우 중요하다. 또한, 미·중 주도권 싸움에서 인도는 어떤 관점을 취하고 있으며 그 위치는 중견국의 모습을 보이는지 아니면 대국으로서의 위치를 찾기 위한 전략인지 논의해볼 필요가 있다.

비동맹의 핵심 목적은 인도의 국익이나 국제정치에 대한 접근방법이 다른 지역이나 국가에서 수립된 이념이나 목적에 따라 규정되지 않고, 인도의 개발 목적을 달성하기 위해 최대한의 '전략적 자율성'을 유지하는 것이다(Khilnani 외, 2012: 8). 따라서 비동맹이라는 용어는 오늘날에도 여전히 인도 대외관계에서 유용한 것이다. 즉, '자주적 판단'이라는 핵심 가치와 지향점은 오늘날에도 인도 외교정책의 기조를 이루고 있다.

중견국에 대한 개념적 정의는 학자마다 다르고, 어느 국가가 중견국인지 아무런 합의도 없고(김치욱, 2009: 16), 또한 사용하는 용어도 "2등그룹국가, 강대국, 중간국가, 중견국, 중간범위 국가, 지역 강대국" 등 각기 다르다(강선주, 2015;

Nolte, 2010). 그럼에도 불구하고 미국과 중국 간의 경쟁이 다방면으로 확대 심화 되는 상황에서 인도는 어떤 입장을 취하고 있고, 그 위치는 중견국과 강대국 중 어디에 자리매김하고 있는지 살펴보는 것은 의미가 있다. "인도는 중견(간)국인가?"라는 답을 찾기 위해 중견국을 정의하는 데에 사용되던 기존의 대표적인 접근법인 현실주의와 자유주의 전통의 시각을 먼저 적용해보겠다. 현실주의는 국가의 속성과 능력에, 자유주의 전통은 국가의 행태에 초점을 두고 분석하고 있다(김치욱, 2009; 강선주, 2015; 손열 외, 2016; 차태서, 2019; Hamill and Lee, 2001). 이후 가장 최근의 접근법인 구성주의 시각인 정체성과 아이디어를 중심으로 살펴보겠다.

II. 국가 속성 접근법

국가 속성 접근법은 현실주의에서 강조하는 경성 국력에 기반하여 중견국을 강대국과 약소국 사이에 있는 위계적이나 위치적 개념으로 보고 있다(강선주, 2015: 140-141; Hamill and Lee, 2001). 현실주의의 경성 국력으로 보았을 때 2000년대 초까지 인도는 중견국이었다고 할 수 있다. 하지만 2003년부터 연평균 7%대 이상의 경제성장을 이룩하면서 국제사회에서 영향력을 높여가기 시작했다. 이러한 경제성장을 바탕으로 인도는 국방력을 강화해 나갔다. 특히, 2014년 이후 모디 정권에 의해 추진되고 있는 '강한 인도 건설'로 인도의 국방력은 한층 강화되고 중국을 견제하는 대국(great power)으로서의 입지를 다져가고 있다(김찬완 2018).

하지만 최근까지도 인도를 여전히 중견국으로 보는 시각이 있다. 호주의 싱크탱크인 로위 연구소(Lowy Institute)는 경제력, 군사력과 같은 전통적인 경성 국력과 더불어 외교 영향력, 문화 영향력 등 자유주의 시각을 접목한 평가에서 인도를 중견국으로 보고 있다. 로위 연구소는 아시아-태평양 26개국의 종합국력 순위를 평가한 '아시아 파워 인덱스 2020(Asia Power Index Key Findings 2020) 보고서에서 인도를 중견국(middle power)으로 평가했다. 경제력(Economic Capability), 군사력(Military Capability), 회복 탄력성(Resilience), 미래자원(Future Resources), 대외 경제관계(Economic Relationships), 안보 네트워크(Defence Network), 외교 영향력(Diplomatic Influence), 문화 영향력(Culture Influence) 등 총 8개의 평가 지표에서 26개 아시아-태평양 국가 중 4위를 차지한 인도를 중견국으로 자리 매김했다. 미국과 중국을 초강대국(super power)으로 인정하고, 3위를 차지한 일본을 강대국(Major Power)으로, 그리고 인도, 러시아, 한국 등 14개국을 중견국으로 평가했다.

이와 비슷하게 현실주의적 능력지표와 국제기구 가입률과 외교 네트워크 사용 등 자유주의적 외교능력 지표를 혼용하여 분석한 연구에서도 인도는 중견국으로 인정받았다. 1965년부터 2005년까지 10년 주기로 분석한 이 연구에서 인도는 중견국으로 평가했다(김치욱, 2009: 24).

하지만 인구, 군사비, 경제규모 등 전통적인 주요 경성 국력 지수만 본다면 인도는 강대국에 속한다고 할 수 있다. 인도는 중국 다음으로 세계 2위의 인구 대국이고 군방비 지출도 3위를 차지하고 있다. 인도는 국방비를 지속해서 인상한 결과, 2019년 기준 국방비 지출 규모에서 세계 3위를 기록했다. 미국(7,320억 달러), 중국(2,610억 달러)에 이어 인도(711억 달러)가 3위를 기록했다. 러시아의 651억 달러보다 많은 수치다. 처음으로 인도가 러시아를 제치고 3위로 올라섰다.[1] 인도는 강한 인도 건설을 위해 계속해서 국방예산을 증액해나가고 있다. 2020-21년도 예산안을 발표하면서 인도 재무부 장관은 국가안보가 현 모디 정부의 최우선 과제 중의 하나라고 언급하면서 국방예산을 전년도보다 5.8% 증

---

[1] https://economictimes.indiatimes.com/news/defence/marginal-increase-in-defence-budget-could-mar-new-acquisitions/articleshow/73839394.cms?from=mdr

액한 4,713억 780만 루피를 배정했다.[2] 인도의 경제규모를 살펴보면 명목 GDP 규모는 2021년기준 3조 497억 달러로 세계 6위지만[3] 구매력(GDP, PPP)기준으로는 중국, 미국 다음으로 세계 3위에 위치할 정도로 거대한 시장규모를 자랑하고 있다.

국가 역량 종합 지수(Composite Index of National Capabilities: CINC)에서도 인도는 미국, 중국 다음으로 3위를 차지하고 있다.[4] 데이비드 싱어(J. David Singer)가 개발한 국가역량종합지수는 전 세계 193개국의 인구, 도시화, 철강 생산, 에너지 소비, 군사비 지출, 군사 규모 등 총 6개 요소를 평가한 지표다. 이는 세계 총합에서 한 국가가 차지하는 비중에 기초한 상대적 능력의 측정값의 순위이다. 이 측정값에 따르면 인도는 초강대국 미국과 중국의 위상은 아니지만, 일본, 러시아, 독일 등을 앞서는 강대국이라고 할 수 있다.

이처럼 물리적인 국가의 능력을 기준으로 보았을 때 인도를 중견국이라고 단정하기 어렵다. 오히려 인구, 국방비 지출, 경제규모 등과 같은 핵심적인 경성 국력만 보았을 때 인도는 중견국이라기보다는 강대국(great power)에 속한다고 할 수 있다.

경성 국력과 같은 물질적인 요소 대신에 지리적 위치와 같은 비물질적 요소를 적용하여 중견국을 규정하기도 한다. 일부 학자들은 "지역 차원에서 우월한 지역 강대국(regional powers)을 중견국의 구성요소로 보고 있다."(강신주, 2015: 142; Carsten, 1984: 80-90). 이처럼 비물질적인 지리적 요소 개념을 적용할 경우 인도는 남아시아지역의 우월한 강대국이기 때문에 일견 인도를 강대국(중견국)이라고 할 수 있다. 하지만 구체적으로 살펴보면 인도는 더는 남아시아지

---

2 https://economictimes.indiatimes.com/news/defence/marginal-increase-in-defence-budget-could-mar-new-acquisitions/articleshow/73839394.cms?from=mdr

3 https://statisticstimes.com/economy/projected-world-gdp-ranking.php

4 https://correlatesofwar.org/data-sets/national-material-capabilities

역 차원에서만의 강대국은 아니다.

경제적인 자신감을 갖기 시작한 2003년을 기점으로 자존심의 외교를 펼치기 시작하면서 남아시아를 넘어 동남아시아, 아프리카로 그 영향력을 강화하기 시작했다(김찬완, 2011a). 당시 집권 연정인 국민민주연맹(National Democratic Alliance: NDA)를 이끌고 있던 힌두민족주의 정당인 인도국민당(Bharatiya Janata Party: BJP)은 인도를 강성대국으로 육성시키겠다는 의지를 강하게 표출했다. 이러한 움직임은 이미 1998년 핵실험에서부터 표출되었으나, 7% 이상의 경제성장을 이룩하면서 2003년부터 본격화되었다. 이 결과 인도는 공적개발원조(Official Development Assistance: ODA) 정책을 수정했고 태국과 자유무역협정(Free Trade Agreement: FTA)을 체결하면서 맞춤형 경제협력을 본격적으로 추구하기 시작했다. 2003년부터 인도는 동방정책 제2단계를 추구하면서, FTA와 같은 제도적인 틀 내에서 동아시아지역 전체 및 개별 국가들과의 맞춤형 경제협력을 구축하는 데 중점을 두기 시작한다.

인도의 대국적 야망 속에 내포된 자존심의 대외경제정책은 2004-05년 쓰나미와 지진 발생 이후 잘 드러났다. 인도는 2004년 12월 쓰나미가 발생하여 남동부 해안지역에서 수많은 인명과 재산피해가 났음에도 불구하고, 외국의 도움을 거절하고 오히려 인도네시아에 구호단을 파견했다. 2005년 10월에 카슈미르(Kashmir) 지역에서 대지진이 발생했을 때도 인도의 자존심의 대외정책은 계속되었다. 인도는 수많은 외국의 원조를 거절하고 오히려 파키스탄에 구호단을 파견하였다. 대재난으로 막대한 피해를 보고도 주변국을 지원하는 행태를 보인 것이다.

이는 인도가 앞으로 도움을 받는 나라가 아니라 도움을 주는 나라로 인정받고, 더 나아가 자존심의 대외경제정책을 추구하겠다는 강한 의지의 표현이었다. 이러한 메시지를 국제사회에 전달하기 위한 일환으로 인도 정부는 UN에 대한 분담금도 2002년 1억8천5백9십만 루피에서 2004년 2억7천9백9십만 루피로 증액시켰다(Bijoy, 2010: 68). 인도 정부는 또한 아프리카와 인도 주변 남아시아국가들에 대한 ODA도 대폭 증액시켰다. 10년 전보다(2008-09년 기준) 아프리카에 대한 원조를 8배, 부탄과 네팔에 대한 원조를 2배 증액시켰다.[5]

과거 남아시아지역 강대국에 머물러 있던 인도는 신비동맹 정책의 하나로 추진되고 있는 동방정책으로 동남아시아와의 관계를 강화하고, 더 나아가 지리적으로 남아시아의 강대국으로 만족하지 않고 동남아시아를 포함한 벵골만 연안지역 협력을 강화하는 차원에서 벵골만기술경제협력체(Bay of Bengal Initiative for Multi-Sectoral Technical and Economic Cooperation: BIMSTEC)를 주도하고 있다. 2014년 모디정권 출범 이후 인도는 인도-태평양지역에 외교 역량을 집중하면서 세계적인 차원에서 중국을 견제하는 대국으로서 자리매김해 나가고 있다.

"강대국들 사이에 끼인" 지정학적 중간국(中間國)개념(신범식, 2020)도 적용하기 쉽지 않다. "강대국도 더 강력한 세력 간의 경쟁이나 충돌이 발생할 경우에 중간국이 될 수 있다"(신범식, 2020: 39)라는 측면에서도 인도는 중간국이 아니다. 인도는 하나의 더 강력한 강대국(중국)과 직접 경쟁하고 충돌하고 있기 때문이다. 전 세계에서 미국을 제외하고 더 강력한 세력인 중국과 직접 경쟁하고 군사 충돌하면서 경제보복을 하는 국가는 인도가 유일하다. 중견국 또는 중간국 중에서 중국과 군사대치를 하면서 경제적으로 중국에 보복하는 국가는 거의 없다. 한국, 호주, 일본 등과 같이 보복을 당하거나 당했던 국가의 사례는 많다. 인도는 2020년 6월 중국과의 국경분쟁으로 갈완개곡에서 인도군 20명이 사망하는 사건을 계기로 중국에 대대적인 경제보복을 취했다. 중국 수입상품에 대한 불매운동과 더불어 5세대 통신(5G) 사업에 중국 화웨이, ZTE 등 중국 기업들을 배제했고, 창청자동차 등 중국 기업의 인도 내 투자도 보류시켰다. 또한, 4차례에 걸쳐 틱톡, 위챗 등 267개의 중국산 스마트폰 앱을 사용금지 하는 대중국 경제보복을 단행했다.

---

[5] 이 부분은 김찬완(2011a)을 주로 참조했음.

III. 행태적 접근법

자유주의 시각에서 최근 가장 널리 받아들여지고 있는 형태주의(김치욱, 2009: 17) 접근법은 "국가가 중견국처럼 행동하느냐 아니냐에 따라서 중견국 지위를 결정하는 것이다"(강신주, 2015: 143). 즉, "약소국이나 강대국의 외교와 구별되는 특정한 외교행태를 보이는 국가군을 중견국(김치욱, 2009: 17)"이라고 한다. 이들 중견국은 국제규범을 옹호하고 국제사회 내에서 국제 규범이 굳건하게 수립되게 하는 데에 도움을 주며 중재, 연합 형성, 다자주의 및 타협 도출로 특징지어지는 행위를 한다. 또한, 개별 국가 또는 동맹의 이익보다는 국제사회 전체의 이익을 반영하는 이타적인 외교행태를 보인다(강신주, 2015: 143-144).

행태적 접근으로 보았을 때 냉전기간 인도는 중견국이었다고 할 수 있으나 오늘날 인도는 더 이상 중견국이라고 말하기에는 무리가 있다. 냉전기간 인도는 비동맹의 맹주로서 국제규범을 옹호하고 때로는 이타적인 외교행태를 보이기도 했다. 가장 대표적인 사례로 1947~1948년 인도-파키스탄 전쟁 당시 파키스탄보다 힘의 우위에 있었음에도 유엔의 결정에 따르겠다는 결정이나, 한국전쟁이 끝나고 중립국송환위원회(Neutral Nations Repatriation Commission: NNRC)의 일원으로 제3국을 택한 88명을 인도로 데리고 간 사례, 팔레스타인 지위나 남아프리카공화국의 인종 문제를 지지한 것을 들 수 있다.

하지만 현 모디정부하에서의 인도는 더 이상 형태적 중견국이라고 주장할 수 없다. 사안별 동맹(issue-based alliance)인 소다자주의를 추구하고 있는 인도의 신비동맹정책이 일견 '연합형성과 다자주의'를 지향하는 행위로 보여 중견국이라고 할 수 있지만, 이는 중국을 견제하는 대국으로의 전략이다(김찬완, 2018). 사안별동맹을 추구하는 소다자주의도 '쿼드(Quad)' 참여에서 볼 수 있는 것처럼 글로벌 다자주의를 추구하기보다는 선택적이고 지역적으로 이루어지고 있다.

형태적 접근법의 중견국 정의의 중요한 요소는 "선한 국제 시민(good international citizens)"⁶으로 행동하려는 의지를 가지고 이타적 외교 행태를 취한다는 것이다. 이런 측면에서 인도가 부탄과 네팔에 취한 행태를 보면 과연 인도가 중견국으로서의 외교행태를 취하고 있는 것인지 의문을 가지지 않을 수 없다.⁷

인도는 자국과 특수 관계를 맺고 있는 부탄이 2012년 브라질에서 열린 리우 정상회담(Rio+20 UN summit) 장에서 원자바오 전 중국 총리와 당시 부탄 총리였던 지그메 요세르(Jigme Yoser)가 전격 회담을 하자 인도는 부탄과 중국관계가 급진전할 것을 우려했다.

부탄과 중국 관계의 급진전에 당황한 인도는 바로 다음 해 2013년 당근과 채찍 정책을 동시에 사용했다. 1월 자국의 공화국기념일에 부탄 국왕을 주빈으로 초대하는 당근 정책을 제공했고 이후, 6월 부탄 총선 바로 직전에는 부탄에 제공해왔던 에너지 보조금을 차단하는 채찍 정책을 추진했다. 이 결과 부탄의 에너지 가격이 올라가면서 부탄 총선에서 에너지 문제가 중요한 이슈로 등장했고 결국 틴레이(Jigmi Y. Thinley)정부가 무너지고 친인도 성향의 토브가이(Tshering Tobgay) 정부가 들어섰다. 인도는 부탄 국내정치에 개입했다는 것을 부인했지만, 결과적으로 에너지 보조금이라는 채찍을 이용해 부탄 정부를 교체하는 데 성공한 것이다. 인도 정부는 부탄 정권이 바뀌자 한 달 만에 부탄에 에너지 보조금 지원을 재개하였다. 이와 같은 인도의 대(對)부탄 정책을 '선한 국제 시민'으로서의 중견국 외교행태라고 말하기에는 무리가 있다.

인도가 네팔에 취한 외교행태도 '선한 국제시민'의 중견국성 측면에서 비슷한 비난을 받을 만하다. 2015년 네팔 정부가 인도계 마데시(Madhesi)족을 차별하는 연방공화제 신헌법을 공표하자 인도는 이에 불안정한 국경 상황을 핑계 삼아 네팔과의 국경을 폐쇄했다. 국경이 봉쇄되면서 네팔로 들어오는 공산품을 비롯한 각종 소비재의 공급이 중단되었다. 특히, 인도로부터 수입해온 유류

---

6 '선한 국제 시민'에 대한 자세한 개념은 Abbondanza(2021)을 참조하기 바람.
7 인도의 대부탄 및 네팔 관계는 김찬완(2020)을 주로 참조했음.

와 가스 공급 중단이 치명적이었다. 내륙국가인 네팔에게 가장 치명적인 사건이 발생한 것이다. 네팔정부는 차량 2부재, 유류판매 제한조치 등 각종 조치를 취하면서 위기를 극복하려고 했으나 역부족이었다. 택시비 등 각종 요금이 천정부지로 올랐고 네팔 경제 전반에 미치는 경향이 막대했다. 결국, 인도국경 폐쇄 한 달 만인 2015년 10월 10일 수쉴 코이랄라(Sushil Koirala) 총리가 사임했다. 네팔 정부는 에너지난을 이기지 못하고 11월 18일 에너지 비상사태(Energy Emergency)를 선포하였다.

네팔의 신헌법으로 불편해진 양국관계는 2016년 모디 정부의 화폐개혁으로 다시 한번 휘청이게 되었다. 인도는 구화폐를 신권화폐로 교환해달라는 네팔의 요구를 무시했다. 이유는 마데시 민족문제에 대해 네팔 정부의 변함없는 태도였다. 네팔은 1억 루피의 인도 화폐를 아직도 인도 신권화폐로 바꾸지 못하고 있는 것으로 알려졌다(김찬완, 2020). 이와 같은 인도의 대네팔 외교 행태를 '선한 국제시민'으로 행동하려는 의지가 있는 중견국이라고 하기에는 무리가 있다.

모디 정부가 새롭게 발표한 『2019 신시민법』도 '선한 국제시민'으로서의 이타적 외교행태로 보기 어렵다. 2019년 인도 정부는 파키스탄, 방글라데시, 아프가니스탄으로부터 종교적 박해를 피해 2014년 12월 말 이전에 인도로 들어온 불법 이민자에게 시민권을 부여한다는 새로운 시민법을 발표했다. 문제는 이들 3개국으로부터 인도로 들어온 불법 이민자 가운데 무슬림을 제외했다는 것이다. 힌두교, 기독교, 불교, 자이나교, 파르시(조로아스터교) 등 5개 종교 신자에게만 시민권을 부여할 수 있게 했다. 시민권 발급 대상에서 무슬림은 제외됐다. 이 때문에 새롭게 개정된 인도의 시민법은 '반무슬림법'이라고 비판을 받았다. 인도 내 무슬림들은 물론 파키스탄, 방글라데시, 아프가니스탄 등 이슬람 국가들이 강하게 비판했다. 이와 같은 행태를 취하고 있는 인도의 현 모디정권은 '힌두의 인도 건설'을 추진하고 있다고 비판을 받고 있다. 따라서 최근 인도 정부가 추구하고 있는 행태를 선한 국제시민의 중견국성을 가진 국가라고 하기에는 여러 가지로 무리가 있다고 할 수 있다.

로힝자 난민에 대한 모디정부의 행태도 '선한 국제시민'으로서의 이타적 외교행태라고 볼 수 없다. 모디 정부는 미얀마 정부의 탄압을 피해 인도에 들어온 약 40,000명의 로힝야 난민을 미얀마로 조기에 돌려보내겠다는 의지를 명확히 밝히고 있다. 2017년 8월 상원 대정부 질문 답변에서 당시 내무부 장관이던 키렌 리지주(Kiren Rijiju)는 로힝야 난민에게 "난민"이라는 용어를 사용하는 대신에 인도에 "불법체류 외국인"이라는 표현을 쓰면서 중앙정부는 주정부에 불법체류 외국인(로힝야 난민)을 확인하여 추방할 것을 지시했다고 답변했다. 키렌 장관은 또한 인도가 유엔난민기구 서명국이 아니기 때문에 로힝야족을 추방하는 것은 문제가 없다는 입장을 표명했다(Mitra, 2017). 이와 같은 모디 정부의 입장은 2021년 2월 유엔 주재 티루무르티(T. S. Tirumurti) 인도 대사에 의해서 다시 확인되었다(Kamdar, 2021). 인도 정부는 로힝야 문제는 미얀마의 국내문제라는 입장을 견지하면서 이로 인해 미얀마 정부와 불편한 관계를 형성하지 않으려는 자세를 취하고 있다. 이런 측면에서 인도 정부는 로힝야 난민 문제로 상호 갈등을 겪고 있는 미얀마와 방글라데시 간의 분쟁을 중재하거나 조정하려는 노력도 취하지 않고 있다. 중견국의 특징 중 하나가 국제분쟁에 대해 중재하거나 조정하는 노력을 기울인다는 것인데 인도가 로힝야 난민 갈등을 해결하려는 모습을 보이지 않기 때문에 인도를 중견국이라고 할 수 없다.

IV. 정체성과 아이디어 접근법

정체성과 아이디어 접근법은 구성주의 측면에서 중견국성을 '사고의 상태(state of ideas)', 즉 정체성으로 구분하고 있다(강신주, 2015: 146; Paul, 2009: 76-77). 다시 말해 "중견국성은 국가가 의도적으로 외교정책에 자긍심을 불어넣기 위해 채택하는 특별한 외교정책 문화로 이해될 수 있다."(강신주, 2015: 146). 이런 측면에서 인도는 비동맹의 사고와 문화를 가지고 있어서 중견국성을 가지고 있는 국가라고 할 수 있다.

인도는 독립 이후부터 모든 국가와 우호 관계를 유지하면서 독자적인 판단으로 국익을 추구하는 자주외교를 펼치고 있다는 자긍심을 가지고 있다. 인도의 비동맹정책은 국제적으로 1961년 9월 비동맹운동(Non-Aligned Movement)의 탄생으로 이어졌다. 또한, 인도의 비동맹 외교정책은 2차 대전 이후 새롭게 독립한 국가들의 모델이 되었다. 이 결과 인도의 비동맹주의는 자국의 국제적 위상을 높이고 세계 경제발전과 정치적 화합에도 기여했다는 평가를 받았다(Appadorai and Rajan, 1985: 38-39).

인도는 탈냉전 이후에도 그 어떤 국가와도 군사동맹 관계를 맺지 않고 독자적인 판단으로 자주외교를 펼쳐 모든 국가와 우호 협력관계를 증진한다는 비동맹정책의 기본 정신을 유지해나갔다.

인도는 비동맹정책의 기본 정신을 유지하면서 탈냉전 이후 새롭게 재편된 국제질서 속에서 경제적 실리는 물론 군사, 안보협력을 강화하면서 국제정치, 경제체제를 다극화하려는 외교정책을 추구하기 시작했다. 이를 두고 루돌프(Rudolph, 2006: 41)와 같은 일부 학자들은 신(新)비동맹(neo-non-alignment)정책이라고 한다.

냉전 종식에 따라 인도 집권 엘리트들의 사고의 상태, 즉 관념이 변한 것이다. 라오(Rao) 전(前)총리도 냉전이 종식되자 '이제 대립보다는 협력이 중요한 새로운 시대가 왔다. 따라서 국익을 위해 정책의 재조정(reorientation)이 있어야 한다'고 언급했다.[8] 이 결과 인도는 1992년 1월 이스라엘과 국교를 수립했고 1993년부터는 미얀마 군사정부와 경제협력을 강화하기 시작한다(김찬완, 2011).

신비동맹정책의 중요한 요소는 단극체제의 국제질서를 다극 체제로 변화시키면서 인도의 국익을 극대화하는 것이다. 이를 위해 인도는 양자 간 관계에서는 가능한 많은 국가와 FTA 같은 맞춤형 경제협정을 체결함은 물론 국방협

---

8 *Sunday*, New Delhi, September 29, 1991.

정도 체결하고, 다자간 협력체에서는 기존의 주도세력의 힘을 분산시키기 위해 새로운 견제세력을 끌어들이거나, 기존 협력체에 참여하기 위해 회원으로 가입하거나 직접 새로운 다자협력체를 주도적으로 구성하기도 한다(김찬완, 2011). 이렇게 인도가 사안에 따라 소단위 동맹을 추구하고 있기 때문에 우스만 까림(Usman Karim, 2009)은 "다동맹(poly-alignment)"이라고 한다.

이에 대한 대표적인 예로 인도가 가입한 빔스텍(BIMSTEC), 입사IBSA(India-Brazil-South Africa), 브릭스(Brazil-Russia-India-China-South Africa: BRICS), 상하이협력기구(Shanghai Cooperation Organization: SCO) 등을 들 수 있겠다.

세계 질서의 단극체제를 반대하고 다극체제를 추구한다는 인도의 입장은 쁘라납 묵케르지(Pranab Mukherjee) 당시 인도 국방장관이 미국에서 한 연설에서 명확히 드러났다. 더 나아가 묵케르지 장관은 인도는 IBSA나 러시아-인도-중국간 협력체제 등과 같은 대륙 간 교차체제를 추구한다고 말했다.[9]

대륙 간 교차체제를 추구하면서 국제 정치, 경제체제를 다극화하려는 인도의 신비동맹정책은 모디정부 1기(2014-2019)까지 대체로 지속되었다. 따라서 2016년과 2017년 미국과 일본이 중국을 견제하기 위해 남중국해에서 "자유롭과 개방된 인도-태평양 전략(free and open Indo-Pacific Strategy)"이라는 용어를 사용할 때도 인도는 이에 동의하지 않고 여기에 "포용적(inclusive)"이라는 단어를 포함시켰다. 다분히 중국을 의식한 것이다. 또한 인도는 미국 주도의 비공식 안보협의체인 '쿼드(Quad)'가 공식적인 안보협의체로 발전하는 것에 유보적인 태도를 보였다.

하지만 최근 중국의 대인도 포위 압박정책이 더욱 강화되면서 그동안 중국을 자극할 수 있어서 부정적이고 유보적인 입장을 취했던 Quad에 대해 인도의 태도가 변화고 있는 모습이 보이고 있다. 인도 모디 총리는 화상회의이기는

---

9 Address by the Defence Minister Pranab Mukherjee, "India's Strategic Perspectives". at the Carnegie Endowment for International Peace, Washington, DC , June 27, 2005.

하지만 2021년 3월 QUAD 첫 정상회담에 참여했다.

이후 올 4월 인도는 벵골만에서 QUAD 회원국들과 프랑스가 주도하는 '라 페루즈(La Perouse)' 해상합동훈련에 참여했다. 지난해 참가하지 않았던 인도 해군이 추가되면서 인도가 정례적으로 실시한 말라바르(Malabar) 해상 합동훈련이 프랑스까지 참여하는 다국적 군사훈련으로 확대되는 모양새가 되어가고 있다.

인도는 중국의 반발을 우려해 자국이 주관하는 말라바르 훈련에 2007년 이후 일본과 호주를 초청하지 않고 있다가 2015년 일본을 정식 회원국으로 받아들여 3국 간 훈련을 시작했다. 2020년 11월에는 호주를 초청하여 벵골만에서 미국, 일본, 호주와 함께 말라바르 해상합동군사훈련을 실시했다. QUAD 4개국 모두가 참가하는 합동훈련이었다.

인도는 미국이 포함된 QUAD나 해상합동군사훈련에 그치지 않고, 범친미 국가들과의 협력도 강화해 나가고 있다. 대표적으로 2020년 인도-일본-호주 공급망 탄력성 이니셔티브 출범과 인도-프랑스-호주 차관급 대화 등의 사례를 들 수 있겠다. 인도는 일본-호주와의 3국 간 협의체를 인도네시아와 프랑스를 포함한 5국 협의체로 확대 발전시키겠다는 구상을 하고 있다.

최근 인도의 신비동맹정책은 중국의 대인도 포위 압박정책으로 인해 국제질서를 글로벌 차원에서 다극화하기보다는 QUAD와 같은 미국 주도의 협의체에 편승하는 경향을 보인다. 중국의 대인도 압박 팽창정책은 인도에 이들 국가와 준동맹 또는 유사동맹(quasi-allies)을 맺도록 강요하고 있다. 인도-태평양지역이 인도 외교안보정책의 핵심 대상 지역으로 떠오르면서 이와 같은 준동맹정책은 비동맹의 핵심 가치인 전략적 자율성, 즉 자주적 판단의 상실로 볼 수 있다.[10]

하지만 이는 전략적 자율성을 실현하기 위한 전략으로 봐야 할 것이다. 왜냐하면, 오늘날 전략적 자율성 추구의 성공은 강력한 전략적 동반자 기반에 달

---

10 이 부분은 김찬완(2020a)을 주로 참조함.

렸기 때문이다(Pant and Super, 2015: 747). 따라서 인도가 비록 중국의 팽창정책을 차단하고 균형을 유지하기 위해서 QUAD와 같은 유사동맹을 추진하고 있어 글로벌 다극 체제를 모색하는 기존의 신비동맹정책에서 일부 벗어나는 모양새 보이지만, 이 또한 비동맹의 핵심 가치인 전략적 자율성을 유지하기 위한 전략으로 볼 수 있어서 구성주의 측면에서 인도는 중견국이라고 할 수 있다.

인도가 이렇게 최근 중국의 자국 포위압박전략에 대응하기 위해 QUAD와 같은 미국 주도의 비공식 안보협의체에 적극적으로 참여한 것은 1962년 전쟁 이후 국경문제 때문에 중국과의 관계강화는 태생적 한계를 가지고 있다는 관념이 지배하고 있다고 할 수 있다. 역사적으로 경험적으로 구성된 인도 정책결정자들의 중국에 대한 관념은 2017년 도클람(Doklam) 사태와 2020년 갈완개곡 사태로 더욱 굳어졌다고 할 수 있다. 중견국이 "구성된 정체성(constructed identity)"으로 존재(손열, 2016: 6)한다는 측면에서 중국을 견제하는 사안별 동맹을 추구하고 있는 인도는 중견국이라고 할 수 있다.

인도의 신비동맹정책의 특징 중의 또 하나는 가능한 많은 국가와 FTA 같은 맞춤형 경제협정을 체결하고 새로운 다자협력체를 주도적으로 구성하는 것이다. 하지만 이와 같은 인도의 신비동맹정책도 모디 정부하에서 변화를 맞이하고 있다. 모디 정부는 기존에 체결된 맞춤형 FTA(Comprehensive Economic Partnership Agreement: CEPA, 포괄적 경제동반자 협정)에 대해 아주 부정적인 입장을 취하고 있다. 주무 장관인 인도 상공부 장관 피유쉬 고얄(Piyush Goyal)은 2019년 12월과 2020년 3월 상원(Rajya Sabha) 대정부 질의 답변에서 한국, 일본, 아세안 등과 체결한 FTA가 인도 무역적자를 가중시켰고, 국내 산업을 위험에 빠뜨렸다고 이전 인도국민회의(Indian National Congress: INC)정부를 강하게 비판했다. 인도는 이들 국가에 13억의 거대시장을 열었지만 받은 것은 매우 적다고 비판하고 있다. 이 때문에 한-인도 CEPA는 물론 일본-인도 CEPA, 아세안-인도 FTA가 개정되지 못하고 있다. 인도는 또한 역내 포괄적 경제동반자 협정(Regional Comprehensive Economic Partnership: RCEP)과 같은 새로운 다자협력체를 주도하기보다는 오히려 마지막에 참여를 거부했다. 따라서 사안(issue)에 따라 동맹을 추구하며 경제적 실리를 추구하는 인도의 신비동맹정책은 모디 정부하에서 새롭게 전환점을 맞이하고 있다.

V. 맺음말

이상에서 살펴본 것처럼 현실주의의 국가 속성 측면에서 인도는 중견국이라기보다는 강대국이라고 판단하는 것이 합당하다. 현실주의 접근법은 인구, 국방비 지출, 경제 규모 등과 같은 객관적인 통계수치를 적용하고 있기 때문에 인도가 강대국이라고 하는 주장은 타당하다고 할 수 있다. 하지만 문화 영향력, 외교 영향력 등 상대적으로 주관적인 기준을 가지고 있는 자유주의 시각을 접목했을 때는 강대국이라고 하기에는 무리가 있다는 점도 확인했다. 이는 "인도는 중견(간)국 인가?"라는 답은 어떤 기준을 적용하느냐에 따라 다르게 나올 수 있다는 것을 보여주고 있는 것이다.

이 점은 특히, 자유주의 시각의 형태적 접근법에서 더욱 모호해지고 있다. 중견국처럼 행동하느냐 아니냐에 따라 중견국의 지위가 결정되기 때문에 다자주의, 분쟁에 대한 중재 및 조정, 선량한 국제시민 등의 외교행태를 어떤 시기에 어떤 사안을 어떻게 적용하느냐에 따라 답은 달리 나타난다. 하지만 전반적인 인도의 외교행태를 살펴보았을 때 모디 정부하의 인도는 중견국처럼 행동했다고 주장하기 어렵다.

특히, "선한 국제시민"으로서 행동하려는 이타적 외교행태 측면에서 무리가 있다. 약소국 네팔에 대한 행태, 무슬림을 차별하는 신시민법 발효, 로잉야 난민문제와 미얀마와 방글라데시 간의 분쟁에 대한 외교행태 등은 중견국으로서 인도가 취한 행동이라고 보기 어렵다. 그렇다면 이러한 행동이 강대국이나 초강대국의 행태인가? 이에 대한 공통된 답 또한 찾기 쉽지 않다. 확실한 것은 자유주의 시각의 형태적 접근법 측면에서 인도를 중견국이라고 주장하기에는 무리가 있다는 것이다. 오히려 사안별 동맹을 통한 강력한 전략적 동반자 관계 구축으로 전략적 자율성을 확보해 나가면서 중국을 견제하는 대국으로 성장하고자 하는 목적을 명확히 해나가고 있다는 점이 확인되었다.

탈냉전 이후 새롭게 재편된 국제질서 속에서 인도는 경제적 실리는 물론 군사, 안보협력을 강화하면서 국제정치, 경제체제를 다극화하려는 신비동맹정책을 추진하고 있지만, 여전히 그 어떤 국가와도 군사동맹 관계를 맺지 않고 독자적인 판단으로 자주외교를 펼쳐 모든 국가와 우호 협력관계를 증진한다는 비동맹의 기본적인 사고와 문화를 가지고 있어 인도를 '정체성과 아이디어' 접근법 측면에서 중견국이라고 할 수 있다.

하지만 최근 강화된 중국의 포위 압박정책으로 인해 인도는 안보 딜레마를 겪으면서 기존의 신비동맹정책 노선에서 벗어나 국가안보에서 공동안보의 필요성을 강하게 느끼는 인식의 전환 단계에 있다고 할 수 있다. 이러한 인식의 전환은 RCEP에 가입하지 않음으로서 경제분야에서도 나타나고 있다. 즉, 국제적으로 다자협력체를 강화하면서 경제적 실리를 추구하는 인도의 신비동맹정책은 모디 정부하에서 새롭게 전환점을 맞이하고 있다.

참고문헌

강선주. 2015. "중견국 이론화의 이슈와 쟁점."『국제정치논총』55(1).
김찬완. 2011a. "21세기 인도의 대외경제정책."『인도연구』16(2).
김찬완. 2011b. "인도 외교정책." 외교통상부 서남아태평양과 연구용역 최종보고서.
김찬완. 2016. "인도 외교정책 2012-2015." 외교통상부 서남아태평양과 연구용역 최종보고서.
김찬완. 2018. "모디정부 외교정책의 결정요인: 지속과 변화를 중심으로."『남아시아연구』24(2).
김찬완. 2020a. "미·중 경쟁 下 인도-중국 관계 평가와 전망: 인도 시각을 중심으로." 외교부 정책보고서.
김찬완. 2020b. "인도의 신(新)비동맹정책: 만모한 싱과 모디정권 비교연구." 아시아 지정학적 중간국 외교전략 세미나. 10월 30일. 서울대학교 아시아연구소 101-303.
김치욱. 2009. "국제정치의 분석단위로서 중견국가(Middle Power) 그 개념화와 시사점."『국제정치논총』49(1).
김치욱. 2009. "국제정치의 분석단위로서 중견국가(Middle Power): 그 개념화와 시사점."『국제정치논총』49(1).
손열·김상배·이승주 편. 2016.『한국의 중견국 외교: 역사. 이론. 실제』. 서울: 명인문화사.
신범식. 2020. "지정학적 중간국 우크라이나의 대외전략적 딜레마."『국제·지역연구』29(1).
차태서. 2019. "한국의 중견국 외교와 정체성 공진화의 정치: 신동방정책과의 비교와 시사점."『국제관계연구』24(2).

Abbondanza, Gabriele. 2021. "Australia the 'good international citizen'? The limits of a traditional middle power." *Australian Journal of International Affairs* 75(2): 178-196.
Appadorai, A. and M. S. Rajan. 1985. *India's Foreign Policy and Relations*. New

Delhi: South Asian Publishers.

Bijoy, C. R. 2010. "India: Transiting to a Global Donor." *Special Report on South-South Cooperation*, https://www.researchgate.net/publication/228681094_India_Transiting_to_a_Global_Donor.

Brzezinski, Zbigniew. 2012. *Strategic vision: America and the crisis of global power.* New York: Basic Books.

Carsten, Holbraad. 1984. *Middle Powers in International Politics.* London: Macmillan.

Detlef Nolte. 2010. "How to Compare Regional Powers: Analytical Concepts and Research topics." *Review of International Studies* 36(4).

Hamill, James and Donna Lee. 2001. "A Middle Power Paradox? South African Diplomacy in the Post-Apartheid Era." *International Relations* 15(4).

Kamdar, Bansari. 2021. "India Detains Rohingya Refugees and Plans Deportation." *The Diplomat* (March 22). https://thediplomat.com/2021/03/india-detains-rohingya-refugees-and-plans-deportation/

Karim, Usman. 2009. "India FROM NONALIGNMENT TO POLY-ALIGNMENT." http://www.opendemocracy.net/forum/thread/india-from-nonalignment-to-poly-alignment.

Khilnani, Sunil et al. 2012. et al., *Nonalignment 2.0: A Foreign and Strategi Policyh for India in the Twenty First Century.* New Delhi: National Defence College and Centre for Policy Research.

Lowy Institute. 2020. Asia Power Index 2020 Edition. https://power.lowyinstitute.org/countries/india/

Malik, Mohan. 2011. *China and India: Great Power Rivals.* Boulder & London: First Forum Press.

Mitra, Darshana. 2017. "Kiren Rijiju Please Note, Deporting Rohingya Refugees Is Illegal Under International Law." *Diplomacy* (August 17). https://thewire.in/diplomacy/rohingya-refugees-india-trump-executive-order.

Pant Harsh V. and Super, Julie M. 2015. "India's 'non-alignment' conundrum: a twentieth-century policy in a changing world." *International Affairs* 91(4).

Paul Gecelovsky. 2009. "Constructing a Middle Power: Ideas and Canadian Foreign Policy."*Canadian Foreign Policy* 15(1).

Rudolph, L. I. 2006. "Making US Foreign Policy for South Asia: Off-shore Balancing in Historical Perspective." Paper presented at the annual meeting of the American Political Science Association. http://www.allacademic.com/meta/p150429_index.html

제8장

강대국 충돌과 중간국의 외교적 선택: 파키스탄 외교전략의 재구성과 함의

최윤정(세종연구소 연구위원)

I. 머리말

최근 지정학의 귀환이 국제정치 질서를 이해하는데 중요한 개념으로 부상하고 있다(김상배 외, 2020; 김태환 외, 2019). 유라시아를 대상으로 했던 매킨더(Halford Mackinder)의 하트랜드(Heartland)론, 대륙세력 봉쇄를 위해 마한(Alfred Mahan)이 강조한 해양세력(sea power)론과 스파이크만(Nicholas J. Spykman)의 주변부(rimland) 이론 등 2차 세계대전 이후 금기시 되었던 지정학 논의가 국제정치에서 재점화되고 있다. 카플란(Robert D. Kaplan)은 해양세력 장악에 나선 중국의 제국적 야망을 경고했고, 배넌(Stephen Bannon)은 이들을 인용하여 중국의 지정학적 위협을 강조했다. 미국이 '인도-태평양'이라는 지역을 중심으로 세계전략을 재편하자,[1] 중국과의 패권경쟁을 특징으로 하는 신냉전은 '지정학적 대결' 양

---

[1] 미국 인도-태평양 전략의 지정학적 함의 전반에 대해서는 U.S. Department of Defense(2019), 동남아 지역전략에 대해서는 최윤정(2019), 미·중 패권경쟁에 대해서는 이상현 외(2020)를 참고

상을 띨 것이라는 관측이 더욱 우세해지고 있다.

이같은 지정학적 대결이 벌어지면 가장 큰 영향을 받는 것은 바로 힘의 충돌 지점에 위치한 국가일 것이다. 강대국 또는 지정학적 세력이 경쟁하고 충돌하는 중간지대에 위치하는 '중간국(中間國)'에 대한 논의는 이러한 배경에서 시작되었다. '강대국들 사이에 끼인 국가'를 지정학적 중간국으로 지칭하고, 중간국 외교의 관점에서 우크라이나의 대외전략을 분석한 신범식(2020)은 경쟁하는 강대국 또는 세력 사이에 끼인 국가는 상충하는 세력권 간 경쟁이 고조되어 지정학적 단층대가 활성화되면 대외전략적 딜레마 상황에 놓이게 됨을 지적하였다. 즉 중간국을 결정하는 가장 중요한 조건은 지정학적 단층대의 활성화 여부라는 것이다. 미-중, 미-러 등 강대국 경쟁이 첨예화되면서 단층대에 가해지는 파열적 압력이 증대되는 상황에서 중간국 외교에 대한 관심은 매우 시의적절하다.

이 글은 중간국의 대표적인 사례로서 파키스탄에 주목하였다. 파키스탄은 2차 세계대전과 냉전이라는 20세기 극심한 세력 변동의 시기에 미, 중, 러의 치열한 패권경쟁으로 요동치는 지정학적 단층대에 자리하고 있었다. 파키스탄은 식민지배를 받은 기억 속에서 서구에 대한 반감이 큰데다 힌두권과 이슬람권간의 종교적 대척점에 놓여 있다.[2] 이러한 파키스탄의 위치는 1947년 독립 이후부터 지금까지 미, 중, 러 간의 갈등과 견제를 적절히 활용하는 파키스탄 대외전략의 기본이자 국가의 생존을 좌우하는 핵심 요건이 되었다. 파키스탄 스스로도 지정학적 위치의 중요성을 인식하고 미, 중, 러 및 중동 주요국을 연결하는 중개자(bridge) 역할을 수행해왔다고 평가하기도 한다(Shah, 1997: 37-38).

한편 이와 같은 지정학적 전개는 파키스탄의 역사, 종교 및 내부 정치와 결합하여 고유의 반응으로 나타난바, 내부 정치와 외부 압력이 씨줄과 날줄 같이

---

2 Huntington(1993)은 서구 문명권이 쇠퇴하면서 새로 떠오르는 문명권 사이의 충돌 가능성을 경고하였는데, 이슬람 문명권, 인도 중심의 힌두 문명권이 거기에 포함된다. 양대 문명권의 충돌로 탄생한 국가가 바로 파키스탄이다.

복합적으로 파키스탄의 대외전략을 형성한 것이라고 할 수 있다. 국가 내부의 정체성, 이데올로기의 변화가 외부로부터의 압력에 상이한 반응을 보이도록 만들 수 있기 때문이다.[3]

파키스탄 외교전략 형성의 동력과 구조를 분석하는 것은 오늘날 특히 중요한 과제이다. 미-중 경쟁이 한층 치열해질 것으로 예상되는 21세기 국제정치에서 파키스탄의 영향력은 더욱 높아질 것으로 예상된다. 중국이 해상실크로드 전략을 구상하고 있는 인도양으로 가는 길목에 위치한 나라가 파키스탄이다. 파키스탄은 미국의 인도태평양 전략 및 쿼드의 핵심 파트너 국가인 인도가 가장 견제하는 국가이기도 하다. 아프가니스탄에 주둔한 미군의 완전한 철수를 목전에 두고 있는 미국의 대중동 지역전략에서도 파키스탄은 핵심 변수이다. 파키스탄은 지정학적 입지로 인해 강대국(미, 중, 러)의 관심과 개입을 경험해왔을 뿐만 아니라 하나의 국가에서 '정체성'을 이슈로 두 개의 국가로 분리되었다는 점에서 북한과도 유사한 면이 있다. 파키스탄은 인도네시아에 이어 두 번째로 큰 이슬람 국가이고, 핵무기를 보유하고 있는 유일한 이슬람 국가이기도 하다.

이 글은 아래와 같이 크게 세 부분을 중심으로 연구를 수행하고자 한다. 서론에 이어 이어지는 II절에서는 독립부터 파키스탄의 국내정치의 전개를 살펴보고 핵심 동인을 분석한다. III절은 파키스탄을 둘러싼 세 가지 지정학적 단층대의 성격을 규명하고,[4] 단층대가 활성화된 시기에 파키스탄이 상술한 국내정치의 한계 속에서 선택한 외교적 대응의 내용을 연구한다. IV절은 파키스탄을

---

[3] 중견국의 정치리더십 유형, 정치사회세력의 성격 등 국내정치적 속성의 탐색을 통해 중견국 외교의 국내적 기원에 대한 연구는 김상배·이승주·전재성(2020), 김태형(2020)을 참고

[4] 탈냉전기 미국은 중국, 러시아 외에 극단주의나 테러 조직 등과 복수의 지정학적 전선을 펼치고 있다(Mead, 2014). 그렇기 때문에 지정학의 핵심적인 행위자인 이들 국가나 세력의 발흥과 충돌 사이에서의 외교전략에 대한 복합적인 고민이 필요한 것이다. 이 글은 다소 익숙하지 않은 이슬람 극단주의와 미국의 충돌이 빚어내는 외교적 파장을 단층대 위에 놓인 중간국 파키스탄을 통해 설명해보고자 하였다.

둘러싼 지정학적 역동성에 따라 변화를 거듭한 파키스탄의 중간국 외교 전략을 시기별로 정리해볼 것이다. 마지막으로 Ⅴ절에서 파키스탄의 중간국 외교를 요약하고 정책적 함의를 제시함으로 결론을 맺고자 한다.

  이 글은 파키스탄의 외교정책의 전개 양상에 주목하면서 파키스탄의 국내 정치를 결정 요인의 하나로 소개하였지만 그 자체를 본격적으로 다루지는 않았다. 이는 또 다른 차원의 연구가 필요한 분야다.

II. 파키스탄의 지정학과 내부정치의 관계

1. 파키스탄의 분리독립과 정체성

1947년 8월 이전의 파키스탄은 인도와 역사와 영토를 공유하며 인도 아대륙에서 공존했다. 7세기에 아라비아 반도에서 발흥한 이슬람교는 세력을 급속하게 확장하여 인도 아대륙까지 진출하였고, 지역 지도자들을 인정하는 간접통치 방식으로 종교, 문화, 체제가 달라도 비교적 평화롭게 제국을 운영하였다. 무굴제국에 이어 인도 아대륙을 침략한 영국도 간접통치 방식을 이어갔다. 하지만 영국은 이에 더하여 힌두와 무슬림 간의 차이를 활용한 '분할 통치(divide and rule)'를 적극적으로 구사하였다(Mishra, 2019).

  북인도의 우르두어를 사용하는 이슬람교도들은 영국 식민통치 하에서 경제적, 정치적 지위가 급격하게 떨어지기 시작했다. 그러자 영국 식민정부가 1882년 지방 자치법을 도입했을 때 북인도 무슬림 지도자 사이이드 아흐마드 칸(Saiyid Ahmad Khan)은 힌두교도와 동등한 대우를 얻어내기 위한 투쟁에 돌입했다. 한편 1906년 설립된 파키스탄무슬림연맹(Pakistan Muslim League)의 지도자 무하마드 진나(Muhammad Jinnah)는 힌두가 대다수인 아대륙에서 무슬림으로서의 정체성을 유지하면서 살 수 있는 방법을 치열하게 고민하기 시작했다. 1937년 선거에서 무슬림 연맹은 편자브 지방에서 단 1석을 얻는데 그치는 등 무슬림 결집이 여의치 않자, 진나는 인도국민회의(Indian National Congress)가 힌두교도 만을 위한 힌두 정당이라고 비난하면서 이슬람의 집결을 호소하는 한편, 1940년 라호르 결의안에서 모든 지방에 자치와 주권을 약속하여 지방세력을 동원하고자 했다. 진나는 사이이드 아흐마드 칸의 주장을 계승하여 힌두와 무슬림의 근본적 차이를 강조한 '두 민족 이론'을 통해 무슬림을 세력화함으로써 분리독립을 추진하였다(Keay, 2000; 조길태, 2009)[5]. 진나는 힌두와 무슬림은 다른 종교를 믿는 것에서 더 나아가 종교 철학, 사회적 관습, 문학, 예술과 전통 등 모든 분야에서 확연하게 다른 사회질서에 속해 있다고 주장하였다. 애초에 존재하지 않았던 단일한 민족적 정체성을 독립 투쟁의 원동력으로 삼아(Jaffrelot, 2015), 간디가 이끄는 힌두교도와는 별도로 무슬림 밀집지역에서 독립국가 창설운동을 전개했다. 그리고 주요 지역인 펀자브(Punjab), 아프가니아(Afghania), 카슈미르(Kashmir), 신드(Sindh)에서 알파벳 첫글자를 따고 발루치스탄(Baluchistan)에서 tan을 넣어서 Pakistan으로 국명을 정하고(Lieven, 2012: 10) 1947년 8월 14일 독립국가로 출발하기에 이르렀다.

하지만 지방세력의 영향력이 막강하고 국가로서의 정체성이 취약했던 파키스탄의 탄생은 이후부터 많은 어려움을 겪게 된다. 영국으로부터 독립할 당시 500개가 넘는 토후국들(princely states)은 새로 독립하게 되는 국가 중 어느 편에 속할 것인지를 결정해야 했다. 이 귀속의 과정에서 인도와 파키스탄 관계의 최대 난제로 남은 곳이 무슬림이 다수이나 결국 인도에 귀속된 카슈미르이다. 분할 과정의 고통을 고스란히 담고 있는 카슈미르는 양국 모두에게 '민족'으로서의 정체성을 실현하는 상징적인 지역이 되어 이후 끝없는 충돌을 불러오게

---

5 2차 세계대전 이후 신생독립국가들은 민족자결(national self-determination)을 기치로 내걸었고, 진나가 이끄는 무슬림연맹도 이에 영향을 받아서 분리독립을 주창하였다. 하지만 분리독립 주의자들이 주장한 '두 민족 이론'은 표면적으로는 종교를 기준으로 명확하게 구분되는 이질적인 민족은 분리되어야 한다는 것이지만, 실상은 영국의 분리통치 정책의 영향 위에 중앙-지방간의 이해관계와 정치적 계산이 교묘하게 버무려진 슬로건에 가까운 것이었다(조길태, 2009).

되었다. 끊임없이 인도와의 대칭성(symmetry)을 추구하면서 파키스탄은 더욱 큰 갈등과 경쟁에 휩싸이고 있는 것이다. 그 자체만으로 존재 이유를 설명하기 어려운 파키스탄의 정체성은 이후 인도와의 차별화, 적대화로 공고화 과정을 밟아나가게 된다. 따라서 독립국가로서 파키스탄 외교의 출발점은 바로 이웃한 적대국 인도의 존재라고 할 수 있다.

2. 독립 이후 국내정치의 전개

독립 과정에서 시작된 인도와의 대립 관계는 독립 이후에도 파키스탄의 국내정치 구조의 형성과 외교안보의 우선순위를 결정하는데 있어 중요한 역할을 한다. 파키스탄은 독립 직후 인도와 1차 전쟁(1947-48년), 2차 전쟁(1965년), 3차 전쟁(1971년), 4차 전쟁(1999년)까지 무려 네 차례의 전쟁을 치루었다. 1962년 중인전쟁에서 패배한 인도가 국방예산을 GNP의 4.5% 수준으로 증대하자 파키스탄도 취약한 국가 경제를 돌볼 겨를이 없이 국방예산 증대에 나섰다.

그러나 1971년 발발한 3차 인파전쟁에서 인도가 무력개입을 통해 분리독립을 희망하는 동파키스탄을 지원, 파키스탄군을 몰아내고 방글라데시의 탄생을 이끌어내었다. 이는 파키스탄에 군사적 패배, 영토 및 인구의 손실뿐만 아니라 '두 민족 이론'의 실체가 없음을 여실히 보여주게 된 치욕적인 사건이었다. 또한 군사적 열세를 만회하기 위해 요청했던 외부 지원을 받지 못하게 되자, 인도의 우세한 재래식 전력에 대응하는 유일한 방책으로 파키스탄은 핵무기 개발에 사활을 걸게 되었다. 인도가 1974년 첫 핵실험에 이어 1998년 5월 11일 핵실험에 성공하자, 파키스탄도 핵실험을 강행하였는데, 그 댓가로 국제사회 고립이 심화되고 경제재제가 장기화되면서 경제성장의 동력을 상실하게 되었다.

인도와 4차례의 전쟁에서 모두 패하면서 파키스탄에서 군사정권과 군부의 세력은 날로 강화되었다. 절반은 직접적인 군부의 통치를 받았으며, 그 외에는 직간접적으로 군부의 그림자 아래 놓여있었다(A. Shah, 2020). 파키스탄에서 군사정권은 모두 4차례 등장한다. 중간에 줄피카르 부토(Zulfikar Ali Bhutto) 정권(2

차례), 나와즈 샤리프(Muhammad Nawaz Sharif) 정권(2차례), 아시프 알리 자르다리(Asif Ali Zardari) 및 임란 칸(Imran Khan) 등 민간 정부가 등장하나, 군부는 뒤에서 영향력을 행사하고 있었다.

하지만 민간 정부도 조금씩 성숙해가고 있었다. 1990년부터 2차례 집권한 바 있는 샤리프 정권은 1999년 페르베즈 무샤라프(Pervez Musharraf) 대령에게 축출되었으나 2013년 5월 총선에서 대승을 거두면서 14년 만에 다시 집권에 성공했다. 2007년 무샤라프 대령을 몰아내고 파키스탄 역사상 처음으로 선출된 민간 정권을 세운 자르다리 정부는 최대 앙숙인 PML(N)에게 평화적으로 정권을 이양하고 군부 세력과의 분리를 시도한 점에서 의의가 있다. 그리고 자르다리가 이끄는 중도좌파 파키스탄국민당(Pakistan People's Party: PPP)과 샤리프가 이끄는 중도우파 파키스탄무슬림연맹(Pakistan Muslim League: PML(N), (Nawaz))이 모두 임기를 채울 수 있었다. 양당은 또한 2010년 제18차 개헌을 통해 군부의 권한을 축소하고 군부 쿠데타가 발생하지 못하도록 법적인 장벽도 높여놓았다.

이에 군부는 외견상 민간 통치를 지지하는 듯 포장했지만 실제로는 PPP와 PML(N) 정부를 무력화시키기 위해 다양한 방법을 동원했다. 특히 샤리프 총리가 인도와 외교를 재개하고 군사적 행동을 제어하려 하거나 무샤라프의 반역죄에 대한 무고 선언을 뒤집으려 하자 격노한 군부는 2017년 4월 20일 샤리프 총리에 대해 부패 의혹을 제기하고 대법원을 통해 집중적인 조사를 명령했다.[6] 그리고 샤리프 총리에 대한 괘씸죄로 2018년 군부 영향력 아래 있는 임란 칸을 총리로 등장시켰다. 이후 교묘한 개입을 통한 군부의 간접 통치가 다시 시작되었고, 반정부 인사들의 납치, 실종 사건들이 끊이지 않았다.[7] 2020년 9월부터 11개 야당이 규합한 사상 최대의 반정부 연합 파키스탄민주운동(Pakistan Demo-

---

6 연합뉴스 https://www.yna.co.kr/view/AKR20170420197000077.

7 2009년 이후 원인불명 사체 4,557구 발견, 2014년 이후 5,000~6,000여 명이 공권력에 의해 실종된 것으로 보고되었다(Shah, 2020).

cratic Movement: PDM)이 결성되어 총리 사임과 궁극적으로는 군부에 반대하는 시위에 나서고 있다. 하지만 코로나19와 같은 혼란 속에서 대체 불가한 장악력을 보여주고 있는 군부의 지위는 요지부동이다.

3. 대내외 정책결정의 핵심 요인: 이슬람, 민족주의, 군부

파키스탄의 중요한 정치적 결정 대부분이 인도라는 위협에 대응하기 위한 것이라고 봐도 과언이 아니다. 그러나 실상 인도의 위협이 실재한다기 보다는 과대 포장함으로써 정권의 정통성과 통치 용이성을 확보하는 수단으로 활용되는 측면이 많았다. 파키스탄은 분리독립 이후의 국가 정체성과 안보에 대한 우려, 민간정부에 만연한 부정부패와 무능함 속에서 특정 엘리트 가문과 군부 위주의 정치체제가 반복되고 있다. 본 절은 위와 같은 파키스탄 국내정치와 대외전략을 결정하는 세 가지 핵심 세력에 대한 분석을 통해 파키스탄 외교의 국내정치적 기원에 대한 단초를 찾아보고자 한다.

1) 독립국가 탄생을 이끈 이슬람과 정체성의 정치

독립국가 파키스탄의 탄생은 한마디로 힌두교의 인도와는 공존할 수 없는 대립된 종교, 이슬람에 그 기원이 있다고 하겠다. 따라서 파키스탄의 독립 당시부터 이슬람 국가로서의 '정체성의 정치(Politics of identity)가 파키스탄의 정치, 외교 정책의 근간을 형성하였다(Siddiqa, 2017; Khan, 2001). 이슬람으로서의 정체성 수호에 민감하고, 인도를 적개시하며, 국가 주도의 이슬람화를 전개하는 것이 핵심적인 정책 목표가 되었다.

이같은 이슬람에 기반한 정체성 정치는 파키스탄 독립의 원동력이 되었지만, 이후 자체적인 정체성 정립 실패 및 수니파(Sunni)와 시아파(Shia)간, 그리고 소수 종파간 분열이 심화되면서 정치 불안을 야기하는 요인이 되었다. 평화롭게 공존하던 수니파와 시아파는 정치적 목적에 이용되면서 갈등이 촉발되어, 이슬람의 정치화가 지닌 문제를 드러내게 되었다. 1977년 쿠데타로 정권을 탈

취한 지아가 1980년대 초반까지 정권의 합법성을 획득하기 위한 수단으로 수니파 교리를 강조하여 시아파의 저항을 불러일으킨 것이 발단이 되었다(Zahab, 2004: 115-118).[8] 특히 인도에 대응하는 정체성 정치의 강조는 군부 세력을 키우는데 일조했고, 이슬람과 군부가 결합하여 인도에 강경한 외교정책을 펼치는 배경으로 작용했다.

이슬람이라는 국가의 핵심 가치는 수니파와 시아파 간의 갈등 뿐만 아니라 다양한 소수 종파간 갈등, 이슬람 현대화의 부작용 등으로 분열 양상을 나타내며 국가적 혼란을 가중시키기도 했다. 일례로 무슬림의 부흥을 위해 전개했던 개혁(Reformation)과 복원(Restoration) 운동은 주도하는 세력간 경쟁이 심화되면서 무슬림 대 무슬림의 구도를 초래했다. 개혁운동은 아흐마드 칸의 영향을 받아 무슬림의 우월성에 기반을 두고 지배 권리에 초점을 맞춘 개혁을 주장한 반면 복원운동은 정통 이슬람인 북인도의 우월성을 강조하면서 인도 보다 오히려 아흐마드 칸을 최대의 적으로 상정했다. 독립 이후에도 두 세력간의 갈등이 지속되었고, 소수 종파 및 종교 내정이 끊이지 않고 있다. 이슬람 정치의 핵심 딜레마인 현대와 전통을 조화시키는 문제도 파키스탄 정치의 불안정성을 부추기고 있다(Chak, 2015).

2) 뿌리깊은 민족주의(Ethnic Nationalism)와 형식에 불과한 정당 정치

파키스탄은 독립 국가로 출범했지만 이슬람이라는 종교 외에는 문화, 전통, 관

---

8 지아가 수니파 중에서도 가장 오랜 전통과 영향력을 지닌 하나피(Hanafi) 학파의 율법에 기반한 이슬람화를 추진하고 수니 극단주의자들을 정치, 경제적으로 후원하면서 시아파의 저항이 시작되었다. 이란 혁명, 이란-이라크전, 아프가니스탄 지하드(Jihad, '성전(聖戰)')는 억눌려있던 종파간 갈등에 촉매제 역할을 했고, 급진적인 종교 단체들이 해외자금을 받고 활동을 확대하면서 파키스탄은 이란과 사우디아라비아 간의 대리전장이 되었다(Zahab, 2004). 한편 아프가니스탄 탈레반도 아프가니스탄이 하나피 율법을 토대로 진정한 이슬람 체제를 갖추어야 한다는 주장을 고수하고 있다(Mandaville, 2020).

습, 언어까지 다른 점이 더 많았던 이질적인 민족들로 구성되어 있었기에 출범 직후부터 갈등이 불거져 나왔다(Khan, 2001).[9] 파키스탄 인구의 63%를 차지하는 펀자브(Punjab)인들이 군, 행정관료 등 엘리트 층에서 높은 비중을 차지하면서 정치, 경제, 군사력을 거의 다 장악하고 있었다. 이에 대해 신드(Sindh)와 발루치스탄(Baluchistan)인들의 반발이 끊이지 않았다. 특히 발루치 민족주의는 냉전기 이후 패권국 소련의 부재와 세계화가 지역 정치세력과 조응하는 과정에서 한층 급진적, 공격적, 배타적인 성격으로 강화되었다(Hoshang, 2020). 아프가니스탄과의 국경선이 확정되는 과정에서 파키스탄으로 귀속된 파슈툰(Pashtun) 부족도 저항을 지속했다.

다른 남아시아 국가들과 마찬가지로 파키스탄의 정당도 대부분 토호국 왕조에 뿌리를 두고 있다(Lieven, 2012: 15). 중도좌파 성향의 세속주의 정당인 PPP는 부토 가문의 정당이고, 남부 펀자브 지역을 거점으로 중도층을 흡수하고 있는 PTI는 임란 칸 가문의 정당이다. 중도우파이자 이슬람 보수파인 PML(N)은 샤리프 가문의 정당이며 서방에 반대하는 성격을 지니고 있다. 동파키스탄 분리운동을 이끈 아와미국민당(Awami National Party: ANP)은 왈리 칸(Wali Khan) 가문의 정당이다. 최대 이슬람 정당인 자미아트-울레마-이-이슬람당(Jamiat Ulema-e-Islam)은 북부 북경 지역 파쉬툰에 기반을 두고 있다. 반면 자마트-이-이슬람당(Jamaat-e-Islami)은 펀자브 및 카라치(Karachi)의 인도 이주민이 주 지지기반이다. 이들은 파키스탄의 분리독립에 반대했던 덜 급진적인 집단이다.

---

9 파키스탄을 구성하는 여러 민족은 각각 고유한 언어, 문화, 정체성과 같이 '국가'로 구분될 수 있는 특성을 보유하고 있다. 파키스탄 국민으로서의 정체성과 함께 각각 펀자브, 발루치스탄, 신디, 모하지르 등 각 민족의 정체성을 동시에 지니고 있는 것이다(Laif and Hamza, 2010). 때문에 펀자브 인을 제외하면 모두 분리주의 혹은 자치주의 운동을 일으켜 중앙 정부와 끊임없는 충돌을 빚고 있다. 이는 다민족 국가에서 소수민족은 국가 형성 과정에서부터 끊임없이 위기를 겪게 되므로 자체적인 국가를 갖는 것이 최선의 방법이라는 현실주의 설명과 부합한다(Mearsheimer, 2018: 98).

도시 중산층의 지지를 받는 통합민족운동당(Muttahida Qaumi Movement: MQM)도 분리 독립 당시 인도 북부와 중부에서 온 이주민인 무하지르인(Mohajirs)과 그 후손에 강력한 민족 기반을 두고 있다. 이처럼 각 정당이 민족주의에 뿌리를 두고 형성된 상황에서 정당 선거는 소속한 지방의 이해를 실현하기 위한 도구에 불과했다.

이와 같은 배경에서 파키스탄은 외교 정책 수립에 있어서도 서로 다른 민족주의의 영향을 받았다(Shah, 1997; Waseem, 2004). 신드, 발루치스탄, 펀자브, 카이버팍툰콰(Khyber Pakhtunkhwa) 각각의 뚜렷한 역사적, 언어적, 문화적, 가족적 연계가 그들이 속한 지역뿐만 아니라 세계를 바라보는 방식을 결정지었기 때문이다. 즉 인도 및 카슈미르와의 관계, 핵 정책과 같이 직접적인 이해관계가 걸린 사안뿐만 아니라, 이슬람 국가 및 미국, 러시아, 중국 및 기타 강대국과의 관계 등 파키스탄의 주요 외교정책을 결정하는데 다양한 정책결정 엘리트들의 출신 지방의 특성이 반영되었다. 이처럼 파키스탄의 정책은 권위, 이념, 민족 간의 지속적이고 불분명한 적대 관계에 뿌리를 두고 있고, 특히 이슬람 민족주의와 지역 민족주의간의 이중적 구조가 형성된 것이 특징이다(Malik, 1997).

3) 강력한 군부와 권위주의 정치

영국 정부는 1947년 6월 3일 분할 계획 승인 후 73일 만에 독립을 선언했고, 인도와는 달리 파키스탄은 신생 국가의 행정, 경제, 군사를 전담할 기관이나 자원이 턱없이 부족한 상황에서 독립을 맞이하게 되었다. 이같은 행정의 공백을 메운 군부는 이후 파키스탄의 실질적 지배권을 이어갔다. 더욱이 이슬람과 지방 세력이 빚어내는 혼란과 독립 직후 인도로부터 오는 위협 인식에 대응하기에 군부만큼 효과적인 조직은 없었다. 민간 정권이 불안정한 상황을 통제하지 못하면 정당성이 약화되어 상대적으로 제도화 수준이 높고 전문성을 갖춘 군에게 정권을 넘기게 된다(이환비·백우열, 2019). 정치가 무질서하고 행정력이 약화되면 군부는 민간 정부를 전복시키고 새로운 민간 정부를 세우거나 군부 스스로 통치에 나섰다(Lieven, 2012; Shah, 2020).

특히 안보가 최우선 과제였던 파키스탄에서 군부는 민간 정부의 안보 측면에서의 무능을 비난하며 수 차례의 쿠데타를 일으켜 집권하면서 핵, 군사정책을 포함하여 국가의 주요 정책에 막강한 영향력을 행사해왔다. 실제로 민간 정부는 무능했다. 지아 울 하크(Muhammad Zia-ul-Haq) 장군이 사망한 후 1989년부터 1999년까지 베나지르 부토와 나와즈 샤리프가 번갈아 집권한 10년 동안 불완전한 민주주의와 무능으로 경제성장률이 1980년대의 6.5%에서 4.6%로 둔화되면서 '잃어버린 10년'이라는 평을 얻었다(Cohen, 2011).

군부는 파키스탄 외교정책의 거의 대부분을 결정했다고 봐도 과언이 아니다(Talbot, 2004). 실제로 아유브 칸(Ayub Khan)과 무샤라프는 힌두에 대한 두려움으로 이슬람 국가로의 전환과 이슬람 외교를 강조하였고, 아유브 칸은 힌두 인도와의 투쟁에 있어 무슬림의 불가피한 동맹을 영국에서 미국으로 치환하였다(Lieven, 2012). 군부는 이슬람교라는 종교적 신념을 악용하였고, 따라서 외부에서 볼 때는 이슬람이 폭력적이고 테러를 조장하는 것으로 비추도록 만들었다. 힌두국가이자 최대 적국인 인도와의 관계 정립과 관리는 군부-민간정부간 갈등의 근원이자 정권 교체의 핵심 요인이었다(Cohen, 2011). 군부는 민간 지도자들이 인도에 대해 온건한 정책을 수행하는 것을 비판하고 이를 이유로 정권을 빼앗기도 했다. 하지만 군부는 파키스탄의 복잡한 국내정치 상황에 비추어 볼 때, 정당이나 의회와의 연관성 및 의존성이 낮아서 정권을 오래 유지하고 비교적 독립적인 외교정책을 펼칠 수 있었다는 점에서 긍정적으로 평가되기도 한다(Lieven, 2012: 205).

III. 파키스탄을 둘러싼 세 가지 지정학적 단층대의 충돌과 중간국 외교

1947년 독립국가가 된 파키스탄이 공식적으로 외교정책을 표명한 것은 미국

방송 연설에서였다.[10] 파키스탄 독립을 이끈 진나는 1948년 2월 미국 국민과의 방송 대담에서 파키스탄 외교 정책의 목표를 아래와 같이 설명했다.

> "우리의 대외 정책은 세계 모든 나라에 대해 우호적이고 호의적인 관계를 맺는 것이다. 우리는 어느 나라와도 공세적인 관계를 맺을 의도가 없고 정직하고 공정한 외교 원칙을 신뢰하며 세계 각국의 평화와 번영을 증진하는데 최선의 기여를 할 준비가 되어 있다. 파키스탄은 세계의 억압받는 민족들에 대한 물질적, 도덕적 지원을 확대하고 유엔헌장의 원칙을 지지함에 있어 부족함이 없도록 할 것이다."

하지만 독립 직후 카슈미르를 둘러싼 인도와의 1차 전쟁에서 유엔의 중재 노력이 실패하자 국제법과 정의의 원칙으로 분쟁을 해결하기 어렵다는 인식에 도달했다. 이후 파키스탄의 대외노선은 확고한 이슬람주의와 강대국 동맹으로 접어들게 된다. 인구, 경제, 군사력 등 모든 면에서 압도적으로 우세한 인도와 처절한 생존 경쟁을 해야 하는 상황에서 인도 신드롬(India Syndrome)을 극복하기 위해 신뢰할 만한 동맹국을 찾아야만 했던 것이다.

파키스탄은 독립과 안보를 지키는데 도움을 줄 수 있을 것으로 기대하며 당시 주요 강대국과 모두 우호적인 관계를 유지하고자 하였다. 냉전기 소련은 인도와 친선관계를 맺었을 뿐만 아니라 신의 존재를 부인하는 점에서도 적으로 간주되어 자연스럽게 미국과의 동맹을 선택하였다. 하지만 1971년 동파키스탄에 대한 인도의 개입과 침략을 저지하는데 유엔과 동맹국들은 모두 도움이 되지 않았다. 이에 파키스탄은 억지력 확보를 통한 내적균형을 도모하는 차원에서 핵무기 개발에 나서게 된 것이다.

미국도 냉전기에는 소련 봉쇄를 위해 파키스탄과 군사적 연합을 형성했

---

10 파키스탄 외교부 웹사이트 http://mofa.gov.pk/foreign-policy-2.

지만, 파키스탄의 핵실험, 중국과의 관계 등 이해의 변화에 따라 파키스탄에 대해 일관성 없이 관여(engagement)와 방기(abandonment) 정책을 번복했다. 냉전 종식 후에는 소련의 위협이 사라진 대신 극단적 이슬람 세력이 벌이는 테러와의 전쟁이라는 대전략 속에 파키스탄의 존재가 다시 급부상하였고, 중국의 경우 지역 라이벌 인도의 견제와 함께 글로벌 파워인 미국의 역량을 분산, 약화시킬 필요에서 파키스탄과의 우호적인 관계를 지속해야 할 필요가 있었다(김태형, 2019).

파키스탄은 그림 8-1과 같이 힌두국가인 인도와의 대립이 지속되는 가운데 이슬람 국가로서의 정체성을 지켜야 했을 뿐만 아니라, 미국이 공산주의 및 테러리즘이라는 상충하는 세력과 충돌하는 단층선에서 딜레마적인 외교 압력을 겪어 왔다. 이에 III절에서는 파키스탄을 둘러싼 세 개의 지정학적 단층대를

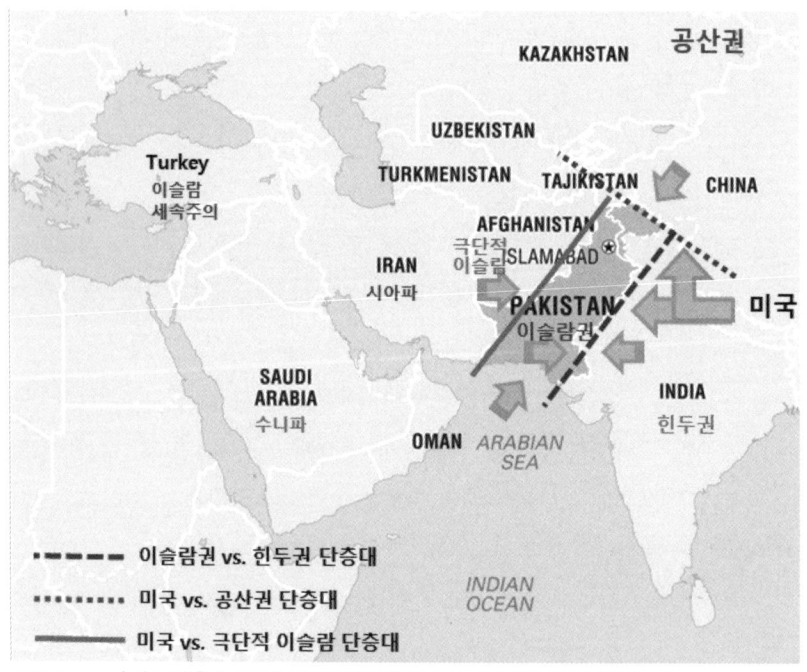

그림 8-1 파키스탄을 둘러싼 지정학적 단층대의 세 가지 충돌 양상
출처: Encyclopedia Britannica 지도를 이용하여 저자 작성

검토하고, 단층대가 활성화되는 시기 파키스탄이 취했던 중간국 외교 전략을 살펴보기로 한다.

1. 이슬람권 vs. 힌두권(인도) 사이에서의 중간국 외교

이슬람과 힌두가 충돌하는 지점에서 분리독립을 선택한 파키스탄의 대외관계에서 힌두권(인도)과의 대립 지속과 이슬람 정체성 외교는 중심적인 위치를 차지하고 있다. 파키스탄은 이슬람 국가라는 정체성에 따라 이슬람 국가로의 발전과 이슬람 통합을 외교의 최우선 목표로 설정했다(Sattar, 2017). 헌법 제40조는 "이슬람 통합에 기반하여 이슬람 국가간의 형제관계(fraternal relations)를 유지 및 강화"할 것을 규정하고 있고, 외교정책의 5대 목표에도 이슬람 국가로의 발전과 카슈미르를 포함한 국가 안보 및 지정학적(geo-strategic) 이익 수호를 각각 첫 번째와 세 번째로 명시해놓았다.

이에 따라 유엔에서 파키스탄은 인도네시아, 리비아, 모로코, 수단, 튀니지 등 식민지배를 받은 이슬람 국가들의 독립을 지지했고, 진나는 1947년 12월 트루먼 대통령에게 팔레스타인을 분할하기로 한 유엔 총회의 결정에 항의하는 서한을 보냈다(Sattar, 2017: 20). 특히 이란은 파키스탄 독립을 최초로 인정했고, 팔라비(Mohammad Reza Pahlavi) 국왕은 파키스탄을 방문한 최초의 국가 원수가 되었다. 양국은 중동조약기구(Middle East Treaty Organization)[11] 참여를 통한 군사 협력, 파키스탄-이란-터키 3국 지역 협력 기구인 RCD(Regional Cooperation for Development)를 통한 경제 협력을 이어갔고, 1965년과 1971년 인-파 전쟁 당시 이란은 파키스탄을 지원했다.

하지만 1980년대에는 이란의 경쟁국인 사우디아라비아와 관계가 친밀해

---

[11] 구소련 봉쇄정책의 일환으로 미국이 1955년 파키스탄, 이라크, 터키 및 영국 등과 결성한 중동조약기구는 이후 이라크가 탈퇴하고 후일 중앙조약기구(Central Treaty Organization: CENTO)로 재편되었다.

지고 파키스탄 내부의 수니 이슬람화로 인해 시아파 이란과 종파적 갈등이 더해졌다. 아프간-소련 전쟁(1979-1988) 기간 동안 이란이 인도, 러시아 등과 함께 반(反)탈레반 동맹인 아프간북부연합(Afghan Northern Alliance)에 참여한 반면 파키스탄은 미국의 핵심 우방국으로 맞서면서 양국 관계는 멀어지기 시작했다(Ahmed & Akbarzadeh, 2018). 특히 지아 장군이 정권을 잡은 이후 수니 이슬람화가 진행되자 시아파를 지원하는 이란과의 갈등이 심화되었다. 2001년 미국의 아프가니스탄 침공 지원, 2015년 사우디를 비롯한 걸프 산유국이 이끄는 이슬람대테러군사동맹(Islamic Military Counter Terrorism Coalition) 참여를 통해 이란과의 관계는 악화된 반면 사우디아라비아와 관계는 더욱 가까워졌다. 사우디아라비아는 파키스탄이 서방의 경제제재를 받는 기간 동안 원유를 제공했고, 2020년에는 경제 위기 타개를 위해 60억 달러를 지원하기로 했다(Ahmed & Akbarzadeh, 2020).

한편 인도와의 대화 재개를 위한 노력은 자르다리, 샤리프 등 민간정부 시기에 집중되었다. 자르다리 대통령 집권기에는 2011년 양국 총리간 크리켓 관람 회동, 2012년 인도 국빈 방문, 2013 유엔총회 계기 양국 총리회담, 12월 카슈미르 통제선 문제 논의가 이루어졌다. 샤리프 총리는 2014년 최초로 인도 모디 총리 취임식 참석을 위해 인도를 방문했고, 2015년 상하이협력기구(Shanghai Cooperation Organization) 회의 계기 양국 총리회담을 개최하는 등 인도와의 관계 개선을 도모했다. 하지만 인도와의 관계 개선을 위한 이러한 노력은 후일 군부가 샤리프 총리를 축출하게 만드는 계기가 되기도 했다.

요약하자면, 파키스탄은 인도와 충돌이 발생했을 경우 미국, 중국, 러시아의 도움을 받지 못했던 경험에 기반하여 핵무기 개발을 통해 내적균형을 도모했다. 동시에 인도 견제를 위한 외적균형을 도모하기 위해 범이슬람권과의 긴밀한 다자균형외교도 실시했다. 하지만 파키스탄이 강대국 편승 정책을 펼치는 시기에는 이슬람 외교에 혼선 및 갈등을 초래하기도 했다. 냉전기 파키스탄의 미국, 영국과 관계 강화는 수에즈 사태, 러시아 관계를 둘러싸고 이집트를 비롯한 아랍권과의 관계를 급랭하게 만들었다. 또한 내부정치 역학 변화로 수니파와 시아파 국가와의 우호협력 관계도 변천을 겪게 되었다.

2. 〈냉전기〉 미국 vs. 공산권(러시아, 중국) 사이에서의 중간국 외교

남아시아에서 미국의 두 가지 핵심 전략적 목표는 아프가니스탄 탈레반을 막고 친미 정부를 집권시키는 것과 중국 및 러시아의 확장을 저지하는 것이었다(조원득, 2019). 미국은 파키스탄 독립 직후에는 관심이 저조하였으나 냉전이 심화되면서 지정학적 중요성이 부각되자 소련과 중국의 팽창을 저지하기 위해 1954년 파키스탄과 상호방위조약을 체결하고 10년간 25억 달러의 원조와 7억 달러 규모의 군사원조를 제공하기에 이른다. 신의 존재를 부인하는 공산주의에 반감을 갖고 있던 파키스탄도 소련 봉쇄를 위해 미국이 주창한 동남아시아조약기구(Southeast Asia Treaty Organization: SEATO)[12] 및 CENTO에 가입하여 신뢰받는 동맹국의 위치에 오른다.

하지만 미국은 1962년 인-중전쟁 이후 인도에 대한 지원을 확대하더니, 1965년 제2차 인-파전쟁을 계기로 파키스탄에 대한 원조를 중단한다. 이에 파키스탄은 인도라는 공동의 적을 두고 있는 중국과 전략적 이해관계가 맞아 1959년 중국과 인도가 라다크(Ladakh) 지역에서 갈등을 빚을 때부터 전략적인 협력 국가로 전환한다. 특히 1962년 인-중전쟁 후 미국의 대인도 지원은 결정적으로 파키스탄이 친중국가로 노선을 굳히는 계기가 되었다. 그러나 제2차 인-파전쟁 때 중국으로부터도 기대했던 지원을 받지 못하자, 파키스탄은 결국 자조의 길을 선택하게 된다. 두 강대국으로부터 각각 두 번씩 방치된 경험을 바탕으로 파키스탄은 내적균형 전략 차원에서 핵무기 개발에 박차를 가하게 된

---

12 동남아시아조약기구는 1954년 동남아 지역에 대한 구소련의 공산주의 확산을 방어하기 위해 결성되었으며, 역내 태국, 필리핀, 파키스탄과 역외의 미국, 영국, 호주, 뉴질랜드, 프랑스 등이 참여하여 일종의 집단안보체제로 운영하였으나 1977년 해체되었다(김태환 외, 2019).

것이다. 그러자 미국은 1970년대 중반부터 파키스탄에 핵개발을 저지하는 전방위 압력을 가하였다. 1979년 소련의 아프가니스탄 침공 이후 1980년대에는 파키스탄이 소련의 영향력을 봉쇄해줄 것을 기대하여 대규모 경제원조를 제공했지만, 1980년 중반 이후 소련의 세력이 약화되자 제재조치를 재가동하였다.

한편 1965년 제2차 인-파전쟁 당시 중국으로부터도 군사적 지원을 받지 못한 상황에서 구소련의 코시긴(Aleksei Kosygin) 총리가 중국의 영향력을 견제하는 차원에서 1966년 타슈켄트 협정을 중재하여 휴전을 이끌어냄으로써 소련의 영향력이 일시적으로 증대되기도 했다. 하지만 이후 중국은 핵무기 개발의 결정적 기술을 파키스탄에 전수하고, 1963년 국경협정을 통해 카슈미르 일부 영토를 파키스탄에 반환했을 뿐만 아니라 3차 인-파전쟁시 파키스탄을 지원했다. 미국-인도 원자력 협력에 대응하기 위해 중국-파키스탄 원자력 협력을 비롯한 군사 분야 협력도 강화하면서 굳건한 동맹으로 관계를 발전시키고 있다. 인도라는 공동의 적에 대한 견제를 비롯하여 핵심적인 지정학적 이해관계를 공유하는 파키스탄과 중국은 양국이 "유일무이한 전천후 전략적 협력 동반자 관계(all weather strategic cooperative partnership)"를 맺은 형제국가임을 강조하고 있다.[13]

최근에는 중국식 세계화 구현을 위한 경제 외교(economic diplomacy)에서 파키스탄이 핵심 국가로 부상했다. 시진핑 집권 이후 중국이 외교전략으로 내세운 '이웃국가와의 우호적 관계' 수립과 새로운 경제구상인 '일대일로(一帶一路)' 프로젝트 수행에 있어 파키스탄은 시범 케이스와 같은 중요성을 지닌다. 실제로 중국은 파키스탄 남부 과다르(Gwadar) 항구를 개발하고 있고, 일대일로의 핵심 사업인 중국-파키스탄 경제회랑(China-Pakistan Economic Corridor:

---

[13] Ministry of Foreign Affairs, Government of Pakistan(2018), The State Council of the People's Republic of China(2018), Ministry of Foreign Affairs, the People's Republic of China(2021).

CPEC)[14] 건설 등에 총 620억 달러 규모의 투자를 약속했다. 한때 중진국 경제로 도약할 수 있다는 평가를 받았던 파키스탄 경제는 2005년 지진과 2010년 홍수와 이후 민주정부의 무능과 군의 과도한 국방력 집착이 복합적으로 작용하면서 경제 불황이 지속되고 있다. 이에 대해 미국은 파키스탄이 중국의 세계화 실현의 교두보 국가로서의 역할을 충실히 하고 있다고 비난하면서도 대안을 제시하지는 못하고 있다.

3. 〈탈냉전기〉 미국 vs. 극단적 이슬람(알카에다와 탈레반) 사이에서의 중간국 외교

냉전기에 파키스탄은 소련의 아프간 침공에 저항한 무자헤딘(mujahidin, 이슬람 전사)을 지원하는 미국 주도 반(反)공산 연대에서 핵심적인 동맹국가였으나, 소련의 붕괴와 미-중 관계 개선은 동맹의 와해를 야기했다. 1998년 파키스탄의 핵실험 이후 미국은 각종 경제제재 조치를 발표하고 해외 지원도 중단했는데, 예상치 못한 해빙기가 찾아왔다. 2001년 9월 11일 미국 뉴욕의 한복판에서 폭탄테러를 자행한 이슬람 테러집단 알카에다(Al-Qaeda)를 제압하기 위해 미국이 선포한 테러와의 전쟁(War on Terror)에서 파키스탄이 다시금 미국의 핵심 협력국가가 되었기 때문이다. 탈냉전기 미국의 최대 전략목표로 부상한 테러와의 전쟁에서 중요한 위치를 차지하게 된 파키스탄은 이후 2009년까지 110억 달러에 달하는 군사원조를 받았고 미국의 오랜 동맹(old ally)으로 불리우기도 했다. 그러나 파키스탄이 북한, 리비아 등 미국의 적국에 핵기술을 제공한 사실이 드러나면서 2009년 이후의 지원은 대폭 축소되고 그나마 조건부로 이루어지게 된

---

14 중국-파키스탄 경제 회랑(CPEC)은 중국 북서부 신장(新江)의 카슈가르(Kashgar) 시와 파키스탄 발루치스탄의 항구도시 과다르를 연결하는 초대형 프로젝트이다. CPEC은 파키스탄의 경제발전 뿐만 아니라 인도양으로 향하는 중국의 해양강국 실현에 핵심적인 프로젝트이다(Gill, 2019). 한편 파키스탄은 CPEC을 추진하는 과정에서 중국에 무려 650만 달러의 빚을 지고 투자 형태 등에 문제가 제기되면서 중국의 부채함정외교(Debt-Trap Diplomacy)에 말려든 것이라는 비난이 커지고 있다(Lalwani, 2020; The Economist, 2020).

다. 대테러전에서 파키스탄의 역할에 만족하지 못했던 미국은 2011년 사전 협조나 통지 없이 파키스탄 영토에서 빈 라덴을 사살하고 정부를 비난하기도 했다.

미국은 2001년 9·11 테러 및 2차 아프간전을 계기로 파키스탄과 협력관계를 유지하고 있으나 양국간 전략적 인식의 차이 및 상호 불신으로 양국관계는 부침을 겪고 있다. 파키스탄은 미국이 자국을 종속적 관계에 있는 것처럼 대우하고 있으며, 경제원조도 조건적이고 자국의 희생에 비해 미미하다는 불만을 토로했다.[15] 특히 2011년 미군의 일방적인 오사마 빈 라덴 제거 작전과 NATO군에 의한 파키스탄 군초소 오폭으로 군인 24명이 사망한 사건은 주권 침해라고 비난하면서 양국 관계가 더욱 악화되었다. 이같은 변화는 2017년 이후 더욱 분명해졌는데, 트럼프 행정부는 파키스탄이 테러단체에 피난처를 제공한다고 비난하며 핵심적인 비NATO 동맹국으로서 누려온 특권이 사라질 수 있음을 경고했다(Ferdinando, 2018). 그럼에도 2019년 미국-탈레반 평화 협상에서 파키스탄은 배후에서 중요한 역할을 했고, 아프가니스탄 철수를 추진하는 미국 입장에서 파키스탄과의 우호적 관계 유지는 필수적이다(Lalwani, 2020). 서로의 전략적 필요에 따라 양국간 협력은 지속될 전망이나, 상호 불신의 골이 깊기 때문에 협력의 수준과 질은 가변적이라고 할 수 있다.

이 시기 파키스탄이 선택한 외교 전략은 미국에 대해 경성균형에 가까운 강한 헤징을 하면서도 아프간 탈레반과 최소한의 협력관계를 지속한 것이다. 파키스탄 군부 및 파슈툰족 지방세력이 여전히 탈레반을 지원했던 것은 사실이다(마샬, 2016). 파키스탄은 1989년과 같이 미군이 철수하면 활성화된 단층대가 진정될 것이라는 계산 아래 아프간 내에 우호적인 세력을 유지할 필요가 있었

---

15 2001년 9.11테러 및 미국의 아프가니스탄 전쟁이 시작되면서 파키스탄에서도 폭력적인 극단주의가 기승을 부리는 실정이다. 가장 잘 알려진 파키스탄 탈레반(Tehrik-i-Taliban Pakistan: TTP)은 2007년 아프가니스탄 탈레반을 지지하는 파키스탄 내 이슬람 극단주의 무장단체 13개가 연합하여 결성한 이슬람 무장단체이다. 이들은 아프가니스탄 인접지역인 파키스탄 서북부에서 지속적으로 테러활동을 벌이고 있다(Amira, 2021).

기 때문이었다. 이와 같이 미국과 탈레반 사이에서 추구한 균형전략은 미국으로부터 값비싼 경고를 받았지만 그 대신 파키스탄은 탈레반과의 유대관계를 유지할 수 있었다. 아프간 정부는 파키스탄에 대해 2011년 빈 라덴 은신처 제공과 카불 NATO 본부 및 아프간 미국대사관 테러 의혹 등을 제기하고 있는 등 관계가 다소 경색되어 있다. 그러나 샤리프 정부 출범 후 아프간 정부가 주도하는 평화프로세스를 적극 지지하면서 아프간과 각각 미국, 영국, 중국을 포함한 다양한 3자 대화에 참여하는 등 협력관계를 이어가고 있다.

IV. 단층대 활성화 시기별 파키스탄 중간국 외교전략의 변화

II절과 III절을 통해 살펴본 바와 같이 파키스탄의 외교전략은 독립 국가로서의 정체성을 확보하면서 인도로 대표되는 외부의 위협 세력으로부터 자국의 안보를 지키는 것을 최우선 목표로 삼고 있었다. 이와 동시에 주권을 담보로 경제원조를 갈구할 만큼 경제발전을 이룩하는 것은 정권의 정통성 확보에도 중요한 또 다른 목표라고 할 수 있다.

이 절에서는 먼저 앞 두 개 절의 논의를 종합하여 파키스탄 외교전략의 변화를 시기별로 구분하여 살펴보기로 한다. 주요 변곡점은 대부분 미국을 중심으로 한 강대국이 조성한 외부 환경에 따른 대응의 성격을 띠나, 충돌하는 세력권의 특성, 여기에 파키스탄 자체적인 이해관계에 대한 계산과 국내정치적 요인이 복합적으로 결합되어 다양한 형태의 외교전략으로 나타난 것을 볼 수 있다([표2-1]).

먼저 1기(1947)는 분리독립과 민족자결의 비동맹 노선을 특징으로 한다. 힌두권에서 독립한 이슬람 국가로서 이슬람권에 대한 적극적인 외교를 강조하며 연성의 다자균형을 추구했던 시기이다. 독립국가 파키스탄의 외교 정책 목표는 진나의 연설에서도 나타났듯이 평화와 안보, 정치적 독립과 영토의 온전

표 8-1 단층대의 변화와 국내정치 요인이 결합된 파키스탄 외교전략 추이

단층대 이⇔힌	단층대 미⇔공산	단층대 미⇔이	시기 구분 (전환점)	외교노선	주요사건	시기	정권	성격
○			1기 (1947)	비동맹(민족자결) 연성의 다자균형	파키스탄 독립	1947.8.14	무함마드 알리 진나	
○	○		2기 (1948)	대미동맹(편승)	1차 인-파 전쟁(1947~48) 진나 사망과 군소정당 난립	1948.9	무함마드 알리 진나	민간
○			3기 (1965)	대미동맹 해제 중국 경사 균형외교	2차 인-파 전쟁(1965) 미 주도 지역기구 탈퇴	1958.10~1969.3	아유브 칸	군부 (친이슬람/파슈툰)
						1969.3~1971.12	야히아 칸	군부
○			4기 (1971)	내적균형(자주)	3차 인-파 전쟁(1971, (방글라데시 독립)) 핵무기 개발 착수	1971.12~1977.7	줄피카르 알리 부토	민간
○	○	○	5기 (1979)	대미동맹(편승) 이슬람화(수니)	1차 미-아프간전(아프간 지원, 인도-소련-이란 연합 대응)	1977.7~1988.8	지아 울 하크	군부(수니/핵)
						1988.12~1990.8	베나지르 부토 1기	민간
○			6기 (1989)	대미동맹 해제 중국 경사 균형외교	핵실험(1998) 미국의 경제제재 4차 인-파 전쟁(1999)	1990.11~1993.7	나와즈 샤리프 1기	민간
						1993.10~1996.11	베나지르 부토 2기	민간
						1997.2~1999.10	나와즈 샤리프 2기	민간 (친이슬람)
○		○	7기 (2001)	미국 경사 균형외교 대인도 연성균형	미 9.11테러(2001) 및 2차 미-아프간(탈레반)전 인-파 정상교류 활성화	1999.10~2008.8	페르베즈 무샤라프	군부
						2008.9~2013.3	아시프 알리 자르다리	민간 (친미, 반탈레반)
○	○	△	8기 (2013)	중국 경사 균형외교 이슬람 다자협력	중국 일대일로 인도 힌두민족주의 강화 및 무슬림 탄압	2013.6~2017.7	나와즈 샤리프 3기	민간 (친이슬람)
						2017.8~2018.5	하칸 압바시 (과도)	민간(친군부)
						2018.8~현재	임란 칸	민간(친군부)

주: 세 개의 단층대는 앞 III장에 따라 각각 이슬람권 vs. 힌두권(이 ⇔ 힌), 미국 vs. 공산권(미 ⇔ 공산), 미국 vs. 극단적 이슬람(미 ⇔ 이)으로 구분
출처: 저자 작성

한 보존, 세계 공동체의 다른 구성원들과의 협력과 정치·경제적 유대 증진 등 이상주의적인 신념을 표방하였다. 그리고 평화공존 전략의 초석으로 국제법 원

칙과 유엔헌장에 대한 헌신을 강조했다. 하지만 이러한 정책노선은 국제 환경, 특히 남아시아 지역의 변화하는 강대국 정책에 따라 오래 지속되지 못했다.

2기(1948~1965) 파키스탄의 외교정책에서 대외 환경의 변화에 따른 첫 번째 전환점은 인도와의 국력 격차를 대신 감당해줄 동맹의 필요성에 의해 미국과의 비동맹에서 동맹으로의 전환이었다. 유엔헌장 제51조에 규정된 집단방어(collective defence)는 주권적 권리라는 논리 하에 이 시기 국방을 포함하여 미국과 수립한 긴밀한 동맹관계는 편승(bandwagoning) 전략으로 해석할 수 있다. 하지만 3기(1965~1971)에는 미국과의 동맹 해제 및 중국에 경사된 균형외교로 외교노선을 전환하게 된다. 1965년 인도의 침략에 대항하여 파키스탄은 미국에 지원을 요청했으나 거부당했을 뿐만 아니라 미국이 오히려 인도에 군사원조를 함으로써 동맹이 종식된 것이다. 비공산주의 국가의 침략에 대항해서는 동맹이 발동될 수 없다는 사실을 확인함으로써 파키스탄은 SEATO 및 CENTO 동맹을 탈퇴했다. 반면 이 시기 아유브 칸을 지지한 중국은 파키스탄에게 깊은 인상을 남겼고, 파키스탄은 중국과 혈맹에 가까운 특수한 협력관계를 강화하기 시작했다.

4기(1971~1979)는 파키스탄이 동파키스탄(방글라데시)의 독립을 경험한 후 내적균형전략을 추구하게 된 시기이다. 1971년 인도가 군사적 개입을 통해 동파키스탄의 분립운동을 지원함으로써 3차 인-파전쟁이 발발했다. 이 전쟁에서 전통적인 무기체계로는 인도를 상대할 수 없다는 사실이 확인되었을 뿐만 아니라 외부의 도움이 기대에 미치지 않자, 파키스탄은 핵무기 개발을 통한 자주 노선을 선택했다. 파키스탄이 핵확산금지조약(Nuclear nonproliferation treaty)의 당사국이 아니므로 국제법에 저촉되는 것이 아니었지만 미국은 경제 지원과 무기 판매를 중단하며 제재를 통보했다. 미국에 대한 파키스탄의 실망과 불신이 더욱 커지면서 양국 관계는 냉각기에 접어들었다.

미국과의 뜻하지 않은 해빙기인 5기(1979~1989)의 전환점이 된 것은 1979년 12월 소련의 아프가니스탄 침공이었다. 초강대국 소련의 국경 진출로 파키스탄은 인도-소련 결탁이라는 위기 상황에 노출되었다. 전쟁 발발 2년 후 파키스탄은 무자헤딘의 자유 투쟁을 지원한다는 명목으로 미국과의 협력 조건을 협상하여 전략적 동맹을 복구했다. 국내적으로도 지아와 이념을 같이 하던 사회주의 반미 이슬람 세력이 약화되면서 미국과의 협력을 도모할 수 있는 여건이 마련되었다.

하지만 1989년 소련군이 아프가니스탄에서 철수하여 미국의 전략적 동맹으로서의 가치가 낮아지자 미국은 제재를 재개했고 파키스탄은 홀로 황폐해진 아프가니스탄의 내전에 대처해야 하는 곤경에 처하게 되었다. 이에 더하여 미국이 이스라엘과 인도에 대한 우호적 입장을 강화하면서 파키스탄내 반미 감정은 다시 높아졌다. 그러자 파키스탄의 6기(1989~2001) 외교전략은 다시 미국과의 동맹 해제 및 중국에 경사된 균형외교로 전환되었다. 특히 1998년 핵실험 이후 서방의 강력한 제재를 받는 상황에서 1999년 인도와 네 번째 전쟁을 치르면서 민간정부 10년은 최악의 경제실적과 대외여건 악화로 무기력하게 막을 내리게 되었다.

7기(2001~2013)는 미국에 동맹 수준으로 경사된 균형외교를 펼치는 한편 대인도 연성균형외교를 시도한 시기이기도 하다. 긴 냉각기에 접어들었던 미국과의 관계는 2001년 9·11 사태를 계기로 미국이 파키스탄에 예기치 않은 개입을 해옴에 따라 급진적인 변화를 맞게 되었다. 파키스탄은 미국이 수행하는 테러와의 전쟁을 도움으로써 미국으로부터 지원을 받는 대신 복잡한 지역정치와 테러리즘의 출현으로 더 큰 어려움을 겪게 되었다. 가장 심각한 결과는 파키스탄 내부의 종교적 극단주의와 파멸적인 테러리즘의 출현이었다. 미국이 2011년 아보타바드(Abbottabad) 공격으로 오사마 빈 라덴을 사살하고 살랄라(Salala) 주둔 파키스탄군 부대를 폭격함으로써 양국 관계는 최악으로 치달았지만, 친미 반탈레반 성향의 자르다리는 1년여에 걸쳐 미국과의 관계를 회복시켰다. 한편 자르다리는 인도에 대해 유화적 외교를 펼치면서 협력의 물꼬를 트기도 했다.

2013년 3기 집권을 시작한 샤리프는 친이슬람 성향에 무샤라프와 같이 미국과의 동맹에 가치를 두기보다는 과거 방기의 경험을 기억하며 오히려 중국,

아프가니스탄과 균형 외교를 추구했고, 인도와도 정상적인 교류 재개를 추진했다. 또한 강대국 외교에 밀려 있던 이슬람 외교도 '중립'의 가치를 걸고 본격적으로 시작한 것이 특징이다. 이러한 파키스탄 외교의 특징은 2018년 등장한 임란 칸 정부로 이어진다. 다만 미-중 패권경쟁이 심화되고 인도가 미국이 주도하는 지역협의체에 점차 깊숙이 가담하면서 파키스탄의 중국 의존도가 더욱 심화되고 있는 상황이다.

V. 맺음말

파키스탄은 이슬람 국가로서의 정체성을 내걸고 독립한 이후 독자적인 대외정책을 추진하고자 했다. 초창기에는 힌두권과 이슬람권의 균열 속에서 탄생한 이슬람 국가로서 정체성 정치를 펼치면서도 양대 세력권 사이에서 중간국의 역할을 수행하고자 했다. 하지만 인도와의 국력 격차와 내부 정체성의 혼돈이 심화되면서 힌두-이슬람 중간국 외교의 모토는 점차 색이 바랬다. 오히려 파키스탄에게 존재의 근거이자 위협인 인도와의 대치 상황으로 인해 상시적으로 활성화된 이슬람권과 힌두권(인도) 단층대는 파키스탄의 외교적 선택에서 가장 큰 부담과 제약 요건이 되었다.

이에 더하여 미국과 공산권(러시아, 중국) 및 극단적 이슬람(알카에다와 탈레반) 세력이 충돌하면서 활성화된 지정학적 단층대도 파키스탄에게 심각한 대외 전략적 딜레마가 되었다. 강대국의 세력 충돌이 빚어지는 단층대에 위치함으로 인하여 파키스탄의 대외관계는 핵심 강대국의 전략적 관심과 개입 정도에 의해 상당 부분 좌우되었다. 외부 강대국의 도움을 받아 안보를 지키려는 시도를 해보았지만 강력한 숙적 인도와의 대결상황에서 원칙 없이 관여와 방기를 번복하는 강대국의 도움은 기대에 미치지 못했고, 파키스탄은 이에 많은 희생을 치루고 핵무기를 보유하기에 이르렀다. 그리고 1989년 미군이 아프간에서 철수한 시점부터는 강대국에 대해 편승에 가까운 동맹외교를 선택하는 대신 연성균형 및 다자균형을 통한 적극적 헤징전략을 실시하게 되었다.

핵무기가 파키스탄에 진정한 평화를 가져다주지는 않았지만 파괴적인 최신 무기를 사용한 공격 형태는 줄어들었고, 외적균형에 대한 불신감을 상쇄하기 위한 내적균형 전략으로서의 유효성도 있었다. 파키스탄에서 핵기술을 가져간 북한 역시 이러한 효과를 기대할 수도 있다. 하지만 파키스탄이 핵무기 개발을 위해 치룬 댓가는 매우 컸다. 파키스탄은 경제 및 군사적 원조를 받는 대가로 미국 정부에 주권을 거래하는 한편(Jaffrelot, 2015), 중국과의 관계를 한층 강화하고 감당할 수 없는 규모의 부채가 누증됨에도 CPEC 협력사업을 확대할 수밖에 없다.

파키스탄이 정체성의 정치를 지속하는 이상 카슈미르를 둘러싸고 인도와의 갈등은 해소되기 어려울 전망이다. 파키스탄 분리독립의 핵심 명제인 '두 민족' 이론을 입증하여 국가와 정권의 정체성을 확보하기 위해서라도 카슈미르를 자국 영토로 복속시키는 것은 포기할 수 없는 과업이다. 이를 위해 이슬람 무장단체 라쉬카르-에-타이바(Lashkar-e-Taiba), 자이쉬-에-무하마드(Jaish-e-Mohammad)와 같은 무장단체를 계속해서 지원하여 카슈미르가 인도를 상대로 한 투쟁을 조장하고 있는 것이다. 더욱이 파키스탄은 상시적으로 활성화되어 있는 힌두권 인도와의 단층대에서 전천후 협력 관계를 기대할 수 있는 유일한 국가로 중국을 꼽고 있다. 이러한 맥락에서 볼 때, 미국이 인도-태평양 전략과 쿼드를 통해 중국을 적으로 상정하고 '동맹'과 '동맹이 아닌 국가' 가르기를 계속한다면 파키스탄은 '동맹이 아닌 국가'의 편에 설 수 밖에 없을 것이다. 파키스탄은 동맹의 주축인 인도와 같은 전선에는 절대로 설 수 없고, 중국을 적으로 돌리는 것도 불가능하기 때문이다. 중립 유지도 선택지가 될 수는 있지만 이는 파키스탄 경제에 당장 심각한 문제를 야기할 가능성이 높다. 그렇게 되면 미국은 중국과의 힘겨루기의 전선에 이어 반이슬람, 반테러 전선까지 중복되는 부담을 안게 될 수 있다.[16] 이는 당장 현재 진행형인 세 번째 단층대와도 관련이 된다. 미국이 2021년 아프가니스탄에서 완전한 철군을 목표로 하면서 이미 무장 반군 조직인 탈레반이 아프가니스탄에서 다시 세력을 확장하고 있기 때문이다(Miller, 2021).

마지막으로 이론적으로는 중간국 연대 가능성을 생각해볼 수 있겠으나, 파키스탄의 예를 통해 보듯이 중간국이 복합적인 단층대에 위치하는 경우 연대 가능한 국가의 구성이 다르며, 국내 정치적 이해집단의 세력 이동에 따라 대외전략이 다양한 형태로 나타나기 때문에 중간국간의 연대는 쉽지 않은 것으로 판단된다. 더욱이 복수의 세력권이 융성하여 충돌하는 탈냉전기에 접어들면서 국가 안보와 번영에 상수와 같은 핵심 이익과 파트너를 규정하는 것은 더욱 어려워질 것이다. 파키스탄의 예에서 보듯이 단층대는 하나 이상 작동할 가능성이 높다. 또한 지정학적 단층대에 위치한 국가는 단층대 활성화 시기 전략적 가치가 최고조에 달하고 이를 활용하여 동맹 관계를 맺을 수도 있으나 이는 '임시(일시적) 동맹'일 가능성이 높다. 효용가치를 상실하는 시기에 대비하여 다양한 형태의 헤징 전략을 수립할 필요가 있다.

---

16 칸 총리는 2021년 중국 공산당 창당 100주년을 축하하는 언론 인터뷰를 통해 미국이 중국을 견제하기 위해 쿼드를 결성하고 서방세계와 함께 중국과의 특별한 관계를 재고하라는 압력을 행사하고 있다고 비난하면서, 파키스탄은 어떤 어려움을 겪더라도 파키스탄의 편에 서서 도움을 주는 중국과의 전천후 우정을 포기할 생각이 없음을 강조했다(Republic world, 2021).

참고문헌

김상배·이승주·전재성 외. 2020. 『중견국 외교의 세계정치: 글로벌-지역-국내 삼중구조 속의 대응전략』. 서울대학교 국제문제연구소 총서 35. 서울: 사회평론아카데미.
김태형. 2019. 『인도-파키스탄 분쟁의 이해-신현실주의 이론으로 바라보는 양국의 핵개발과 안보전략 변화』. 서울: 서강대학교 출판사.
김태형. 2020. "국내 정체성 정치(identity politics)와 외교전략 딜레마 : 인도 모디(Modi) 정부의 힌두 민족주의 국내정책과 중국의 공세적 외교정책의 충돌." 『국가안보와 전략』 20(4). 통권 80호: 105-146. 서울: 국가안보전략연구원.
김태환·이재현·인남식. 2019. 『지정학적 시각과 한국 외교』. 서울대학교 국제문제연구소 총서 29. 서울: 사회평론아카데미.
로버트 D. 카플란. 2019. 『21세기 국제정치와 투키디데스: 어떻게 국제정치를 통찰하고 예견할 것인가』. 이재규 옮김. 서울: 김앤김북스
신범식. 2020. "지정학적 중간국 우크라이나의 대외전략적 딜레마." 『국제·지역연구』 29(1): 37-69. 한국국제정치학회.
이상현·이대우·정재흥·우정엽·배영자. 2020. 『미중 패권경쟁 시대 한국의 대외전략』. 세종정책총서 2020-2. 세종연구소
이환비·백우열. 2019. "파키스탄 건국 초기 군부체제의 형성과 분열(1958~1971): 아유브 칸과 야히야 칸 사례를 중심으로." 『국제·지역연구』 28(1): 89-120. 한국국제정치학회.
조길태. 2009. 『인도와 파키스탄 대립의 역사』. 서울: 민음사.
조원득. 2019. "미중 경쟁과 트럼프 행정부의 남아시아 전략: 인도와 파키스탄 중심으로." 『국가전략』 25(3): 121-148. 세종연구소
최윤정. 2019. "아세안을 둘러싼 미중 패권경쟁 평가와 시사점." 『세종정책연구』 2019-09. 세종연구소
팀 마샬(Tim Marshall). 김미선 옮김. 2016. 『지리의 힘(원제: Prisoners of Geography)』. 사이.

Ahmed, Zahid Shahab and Akbarzadeh, Shahram. 2018. "Understanding Pakistan's Relationship with Iran." *Middle East Policy* 25(4): 86-100.

Ahmed, Zahid Shahab and Akbarzadeh, Shahram. 2020. "Pakistan Caught between Iran and Saudi Arabia." *Contemporary South Asia* 28(3): 336-350.

Amin, Fouzia and Khan, Khurshid. 2017. "Increasing U.S.-China Strategic Competition: Implications for Pakistan." *The Korean Journal of Defense Analysis* 29(3): 475.

Amira, Jadoon. 2021. "The Evolution and Potential Resurgence of the Tehrik-i-Taliban Pakistan." *Special Report* 494(May 2021). Washington, D.C.: United States Instituted of Peace(USIP).

Chak, Farhan Mujahid. 2015. *Islam and Pakistan's political culture*. New York: Routledge, Taylor & Francis Group.

Cohen, Stephen Philip. 2005. *The Bad, The Ugly, and the Good: South Asian Security and the United States*(September 26, 2005). The Brookings Institution.

Cohen, Stephen Philip. 2011. "The Future of Pakistan." *Foreign Policy at Brookings*. The Brookings Institution.

Ferdinando, Lisa. 2018. "Pentagon Spokesman: U.S. Wants Pakistan to Take 'Decisive Action' Against Terrorism." *Dod news*(January 8, 2018). U.S. Department of Defense.

Flint, Colint. 2012. *Introduction to Geopolitics* 2nd ed. New York: Routledge.

Gill, Don McLain. 2019. "The Geopolitics of the China-Pakistan Economic Corridor(CPEC) and its Security Implications for India." *The Korean Journal of International Studies* 17(3): 337-353. 한국국제정치학회.

Hoshang, Noraiee. 2020. "The Baloch nationalism in Pakistan: Articulation of the ethnic separatism after the end of the Cold War." *Journal of Eurasian Studies* 11(1): 72-85. 한양대학교 아태지역연구센터.

Huntington, Samuel P. 1993. *The Clash of Civilizations and the Remaking of*

World Order. New York: Simon and Schuster.

Jaffrelot, Christropher. 2004. "Nationalism without a Nation: Pakistan Searching for its Identity." in *Pakistan: Nationalism with a Nation?* ed. by Christophe Jaffrelot. Manohar Publishers & Distributors. New Delhi: ZED Books Ltd.

Jaffrelot, Christropher. 2015. *The Pakistan Paradox: Instability and Resilience*. Oxford University Press.

Keay, John. 2000. *India: A History*. Harper Collins.

Khan, Adeel. 2001. *Politics of identity: Ethnic Nationalism and the State in Pakistan*: 1-272. University of Wollongong.

Lalwani, Sameer. 2020. "Pakistan in 2019." *Asian Survey* 60(1): 177-188.

Laif, Muhammad Ijaz and Hamza, Muhammad Amir. 2010. "Ethnic Nationalism in Pakistan: A Case Study of Baloch Nationalism during Musharraf Regime." *Journal of Pakistan Vision* 10(1). Pakistan Study Centre. University of the Punjab.

Lieven, Anatol. 2002. *Pakistan: A Hard Country*. Penguin.

Malik, Iftikhar H. 1997. *State and civil society in Pakistan : politics of authority, ideology and ethnicity*. New York: St. Martin's Press.

Mandaville, Peter. 2020. "Whither Islam in Afghanistan's Political System After the Taliban Talks? What a post-settlement constitution says about Islam may be less important than what it specifies with respect to institutions and due process." *Analysis and Commentary*(October 7, 2020). Washington, D.C.: United States Instituted of Peace(USIP).

Mead, Walter Russel. 2014. "The Return of Geopolitics: The Revenge of the Revisionist Powers." *Foreign Affairs* 93(3)(May/June 2014).

Mearsheimer, John J. 2018. *The Great Delusion: Liberal Dreams and International Realities*. New Haven and London: Yale University Press.

Miller, Laurel. 2021. "The Myth of a Responsible Withdrawal From Afghanistan: Counterterrorism Without Counterinsurgency Is Impossible." *Foreign*

Affairs(January 22, 2021).

Ministry of Foreign Affairs, Government of Pakistan. 2018. "Joint Statement Strengthening China-Pakistan All-Weather Strategic Cooperative Partnership Building Closer China-Pakistan Community of Shared Future in the New Era."(4 November 2018).

Ministry of Foreign Affairs, the People's Republic of China. 2021. "Remarks by State Councilor and Foreign Minister Wang Yi At the Launch Ceremony in Celebration of the 70th Anniversary of China-Pakistan Diplomatic Relations."(March 3, 2021).

Mishra, Sandip Kumar. 2019. "Prolonged Conflict and Reconciliation between India and Pakistan." *International Journal of Korean Unification Studies* 28(2): 37-66. 통일연구원.

Republic world. 2021. "Rattled By Quad, Pakistan PM Imran Khan Rules Out Rethink On China Ties Amid US 'pressure'.".

Sattar, Abdul. 2017. *Foreign Policy of Pakistan*. Oxford University Press.

Shah, Aquil. 2020. "Will Pakistan's Military Lose Its Grip on Power? Anger Is Mounting at the Generals Behind the Throne." *Foreign Affairs*: 1-8(December 22, 2020).

Shah, Mehtab Ali. 1997. *The foreign policy of Pakistan : ethnic impacts on diplomacy, 1971-1994*. London: I.B.Tauris,

Shah, Rahat. 2020. "The Foreign Policy of Pakistan under Imran Khan."(February 23, 2020). *Modern Diplomacy*.

Siddiqa, Ayesha. 2017. "A hybrid theocracy?" in *Democratic Transition and Security in Pakistan* ed. by Shaun Gregory. New York: Routledge.

Talbot, Ian. 2004. "Does the Army Shape Pakistan's Foreign Policy?" *Pakistan: Nationalism with a Nation*? Ed. Christophe Jaffrelot. Manohar Publishers & Distributors. New Delhi: ZED Books Ltd.

The Economist. 2020. "Chinese investment in Pakistan was supposed to be a showcase."(July 2020: 1-8).

The State Council of the People's Republic of China. "China, Pakistan to upgrade all-weather strategic partnership."(Nov 3, 2018).

U.S. Department of Defense. 2019. *Indo-Pacific Strategy Report: Preparedness, Partnership, and Promoting a Networked Region.*

Waseem, Mohammad. 2004. "The Dialectic between Domestic Politics and Foreign Policy." *Pakistan: Nationalism with a Nation?* Ed. Christophe Jaffrelot. Manohar Publishers & Distributors. New Delhi: ZED Books Ltd.

Zahab, Mariam Abou. 2004. "The Regional Dimension of Sectarian Conflicts in Pakistan." *Pakistan: Nationalism with a Nation?* Ed. Christophe Jaffrelot. Manohar Publishers & Distributors. New Delhi: ZED Books Ltd.

제9장

지정학적 중간국 이란의 외교전략

유달승 (한국외국어대학교 교수)

I. 서론

최근 국제정치에서 '지정학의 귀환'(Meed, 2014)이란 용어가 부상하면서 지정학의 중요성이 또다시 주목받고 있다. 미국 바드 대학의 월터 러셀 미드(Walter Russell Mead) 교수는 2014년 5/6월호 『포린 어페어스』(Foreign Affairs)에 기고한 '지정학의 귀환: 수정주의 세력들의 역습(The Return of Geopolitics: the Revenge of the Revisionist Powers)'이란 논문을 통해 중국의 남·동중국해 영유권 주장, 러시아의 크림반도 공식 합병 및 중동에서 이란의 영향력 확대와 같은 사례를 언급하면서 수정주의 세력들이 미국 중심의 국제질서에 도전하고 있다고 주장했다. 미중 패권 경쟁이 심화되는 신냉전 시대에서 지정학적 개념은 전지구적 차원으로 확대되고 있고 지정학적 단층대에 위치한 중간국은 생존과 번영을 추구하는 전략적 딜레마에 직면해 있다. 지정학적 중간국은 '강대국 사이에 끼인 국가'로 지역 정치의 지정학적 구조에서 지정학적 단층대 상에 위치하고 있다고 볼 수 있다(신범식, 2020: 39).[1]

---

1 중견국(Middle Power)은 물질적으로 국력이 강대국과 약소국의 중간에 위치한 국가를 의미한

이란은 지정학적으로 매우 중요한 국가로 강대국이 경쟁하고 충돌하는 지정학적 중간국에 위치하고 있다. 이란은 지리적으로 서남아시아에 위치한 국가로 인더스강과 티그리스강 사이의 이란고원에 있으며 아시아와 유럽을 연결하는 지정학적 요충지로 고대로부터 동양과 서양을 잇는 교량 역할을 해 왔다. 이러한 지정학적 요인으로 인해 이란의 역사는 마케도니아인, 아랍인, 몽골인, 투르크인, 러시아인, 영국인, 미국인 등 다양한 외세의 침입과 개입으로 점철되었다. 이에 따라 이란인들은 외부인에 대한 불신과 의심이 팽배해져 있어 전통적으로 외세에 대한 저항 문화를 가지고 있고 이를 바탕으로 강대국에 대한 등거리 외교 원칙을 표방하고 있다.

과거 이란은 '중동의 헌병' 또는 '페르시아만의 경찰'이라고 불리는 대표적인 친미 국가였지만 오늘날에는 이란은 미국과 적대적이고 대립적인 관계에 있는 반미 국가로 변했다. 1979년 이슬람 혁명과 그해 11월 4일 발생한 테헤란 주재 미국 대사관 인질 사태를 계기로 미국은 1980년 4월 7일 이란과 단교를 선언했다. 미국은 중동 패권을 강화시키기 위한 목적으로 이란 고립화 정책을 추진하고 있다. 특히 미국은 9·11 테러 사태 이후 '테러와의 전쟁'을 선언하면서 2001년 아프가니스탄 전쟁과 2003년 이라크 전쟁을 수행했고 이란에 대한 제재와 압박을 더욱 강화시켰다. 이에 대해 러시아와 중국은 미국을 견제하고 중동 내 미국의 영향력 확대를 저지하기 위해 이란과의 연대를 구축하고 있다. 이란은 미국에 대항하여 중국과 러시아와 전략적 제휴를 맺어 지역 및 경제협력을 추진하는 것을 목표로 하고 있다. 9·11 테러 사태 이후 중동의 지역구조는 크게 바뀌었다. 2001년 아프가니스탄과 2003년 이라크 전쟁을 통해 나타난 미국의 군사 개입은 이란의 커다란 위협요인으로 등장했다. 이란의 외교 정책은 안보를 기반으로 한 방어적 움직임이 강화되었고 위협을 최소화하기 위한 새로운 동맹 관계를 추진하게 되었다. 이를 위해 이란은 중국과 러시아의 관계를 강

다. 반면에 중간국(Middle Ground State)은 국력과 무관하게 지정학적으로 강대국 사이에 끼었거나 해양 세력과 대륙 세력 사이에 위치한 중간적 지위와 역할과 관련되어 있다.

화시키기 위한 동진 정책(Look East Policy)을 채택하게 되었다.

이슬람 혁명 이후 이란의 외교전략은 비동비서(非東非西)를 내세우면서 '이슬람 공화국'을 강조하며 독자적인 자주노선을 표방하는 균형 외교전략을 추진했다. 미중 패권 경쟁이 심화되면서 이란은 균형과 편승을 적절히 활용하는 헤징 전략(hedging strategy)을 추진했다. 하지만 미국의 대이란 제재와 압박이 확대되면서 이란의 국제적 고립화 현상이 심화되자 중국과의 전략적 연대를 강화시키는 편승 전략으로 변하고 있다. 미국은 2008년 중국이 이란의 최대 교역국이 되었고 2010년 제2의 경제 대국으로 부상하자 중국을 견제하기 위해 2012년 아시아 재균형 정책을 채택했다. 미국은 중동에서 중국의 부상을 견제하고 중동의 세력 균형과 영향력을 유지하기 위해 이란과의 관계 개선을 추진했다. 이란도 미국과의 관계 개선을 통해 대이란 경제제재를 약화시키고 중동에서 영향력을 확대시키고자 했다. 2015년 7월 14일 이란과 유엔 안보리 상임이사국 및 독일 6개국(P5+1) 간의 이란 핵 협정(JCPOA)이 타결된 주된 요인은 미국의 중국 견제와 이란의 국제적 고립화 탈피를 위한 결과물이라고 볼 수 있다. 하지만 트럼프 미국 대통령이 2018년 5월 8일 이란 핵 협정을 일방적으로 탈퇴하면서 이란에 대한 최대 압박 전략을 추진하자 이란은 중국과의 관계를 확대시켰다. 2021년 3월 27일 이란의 수도 테헤란에서 이란은 중국과 향후 25년간 정치, 경제, 무역 분야의 협력관계를 확대시키는 '포괄적 전략 동반자 협정'을 체결하면서 전략적 연대를 강화시키고 있다.

본 연구는 이란을 둘러싼 지정학적 환경과 그 변화에 대한 이란 외교전략의 특성을 살펴보고 이 과정에서 나타난 이란 국내 정치의 역학 관계를 분석하고자 한다. 이슬람 혁명 이후 이란은 8년마다 정권교체가 이루어졌고 정권이 바뀔 때마다 외교 정책의 방향도 변하고 있다. 외교 정책은 국내 정치와 밀접하게 연관되어 있고 국내 정치의 동학이 외교 정책 결정에서 커다란 영향력을 미치고 있다. 또한, 이슬람 혁명 이후 이란 외교전략의 특성을 살펴보기 위해 연구 시기를 1979년부터 2021년까지로 한정할 것이다.

II. 이란 외교 정책의 결정 요인

1. 외적 환경: 지정학적 중간국

이란은 세계에서 가장 민감한 지정학적 환경을 가진 국가 중 하나이다. 이란은 고대부터 동양과 서양을 잇는 교량 역할을 한 전략적 요충지로 지리적으로 중동, 중앙아시아 및 남아시아의 중간 지대에 위치하고 있다. 북쪽으로는 아르메니아, 아제르바이잔, 투르크메니스탄, 동쪽으로는 파키스탄, 아프가니스탄, 서쪽으로는 이라크, 터키 등 7개국과 국경을 맞대고 있다.

이러한 지정학적 중요성으로 인해 이란은 지속적으로 강대국의 치열한 각축장이 되었다. 19세기 이란은 남하하는 러시아와 이를 견제하려는 영국의 이해관계가 충돌하는 격전지가 되었다. 이란의 카자르 왕조(Qajar: 1796-1925)는 두 차례에 걸친 러시아와의 전쟁에서 모두 패배해 1813년 굴리스탄 조약(Treaty of Gulistan)을 체결해 그루지아와 아제르바이잔을 할양하고 1828년 투르크만차이 조약(Treaty of Turkmanchai)을 체결해 동아르메니아와 카프카스를 할양했고 러시아의 치외법권을 인정했다. 또한, 카자르 왕조는 영국과 1838년과 1841년 영국과 불평등한 통상협정을 체결했고 1890년 3월에는 영국인 제럴드 탈보트(Gerald Talbot)에게 이란 지역의 담배에 대해서 50년간 재배, 판매, 수출을 독점할 수 있는 담배 전매독점권을 주었고 이에 대한 대가로 매년 15,000파운드와 순이익의 1/4을 받는 협정을 체결했다. 이 협정에 대해 담배를 경작하는 지주와 소작농 그리고 상인들이 거세게 저항하게 되었고 그들의 시위에 성직자들도 결합해 왕과 외세를 반대하는 담배 불매 운동으로 발전했다. 결국 나세르 알 딘 샤(Naser al-Din Shah: 1848-1896년 재임)는 이에 굴복해 담배 전매권을 철회하게 되었다(Algar, 1991: 155-158). 1906년 입헌 혁명은 카자르 왕조의 부정부패와 아인 알 다울라(Ain al-Dawla) 총리를 비판하는 항의운동에서 출발했다. 1905년 12월 아인 알 다울라 총리는 설탕 가격 폭등을 근거로 테헤란 상인 2명을 체포해 공개 태형을 집행했고 이 사건은 이란의 현실에 불만을 품은 대중들의 정치운동을 촉발시키는 계기가 되었다. 시위대들은 총리의 퇴진 뿐만 아니라 의회와 헌법 제정을 통한 전제군주제의 종식을 요구하게 되었다. 결국 1906년 8월 5일 무자파르 알 딘 샤(Muzaffar al-Din Shah: 1896-1907년 재임)는 결국 입헌 운동에 굴복하여 제헌을 약속하는 포고령을 발표했고 10월 7일에는 최초로 의회가 개원되어 12월 30일 헌법이 제정되었다. 입헌 혁명은 외세의 개입에 반대하는 반식민주의 운동이자 왕의 전횡에 반대하는 반전제주의 운동이었다(유달승, 2016: 6-7).

영국과 러시아는 1907년 8월 31일 상트페테르부르크에서 이란, 티베트, 아프가니스탄의 분쟁을 해결하기 위한 협정을 맺었다. 이 협정에서 아프가니스탄은 영국이 지배하고 티베트는 청나라의 종주권을 인정했으며 이란에 대해서는 세 지역으로 분할해 러시아는 북부, 영국은 동남부 그리고 서남부는 완충 지대로 두기로 합의했다. 제1차 세계대전에서 이란은 중립을 선언했지만 영국은 이란 남부를, 러시아는 이란 북부를 점령했다. 1917년 10월 혁명 이후 소련은 과거 이란과 맺었던 불평등 조약과 특허권을 폐기했고 이란에서 군대를 철수시켰다. 영국은 소련에 대항하여 강력한 근거지가 필요했기 때문에 1919년 이란과 보호조약을 체결했다. 더 나아가 영국은 이란에서 영향력을 확대하기 위한 목적으로 1921년 카자르 왕조를 반대하는 쿠데타를 지원했고 이에 따라 팔레비 왕조(1926-1979)가 탄생되는 과정에서 결정적인 역할을 했다.

제2차 세계대전 이후 이란에서는 광범위한 대중 운동이 확산되면서 일명 '테헤란의 봄'이 시작되었다. 1949년 민족주의 세력의 연합체인 국민전선이 결성되었고 국민전선의 지도자 모함마드 모사데크(Mohammad Mosadeq)는 석유를 정치 이슈로 부각시켰다. 1951년 광범위한 지지로 의회에서 다수의석을 차지해 총리로 취임한 모함마드 모사데크는 5월 1일 석유 국유화 법안을 승인했다. 1953년 8월 15일 모함마드 레자 샤가 모사데크 총리를 해임시키자 거리에서는 대규모 시위가 발생했고 이에 놀란 모함마드 레자 샤는 이란을 떠나 로마로 망명했다. 8월 19일 자헤디 장군은 군사 쿠데타를 일으켜 모사데크 민족주의 정부를 전복하고 팔레비 왕정을 복원시켰다. 이 군사 쿠데타는 소련의 영향력 확대를 방지하기 위해 미국의 CIA와 영국의 MI6가 실시한 아작스 작전(Operation Ajax)으로 알려졌다(유달승, 2009: 95-97). 1970년대에 들어와서 팔레비 왕조의 독재정치로 인해 심각한 인권탄압이 나타났고 지배층의 부정부패에 대한 저항 운동이 확산되었다. 호메이니는 이슬람 혁명에서 모함마드 레자 샤를 '아메리칸 샤'(American Shah)로 부르면서 미국에 종속된 정부라고 비난했다. 1978년 이란의 반정부 시위는 혁명 운동으로 발전했고 1979년 1월 16일 모함마드 레자 샤는 이란을 떠났다. 호메이니는 2월 1일 이란으로 귀국해 10일 동안 혁명 운동을 지휘했고 마침내 2월 11일 이슬람 혁명의 승리를 선언했다(유달승, 2020: 159-161). 19세기 이후 이란을 둘러싸고 영국, 미국 및 소련의 이해관계가 충돌하면서 이란에서는 담배 불매 운동(1890-1892년), 입헌 혁명(1905-1911년), 석유 국유화 운동(1950-1953년), 이슬람 혁명(1978-1979년)이 발생했고 이 사건들은 모두 외세의 개입과 밀접하게 연관되어 있다.

이란은 1908년 5월 26일 서남부 마스제데 솔레이만(Masjed-e Soleyman)에서 중동 최초로 대규모 유전이 발견되면서 에너지 지정학의 중추적인 국가가 되었다. 이란은 풍부한 에너지 자원(석유 매장량 세계 4위, 천연가스 매장량 세계 2위)을 가지고 있을 뿐만 아니라 자원의 보고로 알려진 페르시아만(세계 석유 매장량 3분의 2)과 카스피해(세계 석유 매장량 5분의 1)를 연결하는 지구촌의 유일한 국가이다. 제프리 켐프(Geoffrey Kemp)와 로버트 하카비(Robert E. Harkavy)는 페르시아만과 카스피해를 둘러싼 공간을 지전략적(geostrategic) 지역이라고 규정하면서 이곳을 '전략적 에너지 타원'(strategic energy ellipse)이라고 불렀다 (Kemp, G. and Harkavy, R. E., 1997: 111). 이란은 이 지역의 중요한 연결 지점에 위치하고 있기 때문에 전략적 에너지 타원의 중심이라고 볼 수 있다. 특히, 1991년 소련 붕괴 이후 중앙아시아 국가들이 독립하면서 유라시아 지정학이 크게 바뀌었고 제2의 페르시아만이라고 부르는 카스피해에 대한 관심이 집중되었다. 카스피해는 세계에서 마지막으로 남은 자원의 보고로 석유와 천연가스 매장량은 페르시아만과 서시베리아에 이어 세계 3위의 규모이고 중동에서 유럽으로 이어지는 송유관의 주요 통로 중 하나이며 아제르바이잔, 카자흐스탄, 투르크메니스탄, 러시아, 이란에 둘러싸여 있다. 카스피해 에너지 자원을 둘러싼 각축전은 자원의 개발뿐만 아니라 에너지 수송로 확보 경쟁으로 발전되고 있다. 미국, 러시아, 중국 및 유럽은 카스피해 자원을 확보하고 영향력을 확대하기 위해 치열한 경쟁을 벌이고 있다.

또한, 이란은 '세계 에너지의 생명선'이라 불리는 호르무즈 해협을 끼고 있다. 세계에서 가장 중요한 수로로 전세계 원유생산량의 5분의 1이자 전세계 해상 원유수송량의 3분의 1이 이곳을 통과한다. 미국은 이곳을 '세계에서 가장 중요한 관문'으로 규정하고 있다. 호르무즈 해협은 이란과 오만 사이에 위치해 있고 길이는 167킬로미터이지만 폭은 33킬로미터에서 96킬로미터로 길목에 따라 다르다. 이 해협의 최대 폭은 이란의 반다르 압바스(Bandar Abbas)에서 오만의 무산담(Musandam) 해안의 최북단 지점까지의 96킬로미터이며, 최소 폭은 이란령 라라크(Lalak) 섬에서 오만령 살라마(Salama) 섬까지 33킬로미터이다. 이 최소 폭 33킬로미터 가운데 수심 등을 고려하면 실제로 선박이 지나가는 있는 폭은 10킬로미터 정도이다. 이곳은 국제법상 이란의 영해이다. 이란은 미국과 갈등이 고조될 때마다 호르무즈 해협을 봉쇄하겠다고 위협해 왔지만 실제로 이 해협이 봉쇄된 적은 없다. 하지만 이란과 미국의 갈등이 해소되지 않는 한 호르무즈 해협 위기론은 끊임없이 발생할 것이다.

2. 내적 환경: 외교전략의 기조

이란은 전통적으로 외세에 대한 저항 문화를 가지고 있고 이에 따라 강대국에 대한 등거리 외교 원칙을 표방하고 있다. 이슬람 혁명 이후 이란의 외교 정책을 이해하려면 이란의 국가적 정체성을 파악해야 한다. 이란의 국가적 정체성은 이슬람주의(Islamiyat)와 이란주의(Iraniyat)로 구성된다.

1) 이슬람주의

이란의 외교 정책은 기본적으로 이슬람주의를 표방하고 있다. 헌법 제152조에는 "외교 정책은 어떠한 행태든 간에 지배력을 행사하거나 수용하는 것을 거부하고, 전방위적 독립을 유지하고, 전 영토를 수호하고, 모든 무슬림의 권리를 방어하고, 패권적 강대국과 동맹을 맺지 않고, 비호전적인 국가들과 상호 신뢰의 평화적인 관계를 맺는 것을 기조로 삼는다"고 명시하고 한다. 헌법 제154조에는 "타국의 내정에 대한 간섭을 일체 금하면서 전 세계 곳곳에서 압제자에 대항하는 억압받는 이들의 정당한 투쟁을 지지한다"고 언급되어 있다. 이는 헌법 제11조 "모든 무슬림은 하나의 공동체이고, 이란 이슬람 공화국 정부는 이슬람 국가를 통합하고 단결하도록 하는 것을 정책의 바탕으로 삼아야 한다. 무슬림 세계의 정치적, 경제적, 문화적 단일성을 성취하기 위하여 끊임없이 노력해야만 한다"는 내용을 토대를 이루어진 것이다.

이슬람주의는 7세기 이후 아랍의 지배를 통해 도입된 이슬람에 기원을 두고 있지만 이란에서는 다수파인 수니파 보다는 소수파인 시아파를 채택하고 있다. 이란의 시아파는 열두(12) 이맘파 교리를 따르고 있다. 이 교리는 예언자 무함마드의 사촌이자 사위인 알리에서 마흐디로 이어지는 이맘을 추종하는 것이다. 열두 이맘파 교리는 이슬람 혁명 이후 이란의 공식적인 통치 이론이 되었고 이란의 외교 정책은 호메이니의 열두 이맘파에 대한 해석을 근거로 하고 있다. 호메이니는 '이슬람법을 올바르게 해석할 수 있는 이슬람법학자에 의한 통치'를 의미하는 이슬람법학자통치론(Velayat-e Faqih)을 주장했고 이 이론은 1979년 이슬람 혁명으로 탄생한 이란 이슬람 공화국의 이론적 토대가 되었다. 이슬람법학자통치론은 제12대 이맘의 부재시 이슬람법학자가 공동체를 위해 종교적 안내자뿐만 아니라 정치 지도자의 역할을 수행해야 한다고 것이다(Khomeini, 1971: 92).

이란 이슬람 공화국 헌법의 전문에 따르면, "억압자에 대한 모든 피억압자의 승리를 목표로 한 운동이었던 이란 이슬람 혁명의 내용에 주목하여 헌법은 국내외에서 이 혁명의 지속을 보장하는데 필요한 기초를 제공한다. 특히, 다른 이슬람 및 대중 운동과 함께 단일한 세계 공동체를 형성하기 위해 노력할 것이다"라고 규정하고 있다. 이는 이란 외교 정책의 목표와 방법에서 비동비서의 정책, 이슬람 운동에 대한 지원, 이슬람 혁명 수출의 개념으로 제도화되었다(Sadjadpour, 2002: 56-60).

이슬람 혁명의 기본 목표는 이슬람의 가치와 원리를 실현하기 위해 진정한 이슬람을 구현하는 것이다. 호메이니는 무슬림들이 이슬람으로 복귀해야 하며 분열을 극복하고 단결해야 한다면서 다음과 같이 말했다. "이슬람을 보호하기 위해 우리는 우리(무슬림들)를 분열시키는 모든 것을 피해야 한다. 우리 사이에 어떤 차이점들이 있다면, 우리는 그것들을 배제해야만 한다. 우리 사이에는 단결이 있어야 한다. 이것은 우리 자신의 보호를 위해서만이 아니며, 전세계 이슬람의 전파에 기여한다." 호메이니는 이슬람 세계의 분열이 제국주의에 의해 만들어진 인위적인 산물이라고 지적하면서 '공동의 적'에 대항해 무슬림들이 단결해 분열을 극복하자고 강조했다. 공동의 적이란 '이슬람 세계의 정치적 독립과 문화적, 종교적 정체성을 위협하고, 정치적, 경제적, 군사적 팽창을 지향하는 서구'를 의미한다(Hunter, 1991: 38-40). 이슬람주의는 무슬림의 정체성을 보호하고 무슬림 사이의 분열에 맞서는 단결과 투쟁을 강조하는 이슬람 세계의 대동단결을 표방하는 것이다.

2) 이란주의

이란주의는 본질적으로 이슬람 이전 이란의 전통주의이다. 이란주의는 이슬람 이전의 유산, 역사 및 문화로 이란 역사를 통해 지속적으로 나타나는 이데올로기이다. 이란주의는 이슬람주의와 서로 결합되어 있지만 '자주독립'과 '외세에 대한 저항 문화'에 뿌리를 두고 있다. 이란주의는 한편으로는 외세에 대한 저항 문화에서 기인하고 있고 또 다른 한편으로는 서구와의 만남과 경험에서 형성된 이란의 정체성 담론으로 형성되어 있다(Sadjadpour, 2007: 34-36). 이란의 역사는 끊임없는 이방인의 침략과 저항으로 점철되어 비극적인 상황이 반복되었다. 이란의 역사에서 마케도니아인을 시작으로 아랍인, 투르크인, 몽골인, 러시아인, 영국인 그리고 미국인으로 이어지는 외부 세력의 지배와 개입이 반복되는 비극이 지속적으로 발생했고, 그때마다 이란인들은 외세에 대한 저항을 거듭해 왔다.

이란은 다민족 국가로 페르시아인 51%, 아제리인(Azeri) 24%, 길라키인(Gilaki)과 마잔다라니인(Mazandarani) 8%, 쿠르드인(Kurd) 7%, 아랍인(Arab) 3%, 루르인(Lur) 2%, 발루치인(Baluchi) 2%, 투르크멘인(Turkmen) 2% 및 기타 1%로 구성되어 다양한 언어와 문화를 가진 사회이다. 하지만 이란의 역사는 다수파인 페르시아인 중심으로만 이루어진 것이 아니라 다양한 민족들과 함께 만들어왔다. 페르시아인 정부는 아케메니아 제국(BC 550- BC 330), 사산 왕조(224-651) 및 팔레비 왕조(Pahlavi: 1926-1979)뿐이었고 나머지는 발루치인(사파르 왕조 Saffar: 861-1003), 투르크인(가즈나 왕조 Ghazna: 977-1186, 셀주크 왕조 Seljuk: 1038-1194), 투르크멘인(아프샤르 왕조 Afshar: 1736-1796), 루르인(잔드 왕조 Zand: 1750-1794), 몽골인(일한 왕조 Il Khan: 1256-1353, 티무르 왕조 Timur: 1370-1506), 아제리인(사파비 왕조 Safavi: 1501-1722, 카자르 왕조 Qajar: 1796-1925) 등이 있었다. 이란의 왕조들은 언제나 이란의 정체성을 강조하면서 다양한 민족들을 통합시켜 단일한 문화를 만들었다. 또한 이슬람 이후 아랍어로 동화된 주변국과는 달리 이란은 페르시아어를 사용하면서 이란 민족의 정체성을 유지해 왔다. 다양한 언어와 문화를 가진 이란 민족들을 하나의 이란으로 통합시킨 주된 요인은 조로아스터교의 전통과 문화에서 기인한 것이다.

이란주의는 이슬람 이전 조로아스터교와 밀접한 관계를 가지고 있다. 조로아스터교의 핵심 교리는 유일신 사상과 이원론을 바탕으로 선과 악의 투쟁을 강조한다. 인간은 악한 신 아흐리만(Ahriman)에 대항하여 선한 신 아후라 마즈다(Ahura Mazda)를 도와야지만 이 투쟁에서 승리할 수 있다. 조로아스터가 직접 작곡한 찬송가 가타(Gatha)에는 다음과 같은 내용이 있다. "태초의 두 영혼은 꿈 속에서 나에게 계시된 쌍둥이이다. 그들이 생각하고 말하고 행동하는 방식은 두 가지이다. 즉, 선과 악이다. 현명한 자들은 선과 악 사이에서 올바른 선택을 해 왔으며, 어리석은 자들은 그렇지 못하다. 두 신이 만났을 때, 그들은 원시의 생명과 무생물을 만들었고 최종적으로는 거짓의 추종자들을 위해 최악의 존재들이 만들어졌고, 진실의 추종자들을 위해서는 최고의 사상이 만들어졌다."(Jalali, 1992: 45[Yasna 30.3-4]). 조로아스터교의 이원론은 유일신 관점에 반대되는 것이 아니라 오히려 "두 개의 반대되고 모순되는 측면을 가진 유일신 그 자체(Ashtiani, 1989: 67)"라고 볼 수 있다. 조로아스터교의 이원론은 선택의 개념에 기반한 것이다. 선과 악은 생각하고 말하며 행동하는 것에 따라 결정된다. 이에 따라 조로아스터교에서는 '선한 생각', '선한 말', '선한 행동'을 강조하고 있다. 조로아스터교의 세계관과 역사관은 정의를 기반으로 세계를 정신적, 도덕적 관점에서 인식하는 것이다. 이러한 시각은 이슬람 혁명 이후 이란의 외교 정책에서 새로운 세계질서를 지향하고 창출하는 사명감과 소명 의식으로 나타나고 있다.

이란주의는 외교 정책에도 커다란 영향을 미치고 있다. 이란의 외교 정책은 이념과 국익 간의 구체적인 연관성을 가지고 있고 교조주의와 실용주의가 결합되어 있다. 이란의 외교 정책은 한편으로는 외세에 대한 저항적 민족주의 특징을 가지고 있다. 예를 들면, 잘랄 알레 아흐마드(Jalal Al-e Ahmad: 1923-1969)의 서구 중독증(Gharbzadegi)으로 대표되는 다른 문명, 특히 서구 문명을 반대하거나 부정하는 경향을 강조한다. 19세기부터 이란에는 반서구 정서가 광범위하게 확산되어 20세기에는 서구 문화를 반대하는 서구 중독증이란 용어까지 등장했다. 이란의 대표적인 소설가이자 평론가인 잘랄 알레 아흐마드는 1962년 출판한 『서구 중독증』이란 책에서 서구화를 기반으로 한 서구 중심의 패권을 강력하게 비판했고 이란 지식인들이 끔찍하고 치명적인 서구의 병에 감염되었다고 비난했다. 아흐마디네자드의 강경책은 이와 같은 접근법을 부각시킨 것으로 서구와의 적대적인 대립을 강조했다. 또 다른 이란의 외교 정책은 통합과 상호작용을 바탕으로 전략적 유연성을 강조하는 실용주의 특징을 가지고 있다. 조로아스터교의 이원론은 적대적이고 대립적인 관계가 아니라 선택과 상호 작용에 의해서 규정된다. 하타미의 '문명간 대화' 담론은 이러한 경향을 보여주는 대표적인 사례이다. 하타미는 문명을 정적인 문화적 실체가 아니라 오히려 합리적인 인간의 창조물이기 때문에 그 경계가 투과성이 있는 상호의존적 창조물로 간주했다. 그는 문명간 대화가 평화롭고 협력적인 지구촌을 위해 적절한 환경을 구성한다고 주장했다.

III. 이란 국내 정치 변동과 외교 정책

1. 제1기 1979년~1989년

1979년 이슬람 혁명 이후 10년 동안 이란 외교 정책의 기조는 이슬람 혁명에 기반한 두 개의 주요 목표를 통해 공식화되었다. 첫 번째는 '동양도 서양도 아닌 이슬람 공화국'이란 슬로건으로 요약되었다. 이것은 어떤 특정 국가가 '동양'과 '서양'에 포함되었는지 명확하지 않다. 미국과의 관계에 대해서 매우 적대적이었지만 반면에 소련에 대해서는 다른 입장을 취했다(Keddie, 1990: 6-7). 이란은 반미 국가이지만 반서방 국가는 아니었다. 이란은 서유럽과 정상적인 관계를 유지하려고 노력했고 일본과의 관계도 마찬가지였다. 또한, 중국과도 지속적인 관계가 나타났다. 이슬람 혁명 이후에도 이란은 미국과 소련 두 강대국의 동맹국과는 지속적으로 외교 관계를 유지해 왔다. 결국 이슬람 혁명은 모함마드 레자 샤와 미국과의 우호 관계 및 그의 서구화 정책에 대한 반발과 저항이라고 볼 수 있다. 이슬람 혁명의 목표는 서구의 문화적 영향력에 저항해 이슬람의 정체성을 강조하기 위한 것이었다. 두 번째는 '이슬람 혁명의 수출'이었다. 이슬람 혁명 이후 이란 정부는 이슬람 혁명을 중동 전역으로 확산될 수 있는 새로운 혁명 모델이라고 파악했다. 호메이니 최고지도자는 "우리의 혁명은 이슬람 혁명이므로 전 세계에 수출하여 전파할 것이다. 그리고 이 투쟁은 '알라 이외에 신은 없으며 무함마드는 신의 사자이다'라는 외침이 전세계에 울려 퍼질 때까지 계속될 것이다."라고 주장하면서 이슬람 혁명의 수출을 강조했다. 호메이니는 전세계를 압제자와 피압제자로 이분화시키면서 이란이 유일하고 진정한 이슬람국가이자 비동맹국가로서 이슬람국가들과 다른 피압제 국가들이 독립을 수립할 수 있게 지원할 의무가 있다고 강조했다. 호메이니는 이슬람 혁명을 전세계 피압제자들을 해방시키는 목표를 가지고 있는 진정한 혁명이라고 언급했다. 그것은 단일하고 인도주의적인 목표를 가진 혁명이며 무슬림의 정체성을 보호하고, 무슬림들 사이의 분열에 맞서는 단결과 투쟁을 강화하는 것이다(Bakhash, 1986: 248). 이 시기 이란 외교 정책의 기본 목표는 이슬람 혁명을 수출하여 무슬림의 단결을 성취하고, 압제 국가들에 대항하며 무슬림의 주권을 획득하는 것이다. 이는 이라크와의 8년 전쟁에서 전쟁 전략으로 채택되었다.

1984년에 들어와서 이란 외교 정책의 주요 목표에 대한 새로운 논의가 본격적으로 시작되었다. 이는 기존의 '동양도 서양도 아닌 이슬람 공화국'이란 슬로건과 '이슬람 혁명의 수출'에 대한 전면적인 재검토가 필요하다는 문제 제기가 나타났다. 이란-이라크 전쟁이 점차 장기화되면서 이란 국내 경제 상황뿐만 아니라 주변국과의 관계도 크게 악화되었다. 1980년 9월 22일 이라크의 선제공격으로 시작된 이란-이라크 전쟁에서 서방 국가들과 소련은 이라크를 정치·군사적으로 지원했다. 서방 국가들은 '이란의 이슬람주의'에 대한 부정적인 시각을 가지고 있었고 사담 후세인이 이슬람주의가 세계로 확산되는 것을 저지하기를 원했다(Tarock, 1999: 43). 걸프 6개국들(사우디아라비아, 쿠웨이트, 아랍에미리트, 카타르, 오만, 바레인)은 1981년 5월 25일 지역안보협의체인 걸프협력회의(GCC)를 결성했고 이란-이라크 전쟁에서 공식적으로는 중립을 선언했지만 이라크를 재정적으로 지원했다. 이러한 위기를 타개하기 위한 방법으로 실용주의 노선이 제기되었다.

1984년 10월 28일 호메이니 최고지도자는 이란 외교관들과의 면담 자리에서 간접적으로 실용주의 노선을 언급하면서 다음과 같이 말했다. "강대국과 미국은 이란을 고립시키려고 노력했다. 그런 일은 없었고 이란과 외국인들과의 관계는 더욱 증가했다. 이제 그들은 정부들과의 관계는 아무런 소용이 없으며 우리의 관계는 국가들과 세워야 한다고 주장한다.… 이것은 지혜와 샤리아와는 반대되는 것이다. 우리는 모든 정부들과 관계를 맺어야 한다." 알리 아크바르 벨라야티(Ali Akbar Velayati) 외무 장관(1981-1997 재임)과 아크바르 하셰미 라프산자니(Akbar Hashemi Rafsanjani) 국회의장은 실용주의 견해를 적극적으로 피력한 대표적인 인물이었다. 하지만 제2차 국회의원선거 이후 이슬람 좌파가 의회를 장악하면서 벨라야티 외무 장관의 실용주의 노선이 집중적인 공격대상이 되었다. 특히, 이슬람 좌파는 이슬람 혁명의 수출에 대한 느슨한 해석과 접근방법을 강하게 비판했다.

이슬람 혁명 이후 호메이니 최고지도자를 중심으로 한 이슬람공화당이 정국의 주도권을 장악했다. 이슬람공화당은 제1차 국회의원선거(1980-1984)와 제2차 국회의원선거(1984-1988)를 통해 집권당이 되었지만, 당내에는 혁명 이념과 경제 건설을 둘러싸고 이슬람 우파와 이슬람 좌파가 크게 대립했다. 이슬람 우파는 대내적으로는 자본주의 시장경제를 기반으로 한 실용주의 노선을, 대외적으로 현상유지 정책을 지향했다. 반면에 이슬람 좌파는 대내적으로는 사회주의 계획경제를, 대외적으로는 이슬람 혁명 수출을 강조했다(Bakhash, 1986: 257). 이슬람 우파와 이슬람 좌파의 갈등이 첨예하게 대립하자 호메이니는 1987년 6월 1일 공식적으로 이슬람공화당을 해체시켰다. 이슬람공화당 해체 이후 1988년 2개의 정치적 성직자 조직이 출범했다. 이슬람 좌파는 '투쟁하는 성직자들 연맹'(Majma-e Rouhanione Mobarez: MRM), 이슬람 우파는 '투쟁하는 성직자연합'(Jame-e Rouhaniyat-e Mobarez: JRM)을 창설했다. '투쟁하는 성직자연합'은 1978년 초 창설되었지만 1988년까지 거의 활동하지 않은 채로 존재했다. 이슬람 우파는 원칙적으로 사유재산과 사기업을 옹호하면서 1982년 이후 이슬람 좌파의 토지 개혁과 자산 몰수 확대를 반대해 왔다. 그들은 사회경제적 불평등을 신이 만든 질서의 본질이라고 해석한다. 따라서 이러한 불평등은 본질적으로 근절될 수 없기 때문에 자선 행위와 국가 보조금과 같은 다양한 방법으로 경감시켜야 한다고 주장했다.

　　이슬람 혁명 이후 첫 10년간 이란의 외교 정책은 이데올로기 노선과 실용주의 노선 간의 논쟁이 벌어졌지만, 이슬람 혁명의 수출을 강조하는 이슬람 좌파가 권력을 장악하면서 대외 강경론이 크게 부상했다. 또한, 1989년 2월 14일 호메이니는 『악마의 시』 저자 살만 루슈디와 출판자에게 사형선고라는 파트와(fatwa: 이슬람법에 따른 율법 명령)를 내렸다. 이에 대한 항의의 표시로 유럽연합(EU)은 이란 주재 자국 대사들을 소환했다. 살만 루시디 사건은 호메이니 사후에도 이란과 EU과의 관계를 복잡하게 만들었다. 이슬람 혁명수출론은 1989년 호메이니의 사망까지 이란 외교 정책의 핵심이었다. 이 시기 미국 대사관 인질 사태와 이란-이라크 전쟁이 발발하면서 대외 강경론이 부상되었다.

2. 제2기 1989년~1997년

1989년 6월 3일 호메이니 최고지도자가 사망하자 6월 4일 전문가 의회에서 제2대 최고지도자로 하메네이를 선출했다. 호메이니 사후 제2대 최고지도자로 선출된 하메네이의 외교 정책은 호메이니의 외교전략을 이론적으로는 계승했지만, 방법론적으로는 합리주의를 채택했다. 그는 이슬람 세계를 '새로운 이슬람 문명'으로 통합하려는 시도를 추진했고 다른 이슬람 국가들과의 우호 관계를 구축하려고 노력했다. 또한, 그는 미국의 국제법 위반을 지적하면서 이란은 이러한 부당한 정책으로 인한 피해자라는 이미지를 부각시켰다. 7월 28일 제5대 이란 대통령 선거에서 라프산자니가 당선되었다. 라프산자니는 이란-이라크 전쟁 이후 전후 복구사업을 위한 실용주의 노선을 선언하면서 국제 사회와의 관계 개선을 추진했다(Marschall, 2003: 101). 이란 대통령선거와 함께 헌법개정을 위한 국민투표를 실시했고 총리제를 폐지하고 부통령제를 신설하면서 대통령의 권한을 강화시켰다.

　　하메네이-라프산자니 체제는 이데올로기보다는 국익에 기초해 이란 외교 정책의 우선순위를 재정립했다. 라프산자니 이란 대통령은 호메이니의 외교 정책을 그대로 답습하지 않았고 이슬람 혁명의 수출도 강조하지 않았다. 그는 선진국과 걸프 국가들과의 협력을 통해 이란의 재건을 목표로 삼았고 자유주의 경제 정책을 추진했다. 라프산자니 행정부의 외교 정책은 크게 세 가지 방향으로 추진되었다. 먼저 EU와의 관계 개선을 위해 비판적인 대화 정책을 수립했다. 두 번째는 나고르노-카라바흐(Nagorno-Karabakh) 지역을 둘러싼 아제르바이잔과 아르메니아 분쟁, 아프가니스탄 내전, 타지키스탄 내전과 같은 주변국 문제에 적극적으로 개입했다. 세 번째는 아랍 걸프 국가들, 특히 사우디아라비아와의 신중한 화해를 추진하는 것이었다(Ramazani, 1992: 393).

클린턴 행정부는 1993년 5월 18일 이란과 이라크에 대한 이중 봉쇄 정책(Dual Containment Policy)을 발표하면서 미국의 페르시아만 정책을 구체화시켰다(Lenczowski, 1994: 52). 이중 봉쇄 정책의 목표는 이란과 이라크를 정치, 경제 및 군사적으로 고립시키는 것이었다. 이중 봉쇄 정책에 대한 이론적 근거는 다음과 같은 3가지 사건과 직접적으로 관련되어 있다. 첫 번째, 냉전 종식 이후 미국은 초강대국이 되었고 이를 기반으로 보다 더 강력한 차별 정책을 추진할 수 있게 되었다. 두 번째, 1991년 걸프 전쟁은 미국의 군사적 승리였지만 사담 후세인 체제가 권력을 장악하고 있기 때문에 그 정치적 여파는 그대로 존재하고 있었다. 세 번째, 미국은 하마스를 지원하는 이란을 반대했고 이를 이스라엘-팔레스타인 분쟁의 해결에 주된 장애요인으로 파악했다.

클린턴 행정부 시기부터 대이란 제재가 본격적으로 강화되기 시작했다. 1996년 6월 이란과 리비아의 석유 및 천연가스 개발을 위해 4천만 달러 이상 투자한 기업을 제재하는 이란·리비아 제재법(ILSA)을 제정해 시행했고 1997년 6월부터 투자 규모를 2천만 달러로 줄였다. 부시 행정부는 2001년 이 법을 2006년까지 연장시켰고 9월 이란제재법(ISA)으로 개명해 2011년 12월 31일까지 연장되었다. 미국이 이란·리비아 제재법을 제정한 목적은 모든 국가들이 미국의 대이란 경제정책에 동참하라고 압력을 가하는 것이었다. 하지만 많은 국가들이 이 제재에 반대했다. 예를 들면, 1995년 이란 국영석유회사는 프랑스

석유회사 토탈(Total)과 말레이시아 국영석유회사 페트로나스(Petronas)와 시리(Sirri) A/E 유전과 가스전 프로젝트 계약을 체결했다. 1997년에는 토탈, 페트로나스, 러시아 국영가스회사 가즈프롬(Gazprom)이 사우스 파르스(South Pars) 해상 가스전 2-3단계 프로젝트, 1999년에는 토탈과 이탈리아 석유회사 에니(Eni)가 도루드(Doroud) 유전 개발 프로젝트 계약을 체결했다. 또한, EU는 19997년 11월 이 법이 미국법의 역외 적용이라면서 세계무역기구(WTO)에 정식 제소했다. EU와 미국은 1998년 5월 EU가 제소를 취하하는 대신 미국의 대테러 정책에 협조하기로 합의했고 미국은 제재를 포기하기로 결정했다(Tarock, 1999: 50-51). 이것은 EU가 미국의 대이란제재에 반대하면서 이란을 지지했던 첫 번째 사례였다.

라프산자니 행정부의 외교 정책에서 최우선 과제는 페르시아만 안보였다. 이란 경제는 전적으로 페르시아만에 의존하고 있다. 이란의 석유 수출을 포함한 국제 무역의 90% 이상이 발생하는 주요 항구는 페르시아만에 위치하고 있다(Amirahmadi, 1993: 100). 1990년 8월 2일 이라크의 쿠웨이트 침공은 이란과 걸프 국가들 간의 관계에서 중요한 전환점이 된 결정적인 사건이었다. 걸프 국가들의 안보에서 가장 심각한 위협 대상은 이란이 아니라 이라크였다. 이란은 그 침공을 비난한 첫 번째 걸프 국가였다(Milani, 2018: 92). 이란은 이라크를 반대하면서 쿠웨이트와 서방의 편에 섰다. 또한, 쿠웨이트 위기에서 중립을 선언하면서 분쟁을 중재하겠다고 제안하기도 했다. 하지만 1990년 12월 카타르 도하에서 개최된 GCC 정상회담에서 논의되었던 이란과의 지역 안보 협력에 관한 논의가 1991년 5월 GCC, 이집트, 시리아가 참가한 다마스커스 선언에서 무산되자 '탈아랍화' 현상이 제기되면서 이란 외교 정책의 방향 전환이 나타나게 되었다(Ramazani, 1992: 393). 이에 따라 이란 정책입안자들은 페르시아만 지역을 초월해 이란에 우호적인 중국뿐만 아니라 인도, 파키스탄, 아프가니스탄 및 중앙아시아 국가들과의 관계 증진을 추진하게 되었다(Marschall, 2003: 119).

소련 붕괴 이후 세계 에너지 시장에서 이란의 전략적 중요성이 높아졌다.

이란은 카스피해 연안 5개국 가운데 하나이고 페르시아만과 지정학적으로 연결되어 있다. 중국을 비롯한 동아시아 국가들의 석유 수요가 증가함에 따라 이란은 석유 생산뿐만 아니라 석유 시장에서도 입지를 강화시키려고 노력했다. 또한, 1991년 중앙아시아 국가들이 독립하면서 유라시아 대륙의 전략적 교통망 구축이 제기되자 이란은 지정학적 이점을 활용해 중앙아시아 국가들과의 관계 개선을 적극적으로 추진했다(Marschall, 2003: 129). 1985년에 설립된 경제협력기구(ECO)는 이란, 터키 및 파키스탄 간의 지역개발협력기구(RCD)의 후신으로 1992년 중앙아시아 6개국(아제르바이잔, 카자흐스탄, 키르기스스탄, 타지키스탄, 투르크메니스탄 및 우즈베키스탄)과 아프가니스탄이 가입하면서 아시아 10개국으로 구성되었고 ECO의 본부는 테헤란에 있다.

이란은 미국의 이란 고립화 정책에 대항해 러시아와의 연대를 적극적으로 추진했다. 이란과 러시아의 연대는 중앙아시아에서 미국의 영향력 확대를 억제하기 위한 목적도 가지고 있다. 1992년 이란과 러시아는 1975년 독일과 착공했다가 중단된 부쉐르(Bushehr) 원자로의 완성계약을 체결하면서 핵 에너지 분야에서 협력이 시작되었다. 1997년 9월 러시아 국영기업인 가즈프롬은 이란 석유부와 20여 개의 협정을 체결하고, 이란 남부의 파르스(Pars) 가스전 개발 등 수십억 달러에 이르는 관련 프로젝트에 참여하기로 합의했다.

호메이니 사후 이란 정국은 갈등과 분열이 심화되었다. 이제까지 권력을 장악한 이슬람 좌파에서 이슬람 우파로 권력 이동이 이루어졌고 하메네이와 라프산자니는 모두 이슬람 우파 진영에 속했다. 또한, 소련 및 사회주의권의 붕괴로 이제까지 사회주의 계획경제를 추진해 왔던 이슬람 좌파는 커다란 타격을 받았다. 하메네이-라프산자니 체제는 사회적, 경제적 문제를 둘러싸고 갈등이 나타났다. 라프산자니 진영은 1996년 1월 의회 선거가 있기 2달 전 처음으로 실체를 드러냈다. 당시 16명의 각료들과 지도층 유력 인사들이 연합하여 '이란건설의 활동가들 연합'(Kargozaran Sazandegi-ye Iran)을 출범시켰고 나중에 지도부는 6명으로 축소되어 G-6(Group-6)라고 불렸다. '이란건설의 활동가들 연합'은 라프산자니가 추구하는 사회적, 경제적 현대화 정책을 지지했고 그들을 현대 우파라고 불렀다. 현대 우파의 1차적 목표는 이란을 현대국가로 탈바꿈시키는 것이다. 그들은 1979년 이슬람 혁명의 기본 원리를 지지하지만 이란의 경제발전과 산업화를 통해 이란사회의 현대화를 강조했다. 현대 우파의 지지자들은 전문직 종사자 단체, 기업인 단체 및 중산층이 포함되어 있다.

3. 제3기 1997년~2005년

1997년 5월 23일 제7대 대통령 선거에서 하타미의 당선은 16년 만에 이슬람 우파에서 이슬람 좌파로 정권교체가 이루어진 중요한 사건이었다. 하타미는 외교 문제보다는 국내 문제를 강조하면서 당선되었다. 따라서 하타미의 외교 정책은 경제 위기를 외부의 책임으로 전가하기 위한 목적보다는 국내 정치 문제를 해결하기 위한 수단으로 활용되었다(Tazmini, 2009: 135). 이슬람 좌파와 이슬람 우파는 국내 정치 문제와 해법에 대해서 다소 다른 시각을 가지고 있음에도 불구하고 외교 정책에 대해서는 커다란 차이점이 없다. 그들은 목표에 도달하는 방법이 다르다. 이슬람 우파는 이슬람 체제를 보존하고 강화하기 위해 외교 정책을 활용한다. 한편 이슬람 좌파는 국제 사회에서 국가의 입지를 개선하고 국내 개혁을 실행하기 위해 외교 정책을 활용하는데 관심을 가지고 있다(Chubin, 2002: 22).

하타미 이란 대통령의 재임기간 동안 이슬람 좌파가 추진했던 외교 정책의 목표는 크게 3가지였다. 첫 번째, 살만 루슈디 사건의 해법, 두 번째, 걸프 국가들과의 관계 개선, 세 번째, EU와의 관계 개선. 하타미 행정부 1기에서 가장 중요한 외교적 성과는 EU와의 관계 개선을 통해 국제무대에서 이란의 입지를 향상시킨 것이었다. 하타미의 반대파조차도 이란 경제발전의 중심이 석유 수입의 필요성 때문에 그의 성공적인 외교 정책의 성과를 인정했다(Sariolghalam, 2007: 59-61). 하타미 이란 대통령은 1998년 1월 8일 CNN과의 인터뷰에서 미국 국민들과의 대화를 희망한다면서 미국과의 관계 개선을 제안했다. 그는 11월 4

일 유엔 총회의 연설에서 문명 간 대화를 제안했고 유엔은 2001년을 '문명 간 대화의 해'로 결정했다. 이 시기 이란은 '문명 간의 대화'(Dialogue Among Civilizations: DAC) 담론을 바탕으로 외교와 협상을 강조하며 국제 사회와의 관계 개선을 추진하는 실용주의 외교전략이 구체화되었다(Marschall, 2003: 142). 하타미 이란 대통령은 '문명 간의 대화'를 바탕으로 이란의 자주성을 존중하는 모든 국가들과 우호 관계를 유지하겠다고 주장했다.

미국은 2001년 9·11 테러 사태 이후 '테러와의 전쟁'을 선언하면서 지구촌을 선과 악의 대립으로 이원화시켜 세계의 정치지형을 근본적으로 바꾸어 놓았다. 2002년 1월 19일 조지 부시 미국 대통령이 새해 국정연설에서 이라크, 이란, 북한을 악의 축(axis of evil)이라고 규정했고 2006년 8월 31일 유타주 솔트레이크 시티에서 열린 미국재향군인회 연차총회에서 "이슬람 급진파는 파시스트와 나치, 공산주의자의 계승자"라고 말했다. 부시 행정부는 '테러와의 전쟁'을 '십자군 전쟁', '이슬람 파시즘과의 전쟁'으로 미화시키면서 이란 고립화 정책을 확대시켜 나갔다.

이에 대항해 이란은 상하이협력기구(SCO)와의 연대를 강화시키려고 노력했다. 이 기구는 1996년 4월 중국, 러시아 및 중앙아시아 3개국(카자흐스탄, 키르기스스탄, 타지키스탄)이 국경 지역의 안정을 위한 '군사 부문 신뢰에 관한 협정'을 체결한 상하이 5개국 회의를 모태로 출발해 2001년 6월 우즈베키스탄이 가입하면서 상하이협력기구로 개편되었다. 이란은 2005년 참관국 지위를 획득했다. 상하이협력기구는 미국과 나토에 대항해 다자주의의 기초한 다극화한 세계질서를 구축하려 한다. 또한, 이란은 중국과의 연대를 본격적으로 강화시켰다. 에너지 소비대국인 중국은 2000년부터 해외 자원개발사업에 적극적으로 참여했고 이란 핵 사태로 서방 에너지 기업의 이란 진출이 미미한 상황에서 이란과의 에너지 협력을 강화시켰다(Sariolghalam, 2007: 78-81). 2004년 중국석유천연가스공사(CNPC)는 이란 국영석유회사(NIOC)와 25년간 간 1억 1,000만 톤의 LNG 공급계약 체결했고 이를 기점으로 양국 간의 에너지 협력관계가 확대되었다.

2000년 9월 이란, 인도, 러시아 3국은 기존의 수에즈 운하를 대체할 국제 북남 운송 회랑(International North South Transport Corridor: INSTC) 협정을 체결했다. 이 협정은 인도양과 페르시아만, 카스피해 등을 이용하는 수로와 철도를 이용해 연결하는 복합 운송로 구상이다. 이 구상에 따르면 인도에서 해운으로 페르시아만 연안 이란 항구도시 반다르 아바스로 운송하고 육로로 카스피해 남단의 이란 북부 항구도시 반다르 안잘리로 옮긴 뒤 카스피해 수로를 통해 러시아 남부 항구도시 아스트라한까지 운송할 수 있게 된다.

하타미의 당선과 함께 이란의 정치지형은 새롭게 재편되었다. 하타미의 선거운동 과정에서 이란 사회의 변화를 강조하면서 이슬람 좌파가 이란의 개혁과 개방을 전면에 제기했다. 이후 이슬람 좌파를 개혁파라고 부른다. 또한, 라프산자니 집권 후반기에 라프산자니의 핵심 참모들이 이슬람 우파에서 분리해 독자노선을 표방하면서 현대 우파를 주창했고 이 세력을 중도파라고 부른다. 이란 건설의 활동가들(G-6)는 온건주의와 실용주의 노선을 주창하면서 이 시기부터 이란의 정치지형은 전통 우파(보수파), 현대 우파(중도파), 개혁파(이슬람 좌파)로 나누어졌다. 1998년 12월 하타미를 중심으로 새로운 개혁 세력이 결집하면서 이슬람 좌파의 내부에 새로운 그룹이 결성되었다. '이란 이슬람 참여정당'(Hezb-e Mosharakat-e Iran-e Eslami)은 개혁지향을 표방하면서 현대 좌파라고 불린다(Hiro, 2012: 135). 하지만 그들은 이슬람 좌파에서 이탈해 독자적인 정치 세력을 구성하지 않고 있다.

4. 제4기 2005년~2013년

2005년 제9대 이란 대통령 선거는 이란의 정치지형을 새롭게 재편한 또 다른 사건이었다. 아흐마디네자드는 강력한 이슬람 사회를 위한 평등주의를 제기하면서 대통령에 당선되었다. 그는 이슬람 혁명 정신을 사회정의라고 주장하면서 빈곤 타파와 부정부패와의 전쟁을 선언했다. 그는 자유와 민주주의라는 추상적인 구호보다는 빈부격차 해소, 부정부패와의 전쟁이라는 사회문제를 지적하면서 임금 인상, 물가 인하, 부정부패 척결 등을 공약으로 내세웠다. 또한, 저소득층 가계자금 확대, 농촌 개발기금, 건강보험 확대 등을 제시했다. 특히 석유와 천연가스로 벌어들인 부를 공평하게 나누겠다고 약속까지 했다. 비록 그가 보수파의 지지로 당선되었지만 그의 지지기반과 이론적 토대는 보수파와 구별되며 이를 신원리주의자라고 부를 수 있다(Hiro, 2012: 169).

2005년 아흐마디네자드 정권 출범 이후 급진적인 성직자, 군부 및 민병대를 중심으로 사회정의를 강조하는 새로운 조직이 결성되었다. '이란 이슬람의 건설자'(Abadgaran)는 아흐마디네자드와 그의 정신적 지도자인 메스바헤 야즈디(Mesbah-e Yazdi)를 중심으로 결성되었고 이슬람 가치의 수호를 강조하는 보수파와는 달리 12대 이맘 마흐디의 재림을 설파하는 마흐디주의(Mahdism)와 평등주의를 역설하고 있다. 이슬람의 가치를 수호하는 보수파와는 달리 신원리주의자는 사회정의를 강조하고 있고 대외적으로는 강력한 반미주의를 표방한다(Takeyh, 2009: 39). 아흐마디네자드는 2005년 9월 유엔 총회 참석 이후 귀국하면서 다음과 같이 말했다. "내가 유엔 총회에서 '알라의 이름으로'라고 말할 때 갑자기 내 몸 주위에 빛이 감돌았으며 공기가 달라진 것을 느꼈다"고 했다. 그는 제12대 이맘 마흐디(Imam Mahdi)의 교리를 부각시켜 강력한 이슬람 사회를 구축해 보수파와 차별화를 시도했다. 이 사건 이후 하메네이 최고지도자는 2005년 대선에서 아흐마디네자드의 경쟁자였던 라프산자니 국정조정위원회 (Majma-e Tashkhis-e Maslahat-e Nezam)[2] 의장에게 주요 결정권을 위임하면서 견제하기 시작했다. 2005년 아흐마디네자드 당선 이후 군부의 영향력은 크게 확대되었다. 아흐마디네자드는 이슬람혁명수비대와 민병대의 지지기반을 가지

---

2 국정조정위원회는 헌법수호위원회와 의회 간의 이견을 중재하는 역할을 수행하는 기구로 1988년 2월 6일 호메이니의 지시로 설립되었다. 이 위원회는 헌법 제110조와 112조에 따라 최고지도자의 자문 역할을 담당하고 있다. 이 위원회에는 대통령, 국회의장, 사법부 수장, 합참의장, 최고 국가안보위원회 비서, 헌법수호위원회의 이슬람법학자 등이 참여하고 있다. 국정조정위원회 의장은 최고지도자 유고시 차기 최고지도자가 선임되기 전까지 임시 최고지도자의 임무를 수행한다.

고 있고 그의 재임기간 동안 군부 출신들이 관계, 정계 및 재계에 대거 진출했다.

2008년 2월 11일 이슬람 혁명 29주년 기념식에서 아흐마디네자드 이란 대통령은 서구와 갈등을 빚고 있는 핵 문제를 언급하면서 핵 프로그램을 결코 늦추지 않을 것이라는 강력한 의지를 표명했다. 이란은 핵 프로그램이 '평화적 에너지'를 개발하기 위한 것이라고 주장하고 있고 미국은 이란이 핵무기를 제조하려 한다면서 대이란 압력을 주도하고 있다. 이란은 우라늄 처리가 핵발전 원료를 얻기 위한 평화적인 것이며, 핵확산금지조약(NPT) 틀 내에서 평화적 목적을 위한 우라늄 처리와 농축은 허용돼 있으므로 자국의 핵 계획이 합법적이라는 점을 강조했다. 이에 대해 미국은 핵 원료 기술은 핵무기 개발에 그대로 적용될 수 있으며, 이란이 공개한 시설들 외에도 비밀 우라늄 농축시설을 가동해 핵무기 개발 기술을 얻으려 한다고 주장했다.

아흐마디네자드 이란 대통령은 핵 문제를 둘러싸고 서구세계와 대립하면서 공격적인 외교 정책을 채택했다. 이란의 핵 위기는 2002년 8월 15일 이란 반정부 단체인 이란국민저항위원회(NCRI)가 이란의 핵 프로그램을 폭로하면서 등장했지만 그 시기 이란은 외교적 해법을 추진했다. 이란과 EU 3개국은 2003년 핵 협상을 시작해 10월 21일 '테헤란 선언'을 채택했고 2004년 11월 파리 협정을 통해 합의가 이루어졌지만 미국의 반대로 결렬되었다. 아흐마디네자드 이란 대통령은 핵 주권론을 주장하면서 핵 민족주의 운동을 표방했다. 그는 핵 문제를 1950년대 모사데크(Mosadeq)의 석유 민족주의 운동과 연결시켜 핵 민족주의 운동으로 확산시켰다. 미국은 1979년 이후 대이란 독자 경제제재를 추진해왔지만 2002년 이란 핵 위기를 계기로 유엔을 통한 다자 경제제재로 확대시켜 나갔다. 미국은 2006년 2월에 열린 IAEA 특별이사회에서 이란 핵 문제의 유엔 안보리 회부를 주도했다. 유엔 안보리의 이란제재 결의안은 이제까지 6차례(제1696호, 제1737호, 제1747호, 제1803호, 제1835호 및 제1929호)에 걸쳐 이루어졌지만, 실질적인 제재 조치는 4차례라고 볼 수 있다.[3]

---

3 2006년 12월 23일 유엔 안보리 결의안 제1737호(비군사적 제재)에서 자산동결 대상은 이란의

서구의 경제제재가 강화되면서 이란은 서구와의 무역과 에너지 관계를 대체할 수 있는 대안을 찾기 시작했다. 아흐마디네자드 행정부의 대표적인 외교정책은 동진 정책이라고 볼 수 있다. 이 정책은 러시아와 중국과의 경제적, 전략적 관계를 강화시키는 것으로 러시아와 전략적이고 군사적인 관계를 강화시키고 석유 의존도가 높은 중국과 경제적 관계를 확대시키는 것이었다. 또한, 이란은 러시아와 중국의 외교적 지원을 통해 서구의 경제제재를 저지하기 위한 목적도 가지고 있었다. 특히, 이란은 중국과의 관계를 강화시켰다. 2007년 12월 중국석유화학공사(SINOPEC)는 20억 달러 규모의 야다바란(Yadavaran) 유전 개발 계약을 체결했고 2009년 7월 이란 남부지역의 호르무즈(Hormuz) 정유소 건설 및 아바단(Abadan) 정유소 확장사업에 관한 양해각서를 체결했다. 이란과 중국 간의 교역이 빠르게 성장하면서 2008년부터 중국은 이란의 최대 교역국으로 부상했다. 또한, 이란은 인도와의 협력도 강화시켰다. 2005년 1월 이란은 인도에 25년 동안 400억 달러 규모의 액화천연가스(LNG)를 공급하기로 계약했다.

5. 제5기 2013년~2021년

이 시기는 크게 두 단계로 나누어진다. 첫 번째 단계는 2013년 대선에서 중도파와 개혁파의 연대로 정권교체가 이루어지고 '폭력과 극단주의에 맞서는 세계'(World Against Violence and Extremism: WAVE)을 표방하면서 실용주의 외교전략이 나타나면서 이란 핵협정이 타결된 시기이다. 중도파와 개혁파의 연대로 당선된 로하니 이란 대통령은 극단주의에 대한 온건파의 승리라고 선거결과

주요 기업 10개와 개인 12명이었다. 2007년 3월 24일 유엔 안보리 결의안 제1747호(비군사적 추가 제재)에서는 개인, 단체, 기관 28곳을 자산 동결 대상으로 추가시켰다. 2008년 3월 3일 유엔 안보리 결의안 제1803호는 앞선 두 차례 결의안의 내용을 보완·강화한 것이다. 처음으로 민간 및 군용으로 함께 쓰일 수 있는 물품 교역도 제재 대상에 포함시켜 이란의 경제활동을 더욱 압박하고 있다. 2010년 6월 9일 유엔 안보리 결의안 제1929호에서는 개인 1명과 이란 기업 및 기관 40곳에 대한 자산동결 및 여행 금지 대상 추가, 중무기 판매와 탄도미사일 관련 활동 참여 금지, 이란에 대한 전략물자 수출입 통제 등으로 확대되었다.

를 평가했고 곧이어 대서방 유화정책을 발표했다. 그는 취임 이후 공식 발표를 통해 서방세계와의 관계 개선을 피력했고 사실상 미국과의 직접 대화를 제안한 것이다. 9월 27일 오바마 미국 대통령은 로하니 이란 대통령과 전화 통화를 통해 핵 협상 추진에 합의했다. 이란과 유엔 안보리 상임이사국 및 독일 6개국(P5+1)은 10월부터 3차례에 걸친 회담을 개최해 2014년 11월 24일 이란에 대한 유엔 안보리와 서방 국가들의 제재를 완화하는 대신 이란의 핵개발 프로그램을 규제한다는 6개월간 잠정합의안에 합의했다. 2015년 4월 2일 스위스 로잔에서 '공동행동계획의 핵심요소'를 합의했고 7월 14일 오스트리아 비엔나에서 '포괄적 공동행동계획(JCPOA)'을 타결했으며 2016년 1월 16일 서방의 경제 제재가 해제되었다.

두 번째 단계는 미국이 이란 적대 정책을 표방하면서 이란 핵 협정을 탈퇴하고 이란에 대한 경제재를 강화시킨 시기이다. 2018년 5월 8일 트럼프 미국 대통령은 이란 핵 협정이 이란의 핵무기 개발을 막을 수 없다면서 핵 협정 탈퇴를 공식 발표했다. 이어서 8월 7일 금융 및 일반 무역에 대한 1단계 경제제재, 11월 5일 에너지 무역 및 석유 산업에 대한 2단계 경제제재를 실시했다. 또한, 2019년 5월 13일과 6월 12일, 두 차례에 걸쳐 호르무즈 해협 부근 오만해에서 유조선 피격 사건이 발생하자 미국은 유조선 피격 사건의 배후로 이란을 지목하면서 상선의 안전한 항행을 보장하기 위한 호르무즈 해협 군사 호위 연합체 구상을 추진했다. 이에 맞서 이란은 호르무즈 해협을 봉쇄하겠다고 위협했다.

이란은 미국에 대항하기 위해 러시아와 중국과의 관계를 경제적 협력에서 안보 동맹으로 확대시켰다. 2019년 12월 27일부터 나흘간 러시아, 중국과 함께 호르무즈 해협 부근인 오만 해와 인도양 북쪽 공해에서 해군 합동훈련인 '해양 안보 벨트'를 최초로 진행했다. 이제까지 이란은 인도, 오만, 파키스탄, 러시아 등 양자간 합동훈련을 수행한 적은 있지만, 이번처럼 3국 합동훈련은 처음이기 때문에 이번 군사작전이 미국을 겨냥하는 목적을 가지고 있다고 볼 수 있다. 또한, 2020년 1월 3일 미군은 카셈 솔레이마니 이슬람 혁명수비대 쿠드스군 사령관을 드론 공격으로 암살시켜 이란과 미국의 관계는 심각하게 악화되었다.

2021년 3월 27일 이란의 수도 테헤란에서 이란은 중국과 향후 25년간 정치, 경제, 무역 분야의 협력관계를 확대시키는 '포괄적 전략 동반자 협정'을 체결했다. 이 협정은 2016년 1월 22일 시진핑 중국 국가주석이 이란 방문에서 '포괄적 전략 동반자 관계에 관한 공동 성명'을 발표했고 2020년 7월 12일 '이란-중국 포괄적 전략 동반자 협정'을 체결하기로 합의하고나서 나온 후속 조치였다. 중국은 향후 25년 동안 안정적인 이란의 원유를 공급받고 그 대가로 이란의 금융, 통신, 항만, 철도를 비롯한 각 분야에 걸쳐 4천억 달러 규모의 투자를 하는 것이었다. 미국의 압박과 봉쇄로 인해 이란경제는 커다란 위기에 직면하게 되었고 이에 따라 이란은 기존의 균형 외교전략에서 중국과의 전략적 연대를 강화시켰다.

2021년 1월 4일 이슬람혁명수비대가 호르무즈 해협에서 한국 선박을 나포한 사건은 이란의 동진 정책에서 나타난 충격적이고 안타까운 결과이기도 하다. 이란의 동진 정책에서 한국은 주요한 파트너가 되었는데, 1979년 설립된 멜라트 은행은 2001년 6월에 서울 지점을 개설했고 이는 동아시아의 유일한 이란 은행이다. 한국과 이란은 2010년 10월 1일부터 달러화 거래에 따른 제재 위험을 피하기 위해 한국-이란 간 원화 결제 시스템을 도입했다. 이 시스템은 이란 중앙은행(CBI)이 우리은행과 IBK 기업은행에 원화 계좌를 개설해 양국간 무역 대금을 원화로 결제하는 방식이다. 즉, 이란이 한국에 원유를 수출하고 받은 원화를 이 계좌에 입금하고 한국 기업들이 이란에 수출하는 물품 대금을 이 계좌에서 지불하는 것이다.

하지만 트럼프 행정부의 대이란 경제제재는 한국과 이란의 관계를 악화시킨 결정적인 요인이 되었다. 2019년 5월 6일 원화결제계좌가 동결되면서 이란에 대한 수출이 어려워졌고 이란 대금 70억 달러가 그대로 남아 있다. 한국은 이란의 주요 수입국으로 2015년부터 2018년까지 3위를 유지했지만 2019년 11위로 떨어졌다. 2019년 한국의 대이란 수출액도 2018년과 비교해 볼 때 약

88.6%가 감소했고 이는 이란의 상위 20대 수입국 가운데 가장 크게 하락한 것이다. 미국의 대이란 제재로 한국은 이란과의 관계가 불편해진 대표적인 국가가 되었다. 이번 사건은 이란이 한국을 압박시켜 미국의 대이란 제재를 약화시키고 향후 전개될 협상에서 우위를 차지하기 위해 전략으로 해석되고 있다. 4월 9일 이란에 억류되었던 한국 선박이 95일 만에 석방되면서 이번 사건은 일단락되었다.

IV. 결론

이슬람 혁명 이후 이란의 외교 정책은 공식적으로 반미, 비동맹 외교를 표방해왔지만 이란의 정치 엘리트들은 국내외의 정치 환경과 변화에 따라 다양한 외교적 접근법을 채택했다. 이란 외교 정책의 다양한 접근법은 크게 5단계로 구분된다. 제1기 호메이니 시기에는 시아파 이데올로기와 그 해석에 따라 대립적이고 고립주의적인 외교 정책을 추진했다. 반면에 제2기 라프산자니 행정부와 제3기 하타미 행정부에서는 외교 정책의 실용주의적 접근법이 강조되었다. 라프산자니 행정부는 이란-이라크 전쟁 전후 복구와 경제 재건을 위해 실용적인 외교 정책을 지향했고 하타미 행정부는 EU와의 관계 개선을 통해 보다 더 적극적인 실용적인 외교 정책을 구체화시켰다. 제4기 아흐마디네자드 행정부는 제2기와 제3기와 다른 행보를 보이면서 미국과 유럽과 크게 대립했고 이 시기에는 서구와의 관계가 악화되었다. 제5기 로하니 행정부는 2015년 이란 핵 협정을 타결하면서 미국과의 관계 개선을 추진했다가 미국이 이란 핵 협정을 탈퇴하고 대이란 경제제재를 강화시키자 중국과 러시아와의 전략적 연대를 확대시켰다.

이란의 외교 정책은 정치 엘리트의 정책 선호와 밀접하게 연관되어 있고 이는 특정한 시기에 권력을 장악한 통치 엘리트의 정치적 의사결정이 반영된다고 볼 수 있다. 이란의 외교 정책에서는 국내 정치 요인이 주된 변수가 되고 있다. 이란의 외교 정책 결정 과정에서 주요 행위자는 최고지도자의 영향력도 중요하지만, 정치 세력의 역할이 결정적이라고 볼 수 있다. 이란의 최고통수권자는 최고지도자이지만 대통령선거를 통한 정권교체에 따라 외교 정책의 방향이 다르게 나타나고 있다. 개혁파와 중도파의 집권 시기에는 실용주의 노선이 강조되었지만 신원리주의자 집권 시기에는 강경 자주파 노선이 등장했다. 또한, 이란의 외교 정책에서 국제정세 등 외부적 요인도 많은 변수가 되고 있다. 이는 미국의 개입과 압력에 따라 동진 정책이 크게 부상하면서 기존의 균형과 편승을 적절히 활용하는 헤징 전략에서 점차 중국과의 전략적 연대를 강화시키는 편승 전략으로 변하고 있다.

2021년 8월 15일(현지 시각) 탈레반이 아프가니스탄 수도 카불을 장악하면서 재집권에 성공했다. 이는 지난 5월 3일 미국이 아프간 철군을 시작한 지 3개월 만에 벌어진 일이었다. 미국의 아프간 철군은 사실상 미국 세계전략의 변화를 상징하고 있다. 8월 31일(현지 시각) 바이든 미국 대통령은 "이제 2001년의 위협이 아니라 2021년의 위협들에 맞서야 할 시기"라고 강조하면서 중국과 러시아, 사이버 공격 등을 미국의 새로운 위협이라고 규정했다. 지난 7월 8일 '아프간 미군 임무 8월 31일 종료'를 선언한 대국민 연설에서도 "중국과의 전략적 경쟁이 우리의 미래를 결정할 것"이라고 말했고 이는 중국 견제를 제1의 목표로 설정한 것이다. 냉전 시대 미국의 주적은 소련, 탈냉전 시대에는 이슬람주의였다면 이번 아프간 철군을 계기로 미국 세계전략의 주적 개념이 중국으로 분명하게 변화했다. 아프간 철군은 미국 세계전략의 중심축이 중동에서 본격적으로 동아시아로의 이동을 상징하는 사건으로 향후 미국의 인도·태평양 전략과 중국의 일대일로 전략 간의 충돌과 갈등이 불가피하며 유라시아 대륙에서 대립과 갈등이 발생할 가능성이 높아지면서 지정학의 중요성이 재부상하고 있다.

탈레반 재집권 이후 주변국들은 이 지역을 둘러싼 역학 관계의 변화에 주목하면서 아프간의 내부 상황을 예의주시하고 있다. 특히, 아프간의 서남쪽에 위치한 이란과 남동쪽에 위치한 파키스탄은 공개적으로 탈레반의 재집권을 환영했지만 내부적으로 서로 다른 입장을 보이고 있다. 탈레반은 시아파를 이단으로 규정하기 때문에 시아파 종주국인 이란과는 불편한 관계이다. 반면에 파키스탄은 실질적인 탈레반 지원국이다. 하지만 향후 아프간 사태가 정상화되기 이전까지는 아프간 난민 문제가 지속적으로 발생할 가능성이 높고 주변국인 이란과 파키스탄이 난민 수용소 설치의 중심지가 될 전망이기 때문에 두 국가의 역할이 매우 중요하다. 10월 27일(현지 시각) 테헤란에서 온, 오프라인으로 이란, 파키스탄, 중국, 러시아, 타지키스탄, 우즈베키스탄, 투르크메니스탄 7개국 외무장관은 제2차 아프간 주변국 외교장관 회의를 개최해 국제사회가 아프간 문제의 정치적 해결을 추진하고 인도주의적 원조를 제공해야 한다는 공동성명을 채택했다. 더 나아가 아프간 사태는 이란과 미국의 관계에서도 많은 영향을 미칠 가능성이 높다. 11월 29일(현지 시각) 오스트리아 빈에서 이란 핵협정'(JCPOA)을 복원하기 위한 협상이 5개월 만에 재개됐다. 이번 협상의 전망에 대해서는 아직까지 불투명하지만 협상 재개 그 자체는 커다란 의미를 가지고 있고 이란-미국 관계 뿐만 아니라 중동 정세에도 많은 영향을 미칠 전망이다.

참고문헌

신범식. 2020. "지정학적 중간국 우크라이나의 대외전략적 딜레마." 『국제·지역연구』 29(1): 37-69.

유달승. 2009. 『이슬람 혁명의 아버지 호메이니』. 서울: 한겨레 출판사.

유달승. 2016. "이란의 사회 변동에서 종교의 역할." 『한국중동학회논총』 36(3): 1-15.

유달승. 2020. 『이란의 시간은 다르게 흐른다』. 서울: 한겨레 출판사.

Algar, Hamid. 1991. *Religious Forces In Twentieth Century Iran, The Cambridge History of Iran 7*. Cambridge, Cambridge University Press.

Ansari, Ali M. 2006. *Confronting Iran: The Failure of American Foreign Policy and the Next Great Crisis in the Middle East*. New York: Basic Book.

Amirahmadi, Hooshang(eds). 1993. *Iran and the Arab World*. London: Palgrave Macmillan.

Bakhash, Shaul. 1986. *The Reign of the Ayatollahs: Iran and the Islamic Revolution*. New York: Basic Book.

Chubin, Shahram. 2002. *Wither Iran? Reform, Domestic Politics and National Security*. London: Routledge.

Hiro, Dilip. 2012. *Iran under the Ayatollahs*. London: Routledge

Hunter, Shireen T. 1991. *Iran and the World, Continuity in a Revolutionary Decade*. Bloomington: Indiana University Press.

Kemp, Geoffrey and Harkavy, Robert E. 1997. *Strategic Geography and Changing Middle East*. Washington: Brookings Institution Press.

Keddie, Nikki K.(eds). 1990. *Neither East Nor West: Iran, the Soviet Union, and the United States*. New York: Yale University Press.

Khomeini, Ruhollah. 1971. *Hokumat-e Islami*. Tehran: Sepehr.

Lenczowski, George. 1994. "Iran: The Big Debate." Middle East Policy Ⅲ(2).

Marschall, Christin. 2003. *Iran's Persian Gulf Policy: From Khomeini to Khatami*. London: Routledge.

Mead, Walter Russell. 2014. "The Return of Geopolitics: the Revenge of the Revisionist Powers." *Foreign Affairs* 93(3): 69-79.

Milani, Mohsen M. 2018. *The Making of Iran's Islamic Revolution: From monarchy to Islamic Republic*. New York: Routledge.

Mohammadi, Ali. 2003. *Iran Encountering Globalization: Problems and Prospects*. London, London: Routledge.

Ramazani, Ruhi K. 1992. Iran's foreign policy: Both North and South. *The Middle East Journal* 46(3): 393-412.

Sadjadpour, Mohammad-Kazem. 2002. *Siasat-e Khareji-e Iran: Chand Goftar dar Arseh-haye Nazari va Amali*. Tehran, Ministry of Foreign Affairs Publication.

Sajadpour, Mohammad-Kazem. 2007. *Conceptual and Research Frameworks for Examining the Foreign Policy of the Islamic Republic of Iran*. Tehran: International and Political Studies Institute.

Sariolghalam, Mahmood. 2005. *The Foreign Policy of the Islamic Republic of Iran: A Theoretical Revision and the Coalition Paradigm*. Tehran: Center for Strategic Research, CSR Press.

Takeyh, Ray. 2009. *Guardians of the Revolution: Iran and the World in the Age of the Ayatollahs*. Oxford: Oxford University Press.

Tarock, Adam. 1999. *Iran's foreign policy since 1990 : Pragmatism Supersedes Islamic Ideology*. New York: Nova Science Pubs.

Tazmini, Ghoncheh. 2009. *Khatami's Iran: The Islamic Republic and the Turbulent Path to Reform*. New York: I.B. Tauris.

• • • •

제10장

에르도안 시대 터키의 팽창주의 외교:
국내 일인체제 강화와 역내 지정학 변동에 따른 중간국의 일탈

장지향(아산정책연구원)

I. 들어가며

터키는 중동, 유럽, 유라시아의 지정학 세력이 충돌하는 단층대에 자리 잡은 중간국이다. 이 단층대를 둘러싸고 미국, 러시아, 중국 간 세력 경쟁이 첨예해지는 가운데 강대국에 끼인 터키의 외교 전략은 크게 변했다. 2010년대 초반 터키는 국제사회의 공익 증대, 자유 시장경제와 민주주의를 강조하는 중견국(middle power) 외교를 내세웠다. 북대서양조약기구(NATO), G20, 중견국 협의체 믹타(MIKTA) 회원국이기도 한 터키는 국제사회에서 강대국 중심의 힘의 논리에 반대하고 자유 시장경제와 민주주의 도모, 소프트 파워의 중요성을 주장했다. 그러나 2010년대 중반 이후 터키는 기존의 중견국 외교정책이 아닌 민족주의·신오스만주의·유라시아주의에 기반을 둔 공격적 팽창주의 정책을 추구했다. 일탈에 가까운 이러한 변화는 에르도안(Recep Tayyip Erdoğan) 대통령의 일인체제 강화와 중동 지정학의 지각변동 때문이었다.

본 글은 중간국 터키의 중견국 외교정책이 팽창주의 정책으로 바뀌는 과정을 추적한다. 이어 일탈에 가까운 외교정책 변화의 원인으로서 에르도안 대통령의 일인체제 강화와 이에 따른 터키의 선거 권위주의 심화 과정을 살펴보고자 한다. 국내 요인에 더한 외부 요인으로서 2010년대 후반 중동 지정학의 지각변동을 분석한다. 당시 지정학의 변동을 미국의 쇠락, 러시아의 부상, 유럽의 관망으로 나눠 고찰하고자 한다. 마지막으로 중간국 터키의 일탈 외교정책이 중동지역 및 국제질서에 주는 함의를 알아보고자 한다.

II. 터키 외교정책의 일탈: 중견국 외교에서 신오스만 팽창주의로

NATO와 G20 회원국 터키는 2013년 출범한 중견국 협의체 MIKTA 회원이기도 하다. 중견국 터키는 다른 MIKTA 회원국 멕시코, 인도네시아, 한국, 오스트레일리아와 함께 국제사회에서 강대국 중심의 힘의 논리에 반대하고 국제규범과 가치, 자유 시장경제와 민주주의 도모를 강조해왔다. 다부트오울루(Ahmet Davutoğlu) 외무장관(2009-2014)은 '이웃과 문제없이 지내기(Zero Problems with Neighbors)' 원칙을 선언하면서 중동지역 테러리즘 종식을 위한 국제사회 공조를 역설했다. 시리아·리비아·예멘 내전과 이슬람 극단주의 테러조직 이슬람 국가(Islamic State in Iraq and Syria: ISIS)의 발호로 인해 역내 힘의 공백이 생기자 이를 틈 탄 자국의 입지 강화 시도라는 일부 비판이 있었으나 터키의 중견국 외교는 국제사회에서 높은 평가를 받았다.

그러나 터키는 2010년대 중반에 들어와 국제규범과 원칙에 위배 되는 행보를 보이며 민족주의·신오스만주의·유라시아주의를 공세적으로 강조했다. 2015년 총선에서 집권 정의개발당은 13년 만에 처음으로 단일정부 구성에 실패했고 쿠르드계 정당은 제4당으로 약진했다. 에르도안 대통령은 터키 민족주의를 앞세워 극우 민족주의 정당과 배타적인 연합을 맺었다. 이로써 무슬림 민주주의 구호 아래 시행했던 쿠르드 소수민족 보호 제도는 폐기됐고 대쿠르드 탄압이 시작됐다. 또한 오스만제국의 영광을 강조하며 역내 패권 추구의 당위성을 내세웠고 유럽이 아닌 유라시아 진출을 강조하며 러시아, 중국과 빠르게 밀착했다. 터키는 유엔이 아닌 러시아가 주도하는 시리아 내전 종식을 위한 평화협상에 이란과 함께 적극적으로 협력했다. 또한 중국이 신장 위구르 자치지역 튀르크계 무슬림의 통제 관리에 대해 협력을 요청하자 대테러 정책의 일환으로서 적극적으로 응했다(Wuthrich and Ingleby, 2020). 물론 외교부의 공식 입장은 인도주의적 외교와 테러리즘 강경 대응을 강조하며 NATO, G20, 유럽연합 후보국, MIKTA의 지위를 내세웠다(Ministry of Foreign Affairs of Republic of Turkey, 2020). 하지만 공식 입장은 실제 행동과 매우 달랐다.

2019년 10월 터키는 시리아 쿠르드계 자치지역에 기습 군사작전을 감행했다. 미국이 시리아 병력 철수를 발표한 직후 터키군은 시리아 쿠르드계 민병대 인민수비대(YPG)를 공격했다. 에르도안 대통령이 트럼프(Donald Trump) 미국 대통령과 통화를 마친 후 터키군은 중화기를 앞세워 YPG 거점 도시를 기습 점령했고 서쪽의 코바니에도 병력을 집중했다. 터키의 대쿠르드 군사작전은 미국의 사실상 승인 하에 이뤄졌다. 터키는 YPG를 자국 내 분리주의 테러조직 쿠르드노동자당(PKK)의 분파라고 주장했다. 에르도안 대통령은 시리아 쿠르드계를 쫓아내고 안전지대를 설치한 후 자국 내 정착한 360만여 명의 시리아 난민 가운데 100만 명을 이주시키겠다고 밝혔다.

시리아 쿠르드계 YPG는 미국 주도의 ISIS 격퇴전에서 지상군으로 활약했다. 2011년 발발한 시리아 내전에서 아사드(Bashar Assad) 독재정권에 맞선 반군 연합 시리아민주군(SDF)의 주축이기도 했다. 내전 발발 직후 전국의 정부군이 수도 다마스쿠스로 집결하자 북동부의 쿠르드계는 민병대를 조직해 자치를 꾸려왔다. 2014년 ISIS의 급부상 이후 시리아 내전이 정부군-반군-ISIS 간의 3파전으로 변하자 YPG는 반ISIS 국제연합전선의 핵심 전투병으로 싸웠고 1만 명 이상 전사자를 냈다. 단일 참여조직 가운데 가장 많은 희생자 수를 기록했다. 반면 미국과 여타 30여 국제연합전선 소속 국가는 공습·훈련 및 무기 제공만을 맡았다.

터키의 기습 군사작전으로 시리아 쿠르드계 500여 명이 사망했고 30만여 명이 피난길에 나섰다. 혼란 중에 YPG가 구금시설에서 관리하던 ISIS 포로 1,000여 명이 탈출하기도 했다. YPG는 시리아 북동부에서 ISIS 포로 1만 2,000명과 가족 5만 8,000명을 수용 관리해왔다. 기습 작전에 투입된 친터키 시리아 용병들이 민간인을 상대로 화학무기를 사용했다는 정황도 포착됐다. 그런데도 미군은 명령에 따라 아무런 행동을 취하지 않았다. 미군 1,000여 명이 주둔하던 시리아 북동부의 쿠르드계 자치지역은 시리아 전체 영토의 1/3에 달했다. 이 지역에서 미군은 3만여 명의 YPG 대원을 훈련 시켰고 YPG는 ISIS 포로를 구금 관리해왔다. 아사드 정권은 이란과 러시아의 전폭적 지원 덕에 내전의 승자로 정상국가 복귀를 선언했지만 영토의 65%만을 관리하고 있었다(장지향, 2019).

YPG 사령관은 미국에 먼저 알린 후 러시아와 시리아에 도움을 구했다. 터키의 쿠르드 학살을 방조한 미국과 달리 푸틴(Vladimir Putin) 대통령과 아사드 정권은 쿠르드의 요청에 바로 화답했다. 러시아군은 미군이 떠난 기지들을 접수했고 시리아 정부군은 터키군에 맞서 영토를 지킨다는 명분으로 2012년 이후 처음으로 북동부 지역에 다시 들어왔다. 푸틴 대통령은 에르도안 대통령과 소치에서 만나 탈 아브야드와 라스 알 아인 사이의 폭 30km, 길이 120km 안전지대에 합의했다. 터키가 원래 제안했던 길이 400km 이상의 규모보다 축소된 내용이었으나 에르도안 대통령은 전격적으로 받아들였다. 러시아와 터키는 안전지대의 양국 공동관리, 나머지 국경지대의 시리아 관리에도 합의했다. YPG는 안전지대 밖으로 철수했고 자치권 포기와 미군 제공의 무기 반납을 공식화했다. 이어 생존을 위해 아사드 정권과 시리아 정부군으로 흡수·통합하는 문제를 논의했다(장지향, 2019). 사실 터키는 2017년 말 시리아에서 ISIS 패퇴가 선언된 후부터 국경을 넘어 쿠르드계 자치지역 공격을 시도했다. 2018년에는 시리아 북서부의 쿠르드계 도시 아프린을 기습 공격해 시리아 쿠르드계 민병대 인민수비대와 교전을 벌였고 민간인 수백 명이 사망하기도 했다.

NATO 회원국 터키의 일탈은 러시아 밀착 행보로도 나타났다. 터키는 NATO 회원국 가운데 두 번째로 큰 규모의 군대, NATO군과 미군이 이용하는 공군·해군 기지, NATO의 탄도미사일 방어 레이더 시스템과 미국의 전략 핵무기 50여 기, 미군 2,000여 명을 보유한 나라다. 그런 터키가 2019년 7월 러시아제 최신 지대공미사일 시스템 S-400 장비를 자국 공군기지로 인도받았다. 같은 해 10월 에르도안 대통령은 대쿠르드 군사작전을 마치고 푸틴 대통령과 안전지대 관련 협상을 진행하면서 S-400 추가 도입에 대해서도 협의했다. 터키가 S-400 도입을 강행하자 미국은 F-35 기밀 누출을 우려해 터키에 F-35 스텔스 전투기 프로그램 참여를 중지시켰다. 유럽연합과 NATO 회원국도 대터키 무기 금수와 제재를 경고했으나 터키는 눈 하나 깜짝하지 않았다. 2020년 10월엔 S-400 시스템의 첫 시험 발사를 마쳤다.

또한 터키의 신오스만 팽창정책은 동지중해를 중심으로도 진행됐다. 2020년 1월 터키는 장기 내전을 겪고 있는 리비아에 자국군과 시리아계 용병을 포함한 병력, 무기, 물자 지원을 본격화했다. 2011년 아랍의 봄 민주화 혁명 확산으로 카다피(Muammar Gaddafi) 장기 독재정권이 무너진 이후 리비아에서는 내전이 발생했다. 1969년 쿠데타로 권력을 장악한 후 카다피는 기존 제도와 국가기구 전반을 파괴했고 사적 소유권 대부분을 약탈해 관리했다. 국가의 강권 기구는 사유조직으로 전락했고 시민단체는 감시·통제·처벌 체제하에서 급진화됐다. 이때 갑작스럽게 독재정권이 몰락하자 구정권이 의도적으로 나눠놓은 파벌 간의 분열이 심화했고 내전으로 이어졌다. 카다피의 퇴진 직후 시작된 1차 내전(2011-2014)에 이어 이슬람주의자와 세속주의자 사이의 권력 다툼으로 인한 2차 내전(2014-현재)이 진행됐다. 2차 내전은 서부 트리폴리를 장악한 이슬람주의 정부와 동부 토부르크를 거점으로 삼고 영토의 70% 이상과 유전지대를 통제했던 세속주의 리비아 국민군 간의 무력 충돌이었다.

2019년 11월 터키는 서부 이슬람주의 정부와 군사협정을 체결하고 2020년 1월 의회에서 리비아 파병안을 통과시켰다. 터키가 보낸 시리아계 용병 5000

명과 터키군 100명이 서부에서 이슬람주의 정부를 지원했다. 서부 이슬람주의 정부는 미숙한 정국 운영과 부정부패로 인해 지지 기반이 취약해 트리폴리 인근에서 명맥을 유지하는 반면 동부 토부르크 세속주의 리비아 국민군은 하프타르(Khalifa Haftar) 장군의 지도하에 ISIS 격퇴전을 성공적으로 이끌면서 동부 군벌의 압도적 지지를 받았다.

　유엔, 유럽연합, 미국은 1차 내전 시기 발족 된 국가과도위원회를 공식 정부로 인정했으나 2016년 과도위원회의 후신인 통합정부가 동서로 분열되면서 지원 양상도 나뉘었다. 서부 이슬람주의 정부는 터키, 이탈리아, 카타르, 이란의 지지를 받는 한편 ISIS 격퇴에 공을 세운 동부 세속주의 리비아 국민군은 러시아, 프랑스, 이집트, 사우디아라비아, 아랍에미리트의 지지를 받았다. 2020년 1월 리비아 내전 중재를 위한 베를린 국제회담에서 미국, 영국, 프랑스, 독일, 이탈리아, 러시아, 터키를 포함한 10여 나라 지도자는 내전 개입 및 무기 수출 금지와 영구 휴전을 위한 후속위원회 설치에 합의했다. 하지만 직후 터키는 의회에서 리비아 파병안을 가결했다. 이처럼 국제사회 주요국 간 자국 이익 우선의 계산이 작동하는 가운데 2020년 10월 서부 이슬람주의 정부와 동부 세속주의 리비아 국민군이 유엔 중재로 휴전협정에 서명했으나 실질적인 후속 조치 없이 답보상태가 이어졌다(Winer, 2021).

　나아가 터키는 2019년 11월 그리스의 배타적 경제수역을 침범하는 내용의 수역협정을 리비아 서부의 이슬람주의 정부와 일방적으로 체결했다. 터키는 이미 2018년 5월 동지중해의 에너지 자원개발 문제로 그리스, 키프로스, 유럽연합과 대립해왔고 같은 문제로 역내 이스라엘, 이집트와도 충돌해왔다. 키프로스가 배타적 경제수역으로 선포한 해역을 두고 터키는 국제사회에서 터키만이 유일하게 인정하고 있는 북키프로스 역시 대륙붕 천연가스 자원에 권리가 있다며 시추선을 투입했고 그리스, 키프로스, 유럽연합의 반발을 샀다. 이에 그리스는 자국 주재 리비아 대사를 추방했고 터키는 북키프로스에 무인기를 배치해 관련국 간 긴장이 고조되기도 했다. 터키와 리비아 서부 정부가 맺은 수역협정 체결은 국제법에 명백히 어긋나는 행동이었다. 2020년 1월 그리스, 키프로스, 이스라엘은 유럽연합 수요의 10% 이상을 담당할 동지중해 가스관 건설안에 서명했고 이스라엘은 자국 소유 동지중해 최대 가스전서 이집트로 수출을 개시했다. 그리스-키프로스-이스라엘-이집트 간의 동지중해 가스 안보협력에 터키는 강력하게 반발했다.

터키의 국제규범 일탈 행보는 유럽연합을 상대로 한 난민 비즈니스에서도 극명히 드러났다. 시리아와 국경을 접한 터키가 유럽으로 향하는 시리아 난민 360만여 명을 맡아주는 대가로 유럽연합은 터키에 지원금과 혜택을 제공하기로 했다. 2016년 3월 유럽연합과 터키가 브뤼셀 특별정상회담에서 발표한 합의안에 따르면 유럽연합은 터키에 2018년까지 난민 수용시설 운영에 드는 비용의 몫으로 60억 유로를 지급하기로 했다. 4개월 전 양측 간 잠정 합의된 지원금의 2배였다. 또 유럽연합은 6월부터 터키 국민의 유럽연합 국가 입국 시 비자 면제 혜택과 터키의 유럽연합 가입 협상의 빠른 추진을 약속했다.

파격 합의안에 유럽연합 회원국 일부가 반발했다. 특히 키프로스는 터키가 그리스계 남키프로스를 국가로 인정하지 않고 공항과 항만을 개방하지 않는 한 유럽연합 가입을 강력히 반대한다고 밝혔다. 프랑스는 앞으로 유럽연합이 터키의 인권 민주주의 상황을 문제 삼지 못할 수 있다며 우려를 표명했다. 유엔 역시 난민의 인권침해 소지를 지적했다. 터키가 권위주의 체제로 빠르게 퇴행하고 있기 때문이었다. 이에 유럽연합은 터키의 가입 협상 시기를 구체적으로 명시하지 않는 것에서 절충점을 찾았다. 터키 국민의 비자 면제는 특혜라는 비판에는 앞으로 터키가 유럽연합 가입 조건에 충족하도록 노력하겠다는 선에서 합의를 봤다.

유럽연합과 터키 간 난민 문제 합의 이후 첫 이행단계로서 그리스에 머물던 시리아 난민의 터키 송환이 시행됐다. 터키에서 그리스로 들어간 난민을 터키로 다시 되돌려 보낸 후 터키 정부가 난민 선별과정을 거친다는 계획이었다. 난민 유입을 막기 위해 폴란드, 체코, 슬로바키아, 헝가리가 국경을 닫고 오스트리아마저 이를 지지하면서 유럽으로 들어가려던 난민 4만여 명이 그리스에서 오가도 못하는 상황에 부닥쳤다. 이들 난민을 터키로 송환한 후 터키 정부가 전쟁을 피해왔는지, 유럽 일자리를 찾아왔는지 아닌지를 가린다는 것이었다. 국제 인권단체들이 난민 인권침해 문제를 강하게 제기하자 유럽연합은 국제법에 따른 난민의 개별 상담과 유엔 난민 기구의 상시적 감시를 거듭 강조했다.

그러나 터키는 합의를 제대로 이행하지 않았다. 유럽연합이 터키에 제공한 시리아 난민 처우개선 지원금은 시리아 국경지대 감시 강화를 위한 군사비로 쓰였다는 폭로가 이어졌다. 터키 정부는 지원금을 전용해 시리아발 난민을 막고 시리아 쿠르드계 자치지역을 압박하는 군사적 용도로 사용했다. 국경지대 군사력 강화는 향후 시리아 쿠르드계 자치지역 군사작전으로 이어졌다. 에르도안 대통령은 시리아 쿠르드계를 쫓아낸 지역에 자국 내 시리아 난민을 이주시키겠다고 선언했다. 난민의 강제 이주는 명백한 국제법 위반이다. 오히려 2020년 터키는 유럽의 추가 지원이 없을 시 유럽행을 원하는 난민에게 문을 활짝 열겠다며 으름장을 놨다. 이에 더해 터키는 같은 해 7월엔 유네스코 세계문화유산에 등재된 성 소피아 박물관을 모스크로 전환했다. 10월 에르도안 대통령은 정교분리 원칙을 강화해 이슬람 극단주의 테러와 싸우겠다는 마크롱(Emmanuel Macron) 프랑스 대통령에 정신감정이 필요하다며 독설을 쏟아내기도 했다.

III. 에르도안 대통령의 일인체제 강화와 선거 권위주의 심화

터키 외교정책 급변의 결정적 원인은 에르도안 대통령 개인의 국내 정치적 이해관계 때문이다. 대통령이 일인체제 강화와 국내 정치 위기 돌파를 위해 포퓰리스트 대외정책을 적극적으로 활용하고 있기 때문이다. 2002년 온건 이슬람주의 정의개발당의 압승으로 총리가 된 에르도안은 18년째 권좌를 지키며 21세기 술탄이라 불린다(Cagaptay, 2020). 에르도안 총리는 집권 10년 차를 넘기더니 권력 사유화 행보를 보이기 시작했다. 권위주의적 의사 결정과 친인척 비리를 비판한 당내 온건파를 숙청했고 언론인과 시민단체를 탄압했다. 에르도안 대통령의 일인체제와 선거 권위주의는 어느 때보다 공고해졌다.

한때 무슬림 민주주의를 표방했던 터키는 현재 '자유롭지 않은 국가'로 추락했다. 전 세계 민주주의 변화를 추적해 온 프리덤 하우스에 따르면 2015년 터키 민주주의 지수는 이전 해보다 5포인트 하락했고, 2017년도 지수는 2015년도보다 17포인트 내려갔다. 2020년도 프리덤 하우스 지수는 7년 전보다 30포인트 떨어진 최저치를 기록했다. 터키의 민주주의 지수는 32인 반면 쿠웨이트는 36, 요르단과 모로코는 37, 알제리는 34를 기록했다. 터키는 중동의 대표적 장기 독재국가인 알제리보다 민주주의 지수가 낮은 나라로 분류됐다. 국경 없는 기자회는 터키의 언론자유를 180국가 중 154번째라고 발표했다. 콩고, 파키스탄보다 낮은 순위였다. 터키 민주주의 추락은 국가신용등급 강등으로 이어졌다. 2020년 9월 국제 신용평가사 무디스는 터키의 국가신용등급을 기존 B1에서 B2로 하향 조정했고 이제 터키는 이집트, 탄자니아, 우간다, 르완다 등과 함께 투자 '주의' 그룹에 속하게 됐다. 무디스는 터키 등급의 추가 하락 가능성마저 비쳤다. 지난 2년간 터키 리라화 가치는 45% 떨어졌고 인플레이션은 15% 선에서 잡히지 않았다(Freedom House, 2020; Reporters Without Borders, 2020).

10여 년 전만 해도 에르도안 당시 총리는 터키를 무슬림 민주주의 모델 국가로 올려놓았다. 2001년 에르도안 전 이스탄불 시장은 경제학자 출신 귤(Abdullah Gül)과 함께 터키의 유일한 이슬람 정당인 미덕당에서 탈당한 후 온건 이슬람주의자들을 모아 정의개발당을 세웠다. 강경 세속주의 체제에서 30년간 이어온 단일 이슬람 정당의 결속이 처음으로 깨진 것이다. 1990년대 말부터 에르도안과 귤이 이끈 미덕당 내 소장파는 당의 혁신을 요구하며 보수 지도부와 대립하기 시작했다. 이들은 20년이 넘은 에르바칸(Necmettin Erbakan) 당 대표의 일인체제, 급진 활동가 하부조직, 이슬람 원리주의 강경 노선의 개혁을 요구했다. 에르도안과 귤이 세운 정의개발당은 1980년대 총리를 지낸 외잘(Turgut

Özal)의 보수 자유주의를 계승한다고 주장했다. 외잘은 1983년 시장경제와 전통의 조화를 강조하며 모국당을 세웠고 같은 해 총리로 당선된 후 1989년까지 재직했다.

정의개발당은 반서구주의 대신 시장화, 민영화, 세계화를 적극적으로 강조하고 법치와 작은 정부, 다원주의 가치를 내세웠다. 터키의 유럽연합 가입도 적극 지지했다. 시장과 전통의 조화를 강조한 이들은 이슬람이 큰 정부와 사회주의를 반대한다는 점에서 자유주의와 닮았다고도 했다. 또한 에르도안과 귤의 연합 리더십 하에 전문가를 다수 충원했다. 터키 이슬람 정치세력은 30여 년 만에 이슬람 원리주의와 반서구주의를 포기하고 실용주의 중도 노선을 채택했다. 무능하고 부패한 기존 세속주의 정당들에 지친 유권자들은 정의개발당에 매료됐다. 결국 이들은 2002년 첫 선거에서 압승해 단일정부를 구성했다. 연립정부의 잦은 해체와 붕괴로 인한 정국 위기 속에서 11년 만에 구성된 단일정부였다.

오스만제국 해체 후 출범한 터키 공화국은 세속주의와 터키 민족주의를 국시로 삼았다. 1차 세계 대전에서 패한 오스만제국의 장군 무스타파 케말(Mustafa Kemal)은 연합국의 제국 해체 시도에 맞서 독립전쟁을 일으켰고 어렵게 이겼다. 1923년 터키 공화국의 초대 대통령으로 추대된 케말 장군은 이슬람 종주국의 과거와 철저히 단절하는 개혁을 추진했다. 위에서 강압적으로 시작된 세속주의화는 새로운 근대국가의 권력을 장악한 군부가 주도했다. 공화국의 수호자 군부는 이슬람주의와 쿠르드 민족주의 세력을 국가 통합의 적으로 여겨 탄압했고 강경세속주의 세력만이 정치권에서 살아남아 기득권을 남용했다. 군부는 세속주의 수호의 명분 아래 1960, 1971, 1980, 1997년 10년 주기로 쿠데타를 일으켜 기존 정당들을 해산하고 자유주의 정치 질서를 방해했다. 1990년대 터키에는 강경 세속주의세력의 과대 성장, 우파의 부정부패, 좌파의 무능으로 인해 정치 불안정과 경제 침체가 만연했다. 함께 박해받던 이슬람주의와 쿠르드 민족주의 두 세력은 민주화와 다원주의 확산을 주장하며 종종 연합하기도 했다.

2000년대 에르도안 총리의 온건 이슬람 정의개발당 정부는 민주주의 공고화와 경제 성장을 이끌었고 중견국 외교로 터키의 국제적 평판을 끌어올렸다. 집권 초기 군부의 정치개입 금지 제도화, 사형제 폐지, 쿠르드 소수민족의 방송 허용 등의 개혁이 이뤄졌다. 정의개발당이 집권한 10년간 터키의 1인당 국민소득은 3배 이상 올랐고, 2010년에는 44년 만에 최저 인플레이션율이 기록됐다. 또한 에르도안 총리는 이스라엘-팔레스타인 분쟁, 하마스-파타 갈등, 시리아 내전, 이란 핵 협상에서 중재자 역할을 자임했다. 2009년 오바마(Barack Obama) 미국 대통령은 터키 국회 연설에서 터키 민주주의와 경제 발전의 원동력으로서 에르도안 총리의 리더십을 치하했다. 2011년 아랍의 봄 혁명 발발 직후 브루킹스 연구소가 진행한 아랍권 여론 조사에서 에르도안 터키 총리는 아랍인이 가장 존경하는 지도자로 뽑히기도 했다. 집권 이래 10여 년 동안 정의개발당은 큰 어려움 없이 단일정부 구성을 이어갔다(장지향, 2017).

이처럼 터키 민주주의가 퇴행 위기에 처하기 전 에르도안 총리는 민주주의 발전의 주역이었다. 에르도안 총리가 온건 이슬람 정당을 설립하고 시장경제와 전통, 자유민주주의를 주창한 데는 이슬람 자본가의 역할이 컸다. 세계화 과정에서 빠르게 성장한 신흥 이슬람 부르주아가 자신의 이해관계를 안정적으로 확보하기 위해 이슬람 정치세력의 온건화를 촉진했다. 공동체에 기반한 이익추구라는 계산 하에 이슬람 자본가는 이슬람 정치세력 가운데 자유주의 성향의 젊은 세대를 지지했고 정의개발당을 적극 밀었다. 전통적 원리주의 이슬람 정치세력은 종종 군부 실세인 강경 세속주의 세력에 우발적으로 저항했고 이는 이슬람 자본가의 효율적인 사업운영에 방해가 됐다.

이슬람 자본이란 이슬람 윤리에 따라 운영되는 사업 전반과 관련된 자산을 일컫고 이슬람 자본가란 이러한 기업윤리를 내세운 회사와 이슬람 은행의 경영진, 주주들이다. 이들 대부분은 수니 종단 회원이기도 하다. 가장 대표적인 이슬람 자본은 이슬람 금융이나 이슬람을 기업윤리로 삼는 사업체들도 자신의 정체성을 분명히 밝히고 있다. 이슬람 기업은 직원들이 근무 중 기도하러 모스크에 가는 걸 기꺼이 허용하며 이사회나 경영진을 독실한 신자로 구성한다. 또한 이슬람 은행과의 거래를 선호한다. 이슬람 은행은 이슬람 법규 위원회를 자체적으로 운영해 사업의 적절성 여부를 관리한다. 이슬람에선 고리대금과 이자를 금하고 있지만 투자나 화폐의 시간적 가치에 대한 고려는 일반 경제이론과 같다. 이슬람 은행은 이자 대신 지분 투자 개념인 무다라바(mudaraba)와 무샤라카(musharaka)의 장기 대출을 통해 투자자와 사용자 간 손익배분을 하고 있다. 일반 자본과 마찬가지로 이슬람 자본도 이윤추구를 위해 투명한 시장과 신뢰도 높은 정부를 선호한다. 이슬람이 큰 정부와 사회주의를 반대한다는 점에서도 경제 자유주의와 공통점이 있다.

터키 이슬람 은행은 알 바라카, 쿠웨이트, 아나돌루, 아시아, 패밀리 은행이 대표적이고 주로 제조업과 서비스 분야에 무다라바와 무샤라카 투자를 해왔다. 터키 이슬람 기업은 수출 관련 제조업에 특화되었는데 1980년대 외잘의 경제 자유화 정책의 수혜자였다. 이들 이슬람 기업은 '아나톨리아의 호랑이'라는 별명을 얻었는데 수출주도 경제로 빠르게 발전한 아시아 5개국을 일컫는 '아시아의 호랑이'에서 따왔다. 외잘은 대도시 산업 자본가가 장악한 수입대체 구조에 지방 중소 자본가 주도의 수출지향 시스템을 유입시켰고 이슬람 은행과 기업을 활성화했다. 외잘 정부 시기 이슬람 종단들도 부분적이나마 법적 지위를 얻었다. 터키 이슬람 종단은 1925년 국가의 강경 세속주의 정책에 의해 공식 해체됐고 재산마저 몰수당했다. 이후 전국적으로 퍼져있던 종단들은 철저히 개인 영역에서 지하 점조직 형태로 활동했다. 종단 회원의 다수는 이슬람 은행의 경영진과 주주, 이슬람 수출기업의 소유주이기도 했다.

터키의 이슬람 자본가들은 국가의 후원을 독점해 온 세속주의 자본가 세력과 달리 국가의 지속적인 감시의 대상이었다. 경제 자유화 정책을 내세운 외잘 정부 덕분에 이슬람 은행과 기업들은 규제에서 벗어날 수 있었다. 이슬람 은행은 1985년 외잘 정부 하에서 특별금융기관이라는 이름으로 처음 도입됐다. 이슬람 기업들 역시 1970년대 국가 주도의 수입대체 산업화 과정에서 배제되어 어쩔 수 없이 수출 관련 제조업과 서비스 분야에 집중했다가 외잘 정부 시기 활성화되기 시작했다. 1990년대 초 세계화가 시작되면서 터키 이슬람 자본가들은 무슬림 세계의 국제시장으로 진출했고 유동성이 높은 자본을 축적할 수 있었다. 이들 신흥 이슬람 부르주아는 이윤추구에 방해가 되는 정치적 불안정을 바라지 않았다. 강경 세속주의자 군부가 비록 이슬람 자본가 그룹에 대한 탄압 수위를 조절했더라도 이슬람 정당이 4차례 해산될 때마다 이들에게도 파장은 미쳤다(장지향, 2017). 따라서 터키 이슬람 자본가들은 이슬람 공동체의 네트워크를 통해 시장과 자유주의에 친화적인 정치인을 지지했고 원리주의자들과는 거리를 두었다. 이슬람 금융과 기업인들이 다수 속해있는 종단들도 이슬람 정당이 아닌 중도우파 정당을 지지했다. 일반적으로 이슬람 정당의 지지 세력은 세계화 현상에 적대적인 사회경제 하층이었다.

그러나 이슬람 자본가의 지지를 받고 온건 이슬람주의를 내세우며 10년 넘게 단일정부의 총리를 지낸 에르도안은 점차 개인 권력에 집착했다. 2011년 에르도안의 3번째 총리 연임 성공 이후 그의 권위주의 통치 스타일이 드러나기 시작했다. 2013년 에르도안 총리는 이스탄불 게지 공원의 재개발에 항의하는 평화 시위대를 초강경 진압했고 과잉진압을 반대하는 정의개발당의 온건파와도 갈등이 뒤따랐다. 권위주의화는 경제에도 타격을 줬다. 2013년부터 경제성장률 하락과 실업률 상승이 두드러졌다. 민주주의 후퇴가 가속화되자 국가신용등급과 리라화 가치도 떨어졌다.

이슬람 자본가와 에르도안 총리의 갈등도 시작됐다. 과거 온건 이슬람주의 구호 아래 뜻을 함께 모았던 페툴라 종단의 수장 귤렌(Fethullah Gülen)이 에르도안 총리의 권력 사유화를 비판하기 시작하자 에르도안 총리는 페툴라 종단 소속 사람들의 숙청으로 맞섰다. 1980년대 중반 이즈미르의 이맘 귤렌에 의해 조직된 페툴라 종단은 미디어 사업에 크게 성공했고 아시아 이슬람 은행을 빠르게 성장시켰다. 페툴라 종단이 다른 종단과 다르게 터키 민족주의와 세속주의 국가를 지지하며 강경 세속주의 국가의 이슬람세력 탄압도 비판하지 않았다.

귤렌은 친미 성향의 시장경제의 옹호자이며 외잘 총리를 비롯한 중도우파 정치인을 지지해왔다. 2013년부터 페툴라 종단 소유의 언론사에서 에르도안 총리 측근의 뇌물수수 비리와 가족의 정치자금 횡령 스캔들을 보도하자 에르도안 총리는 조작된 음모라고 반박했다. 이후 에르도안 총리는 귤렌과 가까운 검찰과 경찰, 군 간부들을 해임하거나 구속했고 페툴라 종단이 운영하는 기업체, 학교, 연구소들을 폐쇄했다.

에르도안 총리는 3번의 총리 연임으로 출마 길이 막히자 2014년 역사상 처음 대통령 직선제를 도입해 52% 득표로 선출됐다. 이후 에르도안 대통령의 일인 지배 체제와 권위주의 회귀가 본격화됐다. 정의개발당은 2015년 총선에서 2002년 이래 최초로 단일정부 구성에 실패하자 극우 민족주의 민족운동당과 연합을 맺었다. 이어 쿠르드계 인민민주당을 대대적으로 탄압하며 폐쇄적 터키 민족주의를 앞세웠다. 당시 반ISIS 국제연합전선의 ISIS 격퇴전에서 시리아 쿠르드계 민병대가 핵심 지상군으로 싸우며 국제사회의 지지를 받자 터키 내 쿠르드 탄압 정책을 더욱 강화했다. 자연스럽게 친서구 노선과 중견국 외교를 표방한 대외정책도 변해서 유럽이 아닌 동쪽 유라시아로의 진출을 역설했다(Cınar, 2020).

2016년 1월 에르도안 대통령은 귤렌을 국가전복 혐의로 기소했다. 이후 귤렌과 페툴라 종단 회원이 대주주로 있는 아시아 은행은 테러조직의 불법 자금 은닉죄로 대대적인 수사를 받았다. 같은 해 7월 대통령을 겨냥한 쿠데타가 발발한 후 터키는 미국 정부에 귤렌의 즉각적인 소환을 요청했다. 쿠데타는 군부 내 페툴라 종단에 속한 온건 이슬람주의 성향의 장교들이 주도한 것으로 알려졌다. 이후 페툴라 종단은 테러조직으로 지정됐다. 2016년 쿠데타 실패 후 강도 높은 폭압 정치가 시작됐다. 2년의 국가비상사태 기간 현직 군인 1만7천 명 숙청, 공직자 11만 명과 교사 3만3천 명 해임, 지식인과 언론인 5만 명 투옥이 이뤄졌다. 검사 1/4이 물갈이되기도 했다. 이들에겐 귤렌과 페툴라 종단을 추종하는 테러리스트 죄목이 적용됐다. 소신 있는 총리, 장관이 줄지어 경질됐고 인력 공백으로 나라 전체가 삐걱댔다. 이어 대통령의 40대 사위가 에너지부와 재무부의 수장이 됐다.

2017년 에르도안 대통령은 대통령 중심제 개헌 국민투표를 통과시켜 장기 집권을 제도화했고 1년 후 재선에 성공했다. 2015년 총선과 비교했을 때 이스탄불에서 9%, 앙카라에서 14% 가량의 표를 잃은 결과이지만 정국 운영에는 문제가 없었다. 더구나 정의개발당 내 온건세력은 대부분 축출됐고 세속주의 야권의 조직적 역량은 여전히 열악했기 때문에 에르도안 대통령을 견제할 세력은 거의 없었다(Laebens and Öztürk, 2021). 다만 터키 시민사회는 권위주의 후퇴에 대한 한계점을 갖고 있었다. 2016년 쿠데타의 실패는 에르도안 대통령의 일인체제 공고화에 반대했던 시민들까지 거리에 나와 군부의 정치개입에 맞섰기 때문에 가능했다.

정의개발당의 공동 설립자이자 실용 온건주의자로 명망 높던 귤은 2014년 에르도안이 대통령으로 선출된 후 정계에서 은퇴했고 에르도안 대통령이 주최하는 정치 행사에 전혀 나타나지 않았다. 귤은 외교장관, 총리, 대통령을 역임하면서 에르도안의 독단적인 행보에 대해 반대 견해를 표명해왔다. 중견국 외교를 주도하며 국민의 신망을 받던 정치학자 출신의 다부트오울루 역시 에르도안과 갈등 끝에 2016년 갑자기 총리직을 사퇴했다. 다부트오울루는 귤과 마찬가지로 친정의개발당, 반에르도안의 태도를 보였다. 귤과 다부트오울루는 정의개발당의 행사에 참석해 대통령 중심제 개헌을 묻는 국민투표와 관련해 에르도안을 지지하는 뜻을 한 번도 밝히지 않았다. 법무장관과 부총리를 역임한 치첵(Cemil Çiçek)도 당내에서 밀려난 대표적인 온건파로 2015년 국회 대변인을 끝으로 은퇴했다. 은퇴 후 치첵은 에르도안 대통령의 독단적 행동을 겨냥한 듯 삼권분립, 견제와 균형 시스템의 중요성을 강조했다.

2019년 다부트오울루 전총리는 새로운 보수당을 세워 세속주의와 자유민주주의를 강령으로 내세웠다. 정의개발당의 창당 멤버이자 경제장관, 외무장관, 부총리를 지낸 바바잔(Ali Babacan)도 탈당해 2020년 친유럽과 자유주의를 내건 신당을 창당했다. 이렇듯 당내 온건파가 축출되면서 터키의 외교정책은 국제규범과 빠르게 멀어졌고 민주주의 후퇴와 인권 탄압을 비판하는 서구 대신 러시아·중국·이란과 점차 가까워졌다.

에르도안 대통령의 일인체제 하에서 터키의 대미 관계도 나빠졌다. 에르도안 대통령이 2016년 쿠데타의 배후로 지목한 재미 종교학자 귤렌의 소환을 미국이 거부하면서부터다. 양국 관계는 2018년 트럼프 대통령이 대터키 무역전쟁을 선포하면서 더욱 악화했다. 미국은 쿠데타 배후로 의심받아 억류 중인 자국인 목사의 석방을 요구하며 터키산 철강과 알루미늄 관세를 두 배로 올렸다. 터키는 미국의 대이란 제재에 맞서 이란 산 천연가스 수입 지속을 선언하며 맞대응했다. 하지만 리라화 폭락과 국가신용등급 강등이 이어졌다. 이때 사우디아라비아 출신 반정부 언론인 카슈끄지(Jamal Khashoggi) 살해 사건이 터키에서 일어났고 극적 반전이 일어났다. 에르도안 대통령은 증거를 선점해 미국·사우디와 물밑 거래에 나섰다. 이후 터키는 미국인 목사를 전격 석방했고 대사우디 비판도 중단했다. 미국 역시 대터키 제재를 철회했다.

대외 관계의 고비를 넘은 에르도안 대통령에게 국내발 정치 위기가 찾아왔다. 2019년 3월 지방선거에서 정의개발당이 3대 도시 앙카라, 이스탄불, 이즈미르에서 패했다. 정의개발당은 25년 만에 이스탄불을 잃었고 공화인민당은 25년 만에 앙카라를 되찾았다. 대통령 중심제 전환 후 첫 선거였기에 에르도안 장기 집권에 대한 신임투표와 마찬가지였다. 게다가 에르도안 대통령이 이스탄불 시장선거의 부정 개표 의혹을 제기해 석 달 후 재선거가 치러졌으나 야당이 더 큰 표 차로 이겼다. 3월 선거에서 공화인민당의 정치 신인 이맘오울루(Ekrem İmamoğlu) 후보가 정의개발당의 총리 출신이자 대통령의 최측근 이을드름(Binali Yıldırım) 후보를 0.3% 표차로 막판 역전했으나 6월 재선에서는 10% 차이로 이겼다.

지방선거의 민심에는 1년 전 미국발 무역위기 이후 불거진 민생고 여파도 작용했다. 민생파탄 책임론이 확산하는 가운데 터키 내 정착한 360만여 명의 시리아 난민에 대한 여론도 날로 나빠졌다. 터키는 시리아 내전 발발 후 수니파 무슬림 난민을 대거 받아들였다. 물론 시리아 난민의 유럽행을 막아주는 대가로 유럽의 막대한 지원금을 받았다. 그러나 난민 여론은 날로 악화하여 에르도안 대통령의 일인체제를 위협했다(Pearlman, 2020). 이때 미국이 시리아 철군을 발표했고 에르도안 대통령은 내부 위기 돌파를 위한 군사작전을 강행했다. 시리아 쿠르드계를 접경지대에서 몰아낸 후 자국 내 시리아 난민을 이주시키는 일거양득의 효과도 가능했다. 터키의 시리아 쿠르드계 공격과 시리아 난민 강제 이주 시도의 결정적 요인은 2019년 3월 지방선거의 패배라는 대통령의 정치 이해관계가 걸린 국내 요인이었다.

IV. 중동 지정학의 지각변동: 미국의 쇠락, 러시아의 부상, 유럽의 관망

터키 대외정책 일탈의 배경에는 미국의 쇠락, 러시아의 부상, 유럽의 관망으로 요약되는 중동, 유럽, 유라시아 지정학의 지각변동이 자리 잡았다. 트럼프 대통령의 자국 우선주의, 지급능력 중시 동맹관, 신고립주의는 미국의 입지 약화, 러시아의 틈새 진출, 미 동맹국의 일탈을 부추겼다. 트럼프 대통령은 돈이 많이 든다며 반ISIS 국제연합전선에서 핵심 지상군으로 싸운 시리아 쿠르드계 지원을 중단하고 철군을 결정했다. 뒤이은 터키의 쿠르드 공격 감행은 미국발 변화에 따른 혼란을 극적으로 보여줬다. 터키는 중동을 떠나는 미국 대신 러시아에 기댔다. 동맹 관계를 거래 행위로 여기는 트럼프 대통령 덕분에 에르도안 대통령은 더 쉽게 결정을 내렸다. 더 나아가 에르도안 대통령은 유럽연합의 막대한 지원금을 받은 후 시리아 난민의 유럽행을 더는 막지 않겠다며 추가 지원금을 유럽연합에 요구했다. 일인체제를 강화하던 에르도안 대통령에게 난민 관리를 맡긴 책임론마저 유럽연합을 향했다.

미국 민주주의는 트럼프 대통령 집권기 빠르게 후퇴했다. 멕시코 국경장

벽 건설, 이민·난민 신청 축소, 러시아·우크라이나 게이트, 탈세, 불법 선거자금, 성 추문 스캔들, 경찰 폭력, 인종차별들이 이어졌다. 2017년 이래 미국의 프리덤 하우스 지수가 4포인트 하락해 2020년 미국 민주주의는 라트비아, 슬로바키아보다 낮은 등급을 기록했다. 또한 지도자 개인의 국내 정치적 이익 극대화를 위해 정부의 기능, 표현의 자유, 법치가 훼손됐다. 이탈리아, 스페인, 오스트리아, 헝가리, 폴란드 등 유럽에서도 반이민, 반유럽연합을 내세우는 우파 포퓰리즘과 안보 우선주의가 확산하면서 시민 자유와 정치 권리 지수가 내려갔다(Freedom House, 2020).

민주평화론은 민주주의 국가의 높은 승전 가능성과 평화 추구 태도를 주장한다. 민주국가는 여론의 힘, 견제와 균형 제도 때문에 오랜 논의를 거쳐 승리와 도덕적 우위에 대한 확신이 섰을 경우 참전을 결정하기 때문이다. 따라서 독재자와 소수 엘리트의 사적 이해관계에 따라 참전하는 독재국가보다 전쟁에서 이길 확률이 높다. 그리고 민주국가는 서로 전쟁을 벌이려 하지 않는다. 이 민주평화론이 중동에서는 오작동했다. 미국과 유럽의 민주주의 수준이 급격히 후퇴했기 때문이다. 중동에는 민주국가가 드물고 대신 역내 여러 나라의 동맹·우방국이 민주 대 비민주국가로 나뉘었다. 그런데 민주국가를 동맹·우방으로 두면 돈이 많이 들거나 쓸모가 없어졌다고 버림받았다. 시리아 쿠르드계 민병대는 미국 주도의 ISIS 격퇴전에 참여해 단일 참여조직 중 가장 많은 희생자 수를 냈으나 결국 미국의 실질적 승인 아래 터키의 공격을 받고 자치권을 잃었다. 자유주의 질서는 쿠르드 민족처럼 나라 없는 약자에게 부족하나마 외부 충격의 보호막 역할을 했으나 이젠 그 역할을 잃었다. 한때 자유주의 질서의 수호자였던 미국이 동맹의 가치를 흔들면서 쿠르드는 토사구팽을 당했다(장지향, 2019).

2017년 이라크 쿠르드계도 트럼프 대통령에 외면당했다. 2005년 미국은 이라크 전쟁에서 자국을 적극적으로 도운 이라크 쿠르드계에게 쿠르드자치정부를 허락했다. 2014년 시작된 미국 주도의 ISIS 격퇴전에서 이라크 쿠르드계 민병대 페쉬메르가 역시 시리아 쿠르드계 민병대처럼 핵심 지상군으로 싸웠고 이라크 모술과 키르쿠크에서 ISIS를 패퇴시켰다. 2017년 10월 ISIS 격퇴전이 끝난 후 이라크 북부 쿠르드자치정부는 분리 독립 투표를 시행했다. 이에 반발한 이라크 중앙정부는 정부군과 시아파 민병대를 앞세워 대쿠르드 군사작전을 시행했다. 이라크 중앙정부 내 친이란 강경파는 쿠르드자치정부의 수도 아르빌까지 진격해야 한다고 주장했다. 이라크, 이란, 터키 모두 자국 내 쿠르드 소수민족을 의식해 쿠르드자치정부를 맹비난했고 미국은 당사자 간 원만한 해결을 촉구할 뿐이었다. 한때 쿠르드를 동맹으로 치켜세웠던 미국은 이들의 자치권과 영토 상실을 외면했다. ISIS가 격퇴된 후 쿠르드가 예전만큼 중요하지 않았기 때문이다.

2018년 트럼프 대통령은 스캔들 정국 위기에서 벗어나기 위해 주요 6개국과 이란이 어렵게 이룬 핵합의를 일방적으로 파기했고 고강도 제재를 부활했다. 2015년 오바마 행정부 주도로 주요 6개국(유엔 안보리 상임이사국과 독일) 및 유럽연합이 이란과 어렵게 이룬 다자 합의를 일방적으로 파기한 것이다. 트럼프 대통령은 제재가 재개된 날 트위터에서 "이란과 사업하는 누구도 미국과 사업하지 못할 것"이라고 경고했다. 1단계 제재부터 '세컨더리 보이콧'을 적용해 이란과 거래하는 제3국 기업과 개인도 대상으로 삼았다. 트럼프 대통령은 이란 핵합의를 "끔찍하게 일방적인 합의"라고 표현했다. 이란의 핵개발 활동을 일시적으로 제한할 뿐 근본적인 문제를 전혀 해결하지 못하기 때문이라고 했다. 이란은 핵합의의 약속대로 우라늄 농축시설의 규모를 줄였고 IAEA의 사찰을 받아왔다. IAEA는 이란의 핵합의 준수를 확인했다. 하지만 트럼프 대통령은 핵합의 자체가 문제라며 이를 받아들이지 않았다.

당시 11월 중간 선거를 앞두고 러시아 게이트 의혹은 커졌고 성 추문, 탈세, 불법 선거자금 스캔들이 이어졌다. 자신의 핵심 지지 세력인 백인 복음주의자의 결집이 절실했고 이를 위해선 의회 견제가 덜한 대외정책 분야가 적합했다. 미국의 이란 핵합의 파기 후 5일 만에 단행된 이스라엘 주재 미 대사관의 예루살렘 이전 역시 비슷한 맥락이었다. 네타냐후(Benjamin Netanyahu) 총리와 각

별한 친분을 자랑하는 트럼프 대통령은 예루살렘을 이스라엘 수도로, 골란고원을 이스라엘 영토로 인정했다. 유엔안보리 결의안 242호와 497호의 위반이었으나 국내 지지 세력은 환호했다.

트럼프 대통령은 대외정책에서 지급능력을 중시하다 보니 동맹과 지정학에 대한 이해에 기반 한 대안도 없이 행동만 앞세웠다. 2020년 미국은 이란 군부 최고 실세 솔레이마니(Qasem Soleimani) 사령관을 이라크 바그다드 공항에서 드론으로 살해했다. 미국의 솔레이마니 제거 작전 이후 이라크, 시리아, 레바논, 예멘, 가자지구 내 친이란 꼭두각시 조직은 미군시설과 미 동맹·우방국을 상대로 보복 공격을 시작했다. 이란 프록시 조직의 비대칭·비전통 방법을 통한 소규모 저강도 보복전은 역량이 약해서 잃을 것도 적은 쪽의 틈새 전략이다. 이미 예멘 후티 반군은 사우디아라비아 정유시설을 수차례 공격했고 아랍에미리트 핵심시설마저 위협했다. 이스라엘도 레바논 헤즈볼라, 가자지구 하마스의 잦은 로켓 발사에 맞대응 공습 수위를 높였다.

이란 강경파는 기회를 놓치지 않고 핵합의 파기를 선언했다. 당시 이란 내에서는 민생고 시위대 유혈진압을 지휘한 솔레이마니 사령관에 대해 비난 여론이 거세게 퍼지고 있었으나 미국의 제거 작전 이후 분위기는 역전됐고 동정론으로 바뀌었다. 이에 힘입어 이란 강경파는 핵개발 재개를 선언했다. 이란 핵합의를 주도한 오바마 행정부는 '역외균형(offshore balancing)' 전략을 내세워 이란 온건파에게 힘을 실어주고자 했다. 이란 이슬람 공화국의 실세 울라마-혁명수비대 강경 보수연합을 견제하려는 미국의 전략이 계획대로 움직이는 듯했다. 핵합의 성사 후 치러진 첫 선거에서 로하니(Hassan Rouhani) 대통령이 이끄는 온건 개혁파가 대도시에서 약진했다. 2016년 국회의원 선거와 전문가의회 선거에서 보수연합 소속 정치 거물들은 대거 탈락했고 온건 개혁파 후보들이 최대 격전지인 테헤란을 석권했다. 도시 중산층과 청년, 여성 유권자가 제재 해제를 이뤄낸 온건 개혁파에게 전폭적인 지지를 보냈기 때문이었다. 그러나 트럼프 정부시기에 들어와 솔레이마니 폭사 이후 이란 강경파는 대미 복수를 선언하면서 핵합의에서 제한한 원심분리기를 가동했다. 2019년 7월 국제원자력기구는 이란의 우라늄 농축도 한도 초과를 공식 확인했다. 미국의 제재 철회가 이뤄지면 이란도 핵합의 이행 중단을 멈추겠다고 밝혔으나 핵합의를 지지한 이란 내 개혁파의 입지는 추락했다.

　이처럼 미국의 솔레이마니 제거 작전은 미국과 미 동맹·우방국의 국익 수호 차원에서 전략적 효과가 낮았다. 그런데도 작전을 강행한 이유는 대통령 개인의 정치적 편익계산 때문이었다. 트럼프 대통령은 군의 신중 결정 건의에도 불구하고 드론 공습명령을 내린 것으로 알려졌다. 당시의 탄핵정국을 정면 돌파하고 강하고 단호한 이미지를 부각하려는 대통령 개인의 정치적 이익이 작용했다.

　민주국가는 동맹을 쉽게 버렸지만 러시아는 역내 후원국 시리아를 끝까지 보호했다. 이란과 중국도 이를 도왔다. 미국과 유럽의 변화로 중동 내 자유주의 질서가 흔들리면서 러시아의 입지는 상대적으로 더욱 부상했다. 2011년 3월 아사드 세습 독재정권이 민주화 시위대를 유혈진압 하면서 시리아 내전이 시작됐다. 내전 기간 정부군은 대량살상 무기로 자국 민간인을 학살했다. 사린가스 살포로 2013년 굽타에서 1,000여 명이, 2017년 이들립에서 100여 명이 사망했다. 아사드 정권의 화학무기 공격 횟수에 대해 국제인권감시기구는 85차례, 시리아 인권관측소는 200차례 이상으로 파악했다. 또 민간인 2만 명 이상이 통 폭탄으로 희생됐다. 시리아 내전에서 아사드 정권이 자행한 자국민 학살에 대해 유엔 시리아 인권조사위원회 구성, 유럽연합 이사회 명령, 미국 대통령 행정명령의 조치가 내전 기간 이어졌다. 유엔 시리아 인권조사위원회는 시리아 정부에 살해, 고문, 강간과 성폭력, 임의구금, 자유박탈, 강제실종을 포함한 6가지 반인도적 범죄 혐의를 제기하기도 했다. 하지만 독재정권은 국제사회의 압박에 아랑곳하지 않았다. 러시아와 중국이 아사드 정권을 적극 두둔했기 때문이었다. 시리아 정부 관련 유엔안보리 결의안에 대해 러시아는 13건 모두, 중국은 7건 반대했다(장지향, 2020).

아사드 정권은 러시아와 이란의 전폭적 지원으로 영토의 70% 이상을 안정적으로 관리하며 국제사회 복귀를 준비했다. 2011년 시리아 내전이 시작되자 미국·유럽·중동 동맹국은 이란과 러시아가 지원하는 정부군에 맞서 반군을 도왔다. 이란 혁명수비대는 아사드 정권을 위해 대규모 지상군과 민병대를 보냈고 러시아는 민간인 구분 없는 마구잡이식 공습으로 시리아 정부군을 지원했다. 그러나 3년 후 ISIS가 시리아 동부 락까에서 칼리프 국가 수립을 선언한 후 전 세계를 상대로 극악무도한 테러를 벌이자 국제사회는 ISIS 축출에 우선순위를 두었다. 2014년 미국은 65여 개국의 동맹국과 함께 반ISIS 국제연합전선을 조직해 격퇴전을 시작했다.

시리아 내전과 ISIS 격퇴전이 맞물려 정부군-반군-ISIS 삼파전이 시작됐고 타종파, 이교도를 적으로 삼는 ISIS는 시아파 아사드 정권도 공격했다. 아사드 정권은 차악의 존재로 변했고 미국은 아사드 정권이 아닌 ISIS 격퇴에 집중했다. 그 틈을 노려 이란과 정부군은 반군과 민간인을 대대적으로 학살했다. 2017년 말 반ISIS 국제연합전선이 락까와 모술에서 ISIS 축출을 선포하자 2018년 아사드 정권은 정상국가 복귀 선언과 함께 다마스쿠스 박람회를 개최했다. 시리아 재건 복구 시장에 이란과 러시아 기업이 대거 참여했고 중국도 후발 주자로 뛰어들었다. 이후 시리아 내전 종전 협상이 진행되는 와중에도 러시아는 시리아 정부군과 함께 반군의 최후 거점 이들립에서 병원, 학교, 난민수용소 시설을 무차별 공습했다. 2019년 9월 이들립 지역의 휴전을 촉구하는 유엔안보리 결의안이 상정됐지만 러시아와 중국의 반대로 또 무산됐다.

러시아는 아사드 정권을 위해 시리아 내전 종식을 위한 평화협상을 주도적으로 이끌며 국제사회에서 유능한 중재자로 부상했다. 아사드 대통령의 거취 논의를 종식했고 시리아의 정상국가 복귀와 전후 재건에 초점을 맞췄다. 이를 통해 후원국 시리아의 영토 확장과 안정화를 도왔다. 푸틴 대통령은 유엔의 시리아 평화협상에 맞서 아스타나·소치 협상을 이끌었고 이란과 터키가 적극적으로 참여했다. 러시아 주도 협상은 2018년 1월 아사드 정권과 반군 진영을 처음으로 같은 협상 테이블에 앉게 했다. 이어 10월에는 독일과 프랑스가 배석한 자리에서 반군 거점 지역의 완충지대 전환 합의를 끌어냈고 2019년 8월 레바논과 이라크를 옵서버 자격으로 초대했다. 러시아는 이집트와 아랍에미리트 참여를 위한 물밑 교섭 역시 진행했다. 결국 러시아의 중재 노력으로 2019년 10월 제네바에서 반군 진영을 포함한 시리아 헌법위원회가 출범했다. 2020년 7월에는 코로나 19 확산으로 인해 러시아, 이란, 터키 정상이 6차 종전 협상을 화상회의로 진행했다. 중국 역시 러시아 주도 협상을 지지했는데 일대일로 정책 활성화를 위해 중동을 교두보로 삼아 아프리카까지 투자 진출하려는 계산에 바탕한 행보였다.

러시아는 터키의 대쿠르드 군사작전 시에도 외교 협상력을 발휘했다. 터키가 시리아 쿠르드계 공격을 감행하기 이전 미국과 터키는 터키-시리아 국경지대 근처 안전지대 설치에 대한 논의를 이어왔으나 규모와 관리 주체를 두고 입장 차를 좁히지 못했다. 그러던 중 트럼프 대통령이 뚜렷한 대안도 없이 철군을 강행했고 터키는 기습 작전을 실행에 옮겼다. 미국과 터키가 맺은 5일간의 휴전 합의가 끝나는 날 에르도안 대통령은 푸틴 대통령과 만나 안전지대의 크기와 담당에 대해 일사천리로 합의했다. 미국이 떠난 후 러시아는 중재자로서 부상하며 틈새를 메웠다.

푸틴 대통령은 아제르바이잔과 아르메니아의 갈등 역시 중재로 해결하며 외교력을 과시했다. 2020년 9월부터 두 나라는 아르메니아계 주민이 다수인 아제르바이잔 영토 나고르노-카라바흐 분쟁지역을 둘러싸고 치열한 교전을 벌였으나 러시아가 4차례 평화협상을 주도해 결국 합의를 끌어냈다. 아르메니아는 나고르노-카라바흐 지역 대부분을 아제르바이잔에 양도했고 러시아는 5년간 이 지역에 대규모 평화유지군을 파견하기로 했다. 아제르바이잔을 물심양면으로 지원한 터키 역시 평화유지군 파견 계획을 밝혔다. 러시아와 터키가 대표적 분쟁지역에서 전략적 협력을 다지는 동안 미국과 유럽은 방관했다.

러시아는 터키에 이어 또 다른 미 동맹국 사우디와의 협력 관계를 다졌다.

2019년 10월 푸틴 대통령은 12년 만에 사우디를 찾아 사우디-이란 갈등의 중재 의지를 밝히고 양국 경제·안보 협력을 강조했다. 개혁개방과 외교 다변화를 추진하는 사우디에 역내 입지가 줄어든 미국보다 중재자로 존재감을 높이는 러시아가 더 안정적 파트너일 수 있었다. 이미 2017년 10월 살만(Salman bin Abdulaziz Al Saud) 사우디 국왕은 러시아를 방문해 러시아제 S-400 시스템 구매를 약속했다. 미국만 믿고 있기엔 불안한 사우디 정부는 러시아와의 접촉을 늘렸다.

한편 터키의 시리아 침공과 러시아 밀착 행보에 전통적 친미국가인 카타르가 공식 지지를 발표했다. 2018년 미국의 무역전쟁 선포로 터키가 경제위기에 처하자 카타르는 양국 통화 스와프협정과 150억 달러 규모의 투자를 약속했다. 카타르에는 미군 1만 명을 수용할 수 있는 미 중부사령부 현지 본부가 있으나 동시에 2019년 완성된 카타르의 칼리드 빈왈리드 터키군 주둔 기지에서는 현재 5천여 터키군이 카타르군을 훈련시키고 있다. 터키와 카타르는 미국과 대척점에 있는 이란과도 부쩍 가까워졌다.

에르도안 대통령은 동맹 관계를 거래 행위로 여기고 중동을 곧 떠나겠다고 엄포를 놓는 미국에 거리를 뒀다. 그런데 트럼프 대통령은 동맹국 터키와 카타르의 일탈에 별 반응을 보이지 않았고 오히려 에르도안 대통령을 '터프 가이' 친구라며 적극적으로 감쌌다. 2018년 터키 당국의 브런슨(Andrew Brunson) 복음주의 종단 목사 수감에 제재로 맞선 경우를 제외하고 트럼프 정부는 터키의 러시아제 S-400 시스템 도입, 이란 당국과 돈세탁 공모에 대한 의회의 초당적 제재 요구를 끝내 막았다.

터키의 여러 일탈 행동에 대해 유럽 역시 대응을 제대로 하지 못했다. 에르도안 대통령이 유럽행을 원하는 시리아 난민에게 문을 활짝 열겠다며 협박했기 때문이다. 그런데도 유럽은 터키의 돌발 행동에 하나의 목소리를 내지 못했다. 프랑스는 그리스·키프로스와 동지중해 영유권 분쟁을 벌이는 터키를 향해 강경한 반대 목소리를 내고 터키가 참여하는 NATO 지중해 작전 불참을 선언했다. 반면 독일은 유럽 내 반이민 여론을 의식해 날 선 비판을 자제했다.

유럽 국가는 중동발 난민 위기 앞에서 인권과 민주주의에 기초한 간여정책이 아닌 관망에 가까운 행보를 보이며 비난을 받았다. 2015년 시리아 난민사태가 세계적 인도주의의 위기로 대두되면서다. 2014년 ISIS가 시리아와 이라크에서 급부상하면서 시리아 내전은 장기 교착상태에 빠졌다. 아사드 정권의 자국민 학살, ISIS의 세기말적 폭력, 정부군-반군-ISIS 간의 전투, 반ISIS 국제연합전선의 공습으로 난민은 폭발적으로 늘어났다. 대부분 유럽행을 택했다. 2015년 9월 유럽으로 향하던 난민선이 전복해 세 살배기 쿠르디의 시신이 터키 해안가로 떠밀려오자 국제사회는 분노하고 좌절했다. 유럽연합은 포괄적 난민 수용의 빠른 구체화를 결정했다.

하지만 동유럽 국가들은 강하게 반발했다. 난민의 진입 통로인 폴란드·체코·슬로바키아·헝가리의 반대가 특히 심했다. 2015년 9월 헝가리의 극우 민족주의자 오르반(Viktor Orbán) 총리는 난민 유입을 막기 위해 세르비아와 맞닿은 국경에 전기 철조망 장벽을 설치했다. 오르반 총리의 반난민 정책은 국내 지지층을 결집하는 계기로 작용했다. 그런데도 유럽연합은 독일 정부의 주도하에 난민 수용 정책의 즉각적 확대를 선언했다. 메르켈 총리의 강력한 리더십 덕분이었다. 이로써 4개월 전부터 실시되어온 유럽연합의 난민 할당제가 더욱 강화될 참이었다. 난민의 희망 정착지가 독일·스웨덴·프랑스·이탈리아 4개국으로 특정됨에 따라 이들 국가가 유럽행 난민의 2/3 이상을 수용해왔기에 이로 인한 고통 분담 정책이었다. 특정 국가에 난민이 몰리는 사태를 해결하기 위해 회원국의 여러 상황을 고려하되 의무적으로 난민 수용을 분담하자는 내용이었다. 하지만 체코·슬로바키아·헝가리는 저항하며 난민 수용 거부를 선언했다. 나아가 같은 해 11월 파리 한복판에서 유럽 국적의 무슬림 이민자 2세들이 ISIS 추종 연쇄 테러를 일으켰다. 유럽 전역에서 난민에 대한 여론은 급속히 악화했다. 유럽 내 극우 포퓰리스트 세력은 인종·종교적 민족주의를 더욱 부추겼고 여론은 급속도로 보수화됐다. 2016년 오스트리아마저 동유럽 국가의 국경 폐쇄에 동참했고 이듬해 오스트리아의 반난민정책을 이끈 외무장관이 총리로 선출됐다. 새로운 총리는 앞으로 난민 신청자 수를 제한할 것이라며 유럽연합의 난민 할당제를 비난했다.

그러나 유럽에 퍼진 반난민 정서와 상관없이 시리아 난민들은 계속해서 유럽 밀입국을 시도했다. 터키, 요르단, 레바논의 난민 캠프와 이들 국가의 대도시 변두리에 머물던 시리아 난민들은 열악한 생활 여건과 대안 부재 상황에 지쳐갔다. 유럽행 난민은 늘어갔고 유럽발 극우 민족주의의 발호는 강해졌다. 유럽과 중동의 시리아 난민 위기는 악화하여 갔다. 지금껏 유럽연합은 미국과 다르게 규범과 가치에 따른 다자주의적 접근을 통해 원조와 난민 수용을 결정하며 중동의 여러 갈등 구도에서 중재자 역할을 수행해왔다. 트럼프 정부가 자국우선주의와 신고립주의를 내세워 관여정책을 빠르게 포기함에 따라 중동과 이슬람 세계에서 유럽의 중재력과 도덕적 권위는 더욱 중요해졌다. 하지만 유럽 내에서도 극우 민족주의와 비자유주의 세력이 빠르게 영향력을 키워가면서 무슬림 난민을 향한 인도주의적 정책은 거센 저항에 부딪혔고 유권자에게 가장 인기 없는 정책으로 추락했다.

더구나 미국과 유럽 간 깊은 불신으로 인해 난민 비즈니스를 일삼는 터키의 일탈 행보에 대한 제어와 견제가 더욱 어려워졌다. 미국과 유럽은 미국의 이란 핵합의 탈퇴, 미군의 시리아 철수, NATO 방위금 분담, 중동평화안을 두고 오래 갈등해왔다. 2020년 1월 이란의 핵합의 파기 선언 이후 영·불·독 3국은 이란 핵합의 지지와 트럼프식 최대 압박 반대를 밝혔다. 유럽의 입장 발표 직전 미국은 유럽산 자동차에 25% 관세 부과를 경고하며 압박을 가했다. 유럽이 중동 지역질서의 지각변동에 뾰족한 해결책을 내놓을 수는 없어 역내외 불안은 계속 커졌다.

미국은 동맹 관계를 지급능력에 따라 판단하고 동맹의 일탈을 제어하지 않았다. 미국의 대외정책은 대통령의 지지세력 결집에 이용됐고 개인의 정치적 편익에 흔들렸다. 트럼프 대통령의 근시안적 거래식 대외정책과 미국 민주주의 쇠락은 중동 내 인권·다자주의·동맹의 가치를 흔들었다. NATO 회원국 터키의 친러 일탈과 패권주의 정책은 이러한 변화를 극명하게 보여줬다. 에르도안 대통령 같은 권위주의 국가의 지도자는 미국과 유럽 선진 민주주의 국가에서 퍼지고 있는 국수주의와 반세계주의를 환영했다(Smith, 2019). 민주주의와 인권에 기반 한 권위주의 체제 비판과 멀어지고 있기 때문이었다. 이 추세 속에 터키는 더 열악한 권위주의 체제로 퇴보했다.

V. 나가며

프리덤 하우스의 2020년 보고서에 따르면 지난 15년간 민주주의가 정착된 25여 개국에서 민주주의 후퇴 현상이 나타났다. 이들 선진 민주주의 국가에서는 인종 차별주의, 폐쇄적 민족주의, 자국 우선주의가 퍼졌고 표현의 자유, 법치, 정부의 기능이 훼손됐다. 20세기 후반 제3의 민주화 물결 이후 보편적 정치 체제로 주목받던 민주주의가 위기를 겪고 있다. 더불어 코로나19가 확산하자 민주주의 퇴행과 권위주의 회귀는 심화했다. 민주주의 국가는 국경을 폐쇄하고 통행을 제한했으며 확진자 동선 추적과 개인정보 보호 사이의 딜레마에서 우유부단하게 대응했다. 트럼프 대통령의 자국 우선주의와 신고립주의를 비판하던 유럽 국가는 코로나19의 위협 앞에 유럽연합 공동체가 아닌 자국 보호를 우선시했다. 코로나19는 권위주의 정권에 철권통치 강화의 기회가 됐다. 사회를 향한 국가의 감시가 허용된 시기 큰 저항 없이 억압을 한층 강화할 수 있기 때문이었다. 권위주의 정권은 방역 명목 아래 집회를 금지했고 긴급사태를 선포했으며 스마트폰을 추적해 반정부 인사의 일거수일투족을 감시했다. 팬데믹의 혼란과 공포의 시기 유권자와 여론은 과감한 정치인을 선호했고 법치주의를 외면했다(장지향, 2020).

세계적 민주주의 위기는 인권과 다자주의를 강조하는 자유주의 국제질서의 약화로 이어졌다. 특히 중동지역에서는 자유주의 질서 약화의 틈새를 공략하는 러시아와 중국의 부상이 두드러졌다. 2021년 바이든(Joe Biden) 미 민주당 행정부 출범 이후 대외정책의 많은 부분에서 트럼프 뒤집기가 진행되면서 중동 내 민주주의와 인권 및 동맹 가치가 강조됐다. 이에 중동 내 러시아의 영향력 강화, 중국의 부상, 시리아·예멘·리비아 내전의 대리전 양상 심화, 터키와 이란의 팽창주의 행보를 향한 미국의 새로운 정책에 기대가 높아졌다. 하지만 바이든 정부는 중동 내 미국의 역할을 점차 줄여나가고 중국 견제를 앞세운 인도-태평양 전략에 집중할 것이라고 밝히고 있어 대중동 가치외교를 위해 전력투구하지 않을 수 있다는 우려가 존재한다. 트럼프 정부가 '중동에서 발 빼기'를 선언하며 이란 핵합의의 독단적 파기, 급작스러운 미군 철수와 우방 쿠르드 배신, 편파적 친이스라엘 행보, 대NATO 방위분담금 증액의 일방적 요구를 강행했다면, 바이든 정부는 대안을 제시해가며 단계적으로 '중동 떠나기'를 실행하고 중국 견제를 내세운 인도-태평양 전략에 집중할 것이란 전망이다. 이에 에르도안 대통령이 공격적으로 주도하는 민족주의·신오스만주의·유라시아주의에 기반을 둔 터키의 팽창주의 정책은 당분간 유지될 수 있다. 바이든 정부의 다자주의, 민주주의, 인권 강조 정책과 중동 내 자유주의 질서의 회복 여부에 따라 터키의 일인체제 강화와 권위주의 회귀에 따른 일탈 외교의 향방이 갈릴 것이다.

참고문헌

장지향. 2017. "에르도안의 정치적 탐욕이 부른 터키 무슬림 민주주의의 후퇴."『아산이슈브리프』. 서울: 아산정책연구원.

장지향. 2019. "배신과 일탈의 동맹 정치: 미국의 시리아 철군과 터키의 쿠르드 공격."『아산이슈브리프』. 서울: 아산정책연구원.

장지향. 2020. "글로벌 민주주의 위기와 중동 지역질서 불안정."『아산 리포트: 민주주의 위기, 국제질서 혼란』.

Cagaptay, Soner. 2020. *The New Sultan: Erdogan and the Crisis of Modern Turkey.* New York: I.B. Tauris.

Çınar, Kürşat. 2020. *The Decline of Democracy in Turkey: A Comparative Study of Hegemonic Party Rule.* New York: Routledge.

Freedom House. 2020. *Freedom in the World 2020.* Lanham: Rowman & Littlefield.

Laebens, Melis G. and Aykut Öztürk. 2021. "Partisanship and Autocratization: Polarization, Power Asymmetry, and Partisan Social Identities in Turkey." *Comparative Political Studies* 54(2).

Ministry of Foreign Affairs, Republic of Turkey. 2020. "*Turkey's Enterprising and Humanitarian Foreign Policy.*" https://www.mfa.gov.tr/synopsis-of-the-turkish-foreign-policy.en.mfa

Pearlman, Wendy. 2020. "Host State Engagement, Socioeconomic Class, and Syrian Refugees in Turkey and Germany." *Comparative Politics* 52(2).

Reporters Without Borders. 2020. *2020 World Press Freedom Index.* https://rsf.org/en/world-press-freedom-index

Smith, Hannah Lucinda. 2019. *Erdogan Rising: The Battle for the Soul of Turkey.* New York: William Collins Publishers.

Winer, Jonathan M. 2021. "Planning for the day 10 years after the fall of Gadhafi." *Middle East Institute Policy Analysis*(February 17).

Wuthrich, F. Michael and Melvyn Ingleby. 2020. "The Pushback Against Populism: Running on "Radical Love" in Turkey." *Journal of Democracy* 31 (2).

저자 약력

신범식

서울대학교 정치외교학부 교수

모스크바 국제관계대학(MGIMO) 정치학 박사

2020. "지정학적 중간국 우크라이나의 대외전략적 딜레마."『국제·지역연구』

2020.『중앙아시아 이슬람의 현재: 정치·사회·경제적 선택』(파주: 한울아카데미)

2020.『(북·중·러 접경지대를 둘러싼) 소지역주의 전략과 초국경이동』(서울: 도서출판이조)

윤진표

성신여대 정치외교학과 명예교수

미국 사우스캐롤라이나대학교 정치학박사

2022.『신남방정책 평가와 개선방향』(공저, 경제인문사회연구회)

2021.『한-아세안 청년 상호인식조사』(편저, 한아세안센터)

2020.『현대 동남아의 이해』(서울: 명인문화사)

2020.『2020 동아시아 전략평가』(공저, 동아시아안보전략연구회)

김용균

서울대학교 정치외교학부 부교수

노스캐롤라이나 주립대(UNC-Chapel Hill) 정치학 박사

2021. "외국기업의 정치적 위험관리 전략으로서 현지 CSR의 효과 분석: 베트남 도시개발 진출 한국기업의 비시장 전략 비교."『동남아시아연구』

2021. "베트남의 세계화 전략과 경제개혁의 정치."『세계화 3.0과 국내정치』(서울: 명인문화사)

2020. "주권과 체제안보: 동남아시아 국가들의 대중 외교정책 비교연구."『주권과 비교지역질서』(서울: 사회평론아카데미)

신재혁

고려대학교 정치외교학과 부교수

UCLA 정치학 박사

2022. "발전국가와 약탈국가의 기원: 한국과 필리핀 비교 사례 연구."(이동일 공저)『한국정치학회보』

2021. "인도네시아 2020: 전염병이 위협하는 민주주의와 경제."(박희경 공저)『동남아시아연구』

2020. "선거 경쟁과 복지 지출, 소득 불평등: 한국 광역지방자치단체 비교 연구."(김태완, 박희경 공저)『21세기정치학회보』

2019. "싱가포르는 왜 민주화되지 않는가? 비교연구 방법을 활용한 지역연구."『동남아시아연구』

최경희

서울대 아시아연구소 HK연구교수

한국외국어대학교 정치외교학 박사

2021. "'지역'으로서의 '동아시아': 메가아시아적 접근의 함의." (윤종석·이주현 공저) 『아시아리뷰』

2021. "지정학적 중간국 인도네시아 외교전략: 세 번의 지정학적 단층대 충돌과 전략." 『국가전략』

2021. 『동아시아 전략평가』 (공저, 서울: 동아시아안보전략연구회)

2021. 『한류, 다음(이슬람 문화권편)』 (공저, 서울: 한국국제문화교류진흥원)

2021. 『아시아의 정치: 정치체제와 지역성』 (공저, 서울: 씨아이알)

김형종

연세대학교 국제관계학과 부교수

말라야대학교(University of Malaya) 동남아학과 정치학 박사

2022. "아세안 사회문화공동체와 인간안보." 『동아연구』

2022. "미얀마 사태와 아세안 규범의 지속과 변화." 『동남아시아연구』

2020. "코로나19 감염병 사태와 신남방정책: 아세안을 중심으로." 『동남아시아연구』

김찬완

한국외국어대학교 국제지역대학원 교수

인도 델리대학교 정치학 박사

2021. "인도는 중견(간)국인가?: 신비동맹을 중심으로."『남아시아연구』

2020. 『Great Transition in India: Critical Exploration』(Singapore: World Scientific)

2019. "인도 정치의 대전환: 2019년 총선을 중심으로."『남아시아연구』

최윤정

세종연구소 연구위원/인도태평양연구센터장

이화여자대학교 국제학 박사

2022. ""인도태평양 전략들" 비교와 함의: 미국·유럽·일본·인도·아세안을 중심으로."『세종정책브리프』

2021. 『신남방정책·신북방정책 근미래 전략과 주요사업 추진방안』(공저, 서울: 통일연구원)

2021. "포스트 코로나 인도 경제와 외교·통상 전략의 변화."『세종정책연구』

2021. "일대일로, 인도의 선택은?"『메가아시아 교양총서4: 아시아 지역간 교류와 연계』

2021. "Do Fluctuations in Crude Oil Prices Have Symmetric or Asymmetric Effects on the Real Exchange Rate? Empirical Evidence from Indonesia."『The World Economy』

유달승

한국외국어대학교 페르시아어·이란학과 교수

테헤란대학교 정치학 박사

2020. 『이란의 시간은 다르게 흐른다』 (서울: 한겨레출판사)

2019. "이란 외교 정책의 정체성 연구." 『한국이슬람학회논총』

2018. 『시아파의 부활과 중동정치의 지각변동』 (파주: 한울아카데미)

장지향

아산정책연구원 선임연구위원/ 중동센터장

미국 텍사스 오스틴 대학교(University of Texas at Austin) 정치학 박사

2021. "비교정치학 관점에서 바라본 중동 국가역량의 현주소." 『아시아의 정치: 정치체제와 지역성』 (서울: 씨아이알)

2021. "아브라함 협정 이후 UAE-이스라엘 전략적 협력의 심화." 『아산 이슈브리프』

2021. "탈레반의 아프가니스탄 재장악과 향후 전망." 『서울대학교 아시아연구소 아시아브리프』